# 万世法门

## 法门寺地宫佛骨现世记（修订版）

商成勇　岳南◎著



创于1897
商务印书馆
The Commercial Press
2020年·北京

涵芬楼文化 出品

法门寺倒塌的半边残塔

法门寺唐代地宫大门，门楣额刻有双凤。

地宫隧道，金钱铺道。

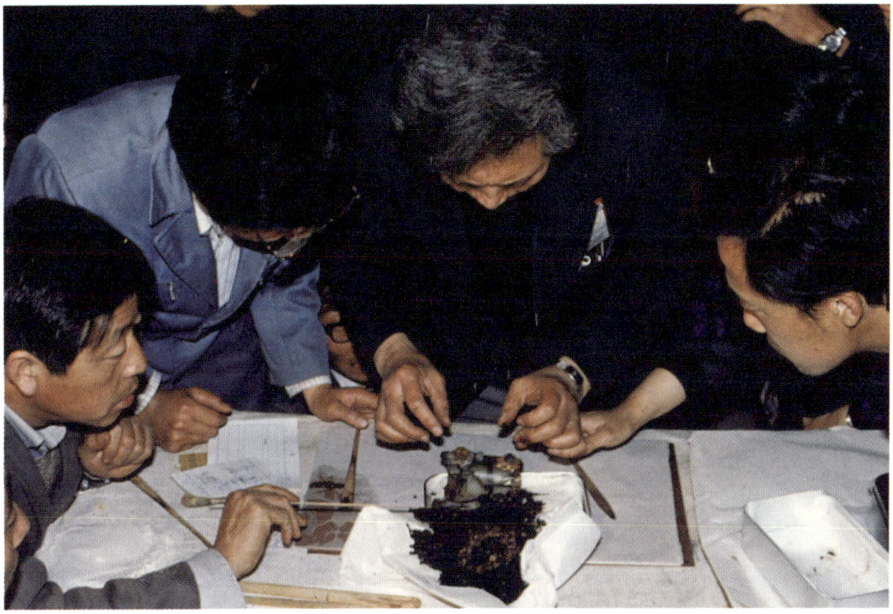

包裹五重宝函中的嵌宝石水晶椁的丝绸被剥落，第三枚舍利（灵骨）就出于里面的白玉棺中。

沉重的《物帐》碑被拖出地宫隧道

考古人员把已发生碳化的武则天绣裙托出地宫

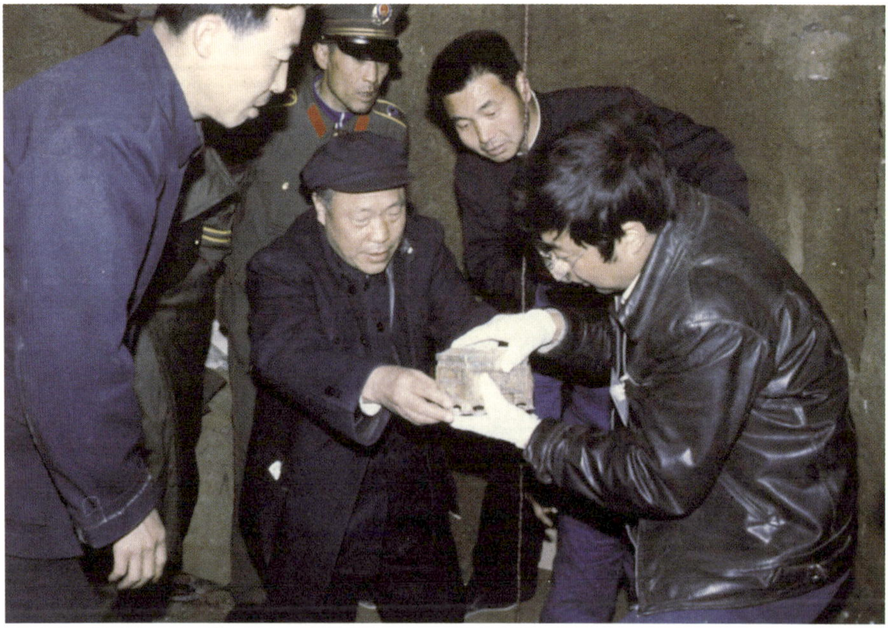

考古人员把地宫出土的鎏金飞天仙鹤纹银茶罗子递给考古队长石兴邦（中）

王孖、王亚蓉等考古人员在除去地宫出土铁函上的锈蚀物

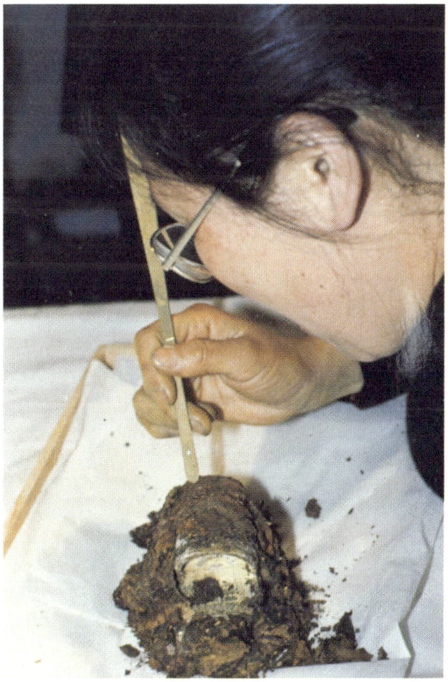
考古人员在除去舍利宝函的锈蚀物

地宫出土的八棱秘色瓷净水瓶

地宫出土的银棱漆扣秘色瓷碗

地宫出土的纯金迎真身钵盂

地宫出土的大红罗地蹙金绣拜垫

地宫出土的蹙金绣半臂，为捧真身菩萨而做。

地宫出土的鎏金伎乐纹调达子

地宫出土的鎏金捧真身菩萨

地宫后室出土的鎏金卧龟
莲花五足朵带银熏炉

地宫出土的鎏金银龟盒

地宫出土的刻花蓝琉璃盘

地宫出土的彩绘金毛双狮

地宫出土的贴花盘口琉璃瓶

金银丝结条笼子

鎏金带盖卷荷圈足银羹碗子

地宫开启后所见后室器物原始放置情形

鎏金飞天仙鹤纹银茶罗子

鎏金壶门座波罗子

鎏金壶门座茶碾子打开后上置纯银锅轴

鎏金十字折枝团花纹小银碟

唐懿宗所赐八重宝函在地宫内打开时原样，两边为石刻护法天王。

鎏金双狮纹菱
弧形圈足银盒

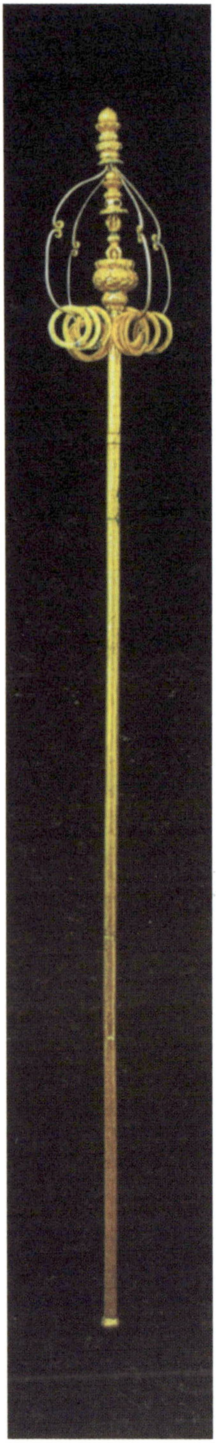

银金花双轮
十二环锡杖

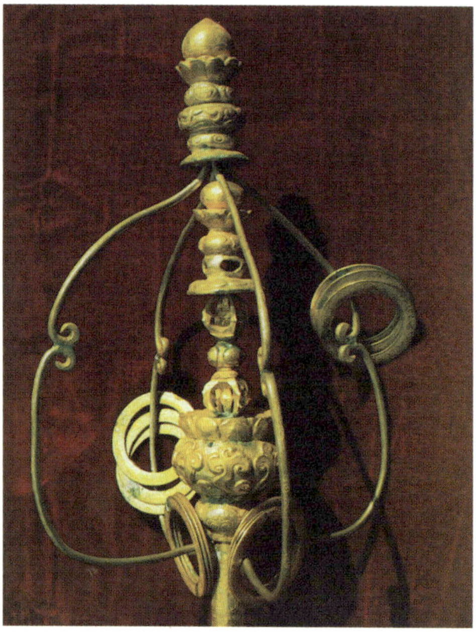

银金花双轮十二环锡杖首部

银芙蕖

地宫后室供养第一枚佛指舍利的八重宝函（最外层已朽）

金筐宝钿珍珠装珷玞石盝顶宝函局部

金筐宝钿珍珠装珷玞石盝顶宝函

地宫出土的宝珠顶单檐纯金
四门塔内供养的佛指舍利

宝珠顶单檐纯金四门塔座
银柱上套置的佛指舍利

纯金四门塔内供养的佛指舍利骨腔内的北斗七星座

地宫出土的汉白玉
浮雕绘彩阿育王塔

阿育王塔中的宝刹单檐铜浮屠

供养第三枚佛指舍利的白玉棺

鎏金双凤纹银棺，棺内供养着第四枚佛指舍利。

舍利金棺（庆山寺出土）

舍利银棺（庆山寺出土）

释迦牟尼真身舍利（庆山寺出土）

澄观与净一法师在祈祷第三枚佛指舍利面世

# 目　录

# 序一　法轮常转，法门永在

1996年岁末，在一个寒风凛冽的傍晚，岳南、商成勇两位作者，带着他们合作的新著《万世法门——法门寺地宫佛骨再世之谜》（商务版《万世法门——法门寺地宫佛骨现世记》，下同）的样稿，来到我在北京的住所。由于我曾负责法门寺地宫的考古发掘工作，了解一些情况，他们便将书稿给我留下，嘱我在看了后，写一篇简短的题序。岳南先生并赠送了此前他和别人合著的以考古发现为题材的纪实文学专著《风雪定陵——地下玄宫洞开之谜》（商务版《风雪定陵——明定陵地下玄宫洞开记》），以作参证。可能是专业意识的条件反射，这些著名的考古史迹一下子吸引了我，我愉快地接受了他们的嘱托。

《万世法门——法门寺地宫佛骨再世之谜》将要在1997年初出版问世，我屈指一算，正好是法门寺地宫珍藏重见天日、佛指舍利再度面世十周年，以法门寺地宫珍藏为本事的长篇纪实文学专著，能够届时出版，无疑是一件十分有纪念意义的事情，它不啻为佛骨面世献上了一份厚礼，作为参与其事的一员，我感到由衷的高兴和欣慰。

我仔细地将书稿阅读了一遍，被文中那引人入胜的描述所吸引而不忍释卷，这确实是一本值得阅读的好书。它是以法门寺地宫的考古发现和发掘材料为依据，以佛指舍利面世及有关事件为主轴而展开的长篇纪实文学作品，它向读者展现出一幅卷帙繁浩、情节曲折、意境深邃而画面优美的长轴画卷，刻画出别开生面的大千世界的众生图景，是一部难得的具有科学依据、文学艺术价值的高品位的精神文化产品。

一

书中丰富的内涵和优美的描绘，使人不由自主地回忆起法门寺地宫发掘前后的情景，一幕幕、一件件尽在眼前……

法门寺是中国佛教祖庙之一，在中国佛教史上占有极其重要的地位，在佛教世界也有极大的影响。在中国佛教名寺中，它又是最富传奇色彩的寺院。民间曾流传着有关它的一些神奇的传说，它更因一台《法门寺》戏曲的流传，而家喻户晓、妇孺皆知，但寺院地宫中珍藏的那些凝重的国宝，却鲜为人知。直到1987年清理塔基时才显耀于世。

法门寺始建于汉魏，舍利珍藏于四门方塔中。明代时，方塔被毁，在原塔基础上建起了十三层八角砖塔，称为“真身宝塔”。所谓真身，也就是藏有佛指舍利的意思。经过千余年的风风雨雨，真身宝塔成为法门寺保留下来的最显著也最久远的标志。可惜，因年久失修，水浸、地陷，塔基倾斜而于1981年8月24日，西半边崩塌。当时印度新德里电台最先向世界作了转播，在海外引起了强烈的反响。为了弥补历史的缺失，重修宝塔，在陕西省和宝鸡市的支持下，扶风县于1985年到1986年拆除半壁残塔。1987年春发掘地基，4月3日发现秘藏珍宝的地宫，引起了各方面的极大重视。在孙达人副省长的主持下，成立了法门寺考古队，由我担任队长，调集省考古所和宝鸡、扶风市、县文物人员，并从北京请来一批专家，聚集法门寺。经过三十多个日日夜夜的紧张工作，终于将这批珍贵文物完好无损地整理出来，并保存于安全的仓库之中。这是建国以来我国唐文化最重要的一次发现，其品种之多、规格之高、工艺之精巧，均属世之罕见。特别是那秘藏千年、历经“三武”之祸而保存下来的四枚佛指舍利，堪称世界之宝，引起了佛教世界的轰动。这批珍贵文物史料，对研究唐代的政治、经济、文化、宗教、艺术及中外文化交流等，都有极大的历史科学价值。

## 二

这次法门寺地宫的最后开启，使沉睡了一千余年的珍藏、佛教世界千百年来梦寐以求的佛指舍利和上千件李唐王朝供奉的奇珍异宝，以“不二于世”的历史地位，放射出耀眼的光辉。法门寺地宫发现之重要意义，主要表现在：珍贵的历史文物与佛教文化融为一体，学界的好古敏求之切与佛界笃教信佛之诚互为表里。一方面开辟了一个重要的学术研究领域，另一方面形成了一个独具特色的人文景观，使这一旷世名刹及其宝藏，成为海内外著名学者和城乡间里的男女信士观瞻膜拜的崇高殿堂和圣地。八方来风汇聚于此，涌起一股盛极一时的法门热潮。

从1987年地宫开启到1994年曼荼罗坛场建成开放，前后在北京和西安举行了四次文物论证会和座谈会，在北京举行了一次大型文物展览，在法门寺召开了三次大型的与法门寺文化有关的国际学术讨论会，即法门寺文化、佛教文化和唐茶道文化研讨会，出席会议的有国内外在历史、文化、宗教、考古、中西文化交流方面的著名学者赵朴初、周绍良、季羡林等数百人次。赵朴初先生特为法门寺地宫和佛骨舍利写了赞记和颂词并刻石字碑以铭宏志，季羡林先生提出“法门学”命题，以深入扩大研究问题，引起大家的热烈讨论。可谓群贤毕至，少长成集；欢聚一堂，共襄盛举。在这么短的时间内，在同一个地区、同一学术领域，举行学术会议之多，档次之高，参加人数之多，全国尚无出其右者。足证法门寺发现意义之重大，其影响之深远、凝聚力之强大矣。

## 三

法门寺地宫的重大历史发现，其文化价值集中体现在人类创造生生不息、迁移积聚而形成的文化源流上，这便是佛教世界至高无上的圣物——佛祖释迦牟尼指骨舍利所体现的佛教在中国以及在东方迁转流复，人类智慧与精神相互融通的历史画面。自佛典记载印度阿育王向世界各地散施佛祖舍利以弘扬佛法以来，法门寺在华夏文化的历史长廊中有三个关键时期，这便是：第一，元魏二年拓跋氏统治集团开启塔基，供奉舍利弘扬佛法，法门寺名声大振，始成为中国四大佛教圣地之一；第二，贞观五年唐太宗李世民敕命开启地宫，尊奉舍利，其后宏建地宫，旌表佛塔，扩充寺域，御令广度僧尼，帝后下发入塔，八位皇帝七次迎送佛指舍利，法门寺便成为唐代的皇家寺院；第三，1987年四月八日（夏历）佛诞日，第一枚佛指舍利面世，“法门寺热”越洋过海，遍及宇内。从这些发展过程看，法门寺佛指舍利与中华民族文化的发展有着密切的联系。其演变的历史过程，已把佛指舍利及其教义从佛教领域推进到中华民族本土文化与外来文化大融合的最高代表的地位。两位作者正是从整个历史角度来予以处理，让过去千年的历史文化大放异彩，并为社会祥和进步起了积极的推进作用。

自然，本书的特点还不止这些，由于作者所具有的深厚的文学功底和史学造诣，加以他们长期从事新闻工作而练就的特有的观察问题的敏锐目光，不时地反映出学术上的真知灼见，提出了很有见地的见解和看法。如法门寺兴起的社会历史基础、历史沿革的探讨，对唐代迎奉佛骨现象的研究评估，法门寺地宫文物与唐代内库制度的关系，关于韩愈谏迎佛骨的历史事件的评价，关于法门寺文化的概念和内涵等等，甚至对我这样一生从事文化史研究的人来说都不无启发。

在佛教文化方面，作者对法门寺的命名、唐代佛指舍利的供养与法门寺、法门寺与佛教宗派以及与密教的关系等等，都给予了新的客观评价。

从上述罗列中，可以清楚地看到，这部作品，既有广泛的包容性，亦有相当的深刻度，如果把这部作品看做是法门寺地宫发现十年来最具体、最出色、最全面、最优秀地描述这一事件的作品，并不为过，而它受到广大读者的喜爱和欢迎，也应是意料中的事情。

## 四

《万世法门——法门寺地宫佛骨再世之谜》所以能如此成功，这要首先感谢作品的创作者岳南和商成勇先生，感谢他们的辛勤耕耘和为民所急的奉献精神。

在我们考古工作者中常常考虑的一个问题是，如何把我们发现的物质文物转化为精神财富，再回归为推动社会发展的物质力量，以最大发挥它的时代效应和社会功能。通过多年来的实践和经验，我们从这部纪实文学作品中找到了知音和友军。纪实文学当是最好的传导形式。用岳南先生自己的话来说，是“从淹没在历史尘烟中的那种神秘莫测、风云变幻的古老世界，来了解组合那残缺的历史瞬间的真实，思索寻觅蕴涵在中国几千年古文化中的精髓”，以文学的笔锋，剔开那“岁月沉积的覆盖层，让隐没的历史透出几束亮光，让今天的人们窥视文明的曙光”。而且他们的著述，已成功地达到了这个境界。他们不仅有为世之志，而且有益世之功。他们洞悉世情，了解民意，能急民所需、应民所求，能最有效地把他们辛勤耕耘而丰获的精神文化作品，输送给广大读者。我们考古工作者可以提供最优质的第一手材料和原始半成品，经过他们文学化的再制作，以他们创造性的智慧和妙手匠心，制成各种各样的适合各个阶层人们需要的精神食粮，择其当今读者最喜闻乐见的形式和语言，深入浅出地、活灵活现地表达出来，使大家共同尝到古老文化施给我们的恩泽。

谨为之序。

石兴邦

1997年1月12日于北京中国社会科学院考古研究所

2011年5月修订

【简介】石兴邦，1923年生，陕西省铜川市耀县人，1949年南京大学边政系毕业，获法学学士学位，后入浙江大学人类学研究所攻读硕士研究生学位，1950年随导师夏鼐先生到中国科学院考古研究所工作，先后在中国科学院、社会科学院考古研究所、陕西省考古研究所工作，主攻新石器时代考古，对中外学术界具有一定的影响。曾先后主持和负责西安半坡遗址发掘、长江流域考古调查、下川遗址发掘、白家遗址发掘、秦俑二期发掘、法门寺地宫发掘等工作。1993年起则从事唐帝王陵发掘的先期研究工作。主编并参与编写的考古论著有《中国考古学研究论集》、《考古学研究》、《中国原始文化论集》、《周秦文化研究》等。

# 序二　让法门寺文化大放异彩

《万世法门》第一次出版在法门寺唐代地宫面世十周年之际，十三年来一印再印、一版再版，可见其影响之广泛。今天，又在商务印书馆再版发行，作为法门寺人，确是激动不已，三十年间的景象又浮现眼前。

法门寺是中华民族的佛教圣地，而经千年之后那辉煌的历史已淹没无闻，到近代十分苍凉，只是十多亩的小院、两座大殿拥戴着一座宝塔，塔还向西南倾斜着。三十年前人们入寺，多半围塔转转，看看明代宋巧姣告状的跪石，听听当地老百姓讲讲寺西邻前秦女诗人苏蕙织锦回文璇玑图的故事就走了。只有看好历史的人望着宝塔四面“真身宝塔”、“浮屠耀日”、“美阳重镇”、“舍利飞霞”的石匾，在那里久久思索。人们不会想到这里曾经发生过惊天动地的事，不曾想到塔下会有一个大唐王朝的地宫和佛教的大千世界。1981年法门寺真身宝塔的坍塌、人民政府对残塔的保护、人民群众的呼吁、扶风县对重修法门寺塔的坚持、宝鸡市的支持和陕西省的决定，使得尘封了1113年的法门寺辉煌历史、大唐王朝地宫及其所积淀的法门寺文化重见天日，不二于世。

在这震惊世界的发现之后，人民政府重修法门寺真身宝塔，弘建寺宇，修建法门寺博物馆，于1988年11月9日对外开放，人们像潮水一样涌来。到1997年十年间，海内外佛教佛学界、社会科学界在此开过多次国际学术会议，但是，法门寺文化只是学术活动，只在社会科学界和佛教佛学界，没有形成广泛持久的社会效应。当商成勇、岳南先生《万世法门》初版之时，我十分激动。这部纪实文学向海内外佛学界、知识界，特别是普通老百姓真实地展现了法门寺——这座中华民族伟大而辉煌的历史宝库。佛典明载，公元前272年，古印度孔雀王朝的第三代君主阿育王向世界散施佛祖释迦牟尼真身舍利以弘扬佛法，中国得其十九而法门寺居第五为佛祖指骨真身，遂建塔成寺名阿育王寺。八百年以后，雄踞中国北方的元魏王朝肇启塔基，继得佛祖真身，遂开王朝供养舍利以弘扬佛法之先河，这里从此名声大振，成为华夏四大佛教圣地之一。百多年后，唐高祖李渊诏命改阿育王寺为法门寺；太宗李世民敕命供养舍利；高宗、武后尊奉为护国真身舍利，建大圣真身宝塔，宏建地宫，御令广度僧尼，御驾迎奉，以身侍佛；中宗帝后下发入塔，法门寺以瑰琳宫二十四院之制为皇家寺院；前后八位皇帝，七次开塔迎送舍利入长安、洛阳皇宫供养，长达二百九十年之久。其间唐皇室供奉佛祖真身之海内外奇珍异宝，云集法门寺地宫，最后结集为大唐佛教密宗舍利供养曼荼罗世界。咸通十五年（874年）唐僖宗一道御令，法门寺地宫封闭，佛指舍利及其众多的供养用具被埋入地下，1113年不被人知。其间，明隆庆三年（1569年），唐塔倒毁，万历七年（1579年）至三十七年（1609年）间修成十三级八棱砖塔，唐地宫不曾扰动，只是这里发生的一桩公案被后人编为戏曲《法门寺》，而入各种剧种流传于世。

1981年8月24日，法门寺塔坍塌，仅余一半巍然屹立，一时成为奇观。从1984年起，政府就着手保护，修复新塔，在清理塔基时，于1987年4月3日发现地宫，四枚佛指舍利和数千件唐皇室供佛珍宝依《物帐》碑所示的先后出土，光彩夺目，不二于世。佛教世界数千年向往的、举世仅存的佛祖真身指骨舍利，每一件可以写一本书的数千件唐皇室奇珍异宝，集汉地密宗之精要的佛舍利供养曼荼罗等等，使这里因“佛骨旋风”掀动的“法门寺热”越洋过海，遍及宇内。

历史和现实交会时所闪现的火花，似乎给予我们当头棒喝：必须把文物变成文化，把文化变成社会效应；不然，我们这一群守护者就可能糟蹋了法门寺这座宝库，而变为千古罪人！基于这样的责任感，我们高筑起历史文化的舞台，从1990年9月9日起，相继举办法门寺历史文化国际学术讨论会、法门寺佛教文化国际学术讨论会、法门寺文学笔会、法门寺唐代茶文化国际学术讨论会、法门寺秘色瓷国际学术讨论会。为了1994年法门寺唐密舍利供养曼荼罗的发现，我们在北京和法门寺召开了同样的学术讨论会，在法门寺文物陈列、法门寺大唐茶文化陈列的基础上，又推出法门寺唐密曼荼罗文化陈列，并展开与中国台湾、中国香港等地区及日本、韩国等国家的交流，借此把法门寺文化和法门寺文化研究推向世界。这样就可以向历史作一个交代，为后世负责了吗？答案是否定的，因为成果并不圆满，还没有能让更多的人了解法门寺。所以，我们企盼着纪实文学和电影、电视剧能将笔锋和镜头转向法门寺，走进这座千年幽闭的地宫。

机遇终于到来！1993年初春，在我们开完法门寺文学笔会之后，商成勇——一个执著的青年学者不远千里，带着多次往返于北京与法门寺间的风尘，走进法门寺博物馆。从古周原的各处名胜古迹，一直到相关当事人的每件事、每个细节，他都做过查访。我十分振奋，拉着他的手走进地下玄宫。让纪实文学之笔拉开那历史尘封的一道道帷幕，让这座伟大辉煌的历史宝库在海内外人民心目中大放异彩，让沉默的历史遗迹变成生动的电影、电视剧，走出地宫，走出国门，走进异域，走进千家万户——这是我的梦想，一个美妙的梦想！在离开之前，他写了一章给我，我看到成功的希望，欣喜至极，情不自禁地吟起赵朴初大居士《法门寺佛指舍利出土赞歌》来："……从地涌出多宝龛，照古腾今无与并……心光常注近及远，事业毋忘后现今！"1995年盛夏，我在北京又见到岳南先生，他的《风雪定陵》、《复活的军团》两书是以定陵和秦始皇兵马俑坑为题材，可谓熔历史、文化与文学于一炉。他俩携手合作，终于推出了这部大作——《万世法门》。在这部作品里，作者所具有的深厚史学功底和文学才华显露无遗。其整体的广度、深度以及在文学艺术上的独到美妙之处，确是令人惊叹。如果说这是近年来以法门寺为题材的最优秀著作，应是不过分的。

当然，如果只是如此，这部作品远不能令我激动许久，引起我心灵震撼和亢奋之情。更重要的是，作者透过历史事件的精彩描述，让人们仿佛置身其境，迸射出民族的向心力和人性的光辉，这种高贵的精神力量，便是中华民族在苦难与烽火中蜿蜒前行的最大支柱。假如没有这样有力的支柱，民族的文明大厦将坍塌无疑，民族的文化将根绝于后世——或许，这便是《万世法门》要告诉广大读者的根本要旨，以及我为之激动亢奋的真正原因。在此，我愿意将这部作品推荐给亲爱的读者，同时欢迎一切关心法门寺文化的海内外知己，亲莅法门寺博物馆游览、考察、研究。请相信，那与关中黄土一样朴实无华的博物馆工作人员，会给您送上一份浓厚的温情，殷勤相待。

读完《万世法门》一书，勾起我万千思绪。法门寺的脚下是一个诗与梦的世界。这里是古老的华夏文明的发祥地。三千多年前，古公亶父率领周民族部落，经过长途辗转跋涉，定居于岐山之阳，自强不息，励精图治，文王强国，武王灭商，周公吐哺，天下归心。他们在这片肥水沃野上创造出了灿烂的古代文化。

文学艺术是“悬浮于空中”的精神产物，与作家所处时代的政治、经济、军事、文化形态有着密不可分的联系，与宗教、人伦道德更为关系密切。在漫长的历史进程中，围绕着法门寺，历朝各代都有名篇佳作出现。《诗经》中的《风》、《雅》、《颂》，有许多就是吟秦声、颂周室的，“周原朊朊，堇荼如饴”成为历史画面的真实写照；东晋才女苏若兰在一方丝手帕上绣织841个字，纵横反复读皆成诗章，今人已破读出近万首，其构思之奇特、感情之缠绵，堪称回文诗之最；一代文豪韩愈“云横秦岭家何在，雪拥蓝关马不前”的千古绝唱，道出了谏迎佛骨的重大历史悲剧；明代戏曲《法门寺》被改编成十多种地方戏，流传二百多年经久不衰；还有众多的佛诗、禅诗、风物诗等大量的民间文学创作。这些都是中国古代文学史的组成部分。

发展和繁荣法门寺的文学创作，有着得天独厚的文化土壤和艺术氛围。这里是周秦文化的源头，又是汉唐丝绸之路必经通道；这里是“关中塔庙始祖”，又是佛教朝拜的中心；这里的珍贵文物既有丰富的历史背景，又有极高的文化内涵。在当今中国，这里的历史文化地位是独一无二的，别处无法替代。在这里，历史的辉煌与现实的绚丽相衬映，中原文化与西域文化相汇合，儒学与佛学相交融，皇室生活与乡土生活相比翼。中国人与外国人、国家元首与普通百姓、学者与大亨、有神论者与无神论者，都可以翩然而至，优游其中；爵士摇滚乐与软悠悠的拜佛曲，都可以回荡在蓝天之下、黄土之上。

我们热切地冀盼着，在这个诗与梦的世界里，诞生出史诗般的皇皇巨著。

1994年11月，我随文化代表团到台湾进行两岸文物与博物馆事业展望与交流，深切体会到台湾同胞对法门寺深厚的感情。这是很大的动力，激励着我们这些历史宝库的守护者发奋进取，弘扬华夏优秀传统文化，团结炎黄子孙，促进现代文明与世界和平。《万世法门》为这座法门寺历史宝库开了一个新的窗口。它将是法门寺文化的进一步展示，我们热诚欢迎台湾学者参加这一行列，并且怀着殷切的希望，敬邀台湾同胞光临法门寺！

《万世法门》一版之后第二年11月，法门寺迎来开放十周年的历史节庆，法门寺举行了佛教传入中国两千年纪念、地宫唐密曼荼罗开光、澄观法师退居暨净一法师升方丈座庆典；法门寺博物馆在西安人民大厦举办首届法门寺唐文化国际学术研讨会，万人云集，佛祖之国印度、尼泊尔驻华大使等中外专家学者五百人出席，大会向社会正式推出了“法门学”，甚是壮观。年底，法门寺博物馆归省上直管，法门寺文化建设力度加快，2001年11月，3600平方米的法门寺文化文物陈列完成；2002年2月23日到3月31日，台湾同胞迎请法门寺佛指舍利入台供奉瞻礼，“佛手牵两岸，雷音震五洲”，法门寺文化又一次让世界刮目相看。法门寺圣地文化建设步伐加快，请看，2003年完成了3000亩的规划设计；2004年第三届法门寺茶文化国际学术研讨会召开；2005年法门寺佛指舍利入韩国供奉瞻礼；2006年保护法门寺的历史功臣朱子桥文化业绩座谈会召开、纪念馆开放；2007年法门寺圣地区域建设开工。2009年5月9日，十万之众云集法门寺，举行合十舍利塔落成暨佛指舍利安奉大典，这是大唐王朝昭命法门寺地宫封门1135年、明代建塔400年、朱子桥修塔70年的历史总结和盛大庆典。在这如来家业的荷担之地，在中国佛教史上庄严辉煌的日子，世界仅存的佛祖释迦牟尼真身指骨舍利，被安奉在法门寺新落成的世界最高佛塔——合十舍利塔中。塔高148米，为佛家双手合十，汲取历史和当代人文精髓，融合我国与世界著名建筑创意，象征着和平和谐与吉祥如意，凝聚着佛教文化的精华，承载着佛教信众及人类的美好愿望，释放着历史文化的巨大能量与灿烂魅力。人们看到，塔下的平原，曾经是周朝的发祥地，中华文明在这里发源。两千年前，佛指舍利到了这块宝地，与中华文化结下了不解之缘。一千年前，经过大唐盛世的多次供养，佛指舍利与大唐供佛珍宝、佛法的大千世界藏而不露。现在的新千年、新世纪，佛指舍利再现人间，在合十塔里光照环宇，这就是千载佛家圣地、万世人文经典。由此展开，法门寺将建设成为集历史文化与佛教文化为一体，由佛法僧三区组成，融合中国和世界佛教历史、人物、教义、教理、文化、艺术、建筑、景观等等为一体的佛教圣地文化区、世界级佛文化交流平台和旅游览胜的重要目的地；将使前来瞻礼和观光的人们，都能领略到文化的魅力，获得身心的愉悦，祈福美好的愿望，从而在我国和谐社会建设和世界文化交流中发挥更加积极的作用。

如今的法门寺是海内外瞻礼朝拜的圣地、文化交流的胜地和旅游观览的盛地。自出版以来，《万世法门》见证了这大唐盛世“穷天上之庄严，极人间之焕丽”；再版之后，《万世法门》将推动新世纪、新千年法门寺文化大放异彩！

韓金科

2011年5月于西安

【简介】韩金科，1946年生，陕西扶风县法门镇人。1979年入陕西省专业理论班学习马列主义理论和中国思想史，1981年毕业回扶风县，后任县文化局长，组织编写扶风县文物志、文化艺术志、社会风俗志，并编排新历史剧《班超》、《郦娇奴》等。1985年起负责法门寺残塔拆除、塔基发掘；1987年4月起参与组织、领导了法门寺唐代地宫的考古发掘和法门寺博物馆筹建；1988年起任法门寺博物馆馆长、研究员。自后组织起法门寺文化研究会，先后召开了法门寺历史文化、佛教文化、文学艺术、大唐茶文化、秘色瓷、唐密曼荼罗文化、唐文化等十多次大型国际学术研讨会，形成了法门寺文化和法门学。编著《法门寺》、《法门寺文化史》、《法门寺文化与法门学》等六部，与人合著《法门寺地宫唐密曼荼罗之研究》，在海内外学术刊物发表论文二十多篇。

# 序 章
# 地宫藏宝之谜

公元873年，大唐咸通十四年。

这年春，以黄土凝成的关中大地，经历了一个严冬的酷冷和干旱之后，依然没有一丝普洒甘霖的迹象。

爆裂炸开的黄土被清冷的朔风裹挟着，腾起片片遮天蔽日的烟尘，从北方大漠深处呼啸翻卷，压城而来。

大唐帝都长安城天昏地暗，日色全无，大有顷刻被这黄土黑风掩没摧垮之势。

唐皇室专管占卜的钦天监从来没有这样忙碌和慌乱。

天象异兆与各种神秘恐怖的流言随着黑风黄尘接踵而来。

此时，唐属诸藩将士早已长弓在手，利箭搭弦，只待一声令下，便刀兵相向，拥主自立。

掩映在山野农田中的草莽英雄，也已聚众密谋，磨刀霍霍，伺机举事，杀奔长安。

从王室庭院到山谷旷野，普天之下，马萧萧，车辚辚，战旗飞扬，刀枪蔽日，撼天震地的大混战即将爆发。

此时的大唐皇室，如同坐在一个被点燃引线的火药桶上，只待月黑风高之时那惊天动地的一声爆响。

——一个黑色的年代，一个不祥的春天。

早已焦头烂额的大唐懿宗皇帝李漼，在九重深宫抱着他的爱妃长叹一口气之后，终于下定决心，要把自己和整个王朝的命运托付给神通无边的佛祖释迦牟尼①。他诏令供奉官李奉建及大批群臣高僧，去凤翔法门寺迎请佛骨，以图岁丰人和、四海无波、八荒来服。

三月二十九日清晨，位于皇城长安西二百多里的关中塔庙之祖——扶风法门寺，香烟缭绕，梵音不绝。一排排朱红色的大殿簇拥着释迦牟尼真身②宝塔，在拂晓的曙光烟尘中，显得格外庄严雄伟，肃穆神秘。

铿锵于天的钟声在法门寺轰鸣而起。

大雄宝殿朱门嘎嘎地轰响着洞开而来。披甲戴胄的御林军骤然握紧了手中凄冷的兵器，如林的刀矛剑戟闪着瘆人的光辉。

身穿五色木棉袈裟的内殿首座③僧澈大师，怀抱盛装佛指舍利的水晶宝函，在中使太监及左右街僧录④清澜、大教三藏遍觉法师智慧轮、国外高僧天竺沙门⑤僧伽提和等大德⑥高僧的侍奉下，脚踏五彩锦绣绫罗，缓缓走出大门。

霎时，整个寺院鼓乐齐奏，钟磬共击，宝帐升腾，香辇移动。晨曦初照下的八百僧众，在流金溢彩的甬道两侧屈身合掌。“南无本师阿尼佛陀”的念诵之声似江海巨浪，翻腾起伏，涌动不息。

这是大唐帝国历史上第七次迎奉释迦牟尼真身佛骨。

从法门寺到长安城二百多里的大道上，车轮滚滚，彩旗飘飘。汗流满面的禁卫御骑日夜不停地向朝廷飞报佛指舍利的所到之处。

四月初八日，黑风黄尘卷动着迎佛队伍进入长安。

从开元门到安福门，早已是五步一棚、十步一楼地事先搭起了镶金挂银的楼棚彩塔。浩浩荡荡的御林军仪仗队、侍奉佛骨舍利的大德高僧，争相围睹的京城百姓以及四方豪门、善男信女，将长安城宽敞的街道拥堵得水泄不通。皇室与民间的各种乐器争相鸣奏，唢呐声声，鼓钹震天，诵经拜佛之声惊天动地。

伟大的先知释迦牟尼佛的恩泽圣光，使迎奉的人群如醉如狂，举止行为越来越超凡脱俗和惊心动魄。先知的圣光已形成强大无比的磁场，使千万芸芸众生忘乎所以而不能自制。

在呼天抢地的瞻礼队伍中，有一军中小卒，忘记了自己护卫的使命，拼命挤到舍利宝函前，抽出携带的腰刀，“咔嚓”一声劈下自己的左臂，然后用右手抓起血淋淋的左臂举过头顶，一步一礼，叩首膜拜，那滚烫的热血溅湿了无数朝圣者汗渍淋淋的衣衫，染红了披金挂彩的长安大道。

为表示对佛祖的虔诚，继军中小卒之后，不惜断肢砍臂的僧徒道童、平民巨豪越来越多，一时竟有数千人烧顶断臂，断指舍身。而大唐懿宗皇帝李漼，更是按捺不住心中的狂涛巨澜，当他在群臣妃嫔的簇拥下登上安福门，望见佛骨宝匣时，慌忙走下城楼跪地下拜，激动得热泪滚滚而下，哭喊着说道：“但生得见，殁而无恨也！”

正当佛指舍利在长安城皇家寺院——崇化寺供奉之时，咸通十四年（873年）七月，懿宗皇帝李漼气绝身亡，撒手西归。

这年十二月，新即位的12岁大唐天子唐僖宗李儇，见他们父子祈求的岁丰人和、四海无波、八荒来服的中兴局面迟迟没有到来，便匆忙下诏送还佛骨舍利于法门寺。

乾符元年（874年）正月初四，佛指舍利连同皇帝、皇后、王公贵族赐赏的大量珠玉珍宝、法器秘物、玉棺金箧，被送至法门寺院。

翌日零时，法门寺当寺三纲⑦义方、敬能、从谭以及真身院隧道僧宗奭、清本、敬舒等六位高僧，借着月黑风高的茫茫夜幕，在御林军的监护下秘密撬开地宫石门，将珍宝悄悄藏于宫内。天至四更时分，寂静、清冷的夜色中，“嘎嘎”的几声石门撞击的响动，幽深灰暗的地宫大门顷刻封闭。随着最后一丝微弱的光亮悄然熄灭，整个寺院又恢复了往日的肃穆与宁静——大唐历史上最后一次迎奉佛骨的活动宣告结束。

就在法门寺地宫被密封的同年，大唐皇帝端坐的火药桶终于引爆。先是河南长垣王仙芝带领数千人起义，接着是黄巢率众响应，大举反唐。长安皇城破陷，僖宗出逃蜀中。接着是藩将倒戈，外族入侵，内军哗变，中华大地开始了旷日持久的征战厮杀。

以长安为政治中心的大唐帝国在腥风血雨中气数已尽，迅速向死亡的深谷滑去……

随着百年战乱的平息、朝廷的更替以及中国政治舞台的逐渐东移，关中周原[⑧]大地那战车的辙道、骏马的蹄印、将士的血滴，渐渐被岁月的流水冲刷得模糊不清。那盛极一时、声震四海的法门寺也已在战争的烟火中变成残垣断壁，荒草飘动。而那光照人寰的佛指舍利连同神秘的地下玄宫中的无数珍宝，在一夜之间悄然消失了。它的真伪及地宫的方位与形貌，如同古罗马的庞贝城和《荷马史诗》中描绘的特洛伊古城一样，再也不被世人所知，并成为千古之谜。

星转斗移，阴阳轮回[⑨]。

终于，沉闷的历史在静寂了千年之后，爆发了第一声惊雷。

1987年4月9日，遁失了1113年的法门寺地宫大门又轰然洞开。

于是，板结、沉睡的古周原惊醒了，地球人类震撼了。一个古老辉煌的帝国再度展示了它的盖世雄风。一个万世不灭的伟大圣者，带着深邃的智慧和普度众生的慈心悲愿，从容庄重地步出幽暗沉寂的地宫，来到了他熟悉而陌生的俗世凡尘。

于是，三千大千世界[⑩]的芸芸众生，带着诸多烦恼和痛苦，在佛光烈烈的映照中，沿着圣者指引的方向，步入光明解脱的西天净土。

法门寺地宫的洞开，连同万世不朽的圣骨以及奇珍异宝的面世，预告着一部绝不应该湮灭的辉煌的历史书卷，将重新昭示于人间大地。

——一切的故事，将从这里开始。

## 注　释

①释迦牟尼：佛教始祖，亦称释迦文佛、世尊。梵语意为释迦族的觉悟者或圣者。

②真身：指释迦牟尼的生身舍利。或译作设利罗、室利罗，亦称舍利子，意为尸体或身骨。相传是释迦牟尼遗体火化后结成的圆珠状残留物，后亦指德行高深之僧人火葬后的骨烬。佛经中说舍利有法身舍利和生身舍利二种，法身舍利即释迦牟尼所说的一切大小乘经卷，生身舍利则为如来灭后所留身骨，使人天永获供养之福德。

③内殿首座：首座，或称上座，寺院最高职位的僧人，负责弘讲佛法。一般取年德较高而有办事能力者充当，居席首端，处众僧之上。后亦作为对僧人的尊称。内殿首座，即宫中内道场的高阶僧侣。

④左右街僧录：僧官名。左右街，唐代长安城分为左三街、右三街。唐初僧尼隶属于祠部，德宗贞元四年（公元788年）时置左右街功德使，掌寺院僧尼帐籍、僧官补授及修建官寺之事。宪宗时又在左右街功德使之下分设僧录。

⑤沙门：佛教称谓，亦作娑门、桑门等，意为息心修道。原是印度反婆罗门教思潮各个派别出家者的通称，佛教盛行后，专指佛教僧侣。

⑥大德：佛教称谓。指有大德行者，原为对佛、菩萨或僧人中的长老之敬称，后泛指高僧。隋、唐时设置“大德”为僧官，任命德高望重的僧人为之，统管僧尼事宜。唐宪宗元和以后，僧官和道士多加上“大德”的称号。

⑦三纲：指佛寺中的上座、寺主、维那（一说为上座、维那、典座）等三大僧职，选有德之人担任，以提挈僧纲，管理寺务。

⑧周原：位于今陕西扶风县和岐山县之间的黄土高原上。据史籍记载，周文王的祖父古公亶父，为避戎祸，率众迁徙于岐下，就在这里营筑城郭，成为周人早期的统治中心。经过王季、文王两代的经营，周的势力更加强大，至文王与武王时，才把国都迁移到现今西安市附近的丰镐，但周原仍是西周的政治重地。

⑨轮回：也作生死轮回、轮回转生、沦回、轮回、轮转、流转等。意谓世界众生莫不辗转生死于六道（天道、人道、阿修罗道、地狱道、饿鬼道、畜生道）之中，如同车轮旋转不停，唯有成道的人能免受此苦。轮回观本是婆罗门教教义，认为四大种姓（婆罗门、刹帝利、吠舍、戍陀罗）及贱民在轮回中永世不变。佛教继承此说，但主张在善恶因果业报面前，众生一律平等。

⑩三千大千世界：佛教名词，简称大千世界。以须弥山为中心，七山八海交绕之，更以铁围山为外郭，是谓一小世界。合一千个小世界为小千世界，合一千个小千世界为中千世界，合一千个中千世界为大千世界，总称为三千大千世界。后泛称广阔无边的世界。

# 第一章 灵　光

电光闪过，惊雷骤起。狂风暴雨中，称雄于世的法门寺十三级八角释迦牟尼真身宝塔轰然倒塌。久远的历史伴着伟大先知那或喜或悲的遭遇，再度唤起万千众生的记忆……

## 宝塔轰然崩裂

1981年8月23日。

中国西部八百里秦川[1]上空，乌云翻滚，雷声阵阵。

持续了十几个昼夜的秋雨，依然向这块古老的土地倾泼不绝。几乎每一条河流沟壑都发出了爆满后的咆哮奔腾之声。

子夜时分，位于关中古周原腹地的扶风县法门寺内漆黑一团。阵阵狂风卷动着万缕雨柱，在幽深破落的寺院呼啸奔腾，疯滚乱舞。大殿、宝塔在雨幕的捶击重压下，发出凄惨而神秘的怪吟。此时的大地、寺院、苍天，一片迷茫，一片混沌。

一丝光亮映亮了寺内后殿的梅花八棱窗。法门寺住持澄观法师穿衣坐起。一股劲风夹着密集的雨柱，如同两军阵前的乱箭，贯窗而来，破旧的梅花八棱窗发出一阵“嗡嗡”的声响。

澄观法师俯身窗前，透过窗纸的裂缝向外窥望，寺内一片漆黑，什么也看不见，只有风的啸叫、雨的翻腾，还有不时滚过的骇人的雷声。

他斜卧在床上，抓过身旁的一串念珠，下意识地反复捻动着，佛法的魔力使他渐渐进入了一种似睡非睡的状态。

忽然，他打了个激灵，猛地坐起来，望着忽明忽暗的灯光怔怔地发呆。

刚才，他似梦非梦地听到了一声奇特的声音——一种缥缈于尘世之外的不同于常人的声音。由于风雨雷电的干扰，声音中所传递的信息没能清晰地接收。

但此时，他已经隐约地感到，一件震撼千古的大事就要在身边发生了。

法师急忙穿衣下床，找来一顶雨具罩在身上，向外走去。

一扇破旧沉重的朱漆木门刚刚打开，急速射进的风雨就将他撞了个趔趄。

“阿弥陀佛，罪过……”他默念一声，尔后踉跄着冲进了风雨交加的夜幕之中……

穿衣待出的澄观法师

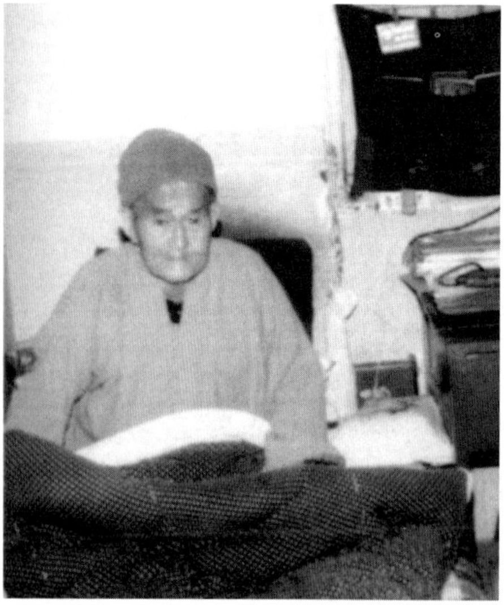

大雄宝殿沉重宏大的木门被“吱吱”地推开，澄观法师抖动着雨水摸了进来。

蜡烛燃起，宽阔空灵的大殿洒满了斑斑点点的亮光。泥塑的佛祖释迦牟尼端坐殿前，以一副慈悲救世的面容和心态，静静地望着这个半夜造访的虔诚信徒和伺奉者。

三炷香火在神圣高大的佛祖塑像前忽明忽暗地焚烧起来，缕缕烟丝在空阔的大殿上空环绕升腾。

木榻蒲团上，澄观法师盘膝打坐，手捻佛珠，口诵《涅槃真经》，进入了一个静谧而神奇的境界。

大殿之外，雨还在下，风依旧刮。随着一阵炸雷滚过，寺院内骤然响起了“嘎吱、嘎吱”的爆裂声；殿外一棵苍松被拦腰折断，蓬松硕大的树头被狂风卷向半空又摔落在殿顶，尔后“哐哐啷啷”地滚于殿前。

几乎与此同时，澄观法师在《涅槃真经》的神助下，又一次捕捉到了先前那来自尘世之外的神秘声音，这种声音清晰可辨又无法言传。

澄观法师心如刀绞，宽阔明亮的额头沁出点点汗滴。看来一切都无法避免了，法门寺真身宝塔的涅槃②就要来临。他不知道这次事件的发生是悲是欢、是忧是乐，他无可奈何地在心中默念一声“罪过”，便收住手中环滚的念珠，转身屈膝，伏拜在香案之下，朝佛祖塑像连叩三个响头，尔后双手合十，缓缓站了起来。

他悲喜交集，热泪盈眶……

法门寺释迦牟尼真身宝塔涅槃的时刻就要到了。在这最后一刻，他将僧众聚集到大雄宝殿前，口念真经，为佛祖祈祷。

与此同时，远在万里之外的印度新德里城外阿育王寺的慧果大法师，缅甸王国仰光大昭寺的贤能法师，都捕捉到了法门寺真身宝塔行将涅槃的神秘信息，他们各率众僧，设坛诵经祈拜，为万世不休的圣者默默祝福。

历史忠实地记下了这个时辰：公元1981年8月24日上午10时。

法门寺宝塔崩裂

法门寺大雄宝殿前的澄观法师，突然挥手制止了众僧的诵经祈祷。淫雨劲风中，只见一块硕大无比的七彩云头，自西南方向飞卷而来，其声势如千鼓齐鸣、万马奔腾。随着一道蛇状的电光刺向法门寺院落，真身宝塔上空腾起一个光照天地的火球，接着是一声惊心动魄的爆响。霎时，矗立了四百余年的十三级八角释迦牟尼真身宝塔如被锋利的钢刀从刹顶劈下，齐刷刷竖崩掉一半。

山摇地动中，残砖碎瓦连同几十尊铜质佛像和大批珍贵的宋元版《碛砂藏》③经善本四散飞落，股股白烟自塔心向外升腾喷涌，一阵高过一阵。风雨飘摇中的半边宝塔顶部，随着白色烟雾的升腾，又喷射出七彩光环，每隔数秒重复一次。与此同时，几百只鸽子排成圆形的仗阵，在宝塔上空盘旋飞舞，鸣叫不止。在场的每一位僧人，都听到了仙乐从空中飘下，自地气中溢出，整个法门古寺飘荡起花草鲜露的芬芳、仙果醇乳的馨香。

众僧如痴如醉……

法门寺释迦牟尼真身宝塔的轰然崩塌，撼动了三千大千世界的芸芸众生，惊醒了遗落在古周原的千年旧梦。

翌日晨，佛祖的故乡——印度阿育王寺主持慧果大法师报请新德里广播电台向世界发布了如下新闻：

> 惊悉中华人民共和国陕西省法门寺大圣真身宝塔，由于连日暴雨，于昨日凌晨北京时间3时57分（实为10时——作者）不幸崩塌，印度佛教界同仁向法门寺长老致以诚挚的慰问并转告关切之情……

法门寺僧众感应图

紧接着，日本、泰国、缅甸、尼泊尔、马来西亚、中国香港、新加坡、美国、苏联、加拿大、民主德国、阿富汗、埃及、叙利亚等三十多个国家和地区的不同宗教、不同信仰的组织和个人，相继向中国佛教协会、中国人民对外友好协会、陕西省宗教事务局发来电报，真切而诚挚地表达了对法门寺真身宝塔的关切和对众僧的问候抚慰之情。

一个星期后，中国新闻界首次向世界播发了消息，证实了法门寺宝塔崩塌的事实。

法门涅槃，世界哗然。全人类都在注视着那位伟大的圣者，是否还能转世重生，法门寺是否还能重现昔日的盖世雄风……

## 佛祖诞生

1978年，美国著名学者麦克·哈特出版了一部《世界百位名人录》的论著。这部论著在美国初经问世，便轰动一时，旋即成为全美畅销书并传遍世界各地。书中，作者把人类自创世纪以来的第四把伟人的交椅给了佛教的创始人、同时又和法门寺有着骨血之连的佛教圣祖释迦牟尼，位列耶稣基督之后、孔丘之前。

不论麦克·哈特的排列正确与否，但有一点却是不可更改的事实——人类无法绕开这个伟大的名字去谈论文化发展史，尽管这个名字已变得十分久远和古老。

让我们沿着时间的长河，回溯到二千五百年前……

在古印度的北部，白雪皑皑的喜马拉雅山南麓，位于巴格马提河和比兴马提河的交汇口处，有一个富裕的国家——迦毗罗国。

这个国度四周环山，土地肥沃，人丁兴旺，气候宜人。在三千大千世界中，它像一颗光华璀璨的珍珠，镶嵌在群山环抱的无垠绿洲之中。

迦毗罗国的国王净饭王，是释迦族中一位德高望重的族长。自从做了国王之后，这个国家被他治理得兴旺发达、繁茂鼎盛。

净饭王的王妃摩耶夫人，性情温和贤淑，美丽绝伦。自从她

摩耶夫人像（铜质，现藏大英博物馆）

十八岁被选进王宫做了王妃之后，夫妻两人情深意笃，恩爱异常。日子像花丛掩映的流水悄悄流逝。

渐渐地，一个看不见的阴影笼罩了王宫。王妃摩耶夫人进宫一年有余，却没有半点怀孕的迹象。净饭王当然希望美丽的夫人能给自己生一个儿子，每当他退朝回到后宫，一股空虚和寂寞便悄然而生。望着四壁豪华艳丽的陈设，净饭王更是愁眉不展，长吁短叹。他多么希望有一位儿子，一位能够嗣位的王子呵！

这是一个秋日的黄昏，净饭王正同摩耶夫人坐在花园里聊天。西方的天际残阳如血，点点云朵似盛开的鲜花，在微风中摇荡飘舞，天地构成了一幅奇特瑰丽的画面。

净饭王正同夫人看得高兴，忽然，从园内的一侧走进一对梅花鹿，一只幼小的鹿蹦蹦跳跳地紧跟在后面。只见小鹿蹦跳着一头扎进母鹿的腹下，仰着头要吃奶。母鹿停下来，伸长脖子爱抚地舔了舔小鹿的头，便躺卧在地下，伸开四肢，任凭小鹿在它的香乳上胡乱地吸吮，那头公鹿在旁边悠然自得地用舌头舔着小鹿身上的绒毛……

这种亲热的舔犊之情，使净饭王喜不自禁。他拉起摩耶夫人走下台阶，又从身边的竹林中折下几枝竹叶去喂梅花鹿。

让净饭王意想不到的是，摩耶夫人两眼垂泪，“扑通”一声跪倒在地，求他另纳宫妃，以便生儿育女、继承王位，使净饭王族代代相传。

净饭王心中涌起一股暖流，他急忙扔掉手中的竹枝，双手将夫人搀起，掏出一块黄绢为夫人把泪擦干。“夫人聪明贤惠，朕甘愿将王位让出，也绝不会舍弃夫人，再纳宫妃。”净饭王极为真诚地说。

“感谢大王厚爱。只是大王你听我说。”摩耶夫人依偎在大王的身边，思潮起伏，泪水再度滚滚而下。“自古以来，一国之君都有无数妃嫔妻妾，陛下为什么不另纳宫妃，为夫君生儿育女，传宗接代？依贱妾看来，大王还是另选几个年轻貌美的女人，好让她们为您生一个聪明可爱的王子。”

净饭王倔强地摇摇头：“命运如果注定要断送朕的江山，纵然娶遍天下美女，又有何益？还是听凭自然吧。夫人不要再胡思乱想了。”

净饭王说着，将摩耶夫人紧紧搂在怀中，用手轻轻地梳理着她那长长的秀发……

岁月如水。

一晃二十多年过去了。摩耶夫人已年近四十，但仍没有生儿育女的兆头。眼看又一个春暖花开的季节来临了，为了减轻夫人的烦恼，净饭王抽出大量的时间陪夫人在御花园饮酒赏春。

这天晚上，摩耶夫人躺在丈夫的怀里，净饭王为她盖好被子，用宽厚的大手抚摸着她的胸部，使她陡然增添了一种甜美、一种幸福、一种只可意会不可言传的感觉。渐渐地，她全身一阵酥软，愉悦得失去了知觉，进入了一种似梦非梦、缥缈欲仙的境界……

蒙蒙眬眬中，摩耶夫人看到一个相貌堂堂的大汉，骑着一头白象向她奔来，人和象的周围飘荡着五彩祥云。当来到她面前时，人和象突然越来越小，围着她转了几圈，尔后猛地从她的右肋处钻入她的腹中。摩耶夫人大吃一惊，骤然大喊一声转醒过来。她望着华丽的卧室和金线流苏的帷幔，抹了一把额头的冷汗，方才知道刚才是做了一个离奇的梦。

乘象入胎（木刻，清乾隆年间刻印）

她急忙唤醒身边的丈夫，把刚才自己梦见白象入腹的事详细讲了一遍。净饭王觉得不可思议，思虑再三，认为这可能是个吉兆。

自从做了白象入腹的梦和听了丈夫那宽慰的话后，摩耶夫人似乎感觉到了一种希望，这种朦胧的希望，使她再也不像以前那样烦恼忧伤了。她变得又像当年结婚时那样天真活泼、热情奔放，充满了往日的风采与活力。她感到一种隐秘的祥兆就要在自己身上应验了。

不久，摩耶夫人有孕的消息就传遍了整个王宫。紧接着，喜讯传遍了全国。朝野上下，全国百姓，以惊喜的心情盼望着夫人吉日分娩。

只见摩耶夫人俏丽的脸上微微泛着红晕，那色彩鲜艳的绿色领口花边，像一片水中荷叶，映衬着那动人的脸庞，如同一朵晨曦中绽开的荷花。那一双黑而光亮的明眸，如同在春风中荡动跳跃的莲子，美不可言。国王望着美丽绝伦的夫人，憧憬着更加美好的未来，心情激动难抑，他颤抖着搂住夫人，断断续续地说："不久我的儿就要出生了，你我有望，国家有望了……"

此时的摩耶夫人更是心花怒放，如痴如醉。她在幻想着未来儿子的模样，她要用自己醇香甘甜的乳汁，把这位未来的迦毗罗国的继承人——她心爱的王子抚养成人，好让他登上国家大位，成就天下伟业……

正当净饭王和夫人在梦幻中陶醉、在憧憬中痴迷之时，摩耶夫人怀胎已十月有余，但身体仍旧如常，不见有丝毫临产的征兆。朝野上下议论纷纷，净饭王本人也大惑不解。为弄清其中缘由，大王传旨，召一位德高望重的星相家进宫问见。

鬓发苍苍的星相家来到宫中，仔细打量了摩耶夫人那俏丽的脸庞和极具灵性的双眸，对疑虑重重的净饭王拱手说道："恭喜大王陛下，王子再有四个月就出生了。"

净饭王听罢目瞪口呆，自古以来，只听说十月怀胎，一朝分娩，从未见过有怀胎十四个月才分娩的婴儿。大王哭笑不得地摇摇头，表示不敢相信这个摸不着边际又违反常规的道理。

老星相家再次拱手施礼，喘着粗气断断续续地说："国王陛下，我刚才的话没有半点虚假。星相学中，按各自的天赋智慧，将人类分为五等。第一等是圣人，第二等是贤哲，第三等是明达，第四等是常人，第五等是愚顽。因而相书上有圣人十四月而生，贤哲十二月而生，明达十月而生，常人九月而生。若八月而生者，必是不可教化的愚人顽者。大王陛下，我看夫人怀的必是圣人之胎，故非十四个月不能出世。夫人能养育圣人，这是整个迦毗罗国的大福呵！”

净饭王听罢，哈哈大笑，疑窦全消。他下令重赏此人，并召百官摆宴庆贺。

光阴似箭，日月如梭。不觉摩耶夫人已怀胎十四个月，临产的日子就要来到了。

按照时俗，孕妇必须回到娘家去生产。尽管摩耶夫人贵为王后，也必须恪守这种古训。

这是一个百花盛开、阳光明媚的春日。摩耶夫人在宫女侍臣的护送下，离开王宫到她的故乡——拘利族天臂国娘家准备分娩。

当护送的车队行至国都城外蓝毗尼的时候，摩耶夫人被此处明媚艳丽的春光所陶醉。她忘记了自己不适的身体和肚腹中翻转碰撞的胎儿，命令护卫停车赏春。

车队缓缓停下，摩耶夫人从车上走下来，投入到春天的怀抱。

蓝毗尼迷人的风光使摩耶夫人流连忘返。碧绿的湖水微波浩淼，

释迦牟尼诞生地蓝毗尼

太子诞生图（清代木刻）

迷雾升腾。湖边翠柳飘荡，春风依依，枝头小鸟啼叫，遍地鲜花盛开，彩蝶飞舞……正在这时，摩耶夫人忽然觉得肚子阵阵作痛，刚想转身上车，不料惊动胎气，羊水迸出，身下一片血红，王子降生于大地了。

摩耶夫人仰靠在湖边一棵无忧树下，幸福地闭上了双眼……

小王子一出世，便挣脱母体，蹦到湖中伸出的一尊莲花之上，一手指天，一手指地，大声说道："天上天下，唯我独尊。"

这时，大地微微颤动，天空的五色彩云飞卷而来，两道银线似的甘露净水自云端缓缓降下，沐浴着王子的肉体。天空大地百鸟歌唱，天乐鸣响。小王子周身散发着馨香圣光，微笑着迈向人间大地。

——这一天是公元前565年，阴历四月初八日。

多少年后，这位王子修道成佛并成为始祖，他的弟子们将这一天称为"浴佛节"或"佛诞节"。

## 悉达多悟道成佛

释迦牟尼降生（铜像，美国旧金山亚洲美术馆藏）

摩耶夫人半道上生下了一个连蹦带跳、指天戳地的男娃后，顾不得再回娘家，随从的宫女侍臣急忙把夫人和刚出生的小圣人抬上车，向王宫急转而去。

侍臣把太子降生的喜讯禀报给净饭王，并说出了那太子降生后指天戳地、大声呼喊的所作所为。净饭王听后大骇不已，急令群臣将刚从南边一个邻国来的大星相家阿私陀请来为太子占卜星相。

阿私陀来到王宫领取了旨意，一位宫女把太子抱来，放在殿前的龙座上。

号称大仙人的著名星相家阿私陀望着太子，急忙将散落在额前的白色长发向后捋了几把，又极度惊恐地瞪大了眼睛。整个大殿沉闷无声，所有的人都紧紧地盯着这位大仙人。

只见这位星相家突然老泪纵横，当众嚎啕大哭起来。

站在两边准备祝贺的宫女侍从傻了，满朝文武重臣懵了，净饭王脸色铁青，终于忍无可忍地怒吼道："阿私陀！在这举国欢庆的大喜日子里，你竟然当众出丑，究竟是为了什么，难道你想咒我太子不成……"

阿私陀听到这里，知道自己失态，心中打了个寒噤，"扑通"一声跪倒在净饭王的面前，连忙叩头谢罪："大王息怒，请饶恕老夫的失态吧！"阿私陀嘴唇颤抖，泣不成声。"不瞒大王说，这位太子的相貌太奇特了，太伟大了……如果将来继承王位，不但善理朝政，使国家繁荣富强，而且会用他的大智大勇统一整个世界。"

净饭王听着阿私陀的话，半信半疑，脸上的怒色有些消融，但仍余气未消："既然如此，何必痛哭?！"

阿私陀抬头抹了一把垂于前额的花白头发，停住哭声，辩解道："以臣愚见，从相法上看，如果太子要是出家修行，将来会成为全人类的救星，成为万世不朽的圣者。可惜……"

阿私陀讲到这里，哭声又起，呜咽不止，极为悲怆遗憾地说："可惜愚臣年迈将休，怕是看不到太子成功的那一天了……"

阿私陀说着，老泪横流，伏地不起。

净饭王终于明白了这位大仙人嚎哭不止的缘故，不禁仰头哈哈大笑起来："仙人何必为此忧伤，我看你会活到太子成功那一天的。到那时，一定请你参加太子的庆功宴。"

净饭王情绪激昂，心潮起伏涌动，他的脸上荡漾着幸福惬意的微笑，对阿私陀说："大仙人，再烦您费心，为太子取一个名字吧！"

阿私陀再次跪拜，用沙哑的嗓音回答道："能为太子取名字，乃愚臣的造化，三生有幸啊……我看就叫悉达多吧。这个名字的含义是成就一切，和太子本来要成就的功业正好吻合，不知国王陛下以为如何？"

净饭王看看满朝文武，众臣一齐跪倒，连声呼喊："恭贺国王陛下。”

“好，就叫悉达多！”净饭王一锤定音，命宫女侍从摆宴庆贺。

这时旭日东升，金色的霞光洒遍了整个王宫大殿，大殿内外一片欢腾。

就在这朝野上下一片欢腾祝福之时，摩耶夫人却因野外临产，邪风侵入体内而身体越来越坏，到第七天，便告别了人世。

净饭王喜得太子，又不幸丧妻，一得一失，使他痛苦万分又有些欣慰。为了抚养年幼的太子长大成人，不久，净饭王又选摩耶夫人的妹妹摩诃波阇公主为妃。从此，摩诃波阇公主以母亲的身份和爱心对年幼的王子百般照料。

冬去春来，光阴荏苒。悉达多太子在姨母的精心照料下，已到了大婚的年龄。净饭王和姨母便不失时机地选娶了拘利国国王的耶输陀罗公主与太子成亲。一年后，耶输陀罗公主又为国王生下了一位白白胖胖的皇孙。净饭王惊喜之中，赐皇孙名字为罗睺罗。

悉达多太子在皇宫中住了近二十年，越来越觉得宫中生活呆板沉闷，缺少活泼清新的气息。终于有一天，他禀报国王，要去城外看看美丽的春光，呼吸一下新鲜空气。他的禀报得到了国王的恩准。

悉达多太子坐着一辆专为春游用的象车，带着大批随从，走出宫门，来到田野。

太子端坐车中，深深地呼吸着春天的馨香，顿觉心旷神怡。他走下象车，踏着草地，沿着河岸缓缓前行，不禁为满目的人间春色所陶醉。

当他来到一片丛林之中时，突然看到一群喜鹊正在和一群乌鸦争斗。他站在一边，静静地看着，许久才明白原来是乌鸦要抢占喜鹊的窝，喜鹊当仁不让，于是双方发生一场厮杀搏斗。交战双方均是皮开肉绽，血滴飞溅，悲鸣不断。悉达多太子看着看着，不觉悲从中来，一股从未有过的阴影笼罩在他的脑际。他不明白，本来是喜鹊搭起的窝，你乌鸦为什么去抢占？难道飞禽走兽也像人类一样，相互争斗、相互杀戮吗？这样的争斗厮杀何时才能根绝？

悉达多太子不忍心再看下去，他拾起一块石头掷向树梢，惊飞了交战的喜鹊和乌鸦，然后登上象车，向宫中走去。

碧绿的丛林被甩在了身后，象车在春天的大路上滚滚向前。太子望着无垠的乡野田畴，心情轻松舒展了许多。

象车在疾进。突然，路边的沟中爬出来一个人，疾进的象车险些将他撞倒。赶象的御手急忙召大象向旁侧转进，象车连同车上的太子差一点被倾于沟中。

象车停下，前方的人也早已惊吓得不知如何是好。

太子、御手以及随行的侍从，纷纷从车上下来，高大粗壮的御手气势汹汹地要向站立的人问罪，手中的鞭子高高扬起，只待抽向对方。

悉达多太子走向前来，将御手隔在一边，细细地打量起这位呆立不动的人。

只见此人头发、胡子白如飞雪，面如黄蜡，满脸纵横交错的褶皱，全身上下骨瘦如柴，躬腰驼背，手里拄着一根木棍，情形极为可怜。太子上前扶住老人，亲切地问道：

“老先生，你从哪里来，又到哪里去？”

老先生似乎醒悟过来，望着太子那温和谦恭的面容，吃力地摇摇头：“我也不知从何处来，要到何处去。”

太子颇感奇怪，赶忙补充道：“我是问您家在何处，如果您要回家，我用车送您。”

老人摇摇头说道：“我是一个无家可归的人，就不要劳您大驾了。”老人的嘴一张一合，说话十分吃力。太子看到，老先生的牙已全部脱光，张开的嘴如同一个阴森森的黑洞，令人倍感岁月的沧桑、人生的短暂、命运的残酷。

一丝悲苦袭上悉达多的心头，他望着这位饱经沧桑的老人，再一次问道：“老先生，你有儿女吗？”

老人面带怒色，回答道：“儿女？有。可有儿有女又有什么用呢？他们嫌我老了，不能为他们做事了，就盼我早些死去，还把我赶出了家门……”

老先生说着，热泪浸湿了眼眶，花白的头发在春风中瑟瑟抖动。

“那我把您带回宫中，为您养老送终吧。”太子沉思了一会儿说。

老人止住了眼中的泪水，摇摇头，嘴唇嚅动了几下，苦笑着说：

"我十分感谢你的大恩大德，可我不能随你进宫。你可以给我饭吃，给我衣穿，可你无法让我的头发变黑，让我的聋耳听到声音，让我掉光的牙齿再生出来，我需要的是生命青春的再来。如果你能让我青春再复，我就随你进宫，如果不能让我恢复青春，那我随你进宫又有何益？"

面对老人那富有哲理的问话，太子无言以对。

老人失望地看了太子一眼，又躬身向他深施一礼，然后拄着拐杖，踉跄而去。

太子站在那里，呆呆地望着老人远去的背影，直到老人消失在丛林树木之中。

太子重新坐上象车，令御手驱车回宫。车过浮桥，进入城中，巍峨灿烂的皇宫就在眼前。悉达多太子似乎没有发现眼前气势磅礴的皇宫大殿，他仍在想着刚才的一切。

突然，象车又停了下来。随着车身急剧的荡动，太子回过神来。"出了什么事？"他问道。

一位侍卫官跑上来禀报："前边有一位麻风病人躺在大街中心乞讨，不肯让路，我已吩咐侍卫把他拖开。太子稍候，待病人移开，即可起驾。"

太子游南门见病人（明代壁画，山西崇善寺）

"是这样！？"太子沉思片刻，起身下车，对侍卫官说道："先不要动他，待我过去看看。"

太子来到麻风病人跟前，身子不觉一抖，差点呕吐起来。

只见一位四十多岁的男子躺在路中间，全身衣服破烂不堪，头发已经脱光，满脸脓疮，鼻骨已经烂掉，露着两个污秽恐怖的黑洞，两只眼睛向外浸淌着殷红的血水，看上去人妖不分、鬼魔难辨。那早已烂掉的双脚和双手，使他无力行走，只有滚爬在地，辗转行乞。

“老爷、太太们，可怜可怜我，给点吃的吧……”麻风病人全身痉挛着，用溃烂的手腕晃动着面前的一个破瓢，不时地向过往行人发出乞求的喊叫。

悉达多太子望着望着，不觉泪水溢出眼眶，他走向前去想说些什么，身边的侍卫官急忙上前挡住了他的去路，神情紧张地劝道：“请太子殿下留步，不要靠近病人，一旦被他传染，后果不堪设想……”

太子愣了下神，尔后推开侍卫官，大步来到麻风病人面前，躬身温和地说：“我很同情你的不幸遭遇，不过我没有带钱，只是身上这件衣服还能够换得钱来，你将它卖掉，换些钱治病吧。”太子说着，就要脱身上那件缀满珠宝的衣衫。

麻风病人吃力地坐起来，伸出一只溃烂流脓的胳膊阻止了太子的行动。他用含混不清的浓重声音说道：“虽说您的宝衣价值万金，可仍然不能使我的病治好，我这种病是人间无法医治的。尊贵的太子，我需要的是健康的身体，而不是珠宝。请问，您能给我一个健康的身体吗？”

太子摇摇头，表示对这种麻风病人的病情无能为力。然后长叹一口气，转身回到车中，命令驱车回宫。

车轮滚滚，旗幡舞动，太子的车队回到了皇宫。但此时车中的悉达多看到的不再是流光溢彩、雕梁画栋的灿灿宫殿，他的脑海里反复叠现着那个白发苍苍、无家可归的老人和倒在路中、全身溃烂的麻风病人。他的耳际只充斥着一种声音，那就是：“给我青春！”“给我健康！”

悉达多回到宫中，几天来一直闷闷不乐。当净饭王得知太子不乐，是因为在出游中遇到了一位老人和一位病人时，便下令召见全国各地的千村长来宫进见。

各地的千村长接到诏令，策马飞奔，日夜兼程，来到皇城王宫叩见国王。

净饭王向他们颁布了太子将再次出游的诏书，严令凡太子所到之处，沿途百姓一律回避。在太子驻足游玩之地，千村长要亲自主持准备一些欢乐的场面迎接太子，避免让太子看到不愉快的事。如有违犯，拿头谢罪。

诸位千村长知道事关重大，不敢轻视，慌忙谢恩叩拜，各回原处加紧布防。

在国王的命令下，太子又一次出游各地。

此次出游，果然与上次不同，太子车队所到之处，布满了鲜花、美女和欢呼的百姓。太子心中畅快了许多，精神为之大振。

这天，正当太子兴高采烈地向欢呼的人群挥手示意，表示自己与民同乐之时，前面的车队突然停了下来，人群一阵骚乱。

“何故停车？”太子问道。

一个侍卫官上前回禀道：“前边有一队送葬的人从这里经过，因怕惊动太子，所以我们的车队就停了下来。”

悉达多点了点头，从车上走下来，直奔骚乱的人群。

只见几个男人抬着一口黑漆棺木，一群女人和几个孩子跟在后边，嚎哭不止。十几个卫士跑过来，手执长剑，准备大开杀戒。几个抬棺的男人自知闯了大祸，扔掉棺木，拉起女人孩子四散奔逃。

太子命人召回了追杀的卫士，然后驱车回宫。

当他步入大殿准备禀报父王时，一个侍卫官急匆匆地跑了上来，大声禀报：“国王陛下，那个失职的千村长已自杀，并派人把他的头送来，以谢其罪。”

悉达多看着侍卫官手中那颗血淋淋的人头，不由得“啊”的一声，晕倒在地……

当悉达多醒来时，已躺在自己的床上，美丽的公主正泪眼婆娑地望着他那痛苦的脸。

大殿中的净饭王对太子两次出游遇到的事更是十分不快。他除了训斥左右侍卫官，又想出一个新的招数，命令王宫的禁卫军，对太子宫加强警卫，没有国王的命令，严禁太子外出。同时，他又和谋臣商量，下令在全国选拔五百名能歌善舞的美女放入太子宫，并秘诏美女，谁要是能让太子忘记忧愁，添些欢乐，即有重赏。谁要是被太子喜欢临幸，身怀有孕，就晋升为妃……

遗憾的是，净饭王绞尽脑汁想出来的招数，不但没使太子感到欢乐，反而更增添了他的烦恼和忧愁。在他的脑海里，跳跃闪动着的是争夺厮杀的禽兽，是白发苍苍、无家可归、叫喊着还他青春的老人，是滚爬于地、全身溃烂的麻风病人，是那口黑漆涂就的棺材，是嚎哭不止的一群男女老幼，是无尽的苦难，无尽的生老病死，无尽的恶性循环。就连他的父王、他的爱妃爱子，包括他自己也逃脱不了这种命运、这种结局。还有那五百名美貌绝伦的女人，自从她们出生那天起，生老病死的命运就跟在身后紧紧地缠住她们的灵魂和肉体。她们由小变大，由大变老，由老得病，由病而亡。最后，她们只不过是七窍流脓的死尸、几堆磷火点点的白骨而已——这就是她们也是自己的命运。

想到这里，太子内心的痛苦已达到极点。在这痛苦的煎熬中，他突然觉得自己应该走出深宫，去寻求一条摆脱人类苦难的大道。他要出家修行，为苍生，也为自己。

主意已定，悉达多选定了一个月黑风高的夜晚，悄悄地骑上一匹快马，疾速向宫外奔去。

这是公元前536年，悉达多时年29岁。

从此，悉达多失去了迦毗罗国王宫，迦毗罗国王宫失去了太子。

饥饿的佛陀（雕塑，泰国）

悉达多来到苦行林后，便舍弃了宝马和华贵的衣衫，遍访各处进入林中苦炼修行之人。当他几乎访遍了利用止语、倒悬、火焚、烧臂、断食等形形色色、千奇百怪的苦行者后，感到十分失望，这些苦行者没有一个能回答他提出的彻底解脱人生痛苦的问题。于是，他放弃了这种参学生活，独自一人来到伽耶山附近的苦行林中，开始了新的苦行生涯。

悉达多身穿破衣烂衫，每天只吃一顿粗饭，并跟其他修行者一样，对自己的肉体实施种种苦刑，以寻求渡越“生死大海”的真谛。他的身体一天天消瘦下去。

时间像悉达多修行处的尼连禅河水一样悠悠而逝。一晃六个年头过去了。太子的修行毫无结果，只是他越来越感到，人们所以有烦恼，最根本的症结是心地的不净。而要清除人们心灵中的污垢，只靠年复一年地折磨自身的肉体和精神是达不到所追求的那个至高无上的目标的。

经过痛苦、严肃的反思，悉达多决定放弃这种毫无希望得道的苦行生活。他站起身，向不远处的尼连禅河走去。

滚滚奔流的尼连禅河水，清澈碧绿，凉爽宜人。悉达多脱去身上的破衣烂衫，进入河中。他撩拨着水花，将覆盖在身上的污垢慢慢洗掉，又在水中漂浮了许久，才缓缓走上岸来。

当他在柔软的沙滩上刚走出几步后，突然袭来的一阵头晕目眩，使他倒了下去，昏迷不醒。

不知过了多少时候，一个名叫难陀波罗的美丽少女，头顶一罐新鲜的牛奶，从河边经过。她发现了昏迷中的悉达多，并以一种慈悲救世的心情，将牛奶喂进悉达多的嘴里。

太子喝了少女喂送的牛奶，慢慢苏醒过来，感到周身充满了力量。他站起来，冲少女深施一礼，感谢之后，便独自一人渡过尼连禅河，向高耸秀丽的伽耶山走去。

伽耶山位于古印度波罗奈斯国的西北部，神奇的大自然赋予了这里绝美的风光，山上山下万木竞秀，秀草飘动，鲜花盛开。在这花香草露、树影婆娑中，一道道溪流潺潺从其间流过，在长藤密林中迂回缠绕，清脆悦耳，而那洁白如絮、升腾不止、缥缈不定的缕缕烟雾，更映托出山体林海的空灵与神秘，清新与虚无……悉达多心旷神怡。

当他来到伽耶山的半山腰时，一棵枝粗叶茂的菩提树，使他的精神为之一振。他走上前来，双手抱住树干，眼望遮天蔽日、纵横交错、硕大无比的树冠，心中涌起一股莫名的温情与亲近之感，这股温情使他再也不想离开，他要在这棵树的庇护下重新开始修行生涯。

当悉达多刚要在树下一块圆石上坐下时，身后传来了一个男童的声音：“喂，修行的先生，你知道眼前是块什么石吗？”

太子望着从树丛中闪出的身背柴草的男童，又看看身边那块光洁如玉的石头，摇了摇头。

“这是金刚石，先生要在这里修行，我愿意把身上的柴草铺在石头上，给你当垫子。”男童说着，将柴草放在金刚石上。

悉达多道着谢，又不解地问道：“这是什么草？”

男童笑了笑说：“这叫吉祥草，要修行，就得坐在这种草做成的垫子上，只有这样才成正果。”

悉达多再次谢过男童，端坐在金刚石和吉祥草上，在菩提树的呵护下结跏趺坐④，心中默发大愿：“我悉达多不悟到无上正觉⑤，不离此坐，宁可就地而死……”

这个极具悲壮意味的誓愿一经发出，他便闭目静思，开始了那伟大觉醒的最后一瞬。

太子静静地坐在菩提树下，整个心灵渐渐进入一种不散不乱、无欲无物、纯洁忘我的境界。太阳落山了，月亮悄悄升了起来，斑驳明亮的银光从树叶的缝隙里射下来，洒在这位修行者的身上，点点露珠从树叶上慢慢滑下，轻轻落到这位伟大先哲那光洁的头顶。伽耶山中，菩提树下，圣者的心灵渐渐融入天地宇宙之中，天地阴阳形成了一个法轮⑥常转、永无休止的整体。

悉达多趺坐到第七天夜里，渐渐领悟出，众生要想解脱这世间生老病死的苦难，唯有修学八正道⑦和四圣谛⑧，才能真正圆融证法，转迷成悟。“众生无一不是置身于汪洋无边的苦海之中，只有修得此道，方能安祇彼岸，免去这无尽无休的生死苦厄……”他想着，并默默地念着。这八正道就是：正见、正思、正语、正业、正命、正精进、正念和正定。四圣谛是：苦谛、集谛、灭谛、道谛。

如果世间每一位芸芸众生都能身体力行、圆满实践这八正道、四圣谛，人身和社会都将得到净化，三千大千世界将充满无尽的安乐、祥和与幸福……

悉达多顿悟此道，脸上现出会心的微笑。

正在这时，天空忽然现出一道耀天刺目的闪电，接着是一声振聋发聩的炸雷，悉达多顿感四周山崩地裂，地火突爆而出。霎时，整个天地劲风啸啸，烈焰飞腾，雷鸣阵阵。地动山摇中，硕大秀丽的菩提树行将被劲风折断，金刚石在烈焰的灼烤中行将炸裂。

悉达多仍趺坐不动，正念观察，发心默念：“八正道，八正道。天上天下，唯我独尊。天上天下，唯我独尊……”

在默念中，忽然又是一阵雷鸣，大雨倾泻而下，爆燃的地火霎时变成了死灰，狂奔的劲风收拢了肆虐的脚步，天空立时繁星灿灿，明月皓然，大地一片清新，空气中再度荡漾起鲜花草露的芳香。

悉达多猛一抬头，只见一颗光天耀目的明星忽地从东方升起，横亘夜空——在这一刻，他完成了最后的顿悟。

他微垂眼帘，看见了宇宙星辰的运转、万代人世的转回、生生灭灭的规律。也就在这一刻，他看到了久远的过去，也看到了久远的未来。他知道了无限久远以前的自己，生在什么地方，叫什么名字，做过哪些善事恶事以及生他养他的父母在人间存留的一切恩恩怨怨、是是非非。他觉悟到自己及一切众生，从无量阿僧祇劫[9]以来，轮转在生死界中有长，有时做人父母，有时做人儿女，有时做人师长，有时做人子弟，有时做人主子，有人做人奴婢，彼此相属相生相死相连，这是一个无法分割的整体和亲缘。但是，被一世风尘所迷惑的众生却不知道别人曾做过自己的父母姐妹、亲属朋友，终日为名利所缚，为欲望所困，丝毫不再去顾及眷念往昔的亲情——他要怀着同体[10]的大慈大悲，拯救世界上那些被各种烦恼所缠绕、所迷惑、所颠倒的芸芸众生，他要以至高无上的法轮，普度众生走出人间苦海、命运劫难。

六道轮回（重庆大足石刻）

六道：天道、人道、阿修罗道、地狱道、饿鬼道和畜牲道。它是佛陀之前的教派和佛教本身都承认的一种生命般若，来世尽量修炼成接近天道的轮回转世，是佛教徒现世行为的精神指南。

发现了宇宙真理、人生真谛的悉达多激动万分，脸上涌起阵阵潮红，双目光亮，神态安逸，威严又慈祥。他决定起坐造法，到三千大千世界去传法送经，普度众生——他缓缓站了起来。

就在这一刻，他成佛了。一个万世不休的大智大觉大慧大圣者诞生了！

他与宇宙一体，与天地合流了！

曙色的长空中，回响起震撼万物、横贯天地的轰鸣：

“佛陀[11]，佛陀。天上天下，唯我独尊……佛陀，佛陀，天……下……归……佛……”

——这是公元前530年十二月八日，佛祖释迦牟尼时年35岁。

由太子而沙门，由沙门而释迦牟尼，由释迦牟尼而佛陀——新生的佛教在古印度伽耶山中菩提树下诞生了。

当昔日的太子、今日的佛陀从伽耶山走下来后，便在古老的印度以及广大的恒河流域，开始广招弟子，传经布道，弘扬佛法，普度众生。他以佛陀的圣名，向天地人间发出了庄严肃穆、惊心动魄的宣言：

“我——佛陀，从黑暗痴愚中求大知大觉者。今生大慈大悲心，证得五眼六通[12]，已经看到轮回流转的相是生，无明的迷惑是生的根源。众生如果想要不死，唯有不生，唯有断绝无明。无明灭则行灭，行灭则识灭，识灭则名色灭，名色灭则六人灭，六人灭则触灭，触灭则受灭，受灭则爱灭，爱灭则取灭，取灭则有灭，有灭则生灭，生灭则老死忧悲苦恼皆尽灭。诸垢既净，自身清净而无碍的光明普照，那就是真实的悟界，才能获得不生不死不灭的解脱自在……”

佛祖的声音在田野中回响，在苍穹中飘荡。他的法音，如一股涓涓细流，滋润着人世间芸芸众生的心田，使他们逐渐走向大彻大觉、向善向佛的神圣领地。

古代印度克拉久霍石窟壁画

# 涅槃

星移斗转，冬去春来，时光在悄悄流逝。释迦牟尼离开伽耶山，布道传法，普度众生，转眼已是49年。在这漫长又短暂的49年里，佛陀共招收弟子信徒并证得阿罗汉果⑬的就有2250余人，讲经380余次，度人无数。其中说《华严经》89天，说《阿含经》12年，说《方等经》8年，说《般若经》22年，说《法华经》和《涅槃经》8年。这些均为法会的宣讲，至于四圣谛、十善业道⑭、八正道、五蕴因缘⑮、十二因缘⑯、四无量心⑰、三转十二法轮⑱和八关斋戒⑲等，几乎是他每天的课程。直到迈入老年，还常常外出说法，度化众生。

这天，佛陀外出传教回到精舍⑳，立即召集全部弟子，进行最后一次说法。完毕后，他严肃而深沉地说道：

“弟子们，世上没有永久不灭的法身㉑，然而却有千古长存的法门。我向你们真诚敬重地宣告，三个月之后，我将于拘尸那迦罗城郊的娑罗双树下，进入最后涅槃。”

阿难像（北魏泥塑）。高88厘米，麦积山133窟9号龛内右壁。

众弟子听罢，大为惊骇，顿觉天旋地转，一个个痛哭流涕，悲恸万分。

佛佗缓缓站起身，以安详慈悲的眼光望着众弟子谆谆告诫道：“你们不必伤心，更不要流泪，天地万物人天卑尊，有生就有灭，有实相就有无常㉒，谁也逃脱不了这个定律。有眷爱就有散失，有会合必有分离，有欢乐必有痛楚。你们如果希望我的经律永驻人间，那么今后就要按我的教法而行。这样，我的法身和慧命㉓就算永生了。”

不久，佛陀在弟子阿难的奉伴下，离开了精舍，向拘尸那迦罗城布道而去。

当师徒两人来到拘尸那迦罗城郊外时，佛陀不幸身染重病，再也无力前行了。阿难便扶佛陀来到两棵娑罗双树中间小息。

佛陀陷于安详的沉默中。

当月光普照山林大地的时候，佛陀吩咐阿难：

斜躺着的佛陀（雕塑，老挝）
此像位于老挝和越南两国交界处，由整个山头雕刻而成，山脉和岩石的肌理正好形成了佛陀的上衣和帽皱，而山顶正好是其冠冕，真可谓天作地合，玄妙无穷，是难得的世界艺术珍品。

“今天晚上我将要在此处涅槃，你就在这两棵娑罗双树当中为我设座铺床吧……”

阿难听后，慌忙找了一个小童，去告知佛陀的弟子们，诸弟子听到消息纷纷赶到这里，听了佛陀的讲说，泪如泉涌，慌忙跪拜祈祷。

阿难擦着眼泪，跪拜在佛陀的跟前，泣不成声地问道：“圣明的佛陀，弟子有四事要问。”

“擦干眼泪，起来讲吧。”佛陀依然安详地说。

“一、请问佛陀，在您灭寂之后，我们以谁为师？二、以何安住？三、如何对待恶比丘[24]？四、如何结集经典令人证信？以上四事请佛陀明示弟子。”阿难再次跪拜。

佛陀听完，略微抬了抬头，慈祥地作答：

“第一，以波罗提木叉（戒）为师；第二，以四念处安住（观身不净，观受是苦，观心无常，观法无我）；第三，恶比丘默摈；第四，一切经典，应在经首加‘如是我闻’，令人证信。”

佛陀说完，用右手做枕，吉祥侧卧。

这时，夜深人静，月光如水，荡动飘逸的月光树影，闪闪烁烁

元至元六年《金刚般若波罗蜜经注解》卷首插图

地辉映着佛陀慈祥、安逸、温和的、双目微闭的脸孔。

“弟子们，”佛陀睁开眼睛，最后一次望着身前跪拜的弟子说，“我所要救度的众生皆已度尽，未度的众生，都已结下了得度的因缘。世人随着我的教法而行，就是我的法身常驻之地。我要进入福乐的涅槃了！”

说罢，双眼安详地闭上，进入不生不灭的涅槃境界。

——这是公元前485年二月十五日子夜时分。

这一天，正是中国周穆王五十三年，壬申岁，二月十五日平旦，据《周书异记》载，这一天的中国大地暴风突起，损舍折木，地动天阴，西方白虹十二道……太史扈多曰：“西方圣人灭矣！”此即涅槃之相也。

一代佛祖释迦牟尼出生在无忧树下，成佛在菩提树下，寂灭在娑罗双树下。他的生与灭，都与树结下了不解之缘。

宋刻本《妙法莲花经》

妙法蓮華經弘傳序

終南山釋 道宣 述

妙法蓮華經者統諸佛降靈之本致也蘊結大夏出彼千齡東傳震旦三百餘載西晉惠帝永康年中長安青門燉煌菩薩竺法護者初翻此經名正法華東晉安帝隆安年中後秦弘始丘慈沙門鳩摩羅什次翻此經名妙法蓮華隋氏仁壽大興善寺北天竺沙門闍那笈多後所翻者同名妙法三經重沓文旨互陳時所宗尚皆弘秦本自餘支品別偈不無其流具如序曆故所非述夫以靈嶽降靈非大聖無由開化適化所及非昔緣無以導心所以仙苑告成機分小大之別金河顧命道殊半滿之科豈非教被乘時無足覈其高會是知五千退席為進增慢之儔五百授記俱崇密化之迹所以放光現瑞開發請之教源出定揚德暢佛慧之宏略朽宅通入大之文軌化城引昔緣之不墜繫珠明理性之常在鑿井顯示悟之多方辭義宛然喻陳惟遠自非大哀曠濟拔滯溺之沈流一極悲心拯昏迷之失性自漢至唐六百餘載揔歷羣籍四千餘軸受持盛者無出此經將非機教相扣並智勝之遺塵聞而深敬俱威王之餘勣輒於經首序而綜之庶得早淨六根仰慈尊 [illegible]

伟大的佛祖涅槃了，伟大的佛祖乘风回归西天净土。若干年后，人们还在追忆设问他给这个凡尘滚滚、色欲横流的世界留下了什么？

佛祖在涅槃前对自己的言论教义，奉行的是不留只字片语，并言：“不可说，不可说。”当然，这句话的本意不是不说，或者是没有的说，而是他看到的太多了，要说的事情也太多了，有些事情只能心领，无法传授。后来，佛祖的言论被他的弟子整理成《大藏》、《阿含》、《本缘》、《般若》、《法华》、《华严》、《宝积》、《涅槃》、《大集》、《经集》、《密禅》、《密教》等1460部经典，共4250卷本。其中既有禅功，也有秘法，从对人生博大精深的初探，到对生命大彻大悟的圆觉，从静观人生，到见性成佛，如同一盏不灭的智慧之灯，照亮了每一位众生迷茫的航程。同时亦有超越人类智慧的自然科学，在这门精深、超前、丰富的科学中，包容了遥感、遥视、遥听、天文、天体、地理、物理、数学、化学、航天学、特异功能、微观、宏观、外星、外星天体、外星人、思维传感、心理传感、精神感知等等浩如烟尘的内容。

请看《妙法莲华经》上的一段经文：

皆悉到于一切智地，如来观知一切诸法之所归趣，亦知一切众生深心所行，通达无碍，又于诸法究尽明了。……譬如三千大千世界，山川溪谷土地，所生卉木丛林，及诸药草，种类若干，名色各异，密云弥布，遍覆三千大千世界。

如来亦复如是，出现于世，如大云起，以大音声普遍世界，天人阿修罗，如彼大云，遍覆三千大千国土，于大众中而唱是言，我是如来。

惟有如来，知此众生种相体性，念何事，思何事，修何事，云何念，云何思，云何修，以何法念，以何法思，以何法修，以何法得何法。众生位于种种之地，惟有如来，如实见之，明了无碍。

譬如三千大千世界所有地种，假使有人磨以为墨，过于东方千国土，乃下一点，大如微尘。又过千国土复下一点，如是展转尽地种墨。于汝等意云何。是诸国土，若算师，若算师弟子，能得边际知其数不，不也，世尊。诸比丘，是人所经国土，若点不点，尽抹为尘，一尘一劫。彼佛灭度已来，复过是数无量无边百千万亿阿僧祇劫。我以如来知见力故，观彼久远犹若今日。

如是所说，皆是真实。尔时，四众见大宝塔住在空中，又闻塔中所出音声。皆得法喜，怪未曾有，从座而起，恭敬合掌。

此有菩萨，名文殊师利，可与相见，论说妙法，可还本土，尔时，文殊师利坐千叶莲华，大如车轮。

涌在虚空，高七多罗树，现种种神变，于虚空中，行住坐卧，身上出水，身下出火。身下出水，身上出火，或现大身满虚空中，而复现小，小复现大，于空中灭。忽然在地，入地如水，履水如地，现如是等种种神变。

多么神奇的智慧，多么伟大的预测，多么真实的应验！

浩瀚的宇宙，除了地球而外，还有诸多居住着高级智慧生物的世界，有诸多“通达无碍”的星球，那里风光明媚，山川溪谷，卉木丛林，风光各异。

居住在那里的人群，熙熙攘攘，他们“如大云起，以大音声……如彼大云，遍覆三千大千国土，于大众中而唱是言，我是如来”。如来，如来，天外来客，如是而来。“如来者，乘如实道来成正觉，故曰如来。”

释迦牟尼以他的无上智慧和心灵的感应，在缚罗迦河畔突然望见了几颗特别耀亮的明星。于是，他向苍茫宇宙喊出了自己的声音：“如来！如来！”

神秘的信息穿越宇宙的云团和大气圈，飞进对方的耳际。于是，航天飞船倏忽而至，只见“大宝塔住在空中，又闻塔中所出声音……”他从没有见过这样光怪陆离的景观，便感到“皆有法喜，怪未曾有”，同时“从座而起，恭敬合掌”，欢快迎接。

佛祖预言，用不了多长时间，地球上的科学大师会得知这种法器的妙法，并造出像车轮一样大的宇宙飞船。

这宇宙飞船像火龙一样腾空而起，首先飞向月球。这飞船白种人所研制，并命名为“阿陀罗”。

真是精妙绝伦，千古称奇。

公元1969年7月20日，世界人类史上发生了一件惊天动地的大事：美利坚合众国的“阿波罗号”宇宙飞船登月成功，首次迈出了拓展宇宙空间的第一步。

这就是佛祖的“开大千世界之创，白种众生称为阿陀罗”的现代宇宙飞船。

至于越来越频繁出现在地球上空的飞碟，佛祖早有论议：“现种种神变，于虚空中，行住坐卧，身上出水，身下出火……忽然在地，入地如水，履水如地……”一切都与现代人类看到的景观不谋而合。从更深的奥秘去理解，《妙法莲华经》不仅是人类第一部记载外星人光顾地球的文献，很可能佛祖本人也是人类第一个看见飞碟并与之沟通的人。如果不是附会，佛祖确是预知了日本广岛、长崎原子弹爆炸的情景。“假使有人磨以为墨，过于东方千国土，乃下一点，大如微尘。又过千国土复下一点，……一尘一劫。彼佛灭度已来，复过是数无量无边百千万亿阿僧衹劫……”

这一切，无疑是佛祖释迦牟尼对人生的先知先觉之外，又一伟大、辉煌、卓绝、超凡的智慧和创造力，是留给后世人类的极其重要和珍贵的科学文化财富。

——这就是伟大的佛祖释迦牟尼。

## 法轮常转

佛陀在拘尸那迦罗城郊的娑罗双树下涅槃的消息，很快传到了摩竭陀国的首都王舍城，全城百姓无不悲痛欲绝。国王阿阇世更是如同五雷轰顶，差点晕眩过去。当天，他备好象骑，在群臣的陪同下，向拘尸那迦罗城郊赶去。

当阿阇世国王及大臣在离城二里多路时，便走下象车，步行来到娑罗双树前，向佛陀的遗体顶礼膜拜。阿难及目犍连等佛陀弟子一齐向国王还礼。

望着佛陀那安详的遗容，阿阇世国王悲痛不已，感慨万千。他想起自己曾误入歧途，听信佛门叛逆提婆达多的谗言，多次合谋暗害佛陀，并丧尽天良，篡夺王位，逼死父母，干尽了人间恶事。是伟大圣明的佛陀给他指明了正道，使他迷途知返，皈依佛门，以国王的特殊身份，走上了济世救民的道路。

想到这里，阿阇世国王对他的随行臣僚下令，要和众比丘一道举办佛陀的后事，以让他的英灵早日回到西天极乐世界。

宽阔绵长的恒河岸畔，景色瑰丽的拘尸那迦罗城郊外，用香木架起的葬台小山一般突兀而起。随着一道亮光的闪现，大火轰然而

起。这时，北风突起，在古老的恒河流域狂卷不止。风借火势，火借风威，熊熊燃烧的大火愈烧愈烈，愈烧越旺。烈焰升腾中，火光映红了苍天，照亮了大地……十几个时辰过后，焚烧佛陀遗体的大火终于熄灭了。待到阿难、目犍连等佛门弟子收拾灰烬时，却惊奇地发现：伴随着未烧化的一节手指骨、四颗牙齿、一片头盖骨及数根头发，佛陀的真身遗物中，竟出现了星星点点的圆珠状的结晶体，这些结晶体有白的、黑的、红的，一颗颗宛如珍珠，光彩照人，玲珑剔透。再仔细分辨，原来那白色的是骨质，黑色的是头发，红色的是肉质，共有八万四千颗。面对这奇异的圣物，众弟子俯首合掌，深为佛陀的道行高深而折服。于是，弟子们以极度崇敬的心情，将这些奇异的骨烬颗粒和遗物称作“舍利”，并将这些舍利暂时存放在一个金瓶中保存。

世尊三昧火焚金躯（明代壁画，山西崇善寺）
佛陀已入涅槃，众弟子收集香木搭成香楼焚化佛陀之躯。相传佛陀以大慈悲，发胸中之火于棺外，历经七日，才将香楼烧尽。迦叶告之，世间三果却不能对佛陀之躯有所损伤。

伟大的佛陀已经回归到西天极乐世界，留下的弟子却感到面前一片空白，如何遵循佛陀的遗愿，弟子们何去何从，竟成为一时的难题。

这时，阿阇世国王对众比丘和随行人员说：“我阿阇世在过去是有罪的，是圣明的佛陀发大慈大悲之愿，治好了我的心病，救了我的命，使我皈依了佛门，也由此获得了新生，并有了赎罪修善的机会。今天，伟大的佛陀在这里入灭了，但佛陀的精神永不寂灭，我们脚下的这块土地，也由于佛陀在这里所奉献的一切，而变得神圣起来。不远的将来，这里将由于佛陀的伟大事业和伟大精神，而成为全世界芸芸众生瞻仰的圣地。为了让人间众生永远记住佛陀的救世功德，朕决定将佛陀的应身安葬于此，并在这块被圣化和被神化的土地上修造大般涅槃堂，存放佛陀舍利。”

阿阇世国王说完，遂令大臣日月光和耆婆诏谕全国。诏曰：“呜呼世尊，应身入灭，噩耗传来，全国举哀。但佛陀精神如松柏般长青，似皓月高悬普照大地。我全国百姓，当为修建大般涅槃堂出财出物，出人出力。以使佛光加庇众生，皆得安乐！”

这个鼓动和化缘性质的诏谕一经颁布，全国百姓带着财物、工具，从各地纷纷赶来参加修建大般涅槃堂。邻近诸国得到消息，也自动捐助财物，派人前来参加修筑。大般涅槃堂很快便修建完成。

阿阇世国王又下令召来能工巧匠，塑成了佛陀吉祥卧地大般涅槃像，以供诸国众生前来朝拜。

当这一切都修建完成后，阿阇世国王亲自主持开光[25]仪式。

开光那天，各国的佛教徒都赶来参加，在家修行的信徒及四方百姓也纷纷前来观拜。一时，万人云集，人潮涌动。比丘和众生以极大的虔诚，在大般涅槃堂前对佛祖卧像顶礼膜拜，如醉如痴。

阿阇世国王不仅看到了本国僧俗对佛陀的敬仰，同时也看到了其他诸国僧俗对佛陀的崇拜之情。他在为佛陀慈悲济世的圣心而震撼的同时，也深深感到佛陀精神在世间的强大威力。他找到佛陀的大弟子阿难商定，准备着手将佛陀在世时所讲佛法收集整理，以供后人学习仿效，以使佛法万世流传。

公元前484年秋，古印度各国比丘僧团共推选出五百名大德高僧，从四面八方聚集到摩竭陀国的京城王舍城郊外的毗婆罗山中的七叶岩，由阿阇世国王出资施舍所需吃住，并主持召开了首次具有决定性历史意义的佛教高僧交流大会。

这次大会，对佛陀的人生经历，以及他在生前所作的各种讲演和对佛教所作的各种理论性阐述，分门别类进行了整理。由佛陀的十大弟子阿难等名僧分别进行编撰修订，把佛陀的各种讲演和论述分为经、律、论三个部分，总称《三藏》。

《三藏》之中的经是指教义，律即各种戒律，论为阐述。这些经典因是佛陀上座弟子整理撰修，后被称为上座圣典。而后来参加这次会议的五百僧众都修成了罗汉。若干年后，众生在佛教寺庙中看到了他们的神像并开始供奉。

公元前376年，七百阇名佛教徒在摩竭陀王国首都吠舍举行了第二次集结。这时，悉苏那伽王朝的国王阿阇世已撒手归天，这个王朝的最后一代国王迦罗阿输迦施舍赞助并主持了会议。

这次集结，由于在布道说法时是否可以向人乞钱等问题上发生分歧，佛团第一次出现了分裂。分裂后的僧团分为十一个上座部、七个大众部。

公元前253年，佛教徒们又在摩竭陀国首都华氏城的鸡园寺举行了第三次集结。参加这次集结的僧众一千多人。集会由孔雀王朝阿育国王赞助并主持。

这个孔雀王朝的阿育国王，当他从母亲腹中落地之时，便丑陋无比，且性格顽劣，很不得父王的欢心。他的母亲也由此受到父王的疏远，久不得宠。

当未成年的阿育王长到14岁时，北印度的德叉尸罗地区首领发生叛乱，父王即派他带兵前去平叛，明眼人一看就知道，这是国王让这个娃娃去送死，要么死于乱军之中，要么回朝获罪遭杀。

意想不到的是，这位未出过深宫的14岁少年，尽管所带的是一支装备极差、兵员将官疲弱不堪的部队，但他和几位老将精诚团结，奋勇杀敌，竟然一举平息了叛乱，建立了自己的功名和威望，并逐渐受到朝野上下的拥护。

当他的父王驾崩之后，他便联络亲信党羽，发生兵变，掌握了国家政权。在这兵变的前前后后，他将101个兄弟杀掉了99个，以保政权的稳定。

小阿育王即位后，看到劲敌已除，朝中再无险境，便开始置地狱之刑处置人民，同时开始了大规模的南征北伐。

公元前259年，古印度孔雀王朝第三代国王阿育王统一了北印度诸国，只剩下一个南部东海岸边的羯陵伽王国未在其统治之下。年轻气盛、大权在握的阿育王，为实现古印度南北统一的宏图大略，便最后一次发动了对羯陵伽国的战争。

孔雀王朝的大军以势不可当之势，潮水般向羯陵伽国涌去。一路之上，旌旗蔽日，军威浩荡，烟尘滚滚，先后有十万步兵、五万骑兵、四百辆战车和五百头战象踏上了羯陵伽国土。两军交锋处，杀声震天，血流成川，尸骨遍野。孔雀王国大军一役屠杀羯陵伽将士十万人，俘虏十五万人，并焚城数百座，缴获金银财宝无以计数，羯陵伽国王被生擒活捉。

《般若波罗蜜经》局部

阿育王本想被俘后的羯陵伽国工会对他俯首称臣、告饶求生，但出乎意料的是，这位国王宁死不屈，并对他肆意污蔑，最后在狱中自尽。

阿育王从羯陵伽国王的身上，看到了这个国家民众的尊严和不屈的情绪，他渐渐地感到只靠武力可以征服一个地区、一个国家，但难以征服民众的心。他对这次征战深感不安，并从内心深处升起一种负罪感，发出了“依法胜，是为最胜”的感叹。

回朝后，阿育王即刻派遣督察大员与自己的儿子，代表他前往羯陵伽国属地，进行安抚和慰问，表示对一个被征服国家人民的和解与忏悔之心。

自此之后，阿育王逐渐亲近僧伽，接受佛教思想的教化，并终

争分舍利图（新疆克孜石窟壁画局部）

于悟出了治国救民的真谛。他宣布佛教为印度的国教，并且命令在王宫和全国各地树立石柱，开凿石壁，在上面刻刊纪念。并于几年后，施行了佛教历史上第三次也是最隆重最具开创性和划时代意义的集结。

这次规模宏大、意义非凡的集结，历时九个月，共商讨完成了三项重大议程：

首先，针对分裂后的佛团各自对佛陀教义的理解，进一步整理、编撰了经、律、论三藏。其次，把会议中各方争论的论点归纳为五百个，编撰成一千条，并针对这些是是非非作出定论，收集编撰成《论事》。最后，由阿育王提议，广大僧众同意，决定打开大般涅槃堂，取出释迦牟尼的真身舍利，分成八万四千份，派出僧众和信徒持舍利与佛经到国内偏远地区和国外，布道施法，弘扬佛教。

公元前240年仲秋，西域沙门僧释利房等一行十八人，手捧盛装十九份释迦牟尼真身舍利的宝匣，披星戴月，跋山涉水向东土中国走来。从此，佛陀的圣光将照耀东土九州大地，一个万世不休的圣者便与古老的周原大地和在这块大地上傲然矗立的法门寺紧紧地连在了一起。

## 注　释

①秦川：地名，又称秦中、关中，指古代秦国的故地。自大散关以北达于岐、庸，夹渭河南北岸的肥沃平原，约包括今天的陕、甘两省。

②涅槃：佛教名词，又作泥洹、泥曰、涅槃那，意译为灭、灭度、寂灭、入灭、入寂、圆寂、安乐、无为、不生、解脱等。佛教产生之前即有此概念，原意是火的熄灭或风的吹散状态。佛教用它指修行所要达到的最高理想境界，能超越一切生死苦乐及烦恼。后亦当作僧人死亡的代称。

③《碛砂藏》：佛教大藏经刻本之一。创刻于南宋理宗绍定四年（公元1231年）平江府（今江苏吴县）碛砂延圣禅院，度宗咸淳八年（公元1272年）中断。后又续刻，元英宗至治二年（公元1322年）完成，由法忠、清圭等人先后主持，收佛典1532部。

④结跏趺坐：佛教徒坐禅的一种姿势，即交叠左右足背于左右股上而坐，亦称吉祥坐。

⑤无上正觉：无上正等正觉之简称，即梵语阿耨多罗三藐三菩提，指佛之悟也。

⑥法轮：佛教名词，对佛法的喻称。有两种解释，一是佛法能摧破众生烦恼邪

恶，犹如转轮王转动轮宝（战车的神化）能碾摧山岳岩石一样；一是佛说法不滞于一人一处，如车轮辗转不停。

⑦八正道：佛教用语，亦译八圣通、八支正道、八圣道分。意谓通向涅槃境地的八种正确途径——正见，即坚持佛教四谛的真理；正思，亦作正志、正思维，即根据四谛的真理进行思考、分别；正语，即修口业，不说妄语（谎言）、绮语（花言巧语）、恶口（骂人）、两舌（挑拨离间）；正业，从事合乎佛教要求的正当活动，也就是不杀生、不偷盗、不淫邪；正命，过符合佛教戒律规定的正常生活；正精进，亦作正方便，即毫不懈怠地修行佛法；正念，即明记四谛之理；正定，专心致志地修习佛教禅定，于内心静观四谛之理，可由凡入圣，从迷界此岸达到悟界之彼岸。

⑧四圣谛：又称四谛、四真谛，佛教的基本教义之一，即苦、集、灭、道四谛。指释迦牟尼最初说教的内容。苦谛，是对于世俗界所作的价值判断，谓人间的一切皆是苦，有三苦、八苦之分；集谛，亦名习谛，指烦恼和业是造成苦谛的原因；灭谛，亦名尽谛，是指要解脱苦果，达到“寂灭为乐”的涅槃境地；道谛，指达到涅槃境地的理论和修习方法。

⑨无量阿僧祇劫：阿僧祇，亦称阿僧企耶，佛教用以表示无限的时间单位。据称以万万为亿，万亿为兆计，一阿僧祇有一千万万万万万万万万兆。劫，佛教名词，劫波或劫簸的简称，是不能以通常的年月日时计算的极长时间，与极短暂时间“刹那”相对。无量阿僧祇劫，意指无限长远的时间。

⑩同体：佛家譬喻。四肢之于一身，谓之同体。按诸佛、菩萨观一切众生，犹如与己同体一身，因而起拔苦与乐之大慈悲心。

⑪ 佛陀：亦作佛驮、浮陀、浮图、浮屠，意为觉者、智者。其觉有三—— 一自觉，即所谓自悟本性；二觉他，即所谓说法度人；三觉行圆满。具备这三点的，称为佛陀。佛教创始人释迦牟尼有十种尊号，其一为佛陀。

⑫ 五眼六通：佛家用语。五眼，凡夫所见为肉眼；天人禅定所见为天眼；小乘照见真空之理为慧眼；菩萨照见普度众生的一切法门为法眼；佛陀具种种眼而照见中道实相为佛眼。六通，指六种神通力，包括神足通，游涉往来非常自在；天眼通，得色界天眼根，能透视无碍；天耳通，得色界天耳根，听闻无碍；他心通，能知他人之心念而无所隔碍；宿命通，知自身及众生宿世行业而无障碍；漏尽通，断尽一切烦恼得自在无碍。前五者凡夫能得之，而第六通，唯圣者始得。

⑬ 阿罗汉果：佛家用语，也作罗汉果。小乘佛教修证的最高果位，得其果位之人则为阿罗汉，简称罗汉。传说成阿罗汉者必须是僧侣。

⑭ 十善业道：佛家用语，简称为十善，与十恶相对。指佛教的基本道德信条。十善实际是五戒（不杀生、不偷盗、不邪淫、不妄语、不饮酒）的扩充，即去掉不饮酒，再加上不两舌、不绮语、不恶口、不贪欲、不瞋恚、不愚痴。这十善，前三者属身业，中四者属口业，后三者属意业。

⑮ 五蕴因缘：佛教名词。五蕴又作五众、五阴，是构成人和万物的五种类别——色、受、想、行、识，一切因缘和合之事物的总称。色蕴，相当于物质概念；受蕴，外界作用于眼、耳、鼻、舌、身而产生的感受；想蕴，即理性活动、概念活动；行蕴，

即心灵活动、意志活动；识蕴，指能够对所处境界觉了分别。五蕴是佛教全部教义分析研究的基本对象。对五蕴的解释，为各教派确立自己思想体系的重要依据。

⑯ 十二因缘：佛教名词，亦称十二缘生、十二缘起。包括无明、行、识、名色、六入、触、受、爱、取、有、生、老死等十二个环节，辗转感果，所以称为因，互为条件，所以称为缘。十二因缘说明众生生死流转的因果联系，它是生命现象的总结，也是世间痛苦的根源。

⑰ 四无量心：佛家用语，亦称四等心、四梵住、四梵堂。指佛菩萨为普度无量众生而应具有的四种精神——慈、悲、喜、舍。

⑱ 三转十二法轮：佛家用语。释迦牟尼成道后，在鹿野苑首次向五比丘宣说四谛、八正道理论，因为从不同角度讲了三次四谛，故称三转十二法轮。一转（示转）是从正面肯定四谛，即此是苦谛、此是集谛、此是灭谛、此是道谛；二转（劝转）是指明在修行中对四谛应采取的态度，即苦谛当知、集谛当断、灭谛当证、道谛当修；三转（证转）是说对四谛已达到的认识或修行的结果，即苦谛已知、集谛已断、灭谛已证、道谛已修，由此得到解脱。

⑲ 八关斋戒：佛教名词，亦称八斋戒。佛教学者考虑到，一般在家的男女信徒由于被俗务所缠，难以每天坚持五戒，为此而规定每个月有六天斋日，要远离一切声色尘嚣，遵守五戒，并加上不做任何赏心悦目的娱乐活动和不任意装扮自己、不坐不睡高广华丽的大床、正午过后不食等三戒，合为八戒。其中正午后不食一项为斋，故名八关斋戒。

⑳ 精舍：佛家用语。指专供僧人一意修行的屋舍，意为精进堂舍，即寺院。源自“祇园精舍”之名。祇园精舍，全称“祇树给孤独园”或“胜林给孤独园”，简称祇园或祇洹。位于印度舍卫国，相传㤭萨罗国给孤独长者须达，在王舍国听如来讲法，深为敬慕。回国，欲购波斯匿王子祇陀之园林，建筑精舍献如来。祇陀太子戏谓：布金遍地乃卖，须达依言行之，倾家布金。祇陀感其诚，二人同心建立精舍，并将园中树木花草送给佛陀，因以祇树、给孤独故，合称此园为祇树给孤独园。它是佛教史上第二座寺院，佛祖在此居住说法二十五年。中国唐代高僧玄奘去印度时，精舍已毁。后世泛称一切寺院为祇园。

㉑ 佛教认为，佛有三身，一是法身，又名自性身、法性身，即常住不灭、人人本具的真性，只不过我们众生迷而不显，佛却觉而证得罢了；二是报身，由佛的智慧功德所构成，指以法身为因，经过修习而获得佛果身；三是应身，又名应化身、变化身，指佛为化度众生，随机缘而显现的各种不同的形像。

㉒ 即“诸法实相，诸行无常”的意思。佛教认为，宇宙间一切事物都由因缘和合而生，受到各种条件的制约，所以陷于生起、变异、坏灭的过程中，迁流不停，无始无终（无常）。这就是“空”，亦即宇宙万有的绝对真理（实相）。

㉓ 慧命：佛家用语，意指佛的智慧。法身以智慧为寿命，智慧之命夭殇，则法身之体亡失，故名。

㉔ 比丘：佛教称谓。亦作苾刍、备刍，意为男乞者。后指出家修行之男僧。按

照佛教的章制，少年出家，初受戒，称为沙弥；到二十岁，再受具足戒，成为比丘。因僧人须乞食，故有此称。

㉕ 开光：佛家于佛像落成后，择日行礼而供奉之。

# 第二章
# 穿透岁月的雄塔

西域僧人怀抱佛骨前来东土，美阳忽起圣冢。秦始皇驱逐佛家弟子，汉明帝夜梦金人，羽林郎西域求法。高僧安世高参破玄机，木塔佛寺拔地而起。西蜀居士锥刺胛骨，血溅周原黄土。朱子桥义助修塔，四条青蛇卫护地宫。法门圣光下，一页页史迹恍如昨日……

## 佛光初照帝王家

公元前243年，西域沙门僧释利房等一行十八人，经过三年的艰难跋涉，穿越三十六国，终于踏上了中国的土地。此时正是秦始皇四年。

美丽的春天和酷热的夏天相继过去，这年秋，释利房等十八人来到了中国西部周原腹地，这里离中华帝国的首都咸阳，只有一步之遥了。

行脚僧（纸本设色，隋唐五代，佚名绘）。画面中高僧高鼻深目，白眉飘逸，衣衫褴褛，脚穿草鞋，手牵一虎，呈长途跋涉劳苦状。但眉宇间却透着虔诚与执著，此画生动地表现了一位由西天抵达中土的高僧不畏艰辛、奋勇前行的精神风貌。

这天，当他们来到古周原的美阳城附近时，天色已近黄昏。于是，释利房便和同伴商量，在美阳城西的佛指沟（后来得此名，原为无名沟岔，今岐山县内，法门寺西）休息，以待来日赶至京师咸阳。

当他们下得沟来，找到一个避风的地方，刚要安歇时，忽然有一僧人大叫一声："快来看！"

众人闻听，顾不得安置行装，蓦地抬起头，朝他手指的方向望去。

只见整个美阳上空，飘逸荡漾起五彩祥云。这祥云一朵朵、一串串，像秋日的花丛，似流淌的银链，纵横交错，相互辉映，灿烂辉煌。在五彩云朵的覆盖下，金色的大地青烟袅袅，紫气升腾，流光溢彩的雾霭，将天空大地连成一片、贯于一体，形成了一幅美妙绝伦、灿烂夺目的奇情异景。

众僧人看着看着，无不怦然心动，惊奇不已，连声呼叫："宝地，宝地，阿弥陀佛，此处真不愧为华夏族的发祥圣地……"

僧众们完全陶醉在美阳如诗如画的胜景之中，并为之议论纷纷，赞叹不已。直到晚霞退去，夜幕覆盖了大地，他们才想起布置安息。

不知过了多少时候，释利房突然看到一个周身透亮、金光耀眼的长者，从远处缓缓走来。来者走走停停、停停走走，最后在一个高坡上站住不动了。释利房感到奇怪，随即感到一股温热在胸中翻腾，这股温热形成了一种无形的力量，使他不知不觉站起来，并朝着长者大步走去。

当他来到跟前时，借着明亮的月光，惊奇地发现，来者正是早已灭寂的释迦牟尼佛。只见伟大的佛陀正立在那里用慈祥的目光盯着自己。释利房惊骇之中，只觉一股热流涌入脑际，不禁大叫一声："佛陀，您可来了……"尔后全身扑地，顶礼膜拜，泪流不止。

"你等携我教法终达东土，实属不易，只是暂不要将我残存肉身显示于世。等众生普度，万民归佛之后，再显我灵骨吧……"佛陀说完，威严而不高傲、庄重而又慈祥地看了一眼释利房，随着一道闪亮的金光，佛陀踪迹全无。

“师圣佛陀……”释利房大叫一声，茫然四顾，只见东方微亮，明月西斜，晨曦的光照中，香风扑面，白雾绕身，甘露飘荡，祥云飞舞，脚下的大地在微微颤动……等众僧人找过来时，却见释利房脚下已突兀起一座高高的圣冢。

待释利房把夜见佛陀的情形和众僧叙说之后，众人大为惊骇，急忙商量如何安置佛骨舍利。最后，大家一致同意，先将佛骨舍利全部埋入“圣冢”之下，然后再到咸阳面见国王。

当一切安置停当之后，天已大亮，释利房等僧众对圣冢跪拜一番，尔后向京都咸阳赶去。

当地的乡民清晨出门，忽见野外突起一圣冢，并见圣冢四周紫烟萦绕，祥云飘荡，百鸟云集，欢鸣不已，惊异之中议论纷纷。有读书识字的乡绅认为是天降祥兆、圣人降临，便传出话来，无论男女老幼，均对圣冢严加保护，不得骚扰。自此，“圣冢”在乡民的保护下，安然地存留于古周原腹地。

却说释利房等人只带了佛经等物来到秦都咸阳，面见秦王嬴政。待说明来意，秦王不置可否，正在犹豫中，只见向来刚愎自用、骄横跋扈并强权在握的宰相吕不韦勃然大怒，开口骂道：“吾堂堂中华帝国，岂容胡教前来惑乱民心，毁我大秦。”随即下令，将释利房等人拉出大殿，打入地牢，所带经卷物器全部烧毁砸烂，弃之于野。

石制舍利容器（印度，公元2世纪）。此容器出于印度中部一座佛塔内，形状呈圆形的塔顶，用冻石制作，十分罕见。

待释利房等坐在四壁漆黑的大牢之时，才想起佛陀那日的指点，不禁恍然大悟，并暗自庆幸多亏将佛骨舍利埋入圣冢，不然，佛陀的圣骨也早随经卷物器化为灰烬泥土了。

“阿弥陀佛……”正在释利房等僧众悲观失望之时，只见牢门轻轻打开一条缝，随即闪进一个人来，那人冲众僧拱手作揖，小声说道：“秦王有令，让我前来搭救众人出狱，快跟我来。”

众僧听罢大喜，急忙起身随来人走出地牢，来到茫茫夜色之中。

秦王梦佛图（佚名绘）

眼看这群僧众出了城门，来人在惨淡的月光下又深施一礼，说道："秦王有令，命你们速回本土，不要再在此地招惹是非，否则，当有性命之忧。到那时，秦王也救不了你们了。"说罢，来人悄然闪进城中。

秋风鼓荡，繁星点点。释利房等僧众长嘘一口气，回头望着秦都咸阳城墙刁斗上那如豆的灯光和面前死寂的夜幕，不禁悲从中来，感慨万千。想不到一行十八人历尽千山万水，熬尽酷暑寒霜，尝尽人间百般苦味，九死一生才来到中国，如今竟是这般结局。倘这样空手回归，有何脸面再进佛门，又怎样对伟大的佛陀叙说。身为佛门弟子，生来不能布道传法，普度众生，活在世上白白食吃众生五谷，岂不是罪过？阿弥陀佛……众僧相望，热泪盈眶。

经过一夜的悲叹、自责和议论，他们终于又鼓起了勇气，并决定：一行十八人分成四路，以秦都咸阳为中心，分别向南向北，向西向东，流散民间，秘密与众说法布经。到每年的四月初八佛诞日这天，在周原腹地美阳的圣冢前会面，交流各自的传法经过和布道经验。

第二天黎明，释利房等僧众分成四路，步出咸阳地界，恋恋不舍地朝各自的方向进发。

由于相貌、语言的不同，释利房等僧众不得不常住山野丛林，渐渐地靠近当地人群。在经过相当长的一段时间后，开始向当地人学习汉语，以便交流。几十年过去了，释利房所率僧众已熟悉当地语言，并开始在民间传播佛法。由于缺少经书，只凭口传，佛法的普及面难以扩大，直到他们十八人先后去世，佛法在中国都未形成气候。释利房等人的遗愿还要在几百年之后才能实现。

转眼已是东汉永平七年（64年）。这年春的一个深夜，孝明皇帝刘庄正在后宫熟睡，忽然一个身披金色外衣、头顶日光的神人自天而降，悠悠地飘落到孝明皇帝就寝的大殿之前。那个全身灿灿发光、面容慈祥、举止泰然的神人来到大殿的窗下，向里望了一眼，想说些什么，但最终还是没有说出。待孝明皇帝穿衣出来迎请时，那神人化作一道耀眼的白光飘逸而去。孝明皇帝大叫一声，不觉醒来，才知刚才是南柯一梦。

梦中金人来访，孝明帝不知是福是祸。于是，第二天一早便召来几个臣僚，怀着好奇的心情，向他们请教梦中缘由。

在召来的几个臣僚中，有个叫傅毅的老臣博学多闻才识过人，精通占卜解梦术，尤其对《周公解梦》研究颇深。他闻知此情后，略一思索，便上前跪拜说："臣闻周昭王即位二十四年甲寅四月八日，江河泉池忽然泛涨，井泉并皆溢出，宫殿人舍，山川大地，咸悉震动。其夜，五色光气入贯太微，遍于西方，尽作青红色。周昭王向太史苏由曰：是何祥也？对曰：有大圣人生于西方，故现此瑞。昭王曰：于天下何如？由曰：即时无他，一千年外声教被于此土。昭王即遣镌石记之，埋于南郊天祠前。当此之时，西方圣人初生王宫也。至周穆王即位三十二年，见西方数有光气，先闻苏由所记，知西方有圣人处世。穆王不达其理，恐非周道所宜，即与相国吕侯西入，会诸侯于涂山，以禳光变。当此之时，圣人已修成处世。又至穆王五十三年壬申岁二月十五日，平旦暴风忽起，发损人舍，伤折树木，山川大地皆悉震动。午后天阴云黑，西方有白虹十二道南北通过，连夜不灭。穆王问太史扈多

明帝梦佛图（《释氏源流》插绘）

曰：是何征也？对曰：西方圣人灭矣！”

傅毅说到这里，抬头仔细看了一眼孝明帝那惊异的神情，更加得意，便无所顾忌地继续说下去：“西方圣人得道后，号为佛陀。这佛陀能飞行虚空，身有日光，具六神通，陛下所梦金人乃西方佛陀也！昨夜一梦，乃佛陀显圣于陛下，昭示大汉国定会昌盛于天下。”

汉明帝听完，惊异之色顿时全无，不禁龙心大悦，当即召令群臣谋议，如何才能将佛法引入大汉帝国。傅毅借此机会，又将秦始皇帝驱逐佛家弟子的故事讲了出来，并大胆推断：“此佛门弟子一定还在西域传播佛法，只要派人西寻，不难获遇。”

当日，汉明帝即遣羽林郎蔡愔、博士秦景、王遵等十二人，进入西域，寻找佛门弟子，求迎佛法。

蔡愔等翻越葱岭，西出玉门，一路西寻。经过近两年的时间，终于在月支国发现了乘白马携释迦牟尼真像和《四十二章经》的沙门僧人迦叶摩腾、竺法兰。在蔡愔等人的一番宣示和交涉后，两僧答应随迎佛队伍前去东土中国。蔡愔等人惊喜之余，立即同两僧携白马经卷返回本土。

洛阳白马寺

孝明帝永平十年秋，蔡愔等迎佛队伍抵达国都洛阳郊外。明帝得知消息后，惊喜异常，亲自出城迎奉，诏令群臣将迦叶摩腾、竺法兰两位僧人安置在洛阳西郊外鸿胪寺，以国礼相待，并请两位高僧住院翻译佛经，与帝说法。为了铭记白马驮经之功，明帝诏令将两位高僧住居的鸿胪寺改为白马寺。

由于孝明帝对佛法的尊崇和支持，佛陀真理的圣光如灿灿日光普照九州，佛法的魅力如沉寂中一曲交响，炎热中一丝甘凉，振奋滋润着苦难中人民大众的心田，使芸芸众生看到了一丝希望的曙光。

正当佛法在中华大地上生根发芽之时，五岳道士贺正之、褚善信、费叔才等共六百九十余人聚集恒山，召开紧急会议。会议的内容总纲为：如今皇帝抛弃道教，远求胡教，实在有悖常理，大损国体。为贬弃胡教，弘扬道法，全体入会人员，不分哪门哪派，各持道经共同上奏皇帝，愿与胡教比个高低真伪。

很快，六百余名道士离开恒山，云集京师洛阳，上奏皇帝，要与胡教一决雌雄。

孝明帝闻奏，在和众臣僚谋议一番后，立即诏令尚书令宋庠将众道士引入长乐宫前宣布：道士与僧众于正月十五元宵日，汇集白马寺南门外，立两坛，烧经为验。

诏令一下，道佛两家各自准备，专等一比高下的时日。

元宵节很快来到。孝明帝携皇后妃嫔来到白马寺南门外，此时两坛已经高高筑起，小山一样的柴草立于坛上。道佛两家分别立于左右坛旁，摩拳擦掌，跃跃欲试。前来看热闹的官僚、百姓立于广场，拥挤不堪，争相向两坛靠拢，御林军架起长矛大刀，堵截着潮水一样涌动不息的人流。

一切准备就绪。只见满面白须的老臣僚太傅张衍来到两坛之间，开始宣读诏令："道佛两家，朕心无异，只是道家子弟，指责佛法乃西来伪经，不足为信，并迁咎于朕有偏袒之心。有道是，真金不怕火炼，真经自是如此。现设两坛，各自烧经试之，以辨其真伪。"说完，白发老臣太傅张衍大喊一声："点火！"

霎时，两坛之上大火燃起，熊熊烈火伴随着滚滚浓烟四散开来，整个广场为之沸腾，人们欢呼雀跃。

道佛两家弟子开始往坛上大火中投放经卷，这时烈火更旺、烟雾更浓，火的呼啸伴着"噼噼啪啪"的炸裂声震撼着在场的每一个人的心。整个广场的吵闹嬉笑声没有了，有的只是火的翻卷、烟的升腾。

大火终于熄灭了。

明帝率臣僚妃嫔亲自前来坛上观看结果。只见东坛佛像和

《四十二章经》完好无损，并呈现五色神光、天雨宝花之状。明帝与群臣妃嫔无不惊讶，叹为千古奇观。再看西坛，只见投放的六百余卷道经几乎全部化为灰烬，唯有老子的《道经》一卷尚存。明帝见此惨状，不禁问道："那六百余卷系何人所作？"身旁一道士羞愧答道："乃杜广庭所撰。"明帝听罢大笑："杜撰之经伪也！"从此，"杜撰"一词流传不衰。

这时太傅张衍对诸道士宣布："既试无验，可就佛法。"话刚说完，只见道士褚善信、费叔才等七十余人口吐鲜血，气绝身亡。其余道士以吕惠通为首共六百二十人皆弃冠帔，投佛出家。佛法从此流通无阻，绵绵不绝。

公元148年，也就是历史上东汉桓帝建和二年。西域安息国的高僧安世高来到了中国。这时住在白马寺的伽叶摩腾和竺法兰两位高僧虽已去世，但佛法在中国的传播已有了相当的规模。

摩腾比法图（《释氏源流》插绘）。此图反映的是佛教传入中土后，佛道二教矛盾日见尖锐，直至发展到焚烧经书以决高低的程度。其结果是道家败北，佛教占据上风。其后一千多年，佛道二教一直在不断地斗争、妥协与融合中发展延传下来。历史上所谓的"三武一宗"灭佛，以及韩昌黎谏迎佛骨等重大事件，无不与佛道在中土的地位之争有着密切关系。

当安世高来到周原腹地的美阳城外时，见天色已晚，便在一个村头找了一间闲置不用的破屋，住下来休息。

夜晚三更时分，安世高一路的乏劲已过，精神逐渐振奋起来。正当他在暗夜里瞪着眼睛想心事时，忽见窗外一片红光划过，照得漆黑的破屋如同白昼。他急忙翻身起来，快步走出屋外，只见在破屋北部的不远处，平地射出一道霞光。那霞光五彩缤纷，直冲斗牛。安世高心中大惊，凭着自己多年的修行，当即判断出这是佛门圣物显现的灵光，他不敢怠慢，更容不得半点犹豫，回屋提起禅杖便向那霞光升起的地方跑去。当他来到近前，举起禅杖"唰"的一声，向发光的中心插去，五彩霞光即刻消失，夜幕又无声地笼罩了大地。

安世高激动万分，借着明亮的月光，他在四周察看起来。只见四面田野平整如水，唯这中间却高高地凸起一堆黄土，黄土之上，秋后的枯草轻微抖动，四周八面自然地延伸到辽阔的田畴。看来这个荒冢野坟样的凸起物，已经历了漫长岁月。这个凸起物到底始于何时，怎么会有佛门圣物的灵光，难道……他不敢再想下去。这个极为精明、世之罕见的佛门奇才，一下子想到了久远的过去，想到从西域到达中国腹地必经之路上的一切僧众所可能发生的故事，想到了先他而来东土传经布道的佛门子弟，是不是也会在这里停留，并由于这样那样的原因，将圣物埋藏于此……他的心怦怦地狂跳起来，如果像自己所想，这个荒冢的地下埋藏着圣物，那就该由安世高露脸并名垂千古了。他暗暗地记住了这个地方，便回到了那间破屋。

第二天，安世高找了几个当地老者，试探着打听这个荒冢的来龙去脉。几个老人捋着胡须想了半天，也未能说得明白，只透露了在很早很早之前，有几个胡人在此处说法，并经常有吉祥之光从荒冢中冒出的信息。而凭着这点信息，聪明盖世又修行至深的安世高，已经证明了自己的判断并非空穴来风。

安世高不再久留，他日夜兼程赶赴东都洛阳，面见汉桓帝刘志。

这汉桓帝刘志，生活荒淫腐朽，不仅连娶三个皇后，且置宫女五六千人供自己玩乐。为了延年祈福、长生不老，汉桓帝极端迷信宗教，不论是哪宗哪派他都热情接纳，几乎是逢神必拜，有仙必求。

安世高正是在这样一种情形下晋见了汉桓帝，说出了自己来中国弘扬佛法的打算。汉桓帝自然高兴，当即把这位西域高僧留在宫中为自己说法，并以国礼相待。

安世高在洛阳安顿下来并得到桓帝的尊崇之后，仍念念不忘关中周原腹地那个散发霞光的荒冢。此时，在他的心中，弄清那个荒冢的秘密，要比给皇帝说法更重要，更具历史和佛教意义。通过近两个月的了解观察，他已经确切地知道中国人尚不知释迦牟尼的佛骨舍利具体在哪个地方，甚至尚不知这佛骨舍利早在公元前243年就已落于这片国土。安世高本是西域安息国国王的太子，自幼聪明绝伦，出家后曾游历西域三十多国，并通晓各国语言，对佛教发展的具体细节了如指掌，尤其对上部座系统理论学说的研究堪称一代宗师……正是凭着这些知识、经验和信息，他才越来越感到那个荒冢

安清度蟒（《释氏源流》插绘）。据《高僧传》说，汉朝僧人安清，字世高，原为安息国太子，为了让国于叔父，自己出家为僧，并于汉桓帝建和年间来到洛阳。灵帝末年，到庐山，在一座庙中，安世高遇到一条巨蟒。蟒说："我可能旦夕间就会死去，死后必入地狱。我有绢匹和一些宝物，请你拿去为我造塔建寺，使我转生到一个好的地方。"安世高听罢，以慈悲之心为蟒念经，一时大蟒悲泪如雨。未久，安世高带着绢匹宝物辞别。晚上，有一少年来到安氏的船上，长跪不起，说自己已脱离恶形，转生好处去了。后有人在山西湖中看见一条死蟒，长数里。安世高心领神会，用大蟒捐赠的宝物，到豫章建起了大安寺。

非同小可。

终于有一天，他向汉桓帝坦白了自己的心底："贫僧这次东来，路经关中周原美阳，发现那里有一处荒冢，荒冢之内夜有灵光溢出。依贫僧多年修行推知，这种灵光下边必有佛骨舍利。佛经有云，舍利生辉，佑及万国。陛下若得舍利，可保万福……"

桓帝听后自然异常高兴，立即令白马寺高僧静安法师等人跟随安世高到关中挖掘荒冢。

安世高等一行朝廷臣僚、僧众来到周原腹地美阳城外，找了几十个当地乡民开始对荒冢进行挖掘，只半日工夫，便发现了一块带有梵文的青砖，接着又有七块方砖被挖出。安世高将这八块青砖拼凑在一起，仔细观察。由于砖上的字迹极浅，又加黄土泥水浸染，很难达到一目了然。但他还是分辨出来，并且随着不断的破译，他的心情激动万分。果然未出所料，安世高想。

青砖上的梵文为西域僧人释利房所书，文中大体叙述了公元前243年前后，他们一行十八人来中国的历程、在秦都咸阳发生的故事，以及他们离开咸阳后在中国活动的范围和传法布道的具体地区。最后，文中用了较大的篇幅，叙述这个圣冢的发现经过以及释迦牟尼的真身显世和叮嘱。看得出，释利房等人在咸阳城外分手后，每年的四月八日准时来到这圣冢不远的佛指沟聚会，直到三十年后的公元前213年，聚会才取消，其原因是大多数人已经死去，再无聚会的必要和可能。也就在这一年的四月八日，释利房等仅存的三人，来圣冢做了最后的跪拜，并趁夜深人静，挖开圣冢，将早已刻好的青砖埋了下去，以使前来结缘的后人弄清事实真相。释利房等三人做完这些之后，又做了些什么，三人最终圆寂于何时、何地，再也没有人知道了。

当然，释利房的刻文中最重要的记述，还是在青砖之下三尺的地方埋藏的十九份佛陀舍利。否则，在安世高看来，一切的记述都没有什么意义和价值。

一切都已明了。安世高按捺住怦怦跳动的心，指挥乡民继续向下挖，三尺黄土很快又被掘开，盛装十九份释迦牟尼佛骨舍利的宝函露了出来。几百年的泥水浸泡，宝函外部已经锈渍斑斑。安世高剔去渍斑，打开宝函，只见里面露出十九个晶莹透明的长颈壶，每一个长颈壶中各装一份佛骨舍利，舍利在壶中灿灿发光，耀眼生辉，曜曜夺目。

此情此景，在场的僧众无不激动得泪流满面，安世高更是全身颤抖，热血奔腾。作为佛门的弟子，能亲眼瞻仰一下佛陀的舍利，这是一生最大的幸事，而自从释迦牟尼涅槃之后，很少有人有这份福气，多少大德高僧苦修一生，最后含恨死去。而今天，当年阿育王分发的送往东土中国的十九份佛骨舍利全部在自己的眼前，要不是苍天有眼、佛陀有灵，自己前世有缘、今生传法行善，这样的幸事怎会让自己遇到？“阿弥陀佛……”安世高五体投地，泣不成声，昏厥过去……

安世高偷挖舍利图

佛骨舍利很快送到京都洛阳，汉桓帝一见惊喜万分，加上安世高等僧众的又一番解说，更感神奇，于是下诏在宫中建造浮屠①，以金银制作佛像，重造舍利宝函，以示供奉。对僧人安世高更是敬重备至，百般厚爱。安世高春风得意，在帝王之家和乡野百姓心中的地位扶摇直上。

当然，安世高没有忘记自己的使命和实现自己久来已定的抱负。尽管皇帝极力崇佛，但毕竟是属昏庸无能、花匠酒徒之辈，对佛门一整套独特的教法和组织形式，理解肤浅，甚至曲解其真正意义。皇帝本人及属下臣僚妃嫔们只能拿佛教的一般教义如“断欲去爱”、“行大仁慈”以及戒“杀、盗、淫”等与黄老之教相比，认为两者没有什么区别，甚至认为老子晚年西入夷狄化作浮屠，创立了佛教。这种糊涂不清的理解和曲解，为后来《老子化胡经》伪书的刻印创造了土壤和条件，也为日后佛道两家再起冲突并殃及了近千年的互相攻击和排挤，埋下了深深的祸根。

在汉桓帝及其臣僚的眼中，佛陀和黄老神仙没有什么区别，而实际上，汉桓帝并奉佛、儒、道三教，他除在宫中立浮屠和黄老祭祠之外，又立孔子庙，墙壁上画孔子像，立孔子碑于像前。在以桓帝为代表的汉朝廷看来，只要能够帮助他们维护封建统治，可保久安长寿，帝王能得道成仙等的思想和宗教，均可利用。而自认为“天上天下，唯我独尊”的圣者佛陀的灵骨以及他的教义，刚一落脚于华夏土地，就被“万人之上”的汉桓帝及其臣僚为己所用，自觉或不自觉地将它与儒、道二教同流合一，难辨你我、是非、真伪了。

对于这种局面，安世高当然不甘心，在经过一番苦思冥想之后，终于想出了一个使佛法迅速走向千万芸芸众生的奇计。

他借向桓帝说法的机会，说道：“先祖孔雀国阿育王派僧团携释迦牟尼佛骨舍利，来东土的本意是让这十九份灵骨撒落中国民间供奉，使天下芸芸众生，视灵骨如见佛陀，闻经卷之音如授佛陀精神。天下众生信教敬佛，民心相向，政局自稳，社稷可安。请陛下诏令将宫中供奉的佛骨舍利分散于九州大地，建造精舍庙宇供养②，佛陀的圣光将普照整个华夏，大汉帝国将会出现四海无波、八荒来服的鼎盛景况。贫僧不才，尚能选址绘图，愿为陛下效劳……”

桓帝听取了安世高的建议，拨出官银，命白马寺高僧静安法师随安世高一道筹措分发佛骨舍利及在各地建造佛塔寺院事宜。

两人领旨后，很快行动起来。他们决定先在关中周原腹地的圣冢之上建造宝塔，并在四周修筑寺庙，在塔下挖掘地宫，以存放佛骨舍利。

很快，周原腹地的荒冢上，架起了四层木塔。塔下的地宫中，存放着用紫檀香木做成的棺椁，棺椁之内的金瓶中供奉着释迦牟尼佛最大的舍利——指骨舍利。木塔上方书写着六个大字“真身舍利宝塔”。宝塔建成之后，一座庞大威严的寺庙随之拔地而起，气势雄伟、巍峨壮观的玉石山门③上，高悬苍劲的“阿育王寺”（今法门寺）四个金色大字。从此，继洛阳白马寺之后，中国又一伟大的佛教圣地、关中塔庙始祖——法门寺诞生了。

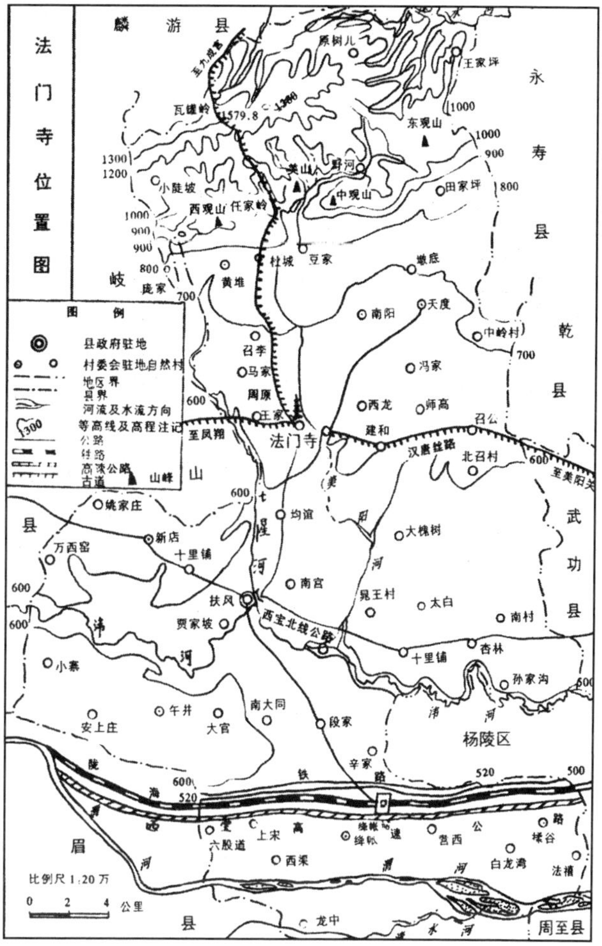

法门寺位置平面示意图

紧接着，西晋的会稽鄮县塔，东晋的金陵长干塔，石赵的青州东城塔，姚秦的河东蒲坂塔，北周的瓜州城东古塔、沙州城内的大乘寺塔、凉州姑臧塔、洛州故都西塔、甘州删丹县塔、晋州霍山南塔，北齐的代州城东古塔，隋的益州福感寺塔、益州晋源县塔、郑州超化寺塔、怀州妙乐寺塔、并州净明寺塔、并州榆社县塔、魏州临菑县塔等十八座舍利宝塔，先后建成。十八份释迦牟尼佛骨舍利依次藏于塔中供奉。

由于佛塔寺院在中国的普遍修建和佛骨舍利的适时分散，佛法犹如八面来风、四墙开花，很快在民间盛行繁荣起来。释迦牟尼佛的圣光普照了九州大地，古老的东方中国，迎来了一个真正意义上的尊佛崇佛的新时代。

至于西域高僧安世高本人，除经历和参与了这一连串惊世骇俗的事件之外，他在中国传教二十多年，翻译佛经五十九部，为佛教在中国的发展作出了杰出的贡献。晚年的安世高，出于一种至今仍不可得解的目的，曾多次请求汉桓帝，要把法门寺佛指骨迎到西域供奉，未被桓帝允许。后来，他又请求汉桓帝恩准，自己到法门寺

北京西山八大处广济寺法献佛牙舍利塔。塔高近六尺，用金银、玉石以及各色宝石镶嵌而成。中央的佛龛里藏有佛牙真身舍利。

做住持。不久，他又串通西域来华僧人，企图盗走佛指骨，由于汉僧的严加守护，最终未能成功。这位曾为佛教在中国的传播作出杰出贡献并具历史意义的一代高僧，终于老死法门，火化塔下。那声名渐起的法门寺，随着这位大师的圆寂，也揭开了新的一页。

## 宝塔辉煌

法门寺由于供奉的佛骨舍利和独特的地理位置，奠定了它在中国佛教界举足轻重的地位。法门宝塔和法门寺院也随着历史的沉浮、王朝的更替、帝王将相的喜好憎恶经历了它的兴衰荣辱，升降沉浮。从东汉之后到明代穆宗隆庆二年（1568年）的一千多年的风风雨雨、刀光剑影中，法门寺先后经历了四次大规模致命的洗劫，每一次洗劫，都使宝塔和寺院变成一片废墟。关于这一次次洗劫的前因后果以及其中的是是非非、恩恩怨怨连同错综复杂、险象环生的故事，待我们以后慢慢叙述。现在，我们讲述的则是关于法门宝塔的历史进程以及在后来这个不算太长的历史进程中所发生的许多意想不到的故事。

大明隆庆二年八月十四日深夜，沉浸在细雨迷漾中的周原大地，突然爆发了人类有史以来极为罕见的大地震。顷刻之间，“川原坼裂，郊墟迁移，山谷鸣响，水涌沙溢。城垣、庙宇、官衙、民庐，倾颓摧圮。三秦八百里广袤阡陌，或壅为岗阜，或陷作沟渠”。就在这次大地震中，法门寺傲然挺立的四级木制回廊式释迦牟尼真身宝塔，瞬间变作一堆断木瓦砾——这座在东汉桓帝年间，由西域高僧安世高亲自设计、监工筑造的宝塔，一千余年来，虽然经历了四次致命的洗劫，但都随着朝廷更替和时代的转换，又奇迹般地从废墟中站立起来，并神态安然地俯视着周原大地。只是，今天，面对它又一次遭到突如其来的厄运，法门寺僧众和四方百姓无不为之惊愕和悲叹。

两个月后，刚刚从大地震的灾难中缓过气来的僧众和周原父老，立即修表奏报朝廷，要求重建宝塔。

奏表经过层层传递，终于到达大明王朝的九重深宫。遗憾的是，位于北京皇城的这座九重深宫，迟迟没有传出半点信息。

在奏表上报朝廷四年之后的隆庆六年（1572年）五月二十五日，明朝的第十二代皇帝，刚刚36岁的隆庆帝朱载垕病入膏肓，第二天便驾崩于乾清宫。

这一年的六月十日，年方10岁的皇太子朱翊钧登极，改年号为万历，从此开始了长达48年的统治。由于万历皇帝登基的顺利成功，法门寺宝塔也开始迎来了重建的契机，尽管这个契机要在七年之后。

七年之后的这个契机，主要来自于万历皇帝的母亲李太后。

李太后于大明嘉靖年间入宫，当时充当着被称做“都人”的一般宫女的角色。她命运的转机是后来被分配到裕王府里侍奉嘉靖皇帝的第三子朱载垕，由于她出色的姿色和聪颖的智慧，使太子朱载垕对她大有好感，常常留在身边侍寝，并很快怀了身孕。在她19岁时，生下一个男孩——后来的万历皇帝朱翊钧。

少年朱翊钧登基称帝后，李氏被尊为慈圣皇太后，在朝中发挥着举足轻重的作用。也许是由于早年丧夫的缘故，大权在握的李太后逐渐信奉起佛教，开始了崇佛好佛的举动，并发布号令在京城内外修建起一座座寺院。多少年后，人们仍然可以从北京阜外八里庄的慈寿寺及永安塔、高梁河畔的万寿寺、宣武门外的长椿寺等存留的建筑中，看到当年李太后崇佛的踪迹——那是她留给后世人类的纪念。

由于李太后的好佛，朝中的王公大臣们颂扬她是慈悲为怀的大善人，宫女太监们则称她是菩萨的化身，并尊她为“九莲菩萨”。

正是在这样的特殊历史背景下，重建法门寺的奏表才开始在九重深宫有了动静。万历七年（1579年）春，在李太后的影响和干预下，这位年轻的皇帝终于下诏重建法门寺宝塔。

朝廷的御旨像秋后的一片落叶，在它离开那棵古老的大树后，就无足轻重了。而在秋风的吹动中飘飘悠悠地落于法门寺时，依然没有引起强大的震动。因为除了一叶干枯的黄纸和黄纸上那几行苍老又毫无血性情感的黑色文字外，再也没有哪怕是半两银子的支持。

但是，对于法门寺众僧和周原父老乡亲而言，这些已经足够了。对于一个昏庸无能、贪酒好色的皇帝和一个腐败至极的朝廷官僚集团，还能指望他们怎样地支持和庇护呢？只是普天之下，莫非王土，法门寺历来是国家的寺院，是皇帝本人名下的财产，要在这片废墟上建造宝塔，自然要经得皇帝本人的恩准。否则，后果不堪设想。

事实上，生活在法门寺周围的古周原的父老乡亲，他们才是最直接、最伟大的真正意义上的宝塔的拯救者。这些有着华夏民族美德、青史流传的周原父老，他们的骨血里无不荡漾迸射着文明的琼浆和人性的光辉。

建造宝塔的最初行动拉开了帷幕。在官僚政府分文不给的情况下，法门寺外不远的宝塔村较有威望的信善之士党万良、杨禹佐等人，勇敢地站了出来，策划权衡，设立捐资库，号召四乡八邻捐资献产，修建宝塔。四百年后，当宝塔再一次被大自然摧毁时，他们的后世子孙又一次站出来力主倡修，并为法门地宫的开启作出了非凡的贡献，这自然是后话，暂且不提。

法门寺明代砖刻题记。题文曰："舍水之人多积福，无穷之福也。舍一担之水，积一家之福。"由此可见建塔时物资匮乏及民间捐献之热诚。

由于木式结构的宝塔有着容易被焚烧和腐蚀溃烂等弱点，自唐代之后，宝塔的修筑渐渐地由木式结构转变为不易焚烧和腐朽的砖石结构，这种结构形式由于有着许多木式宝塔所不具备的优点，所以当历史发展到明代时，已被广泛采用，而木式结构的宝塔就自然地退出了历史舞台。

当周原父老、王公贵族、天下居士④纷纷出资捐产，法门寺宝塔的修筑拉开帷幕时，首先要解决的一个问题便是宝塔的建筑格局。对于建筑风格、规模、形式等问题，理当慎重思考和选择。经过党万良、杨禹佐和法门寺僧众的一番讨论，决定张榜天下，招聘能工巧匠设计宝塔图形，从中择最优秀者录用。

榜书贴出，一时应召者云集，天下能工巧匠深知这是积德行善，也是名垂青史的好机会，便绞尽脑汁，拿出平生所学本领，设计宝塔图形。众多工匠各显神通，有的设计成雁塔形或四棱形，有的设计成方形，有的设计成五棱形，有的设计成坛形。一幅幅图样形态不一，各有千秋，但都似乎缺少点什么，不能令人感到尽善尽美。

突然有一天，一个七十多岁的古稀老人拿着自己设计的图样前来应召，当他把硕大的图稿打开时，众人大惊，无不拍手称奇。只见老人设计之宝塔，共分八面十二层，下有庞大的塔座，座上宝塔高达一百二十六尺。第一层为南开塔门，取意为天宫南天门，上书“真身宝塔”四个大字；东面与日出相映，取意“浮屠耀日”；西边与余霞相衬，取意“舍利飞霞”；北为“美阳重镇”。第二层为八个横断面，每面各刻一个大字，顺次为“乾、坎、艮、震、巽、离、坤、兑”八卦字，使芸芸众生时时想起创造周易神卦的先祖和天地宇宙相通、相融、相合的亘古真理。从第二层往上，每层又设八洞佛龛，全塔共设八十八洞，每洞置铜佛像各一尊，共计八十八尊。而十二层八面八十八个佛龛，分别代表了佛教中十二因缘、八正道和八十八个金刚罗汉弟子。在每一个层面的上方，都修有奇巧精细的八面飞檐，檐角各悬铜铃一枚，塔顶设鎏金葫芦宝顶一丈八尺，若日光映照，自是金光灿烂，气势恢宏神奇……众人看毕，在赞不绝口的同时，又对如此磅礴辉煌、气势冲天、设计精巧、用工细腻的稀奇宝塔能否建成心中无数，疑虑之色溢于面庞。

古稀老人看出了大家的心思，便慢慢说道：“我从8岁起就跟随家父外出学习建造房屋和庙宇，算来已六十余年，修造房屋寺舍无数，贱民虽无技术经验，道业尚浅，但这座宝塔图样，乃是我平生走南闯北，集万家之精华研究设计而成，若照此修建，保证万无一失，为保证我的诚意和所说之言，在佛祖面前，请允许我割发铭志。”老人说着，先是在大雄宝殿释迦牟尼佛像面前跪拜磕头，然后从包中掏出利刀，将一绺长飘的白发割下，交予法门寺长老，以示决心。众人见老者如此挚诚持重，便渐渐打消了顾虑，开始和老人攀谈研究起来。

这位前来应召献图的老人，名叫王志蚌，西蜀人士，乃一代能工巧匠，其声名遍及大江南北。他手下的徒弟有数百人散落于民间，都是当地有名的能工巧匠。当时许多有名的建筑图样都出自他和众弟子之手。

经过再三慎重的考虑，修筑宝塔的主事者们在确知此项设计可行之后，便命王志蚌老人为建塔技术总管，招募工匠、土木杂工近千人，开始了法门寺历史上规模最大、用工最多、时间最长的筑塔行动。

王志蚌老人率领工匠，以对释迦牟尼佛的虔诚之心和对周原父老出资捐产的感念之情，冒酷暑，度严寒，披星戴月，修建宝塔。

似乎一切都在顺利有序地进行。然而，天有不测风云，当宝塔的第一层将要修成时，关中大地遭到了百年不遇的干旱。八百里秦川因为久旱无雨，变得赤地千里，颗粒不收。当初修筑宝塔的捐资捐产渐渐耗尽，最后连修塔的砖灰原料都发生了困难，待第一层封顶时，只好勉强用砖块瓦渣添补。在这种情形下，修塔的发起者和决策者们，只好再次向众居士和善男信女们发出紧急告示："法门寺修砖塔，头层已满，缺少二层砖灰，望八方居士、善男信女舍资财共成圣事。敬告。"也许是为了纪念这次修塔的艰难，这个告示的内容被刻在几块方砖上，修进了一层宝塔之中。四百年后，宝塔崩裂，考古人员在清理塔基时，发现了这历史记载中的铭文告示，增加了这个事件的真实证据。

告示尽管发出，但已不像当初那样有效了。自万历十一年（1583年）之后，连续的干旱，使关中百姓家无充饥之食、御寒之衣，吃饭穿衣都成为严峻的问题，怎有供奉之财捐出。有些居士深感过意不去，竭尽全力，几乎倾家荡产，才换来几个铜板和几块方砖，其情其景尽管动人，但总是不能解决根本问题。万般无奈中，党万良、杨禹佐和法门寺僧众，决定再次上表朝廷，以求支援。而此时的万历皇帝，正在招揽天下工匠，搜集四海之财，于十三陵地区的大峪山下修筑他的寿宫——定陵。这个浩大的工程因为财力不足，以及围绕这个陵墓展开的臣僚争斗等形形色色的问题，已使这位年轻昏庸的皇帝大为头痛，并一度出现了罢朝的现象，哪里还有精力和热情去关心法门寺宝塔的修筑。党万良等人的上表自然是泥牛入海，杳无音信。迫于窘境和无法扭转的天时，法门寺宝塔的修筑工程不得不宣告停工。

春去冬来，日月递嬗。时间在一天天、一年年地过去，周原父老在焦灼地等待风调雨顺的时日，等待好年景的到来。终于，在万历十七年（1589年），也就是法门寺宝塔动工修建的十年之后，大旱才真正地结束，关中父老在久旱之后的甘霖中，开始播种、收获，舒缓一下那早已骨瘦如柴、全身疲惫的身体。而此时的法门寺，早已是荒草凄凄、衰败不堪了，就连修成的宝塔一层的台面，也已长出了几尺高的树木，成为一个颓废的砖土堆了。

尽管如此，周原父老仍旧没有忘掉法门寺宝塔的修筑，他们的内心情感如同冬日的野草，一旦遇到适宜的春天，便开始萌动，开始生根发芽，继而开花结果。在一个好年景刚刚到来的时候，才稍得到温饱之时，他们便旧事重提，再度倡议捐资献产，修建法门寺宝塔。

借助这次人们对修塔的热情与渴望，也许应该就此探讨一番释迦牟尼所创立的这派宗教，是如何使华夏民族的心理转轨并演化成一种宗教精神的，或者说这个民族是怎样把自己的生命跟佛教寓言式的教义融合在一起的，但这毕竟又是一个大的理论范畴，这里还是将这个议题暂时放置起来，去叙说这个时期发生的另一个悲壮而神奇的故事吧。

故事的主人翁始终没能留下姓名，历史记载的寥寥数语中，只说他来自西蜀，是一位鹤发童颜、面貌和善的老迈居士。他原本是来法门寺瞻礼朝拜的，但当他跋山涉水，一路风餐露宿，历尽艰辛来到之后，看到法门寺这块自己向往已久的圣地变得衰败不堪时，不禁伤心落泪，而在伤心落泪之后，他加入了募捐的队伍，并在释迦牟尼像前跪拜发誓，要在有生之年倾尽心力行乞化缘，为重修法门宝塔尽一佛家弟子之力。

年迈的西蜀居士悄悄地离开了法门寺，在经过了三天三夜的苦思冥想和痛苦抉择后，他从乡村找来一条丈余长的粗壮铁链，然后在自己暂住的一间破屋里备了一瓢石灰，将一根锋利的两头尖的铁锥，一头镶在木桩上，一头横端向外。当这一切准备就绪后，在一个太阳升起的早晨，他将裸露的肩胛贴向锋利的铁锥，随着微微下蹲的身子猛一用力，铁锥嵌进肩胛，鲜血骤然喷出。他一闭眼，一咬牙，再一用力，肩胛已被铁锥穿透，鲜血染红了脚下的土地。当他在肩胛的另一端确切地触摸到铁锥已经露出后，便猛地一侧身，随之抓过那条丈余长的粗壮铁链，插进了那个血肉模糊的窟窿，待他将铁链在穿透的肩胛骨上打成死结，一瓢石灰倾覆而上之后，已成为血人的他昏死在一堆烂草之中……

半个月后，这位年迈的西蜀居士，便开始出现在关中的乡野田畴官府农家。他血肉模糊的肩胛，拴着丈余长粗壮的铁链，铁链由肩胛垂坠下来，拖于黄土风尘之中。西蜀居士手端铁钵，缓缓而前。关中的黄尘古道，留下了他血迹斑斑的脚印，周原的乡村农舍，萦绕着他沙哑执著的乞讨之音。风雨飘摇中，他那瘦削苍老的身影，坚韧刚毅地挺立在周原大地。每当疼痛难忍、血汗淋漓之时，他便在心中鼓励自己，要像当年许玄度那样，不惜洒尽热血，以示对佛祖的虔诚之愿。

西蜀居士的横空出现以及奇特的化缘方式，在使关中富豪商贾、平民百姓大为惊骇的同时，也为他那至诚痴迷之心感动得泪水涟涟。四方豪门、八方百姓，不惜荡尽家财为之献资捐款。西蜀居士以超常的意志和鲜活升腾的血性光辉，征服、照亮了万家百姓的心灵，而他本人也因此留下了不朽的声名。时隔四百年后，人们仍能从镶嵌在法门寺正殿西墙内一块高83厘米、长129厘米的明代碑刻上，读到这样一首颇具佛理和文采的诗句：

法门寺，成住坏，
空中忽起痴僧债。
百尺铁锁穿肩筋，
欲与如来增气概。
增气概，尔毋苦，
好待当年许玄度。

这块铭文石碑，是为纪念这位在修塔中功不可没的西蜀居士，也用以昭启后来者。关于此诗的作者无据可考，有研究者认为是明代当时的思想家李贽[⑤]所题，但从李贽的生平来看，跟法门寺似乎无甚瓜葛，他本人也没有到法门寺游访的痕迹，此说不太可能成立。也有传说此诗为居士自题诗，似乎有些道理。从字意上看，此诗确系悟知佛理的人才能作出，在语句没有标点，只凭语气断句的古代，

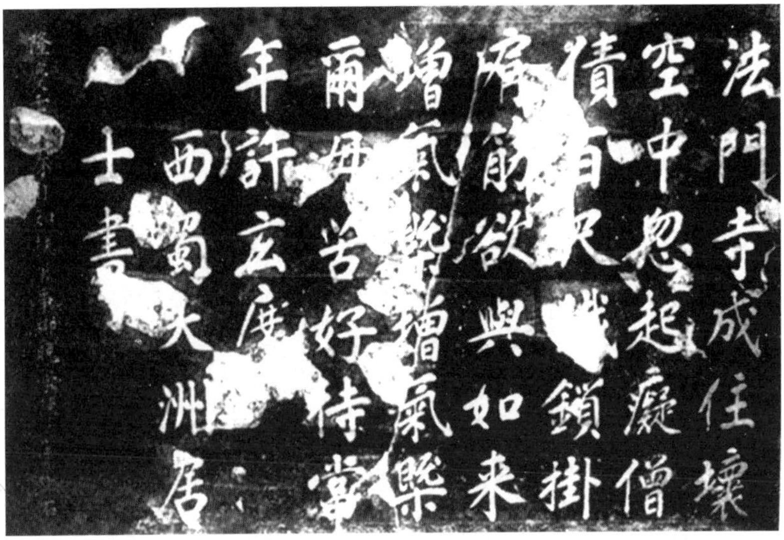


法门寺地下发掘出土的《西蜀大洲居士书痴僧劝缘偈》

读诗者全凭悟性，才能将诗的真正韵味领会于心。而今天很多人读到此诗，认为难于标点，其关键的地方就在“成住坏空”四个字。

“成住坏空”是佛学中的一个术语，即佛经上所说的“四劫⑥”，也就是指成劫、住劫、坏劫、空劫。劫为时间的量词，一劫又称一增减。成、住、坏、空都各有二十个增减，其中初一增减时间的长短，相当于自初禅天下至地狱界，次第成立所经历的总数。其余十九增减相当于自光音天（又称光净天）有性次第降生，至最后无间地狱生有性一人。所有成劫中的二十增减，相当于器世间和有情世间之相继成立所需的时间。住劫说的是器世间与有性世间安稳存住之时，其时间长短也有二十增减。坏劫亦为二十增减，其中前十九增减为自初禅天至地狱之有情各随其因业，或者出于二禅以上，或者迁移于其他界，直至不剩一人为止，最后一增减发生大火灾，荡尽初禅以下，即有情世间坏尽荡灭的全部时间。空劫，即有情世间坏后，空无一物，也有二十增减……

抛除佛教中令芸芸众生感到玄妙难测的文字和算数，诗中的“成住坏”所指的应是，佛祖释迦牟尼真身宝塔自兴建至损坏所经历的漫长时间和演变过程。而“空”则是指宝塔已崩塌，不复存在之意。

我们不再对此诗的作者进行更深、更具体的考证，不论这诗的作者是谁，诗和石碑本身的存在，就足以让这位西蜀居士声名不朽，在天之灵得到慰藉了。

当然，这里应该补充或者早就应该交待的是，关于塔下那个神奇的地宫，以及地宫中那扑朔迷离的一切。

已经发黄的《扶风县志》曾有这样一段关于法门寺的记载：

> 明隆庆中，木塔崩。启其藏视之，深数丈，修制精工，金碧辉煌。水银为池，泛金船其上。内匣贮佛骨，旁金袈裟尚存。

这段白纸黑字的文字说明，塔崩之后，工匠们在清理塔基时，发现了地宫并窥到了地宫中的异常物体。

按照推理，在当时的场景下，能够“启其藏视之”，也就是亲眼看到地宫中物体的人，绝对是极少数。而更多的人说法门寺宝塔下有一口神井，井中有金船，船上有宝物等等，显然是“亲视之”的圈内人将秘密外泄之后，民间百姓添枝加叶的传扬。这里要附加说明的是，关于宝塔下地宫的一切秘密，我们暂且不加叙述，因为这时尚无一人下到地宫看个究竟，所“视之”的也只是一点外在的皮毛和心中的想象。这个地宫包括地宫中的一切秘密，要大白于天下，还要等近四百年的时光。我们叙述的，仍然是宝塔在这一时期的命运。

现在回过头来看这位西蜀大居士。当他来到法门寺时，宝塔的第一层已经筑成，显然没有人再打开地宫让他“亲视之”，而他本人对地宫中藏有佛骨舍利和宝物法器应是深信不疑，他从有幸“亲视之”或跟“亲视之”的圈内人周围的那些人中就可得到证实。不难想象，在众人都说塔下有佛骨的情景下，西蜀居士在深信不疑之后，遂产生了为佛祖做些事情以积宏德的打算，并以超乎寻常的虔诚和近乎自残的方式，开始了他乞讨化缘的旅程，也开始了一种向佛国世界靠近的惊心动魄的新的人生体验与追求。

当然，仅凭一个外来居士自残式的努力，无论如何也筹集不到建塔所需的巨额经费，在任何情况下，请别忘了人民两字。民众的力量才是最原始、最本质、最纯朴、最富创造力的感情积发。几百年之后，有位伟人就提出过：人民，只有人民，才是创造世界历史的动力。

人民的力量先于这位伟人提出的口号，在法门寺宝塔的兴建中开始了实践。不到半年的时间，关中民众所捐献的钱财，足以让宝塔屹立于周原大地了。

法门寺宝塔经过十几年的风风雨雨，终于又可以动工兴建了。遗憾的是，当年那位工程总管王志蚌老人已去世三年多了。

关于王志蚌的死因并不奇怪，在他开始指挥修塔时，已是古稀之年，这位为人憨厚、正直、技精艺湛的老者，在宝塔工程被迫停工待料时，仍未离开他所居住的法门寺旁边的宝塔村，并不时地到寺院来看看，祈求宝塔工程早日动工。但一年年过去了，眼见宝塔的底层架木渐渐腐朽，塔台砖渣多被风雨侵蚀，并已成荒草凄凄状，而饥馑的年景仍看不到好转的兆头，自己的身体状况一天天衰老，焦急忧闷中，终于积虑成疾，不久便撒手人寰。

王志蚌死去了，法门寺宝塔的工程由其儿子王丙里继承父业，再度开始兴建。

王丙里以工程总管的身份，从四面八方招来了十年前参加修塔的师兄弟，并从当地招募杂工近千人，按照父亲当年的设计图样，火速动工。仅一年半的时间，宝塔已修至九层。此时塔身已过百尺，巍巍矗立，直刺云天。

正当法门寺众僧和周原父老为宝塔兴建的神速而拍手称道喝彩时，灾难悄悄地降临了。

这是一个细雨迷漾的下午，阴风搅拌着乌云，像一个阴险的幽灵，在法门寺上空游来荡去，看样子不闹出点凶事不会离去。巍峨高耸的宝塔顶部，已被阴风卷动的乌云笼罩和包围，咫尺之内不见人影，细细的淫雨没完没了又不紧不慢地下着，越发增添了一种不祥的征兆。云涛雾海中，几十名工匠在王丙里的指挥下，站在层层搭起的木架上，艰难地往塔的上部灌浆填沙，垒石铺砖。就在天将进入暮色之时，塔的四周传出了“咔嚓、咔嚓”两声木头断裂的响声，紧接着，整个木架发生了大面积倾斜。还没等上面的人完全明白过来，随着一声更大的响动，木架全部崩塌断裂，几十名高空作业的工匠，瞬间从云雾中摔落下来，担任总管的王丙里头朝下倒悬着摔在地上一块青石上，没容他叫唤一声，便血溅法门，气绝身亡。

王丙里的不幸遇难，使这支近千人的修筑队伍，失去了依仗的标尺，也失去了精神支撑，宝塔的修筑陷于一片悲观和混乱之中。面对此情此景，修塔的决策者们不得不宣布暂时停工，待想出万全之策后再作打算。

因宝塔从图样设计到具体修筑，都是王氏一家领衔挂帅，而那时建筑界也是山头林立、派别各异，各家门派的建筑风格及修筑方式，在关键地方都靠秘传，外人很难领会其真正要领和内在精神，倘照葫芦画瓢地修筑起来，哪怕其间有一点差错，后果亦不堪设想。正是出于这样的缘由，修塔的决策者们在经过反复思虑后，决定请王志蚌的孙子，也就是王丙里的儿子王超领衔继续筑塔。

这年王超年方18岁，也已步入成年人的行列。他从8岁开始便跟着父辈学习建筑技术，并凭着天生的聪颖和超凡的感悟力，本领一天天朝父辈靠拢。待他长到16岁时，学业大有青出于蓝而胜于蓝的势头，而在处理各种复杂的技术难题和对事态发展变化的悟性上，已超过了他的父辈。年轻的王超，正是以这样的自身实力和在这样的时势背景下，开始了王氏一门三代基业的封顶挂冠之作。

王超早就担心，随着宝塔的不断增高，搭起的木架难以承载不断加重的负荷，而最终将有崩塌断裂的可能。想不到刚修至九层，他的担心就成了一个悲剧性的事实。他在悲痛、震惊的同时，又感到迷惘。

宝塔当然还要不断地增长高度，而木架却很难再跟着增长，当一种形式运用到极致以后，继续运用下去的结果必然是个悲剧。悲剧已经发生，就不能不迅速转轨以图良策。

年轻的王超在受命领衔建塔之后，便走出宝塔村，来到长安。他要到外面的世界转上几十个时日，一来缓解因父亲遇难后自己心中的悲痛，重要的是了解、学习新的筑塔方式，以替代木架建造的传统模式。

王超进入长安城，来到大雁塔前，他围着宝塔转了几圈后，便开始询问住寺长老及当地居民，这高耸云天、气势夺人的大雁塔，当年是如何修成的。令他遗憾的是，无论是住寺长老还是当地居民，都称因年代久远，无人知晓。于是，王超又打点行装东出潼关，直奔五台山。五台山那气势恢宏的殿宇塔群令他眼花缭乱，激动不已，可惜的是仍没有人知道当年的修造之法。王超无奈，便择道返往中原，也许在那片华夏民族的发源之地，能解开心中的疑结。

青年王超风餐露宿，昼行夜伏，在中原大地上穿行，苦苦地寻访打探散落于民间的能工巧匠，渴望能得到高人的点化。这天，当他来到离衡山不远的一个村庄时，夜幕已经降临，望着前方黛色的山峦和天空翻卷的乌云，他知道大雨将至，便来到一户农家借宿安歇。当他跟这家主人闲谈时，发现了一个意外的线索。这个线索断断续续地连接起来就是，在十年前，村中来了一位白发飘飘的长者，自称是木匠祖师鲁班的第五十八代孙，年轻时专门造房和打造木器，热爱佛事⑦，号称大居士。此人见多识广，面目和善，平时不显山露水，确为非凡之人。老居士原为躲避饥荒而来，一年后去向不明。直到三年前，村中有人到少林寺去，在那里发现了他，此时老汉已成为住持和尚，并取法号为净空。

长安慈恩寺内的大雁塔

这家主人提供的线索仅限于此，对老汉的出身以及本领无法验证，但王超还是决定去会一会老人。他本来就想到少林寺拜访才路过这个村庄的，假如这位传说中的净空还在少林寺，相会也只是顺便之中的事情。

第二天，王超来到了少林寺，并真的见到了传说中的非凡之人净空和尚。只见净空和尚已有八十多岁的年纪，头发眉毛全成白色，但身体健壮，眉宇间仍透着勃勃生气。王超来时，他正坐在禅房外笑哈哈地看几个十几岁的秃头小和尚用泥巴、树枝和石头建造着宝塔。这个宝塔确切地说是小孩玩的宝塔模型，显然，他们是因为无聊才在这里搭塔以消磨时光。

老人很客气地给王超让座，并听他说完了修筑法门寺宝塔的整个经过和遇到的难题，以及自己出门求师点化的心愿。老人边听边点头，但总是不肯说话。王超有些心急，见老人不说话，便不耐烦起来，有些无趣地将头转向前方。就在这时，他看到那几个戏耍玩闹的光头小和尚，已差不多将塔修成。细细看去，那宝塔虽小，却小得奇巧，小得合理，小得可爱。那八面造型中配筑的高翘的飞檐，透出一股大气、一股辉煌、一股令人心驰神荡的鲜活的魅力……王超看着，不禁大吃一惊，这不正是法门寺宝塔的造型吗？更令他惊奇的是，此时宝塔尚未封顶，四周密密匝匝地用柴草棍儿横竖不一地搭成了林立交错的木架。王超喜不自禁，正要起身向前看个究竟，却见一个小和尚转头问道：“师傅，宝塔太高，木架不能再用，那砖瓦泥土如何运上去？”只见老和尚微动双眉，轻声说道：“尔等真是好生愚顽，遍地黄土，要木架做甚？快去后殿温习功课吧。”小和尚一听，随即一脚将地上的宝塔踢倒，率领伙伴向后殿走去。

“我也到了要习经的时候了，年轻人，恕不能久留，你也该回去了。”老和尚说着，起身便走。

“老人家，我千里寻来，就为求您点化造塔之法，您怎好一句话不说，就……”王超有些气愤地站起身，想拦住老和尚的去路。

“看在你修筑佛塔、光耀佛门的份上，我将平生所学皆对你讲出，不赶快回去，还缠着我做甚？阿弥陀佛！”老和尚双手合起在胸前一举，尔后转身走去。

王超站在台阶上呆呆地发愣。

过了片刻，他才缓过劲来，但仍觉有些伤心，便不甘心地在寺内丛林中转悠起来。随着一阵凉风吹过，王超恍然顿悟，不禁拍手叫道：“好，太好了！”说完便快步离开了少林寺。

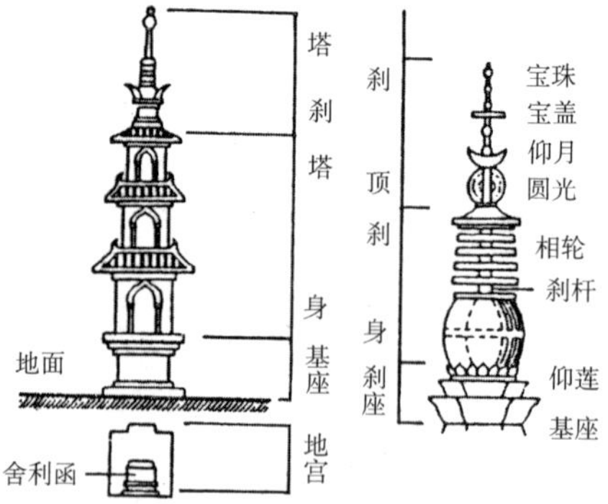


法门寺真身宝塔构造形式

青年王超日夜兼行，

赶回法门寺，把少林和尚的禅语以及自己悟出的筑塔方式，对法门寺长老和筑塔的决策者们一说，大家不禁大喜，都觉此法可行，便决定再招工匠杂役，以“拥土而筑”宝塔。

修筑工程开始了。在青年王超的指挥下，大批的杂役、民工将远处一个高坡的黄土挖出来，运到宝塔四周，形成一个以宝塔为中心的山坡，每到一定的时候，再将山坡泼上水，然后用石夯[8]夯实。这样，山坡在不断地升高，宝塔却越来越低。当这个黄土堆成的山坡增长到一定高度时，再在上面搭起木架，筑搭便容易了许多，危险也不会产生了。当塔修成后，木架撤除，堆起的黄土再运往别处，一座光照四方八荒的宝塔便完全呈现出来。青年王超所采用的“拥土而筑”的建筑方式，一度成为当时筑塔和修建高层建筑物最直接、最实用的楷模，并为后来相当一段时间内的建筑界所仿效利用。多少年后，有人考证古埃及金字塔的修筑方法时，从法门寺塔的修筑中得到启示，认为金字塔也是如此修筑的。至于法门寺宝塔本身，在后来的修筑中又一次停工，并一停又是若干年，这是由于决策者们和法门寺僧众的矛盾以及财力物力不济等事情造成，当然与“拥土而筑”的建筑方式无关。这座称雄于世的宝塔，自大明万历七年（1579年）开始兴建，在经历了形形色色的磨难痛楚和悲凉凄苦之后，终于在万历三十七年（1609年）建成。时间跨度为整整三十个年头。

在这项浩大的工程和漫长的历史跨度中，为筑塔倾尽心力并留下芳名或功绩的，除之前已点述的几位外，似乎没有更多的人物记载于史籍，唯在新近出版的李发良先生的《法门寺志》中，又发掘出了一位叫成信的僧人。这位僧人曾当过法门寺住持，在万历年间参与组织本地信众重建真身宝塔，并于万历十九年（1591年）主持修成第四层。其后的若干年内，或许这位成信和尚一直当住持，或许已移交他人，这些都已无从考证了。

那位西蜀大居士，在别出心裁地将铁链穿入筋骨并行乞化缘之后，筋骨的穿孔渐渐开始发炎，随之开始化脓，并有危及生命的可能。在这种严峻的情况下，他不得不将铁链取下来，利用夜间休息的空当医治伤口，怎奈脓血迸溅的伤口溃烂面积过大，久治无效，又加在一个暴雨倾盆的时日，他正行至偏僻的野外，在无处躲避的情况下，伤口遭雨水长时间浸泡，终于引发高烧，一病不起，不久便死于他那间风雨飘摇的土屋里。他的姓名、生卒年月及死后的葬所，史书典籍未能提供只言片语。留于后世的只是这位西蜀居士信佛一世、血性一时，不惜以自残的方式和整个生命为代价，表达了自己的虔诚和意志。遗憾的是，临终之前却没能看到换取的结果，这不能不让后人为之扼腕叹息。宝塔修筑的主要发起人党万良、杨禹佐两人，在经历了一番呕心沥血的奔波操劳之后，终于体力难支，积劳成疾，先后病亡于宝塔修成之前。想来他们在九泉之下，也许仍闭不上眼睛，或者叫做死不瞑目吧。传说宝塔竣工时，万历皇帝曾亲临法门寺，举行了声势颇为浩大的庆典仪式，并下诏封王氏第三代孙王超——那位“拥土而筑”的发明者——为“大明龙廷神手御史”，并调往京师，专门负责修缮皇宫宫殿等等。关于王超本人后来的行踪，史册典籍再无下文，从情理上推断，他功成名就后被调往京师负责修缮皇宫很有可能，但说万历皇帝亲临法门寺举行典礼，以及这位功成名就的陕西娃被封为朝廷命官等等，实在是言传者的一厢情愿罢了。因为当时的万历皇帝，已被是要立王恭妃的儿子做太子，还是立郑贵妃的儿子继位的问题，搞得头昏脑涨、心力交瘁，躲于后宫不敢轻出，连宰相都几个月见不到他，又怎会出现跑到法门寺主持庆典的可能？当然，就王氏一家三代为法门寺所作出的牺牲与贡献，还有自身精湛的技艺而论，不幸之万幸的王超，弄个官做做也是应该的。

法门寺明代释迦牟尼佛真身宝塔

## 轮回之路

不管经历了多少风雨苦难，总体高度为十三层、四十六米的法门寺宝塔，还是傲然矗立在周原大地了。它像一颗灿烂的明珠，辉映着八百里秦川；它像一盏星夜的灯塔，照亮了苦海引渡者阴霾的心灵和解脱安乐的漫漫航程。

只是世间万物，自有兴废荣枯。法门寺宝塔在周原大地傲视苍生几十年之后，便受到了一次致命的打击。

清顺治十一年六月初九日（1654年7月22日）夜半，中国西部甘肃省天水周围发生了8级大地震，震中裂度为11度。这次大地震波及两百公里以外的扶风，裂度达9–10度。县城北门外的景福宫及其他房屋出现了“垣宇倾颓，压毙人畜”的惨景，而法门寺宝塔则由于地震的摇撼，使塔洞内所藏的镀金盾形牌和一些佛像纷纷坠于地面，整个塔身向西南方倾斜达五尺之多，塔体出现裂缝，西南角塔基下陷一米多深，塔体重心偏离达三米之多。这次重创，为宝塔在三百多年后轰然崩塌，首次埋下了沉重的隐患。

历史的脚步来去匆匆，二百八十年又一闪而过，此时中国的大清朝已不复存在，历史进入了民国时代。

曾经显赫一世的法门寺真身宝塔，在历经三百多年的风雨剥蚀后，已变得面目全非、凋零残破、不堪入目。连年的战乱，持续的灾荒，使整个法门寺变得支离破碎，荒草丛生，野狐出没，人烟几乎绝迹。

1930年，国民党释权下野将军、华北慈善会会长朱子桥，率部来陕西散赈各方，当他来到灾情最严重的扶风县，并前来法门寺瞻礼时，看到寺院、宝塔颓败的惨景，不禁怆然泪下。他在记述中这样写道：

> 现存寺宇，破坏几尽，惟塔南有铜佛殿一座，塔北有上殿三楹，其东西各连小房一楹。
>
> 东院睡佛殿一楹，系佛涅槃像，像下部已毁。寺内《大唐圣朝无忧王寺大圣真身宝塔碑》并序，系大历十三年立，已半

毁，多不可辨识。唐大中十载尊胜幢[9]，已坏成三段，分置于荒草之间。

惟无一守香火之僧人，且法器经书亦不得见……

回忆隋唐盛况，能不令人怆然？

回到住处，朱子桥夜不能寐，当即秉烛提笔，起草了《重修法门寺真身宝塔义赈》一文，以华北慈善联合会的名义和扶风地方联合，呼吁各界人士慷慨解囊，积极募捐，为国家和民族做一件善事。

朱子桥的举动，在一定程度上挽救了法门寺真身宝塔的同时，也让世人更详尽地了解了他的生平，看到了他人性的光辉和人格的力量。

从收藏于西安碑林[10]的一块于右任篆盖、叶恭绰撰文并书写的碑文中，我们看到了以下的记载：

先生名朱庆澜，字子桥，浙江绍兴人，生于1871年，早年家贫，幼时生性刚毅，青年时入伍参军。1903年，在任东北三营统领期间，其部下一个叫潘炳荣的哨官，在率队巡逻时发现一个外国奸细，便当即命令其人停住检查，但外国间谍拒不从命，并企图潜逃。潘炳荣鸣枪示警，不料误中间谍要害部位致其死亡。美国驻中国领事得知后，便以侨民失踪为由，向清廷提出抗议。腐败无能的清政府当即责令盛京将军及奉天府尹就地查办。此时的潘炳荣自知闯下大祸，便主动向朱子桥请罪。朱子桥听罢缘由，极其愤慨不平地说："为国杀敌，何罪之有？"随即命令将潘炳荣秘密送入县衙，装作厨役。同时申报奉天府尹，称该人已逃跑，只能通缉。朱子桥因拒绝诿罪下属，慨然承担责任，被革职留任。1906年，有清廷宗室洪其文，四处鱼肉百姓，作恶多端，被捕后恶风不减，咆哮公堂，复出就任地方行政官的朱子桥，以其人证据确凿，立即斩首示众。这一举动，朝野震动。朱子桥则被受以"摘掉花翎[11]"的处置。

朱子桥像

革命党人在武昌起义后，四川宣布地方自治，

朱子桥被任命为大汉军政府四川副都督。

1923年，朱子桥任中东铁路护路军总司令兼东三省特区行政长官。时俄国十月革命已经取得了胜利，列宁将原俄皇所占的中国东北中东铁路移交中方，朱子桥奉命接收路权及沿线百余万亩土地。

“九一八”事变后，国难当头，朱子桥开始与程潜、张学良等人会商，成立“辽吉黑热四省抗日后援会”并被推选为会长。1932年，冯玉祥组建“察哈尔抗日同盟军”，并与日寇决战于张垣之地。当时敌众我寡，敌强我弱，形势异常危急。朱子桥先后募集十余万援军开往冯部前线，与日寇血战七昼夜，收复多伦等四县。当宋哲元将军率部在长城喜峰口抗击日寇时，运往前线的第一批货物就是由朱子桥组织并亲自押送的。据当时的报载：这批货物计有炸弹1600枚，绷带4000副，汽车2辆，电话机、毛巾、袜子、白梨、点心等若干。宋哲元将军在谢电中称：“益以惠赐慰军，更足以鼓励精神，振作士气。予素抱有进无退之决心，此后惟有督率健儿，歼厥丑虏，期有以副台端之嘉许耳。”

从1918年起，朱子桥多致力于社会救济和慈善事业。1927年山东大旱，他组织发起“华北慈善联合会”，并联合北平、天津各慈善团体募捐款项，援粮18万石，救济冀鲁豫三省及天津灾民百余万人。1930年，长江水流暴涨，沿岸多处决口，受灾数省，浩劫空前。社会各界推举朱子桥为灾区工作组主任，一面率人视察灾情，疏导积水，一面征集捐款及救灾物资。在此期间，他“因焦急劳顿，日夜不得眠，以致感受风寒，高热不退，陷入昏迷状态”。后经多方抢救才得以康复。

民国二十年华北慈善联合会在扶风赈灾留影

从1928年至1938年十余年间，朱子桥把主要精力放在陕西的赈济救灾之中。1929年，关中八百里秦川自春至秋，滴雨未下，井泉皆枯。原来著名的泾、渭、汉、褒等四条水道，平时皆通舟楫，这年夏季却断流无水，车马可由河道通行，多年老树大半枯萎，三道夏秋收成统计不到二成，秋季颗粒未登，春耕又被迫延期，省会西安麦价每石增至三十元以上，其他边远交通滞碍之处，米谷麦稷无处可买。人民无钱无粮，树皮草根采掘已尽，树多赤身枯槁。遍野惨景，不忍目睹。据当时报载："全省灾情尤以武功、扶风、乾县、礼泉、周至、咸阳……等地及河北各县为最重，已是十室九空，饿殍遍野，为祸之惨，空前未有。全陕九十二县，无一县不成灾，竟有以人相食之惨状。"据当时救灾委员会调查，全省灾民已达六百多万人，因灾死亡二百五十多万，逃往外省约四十余万，全省人口由九百四十万减至六百多万。

1931年修塔时法门寺平面示意图

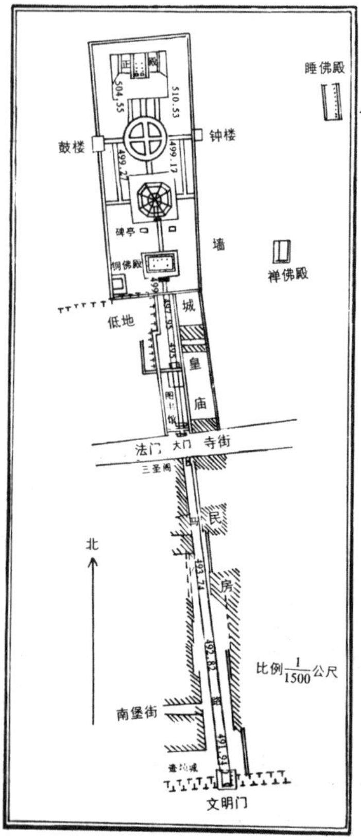


为救民于水火，朱子桥以"华北慈善联合会"会长的名义，联合东北慈善团体及"华洋义赈会"、"佛教会"等组织，倡"三元钱救一命"之义举，亲赴灾区视察，从速募集募捐百万元以上，募集购粮十六万担。因此时近邻各省皆缺乏粮食，朱子桥便亲赴东北找好友购买。而这时正值蒋冯阎在中原血战，交通阻塞，匪盗遍野，朱子桥亲自率人押车解运灾粮由沈阳经华北到达西安，并"露立车首，驰行开道。军士见者，喊曰：'此朱将军也。'无阻之者"。在陕西赈济之中，朱子桥曾促请冯玉祥将军让出兵营三百余间，成立西安灾童教养院，又在灾情最严重的扶风县设教养院，收养灾童数百名。

1938年，华北、华东各地同胞因日寇入侵及灾荒年馑而大量流于陕西，朱子桥亲自主持创办了著名的黄龙山垦区，以垦代赈，实现了安置灾民五万多人、垦田二十三万亩的壮举。当时的民谣曾唱道："黄龙山，是桃源，良田美景满山川。子桥像天恩情宽，灾民来黄把身安。"

正是基于这样一种高尚的人格和品性，朱子桥的《重修法门寺真身宝塔义赈》一文既出，便得到了军政商学各界和四方百姓以及社会舆论的积极响应。当时抗日战争吃紧，民族危亡迫在眉睫。朱子桥在文中着重强调：“因救灾而修塔，盖为众生做福田，愿大众悔往修来，而消灾增福也；因困难而修塔，乃为国家做重镇，愿大众精诚团结，而护国息灾也。”在他的心中，法门寺真身宝塔，已不单是普照众生摆脱苦海、升入极乐世界的纯粹意义上的佛教圣物，而是作为一种民族向心力和凝聚力坐标来观照和演示，当做一种民族团结的纽带来对待了，这无疑增加了一层博取大众拥护和响应的色彩和力量。

1937年，法门寺真身宝塔重修工程筹备开始。1938年春，工程按计划正式动工。这是自明代万历年间宝塔建成后的第一次大规模修缮。除真身宝塔之外，修缮工程还兼及法门寺大殿、山门、道路等项。为了妥善安全保管文物，这次重修专门成立了文物保管委员会，负责整理保管有关文物。委员会制定了极其严格的制度，以便相互监督和制约。

就在工程开始不久，一件奇特的事发生了。

当几个民夫在塔下清理完浮土，又继续下挖，准备一层层夯实时，突然发现了地宫顶盖。莫名其妙的民夫打开顶盖，以极为好奇的心情，点起烛火试图进去看个究竟。当他们刚迈进顶盖处两三步，突然一股阴风扑面而来，把烛火“呼”的一下子扑灭，几个人摇晃不止，险些栽倒。正当几个人欲从黑暗中退出时，更加奇特恐怖的事发生了，只见乌黑阴森的地宫中，“嗖嗖”窜出四条鸡蛋般粗细、丈余长的青蛇，四条蛇油光发亮，青色的身体散落点缀着片片红色的花纹，粗大而略呈黑色状的三角形头颅，在灵活的摆动中又从张开的嘴中甩出血色的长舌，两只鼓出眼眶的豌豆大小的黑褐色怪眼，发着瘆人的凶光。四条青蛇盘踞门口，上身高高昂起，尾梢“啪啪”抽打着石板，嘴里发出“吱吱”的怪叫，颇像守门的卫士对来路不明者发出庄严的警告。众人见此情景，无不心惊肉跳，头晕目眩，有两人当场口吐白沫，昏倒在地。

“快出来！”外面的人首先从惊恐中缓过神来，大声呼喊，步入地宫顶下的几个人听到喊声，不敢怠慢，拉起昏倒的同伴立即向外撤退。几条青蛇见来者已退，霎时身影全无。

一幕惊心动魄的画面，在顷刻间诞生，又在顷刻间消逝，其神

地宫中有蛇窜出（晨曦绘制）。此图根据当地老人描述蛇之形状所绘。

奇古怪如同梦幻。已完全恢复常态的众人，无不仍以复杂的心理揣摸、议论刚才的一切。难道是伟大的先知佛祖释迦牟尼神灵显圣，化作四条青蛇发出的“莫动地宫”的警告？或者是先人们在建塔时，为防止盗贼开宫盗宝而故意在甬道内放养的毒虫？难道……正在大家大发奇想地议论纷纷时，朱子桥闻讯匆匆地赶赴而来，他立即令人火速将顶盖紧严，甬道深埋，然后填平夯实。

当这一切全部做完之后，朱子桥才掏出手绢拭去额头上沁出的冷汗，并长长地吁了一口气。他环视了四周一眼，见没有更多的人赶来，便将在场的众人召集到大殿中，神色严肃而真诚地说：“诸位父老乡亲，诸位兄弟，刚才我们差点干了一件蠢事。我朱某不想多说，大家心里都明白，对目前局势也很清楚，日本鬼子已占领了我华北广大地区，并继续向南向西进攻，黄河风陵渡也已难保，小鬼子的飞机又开始轰炸太原、西安、宝鸡，企图占领山西和关中地区。国难当头，民族危急。而我们刚才看到的地宫，很可能就是传说中埋藏佛祖圣骨和大量宝器的秘密藏所，如果这个秘密传出去，地宫中的圣物和宝器很可能会落入日本鬼子或土匪、汉奸、强盗之手。我们为行善、为团结、为保护民族文化遗产而修塔，但要是这些圣物和宝器落于敌手或散落出去，那我们就会成为国家的罪人、民族的罪人、历史的罪人，愧对佛祖的教化。现在我朱某奉劝各位，不管在什么场合、什么情况、什么环境、什么压力和苦难下，都要恪守今天看到的秘密，不然的话……”朱子桥声音有些沙哑，眼睛有几分湿润，他没有再说下去，只是用威严的目光扫视了一下大家，然后双手抱拳抵胸：“这里，我朱子桥给大家施礼了！”

霎时，在场的人纷纷跪倒在地，对佛盟誓：“请佛祖释迦如来放心，请朱会长放心，我们祖祖辈辈生在周原，长在周原，自有周原人的做派，谁将此事泄密于人，天打五雷轰，全家不得好死！”

“说得好呀！”朱子桥已被眼前的场面感动得热泪横流，他缓缓跪在众人中间说：“让我们一起给佛祖磕三个响头吧，愿慈悲济世的佛祖圣灵永保平安。”

“啪、啪、啪……”在伟大的佛祖释迦牟尼像前，处于危难之中的中华民族的子孙，再次显示了鲜活的血性、光辉的人格以及坚不可摧的神秘力量。法门寺真身宝塔连同地宫中埋藏的圣骨和宝器又一次躲过了厄难。

就在这次厄难过去的几十年后，当时夹杂在人群中的一个不足十岁的少年，将这个秘密泄露出来。此是后话，暂且不提。

真身宝塔的修缮，前后经历了半年多的时间，先后从塔上清理出六十多尊明代铜佛造像[12]和一些石刻佛像，在对这些佛像进行了称重、量高、背文、标记等等之后，又一一加以造册登记，这些佛像都是明代建塔时所藏，是研究当时造型工艺以及佛教发展的重要资料。随着佛像的出现，修塔人员还相继发现了红白珊瑚宝石、琥珀、红玛瑙、水晶珠、珍珠、骨圆珠和铜莲座、铜宝塔等极为名贵的珍珠宝石和其他宝物，这些珍宝和佛像一样，是明代修塔时放置的各式供奉物，有的为古代遗存物，明代建塔时将这些物器重新收集，然后收藏进塔内。这批供奉物品级之高，在当时极为罕见。而在塔内发现的大批佛经更属难得一见的珍品。从后来为修塔所树的石碑中，可以看到这样的记载：

1939年重修法门寺塔情形

> 塔上藏经，初为尘所埋。此次取下者共装两小箱余，不但无一整部，几无完整之一册，约二百余卷。绝非宋版，纸色似明物。然数卷后刻有大德元年，又至元六年、至元二十六年某僧题字样，当系元代刻印。又某卷经背草写洪武七年某书，为父母作功德，其字潦草……以此或可推知系明洪武七年以前之物，或系以

前所藏者，至万历七年修塔时，仍存塔上。当时卷数或足，其所以现存如是少者，或系顺治十一年大震，不无毁坏散遗耳。

面对已发现的诸多宝物，朱子桥的处理策略是“原塔封存”。他认为倘移存他处，不免散失或被盗。“佛像不可与古董等同，沽价交易。”原塔封存，在一定程度上避免了散失和被盗的可能。事实上，直到1981年8月24日宝塔崩裂之前，此次所藏的宝物基本完好无损。由此可以看到，朱子桥当年的护宝策略是正确无误的。

在经历了一系列曲折磨难和惊心动魄的故事之后，法门寺真身宝塔在朱子桥和周原父老乡亲的共同努力下，修复工程终于于1940年告竣。巍巍宝塔又恢复了昔日的盖世雄风，以肃然庄重的高大身躯和超脱圣洁的灵性，傲视华夏大地和苍生。7月24日，在朱子桥等人的参与下，法门寺举行了盛大的开光法会，从四面八方涌来的僧众和善男信女，无不欢欣鼓舞，前往瞻拜。经修复后焕然一新的法门寺殿宇，香烟缭绕，紫气升腾，诵经念佛之声不绝于耳。7月30日，是地藏菩萨的成道之日，开光法会圆满结束。就在结束的这天，法门寺上空五彩祥云飘荡飞舞，整个宝塔殿宇被映得一片橘红，数千名众生无不欣喜若狂，奔走相告，叩拜不已。

8月15日，法门寺又举行了立碑记事的盛典。朱子桥连同周原父老乡亲，为法门寺所作的努力和贡献，被刻于石碑之上，并与不

“文革”后期，陕西省图书馆整理佛经五大法师合影。前排左起：澄观、常慧、净天法师；后排左起：常明、净一法师。

朽的石碑一道永垂青史。

朱子桥等人的修塔行动，在客观上无疑地延长了宝塔的寿命，但他们所能做到的仅仅是延长而不是永保真身宝塔万年不倒。就当时的情形来看，他们对清顺治年间大地震造成的宝塔裂缝，只是填补砖石进行加固，却无法使裂缝像震前那样融合在一起，一旦再遇大地震，裂缝自然还要扩大和延伸，这是个遗憾。但这个遗憾在当时却像无法使裂缝融合一样无法避免。当然，仅仅这个人力难为的遗憾，还算不上真正的遗憾，在以后的几十年中，战争、灾害、狂波、风潮，这一连串的人类失去理智的行动，使法门寺再度变得荒草萋萋，破败不堪。而70年代中国农村在掀起“学大寨[13]”的热潮后，在领导者的指示下，法门寺真身宝塔西南不足三十米的地方，很快出现了一个硕大的水塘，这个被人工挖出的面积达几百平方米的深坑，终年清水不竭，碧波荡漾，遇到暴雨季节，更是水势大涨，一片汪洋。也就是这片汪洋，通过地下脉络，慢慢滋浸到宝塔的塔基之中。本来就有裂缝不再坚固如一的宝塔，经不住这软泥浊水的诱惑，意志和身体更不坚强，开始迅速向这汪洋深坑倾斜。据当时的权威人士推算，自从宝塔开始倾斜到最终崩塌，其身体的斜度超过了意大利比萨斜塔的一倍半，几乎到了不摧而毁的边缘。就在这时，也就是1976年，中国西南部的四川省松潘地区发生了强烈地震，余波波及扶风法门寺，塔体进一步倾斜，裂度由此扩大，离最终的崩塌只有一步之遥了。到1981年夏季，备受摧残的真身宝塔，已未老先衰，出现了风烛残年的败亡状。在绵绵不断的淫雨中，再也难以支撑残朽的躯体，不时有瓦片、泥土、碎块从身上掉下，让周原父老乡亲望着揪心，想着落泪。

周边土层已被当地民众掏空的明代真身宝塔

8月24日，法门寺释迦牟尼真身宝塔——这位齿摇发苍、风烛残年的历史老人，再也经不住历史的重负和风雨的剥蚀，终于在一阵撼天动地的巨响声中轰然倒下。

法门真身进入涅槃。

## 注 释

①浮屠：佛家用语，也作浮图。其含义有多种，可解释为佛陀、佛教、僧侣或佛塔。此处所指的是佛教建筑形式的“塔”，源于印度，最初为供奉佛骨之用，后来也用于供奉佛像、收藏佛经或保存僧人遗体。我国古代的塔，特别是唐代以后，其主要结构由塔刹、塔身、基座、地宫（内有舍利函）组成，以木、砖、石建造，基座和地宫部分便是瘗埋舍利的地方，统称塔基。

②供养：佛家用语。指以香花、明灯、饮食等资养佛、法、僧三宝。

③山门：佛家用语，指寺院的外门。因寺院多处于山林，故名。其形制如宫阙，开三个门，象征“三解脱门”，即空门、无相门、无作门，故亦称三门。有时只有一个门，在门栈中间立二柱，表示空、无相。

④居士：佛教称谓。指没有正式剃度，在俗而皈依佛门的人。

⑤李贽：公元1527−1602年，明晋江人，号卓吾，又号宏甫，别号温陵居士龙湖师。曾任云南姚安知府，后从事讲学著作。反对礼教，抨击道学，自标异端，屡遭明廷迫害，终以“敢倡乱道，惑世诬民”罪名，被捕入狱，自刎而死。著有《焚书》、《续焚书》、《藏书》、《续藏书》、《李温陵集》等。至清代多被列入“禁毁书目”。

⑥四劫：佛教名词。佛教认为宇宙在时间上是无限的，是既有消有长而又无始无终的，世界消长一周期中历经成、住、坏、空四劫。成劫，是世界生成的时期；住劫，是世界安住的时期；坏劫，是世界坏毁的时期；空劫，是世界空虚的时期。

⑦佛事：佛教名词。其含义有多种，此处指僧尼所做诵经祈祷、拜忏礼佛之事。

⑧夯：砸地基的工具，亦作动词用，指借助人力或其他动力反复将槌状物提起、降落，利用其撞击力把泥土等松散材料砸至密实的程度，形成牢固的地基或墙体。

⑨尊胜幢：幢，即经幢，我国古代宗教石刻的一种。据《佛顶尊胜陀罗尼经》记载，佛告天帝，若将该经书写于幢上，则幢影映在人身上，即能消除所有罪业，永离六道轮回之苦。“幢”原为用丝帛制作的伞盖状物，顶装如意宝珠，下有长杆。以石制幢始于初唐，一般多置于通衢、寺院，以表宣导众生及制伏群魔之用。通常以多块石刻堆建而成，系分别雕刻幢座、幢身、幢顶三段后合为一体。幢座多是覆莲状，幢身呈圆柱或棱柱，高三四尺，上覆大于柱径的石盘盖，刻有垂缦、飘带、花绳等图案。幢体各面常刻有佛像，佛像下遍刻经咒，大多以《佛顶尊胜陀罗尼经》为主要内容，故有“尊胜幢”之名。

⑩西安碑林：中国历代著名碑刻集中地。位于今陕西西安市三学街，北宋元祐二年（公元1087年）为保存唐开成石经而建，现属于陕西省博物馆的一个组成部分。其内收藏自汉、魏至民国以来的两千三百余件碑志，除各名家书法作品外，还有大量艺术价值很高的浮雕或线刻人物像、动植物图案等。

⑪ 摘掉花翎：花翎，清代官员的冠饰，用雀翎饰于冠后，有三眼、双眼、单眼之分。清初，花翎只赏给得朝廷特恩的贵族与大臣，咸丰以后赏戴甚滥，又定报捐花

翎之例。于是五品以上官员皆可援例捐纳单眼花翎，蒙特恩者始可赏戴双眼花翎，而三眼花翎则只赏给亲王贝勒。摘掉花翎是惩处官员的一种形式，表示撤去先前所赐之恩勋。

⑫ 造像：古代宗教偶像的通称。分雕像、塑像和铸像几大类，材料有石、泥、木、金属、夹纻、纸泥、瓷、牙、砖、蜡等，以石刻、彩塑及金铜造像为大宗。多分布在佛寺、石窟处，有的成组成群。

⑬ 学大寨：大寨，山西昔阳县大寨生产大队的简称，是“农业学大寨”运动中的样板。

# 第三章
# 玄宫初露

考古人员古刹发掘，圆柱形井筒下掩埋着断臂残头。一枚毛泽东像章，引出一段疯狂岁月，法门寺劫难已定。一代音乐宗师的神秘经历，七音碑顷刻被毁。佛门瑰宝丢失在即，良卿法师焚身自杀。地宫初露，金碧辉煌，武警荷枪实弹封锁法门，情势危急……

## 民心难违

法门寺真身宝塔轰然崩塌，那久积在塔内的杂物尘埃，随着塔身强大气浪的冲击，骤然喷射而出。顷刻间，整个法门寺院笼罩在一片烟山雾海之中。塔内所藏的佛经、佛像纷纷跌落飘飞，最后又和滚滚飞转倒崩的残砖断瓦一起堆落在泥水里。

宝塔倒塌后从中发现的明代铜佛造像

宝塔崩裂后落地的法门寺北魏千佛碑

爆裂的烟尘渐渐散尽，淫雨还在不停地飘落，世界仿佛又恢复了原来的模样，只有尚存的半边残塔极其困惑窘迫地斜立于阴云凝的苍穹下。

——就在闷雷响过，真身宝塔爆裂之时，扶风县驻法门寺文管所唯一的文管员王志英，从居住的小屋里跑出来，并以文物工作者的思维和眼光，首先认识到跌落于残砖瓦砾之中的佛经、佛像的文物价值。于是，便顾不得回屋装备雨具，立即冲进雨幕遮掩下的宝塔前，从残砖瓦砾中捡拾佛经和佛像。法门寺住持澄观法师随之率众僧奔于塔下，搬砖运石，抢救文物。因大雨被围困在家数日的宝塔村村民，随着巨响也奔出家门，纷纷向法门寺涌来，迅速投入到抢救文物的行列中。

当可能抢救的文物均被抢救出来后，王志英立即到县博物馆和文化局向领导人做了汇报，扶风县文化局立即派人前往省城西安，向陕西省文物局和陕西省考古研究所做了汇报。省文物局接到报告，遂派文物处处长张廷皓带人前往法门寺作实地勘察。为不虚此行，并尽可能地将现场勘察清楚，张廷皓顾不得半边斜立的残塔随时都有倒崩的危险，以考古工作者的探险精神，硬是手扒砖缝，脚蹬残迹，一步步爬上了塔顶。当情况基本弄清后，便命人找来几十块大塑料布，将倒塌的残迹覆盖，并叮嘱王志英、澄观法师等照料保护好残塔，然后驱车回西安汇报。

自从那白色塑料布盖住了残塔和张廷皓等一行撤出法门寺之后，按照县文化局领导的指示，将在淫雨中抢救出的部分文物，暂时运往县博物馆保存——自此，法门寺和官方短暂的交往便宣告结束。

崩塌的法门寺真身宝塔横躺在法门寺院中，像一个死亡的老人，任凭风雨霜雪的肆意蹂躏，却无人前来掩埋这具尸体。苦闷的夏天很快过去，这位涅槃的老人身上的雨珠未干，接着便是严霜的横扫与飞雪的覆盖，再接着，便是黄尘与雪水的荡涤和冲刷。

残塔拆除后法门寺情形

整个世界已将这位老人遗忘。这位老人已远离了这个世界。

此时，整个中华民族刚刚从善恶颠倒的大灾难中苏醒过来，百废待举。而法门宝塔倒下的地方，又偏偏在自古有帝王都城之称的陕西塬上。千年的文化积淀，使陕西这块黄土凝成的土地，秦砖汉瓦、皇陵圣冢比比皆是，文物古迹应有尽有。自明清之后佛事渐为冷清的法门寺，早已引不起人们的兴趣，特别是在法门寺真正的一层神秘面纱未被揭开之前。

冬去春来，经受了夏日的炙烤和严冬的洗礼之后的周原大地开始复苏，千百年来生息在这块土地上的四方百姓，那久积于身的善性佛心，也随着细雨飘洒的春天萌动复生。遥想四百年前大明万历年间法门寺真身宝塔倒塌的往事，以及周原父老和四方善男信女倾尽家财、穿骨喋血重建宝塔、再展法门雄风大法的壮举，令今世的晚辈感到汗颜，感到不安，感到心有愧色，感到苍天又将降大任于斯时。

于是，当宝塔村的百姓在确切地得知当地政府和上级政府已将倒塌的真身宝塔疏忽或遗忘时，再也按捺不住心中的激情，他们怀着对佛祖释迦牟尼的真挚情感和一种无法言表的慈心悲愿，开始了自己的行动——这个行动的倡导者就是四百年前大明万历年间重建宝塔的发起人和实际组织者党万良的嫡世子孙，时任法门公社宝塔大队党支部书记兼西坡生产队队长的党林生。

这位宝塔村的领导者和二十几名村民代表，沿用了他们祖先对朝廷上“陈情表”的方式，联名向县、地区和省写了一封质朴真挚的“陈情表”，表中说出了当地父老乡亲希望重修宝塔的愿望，并呼吁各级政府对残塔给以重视。

“陈情表”的全文如下：

各位领导：

你们好！

我们是陕西省扶风县法门公社宝塔大队的社员，现有一重要情况需要向各位领导反映。

在我们村的旁边有一个千年古寺，叫法门寺，寺中有一个宝塔，据说是释迦牟尼真身宝塔。去年秋天宝塔坍倒，只剩一半还立着，眼看宝塔倒下快一年了，现在仍无人理睬，长时间的风吹雨淋，宝塔损失严重，如果再这样下去，损失就更大了。

法门寺宝塔是国家财产，我们不好轻举妄动，何况听村里的老人讲，那塔下还埋着许多宝贝，很是贵重。但法门寺几乎就在我们村中，千百年来，我们村的人民群众已跟这个寺院和宝塔建立了很深的感情。在宝塔倒下后，村里许多老人都心痛地流下了眼泪，现在眼看残塔倒在风雨之中无人过问，更是心痛万分，我们也感到不安。在很早的时候，我们的祖辈见宝塔倒了，也曾上书朝廷，并拿出家财修建宝塔。作为他们的后代，我们觉得有责任来过问一下此塔，否则，我们的祖宗会骂我们。现修书一封，请政府速派人对宝塔进行保护和修建，如果政府在财力物力人力等诸方面有困难，我们这里的全体群众愿尽自己最大的力量来资助此事。

此致

革命的敬礼

这封文字不算流畅但感情质朴真挚的信，在分别发往县、地、省三级政府部门后，如同泥牛入海，杳无音信。焦急的村民便再次围在一起，又写出了内容大体相同的“陈情表”，再次发出，但这次的境况跟上次并没有什么异样，一切都在沉寂中消失了。

法门寺大雄宝殿内的十八罗汉像

正当党林生等人感到绝望又不知下一步该如何行动时，意外地遇到了一个人，一个和他们血脉相通、心心相印的人。这个人的名字叫韩金科。

韩金科虽然不是宝塔村人，但却是法门公社人，小的时候，法门寺的部分殿堂被改成学校，他就在这个学校里读书，宝塔村的大部分百姓都认识他，而他本人也跟这个古寺建立了一种说不清的亲情和道不明的情感。

韩金科在法门寺

此时的韩金科正任扶风县县委理论教员，除了负责县委中心学习组外，还负责全县村以上干部的理论学习和普及工作。当他来到法门公社蹲点并来到宝塔村找党林生时，被群众发现并迅速包围起来。

当百姓们纷纷乞求他管一管法门寺真身宝塔的保护和修复工作时，这位对哲学和历史颇有研究和建树的人哭笑不得。百姓们哪里知道，他只是一名普通的教员，怎么管得了修塔之事。但百姓们却不管这些，世世代代与周原黄土做伴的群众认为，他是周原大地上成长起来的一名政府官员，只有他才了解法门寺，知道宝塔的分量和价值，只有他可以接触上级政府部门的领导，只有他能够把百姓的心情原汤原味地端到领导者的面前。一切希望都在他的身上。

尽管韩金科有苦难言，但面对父老乡亲如此的真情和厚望，他无法回绝，何况，他本身也有呼吁政府迅速修复宝塔、保护国家财产的强烈愿望。

民意不可违。韩金科怀着一种复杂的心境走进了法门寺。当看到残存的宝塔摇摇欲塌，堆积的砖石瓦砾渐被黄尘风沙掩没，无数的珍贵文物还覆没在半截山似的坍土中时，他的眼睛湿润了，心底涌出了一股莫名的惆怅与悲凉。朦朦胧胧中，他的眼前出现了一个幻影，那半边佛塔，变成了一位老者，像是伟大圣者释迦牟尼涅槃前的身姿，又像古公亶父的坐像……他不再惆怅与悲凉，心中蓦然涌起了一股神力，觉得热血在脉管里哗哗流淌。他按捺不住心中喷涌的激情，当即对塔发誓，一定竭尽全力为修复佛塔而奔波。

宝塔村的百姓和法门寺住持澄观法师被感动了。他们握着韩金科的手，久久地不愿放下，韩金科以他能“接触到上级领导”的优势，自此开始了他的奔忙。

他拿着自己写的“陈情表”，一趟趟找县、地、省有关部门的领导。

当然，此时的韩金科已不同于四百年前的党家祖辈，也不同于宝塔村的百姓，现代文明的熏陶和现代文化的教育，已使他的思想变得极富时代精神和现代意味，纯粹意义上的宗教追求已被更加博大宏广的人文景观和文化气象所替代，古老的思维方式已融进了时代的激流，他的情感和文化意识随着时代的脉搏跳动而跳动。他不再把法门寺宝塔看做孤独的一座佛门圣物，而是站在周原文化、华夏文化乃至整个人类文化的大背景、大框架下，对法门宝塔进行透视和关照——这是一种真正文化意义上的呼应。

多少年后，当我们在法门寺博物馆见到已是馆长的韩金科时，从他的言谈和一系列发展计划中，可以窥视当初这位周原才子那深厚的文化功底和博学蕴存，同时窥视到他对文化的认知是何等的深远并具有时代发展意味。

就在韩金科一面干着本职教员工作，一面用业余时间不断上“陈情表”的时候，转机来了。

也许是释迦牟尼佛的保佑，他拥有了这种机缘——一纸命令，使他变成了县委宣传部副部长兼县文化局局长。佛祖有眼，佛祖有幸，这时的韩金科可以名正言顺地践行他的诺言了。

这一回，他再也不是以一个才子或一个书生的身份上“陈情表”了，他要以一个政府部门领导者的名义，堂堂正正地起草报告，他要直接或间接地对上一级甚至更高级领导陈说法门寺宝塔的一切情况和修复理由。

韩金科找到的第一位官方领导，便是扶风县人大常委会副主任王俊哲。王俊哲曾是他的老上级，交往甚厚。在中国，人熟事好办，即使是公事公办，也难免夹带些私交。这位周原才子并不迂腐，他自然深知这个道理。

当韩金科向王俊哲诉说了自己在法门寺的经历以及村民们奔走相告，呼吁修复宝塔的热情和决心时，这位领导的心灵受到强烈震撼，表示一定要尽自己的力量，为保护法门寺文物四方奔波求助。

韩金科的计划得到老上级的支持，自是热血奔流，激动不已，他很快将一份报告性的文件交王俊哲过目。王俊哲凭着自己多年为官的经验和处世哲学，认为一级一级上报是必要的，扶风县人大的顶头上级是宝鸡市人大，他们将报告删改一番后，一份要求上级拨款修塔的报告便正式诞生了。王俊哲是第一位以人大领导的身份，向宝鸡市人民代表大会打报告的人。

然而，就如同佛门弟子注定要经受千磨万击、历经劫难方能修成正果一样，要真正将修塔的计划得以实现，又谈何容易？王俊哲的一份报告当然是微不足道的。

这时的韩金科开始双管齐下，一边靠王俊哲不断地和上级保持联系，一边靠自己和宝鸡市文物局联系。每次去宝鸡，怀里总要揣上一份修塔的报告，想方设法递给文物局的领导。他的报告一次比一次显得焦躁难耐，一次比一次显得尖锐甚至刻薄和愤懑。十几年后，我们在采访时，从他的报告中看到了这样一段话：

> 法门寺真身宝塔建在我们祖先的手里，倒在我们这一代人的手里，我们如果不把它亲手修起，那是我们的耻辱！我们将成为历史的罪人！人民的罪人！

出身于周原的韩金科，一心系着法门寺真身宝塔，不断为悬而未决的宝塔修建问题四方求助。在这宝塔倒塌的前一年，扶风县博物馆的一名工作人员来到法门寺搞文物普查，他发现真身宝塔的倾斜度已超过比萨斜塔的一倍半，由是判定此塔不久将会崩坍。这位工作人员怀着一种极为忧虑和焦急的心情，不断撰文呼吁社会各界特别是政府部门给予此塔以热切的关注——但是，当时没有一丝回音。一年后，一个强大的回音从天幕中传来，法门寺真身宝塔倒了。

精诚所至，金石为开。韩金科连同周原父老的一腔热情，终于使有关部门为之动容，并开始自觉或不自觉地对法门寺这座千年古刹重新注目。

1984年初，经有关部门批准，西北大学历史系、扶风县博物馆、周原博物馆等三家组成“法门寺联合调查组”，首次对宝塔废墟进行了清理，并在此基础上，就法门寺的历史及存留佛经、佛像进行了初步的鉴定和研究。当时的陕西省副省长孙达人及文物局领导陈金方、张廷皓等亲临现场考察了有关情况。

法门寺塔中的宋版《毗卢藏》经书

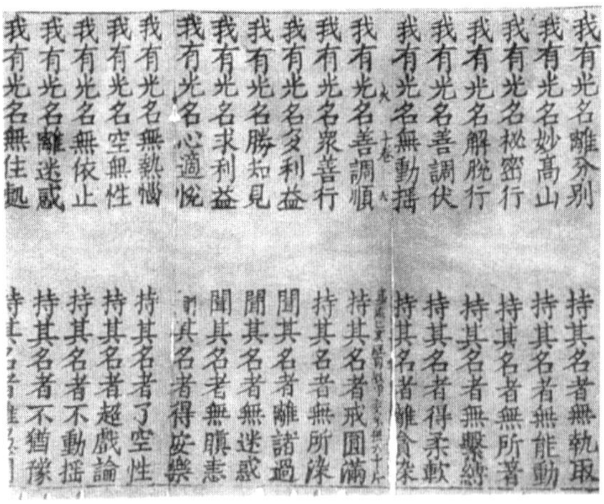


据联合调查组后来发表的《法门寺调查简报》称：这次清理工作，除了将倒下塔身的砖头集中保存外，还见到铜制塔顶，上铸有“明万历三十七年造”字样。塔顶内尚有一座一米高的小舍利塔，已断成四截，塔中有一红锦包，内装各色小宝石、红白珊瑚、琥珀、珍珠、红玛瑙、粗石珠、空心木质细枝（当为舍利）等佛教七珍。又有略作盾形的铜牌，中刻“万历三十五年七月造”，边刻“顺治十一年六月初九日，地大震，佛像跌落，十二年二月初七日重造，仍送上顶”字样。

在清理的经卷中，共发现宋刻《毗卢藏》① 十六部残卷。从所留文字断定，这批《毗卢藏》的印刷时间当在南宋咸淳五年（1269年）以后。在现存《毗卢藏》极其少的情况下，这次发现不仅丰富了中国珍藏，并为佛藏刊印的研究提供了新的资料。

与《毗卢藏》同时发现的还有《普宁藏》② 三百九十六卷、《秘密经》三十三残卷，和朱子桥手书石印《金刚般若波罗蜜经》、宋广静手书《妙法莲华经》、刘盥训手书《金刚般若波罗蜜经》、李秉鉴手书《佛说父母恩难报经》等。

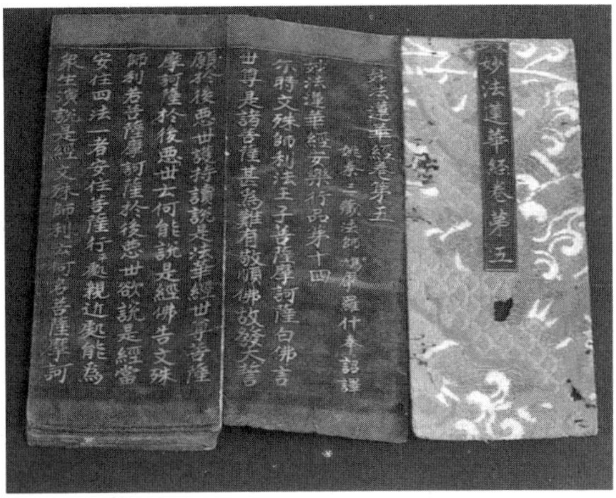

清理中发现的《妙法莲华经》

除此之外，还发现了唐代铜造佛像、泥塑佛像，胸前印有“卍”字[③]的明代万历、崇祯年间造像二十二尊，以及民国时菩萨造像多尊。报告中特别强调，现存的半壁残塔，塔身裂缝明显，倾斜有度，恐难久存，但仍破青天、刺云端。经仔细观察，高层的佛龛中，尚有经、像压在边缘，肯定塔中还有文物遗存。据文献记载，塔之下建有地宫，藏释迦牟尼手指骨一节。又据参加过1939年维修塔寺的老人说，“曾见塔下有井，井下有宝物”等等。为了抢救残塔中的文物，希望有关部门迅速落实保护法门寺工作计划。

1984年7月31日，《西安晚报》首次发表了题为《法门寺发现宋元藏经等珍贵文物》的报道。8月2日，《陕西日报》也以此为题予以介绍。

塔中佛龛中所藏部分佛像

两家报纸的分别报道，引起了国内新闻界的注意，新华通讯社及国内几家大报、电台纷纷对此事做了报道。

不久之后，时任文化部代部长的贺敬之、国务委员陈慕华、国家经委主任袁宝华等，分别来到法门寺调查、研究有关问题。

9月中旬，国务院古籍整理规划小组“中华大藏经局”委托中国社会科学院南亚研究所研究员童玮、李富华赴法门寺调查研究。事后两人发表了题为《法门寺经纪略》的专文。

当法门寺在社会各界人们的心中

稍有一点位置之后，已经觉醒的《陕西日报》、《西安晚报》等新闻单位，不失时机地发出了“救救真身宝塔”的呼吁。呼吁中明确指出：“塔是寺的象征和标志。无论是开展宗教活动，还是发展旅游事业，或是文化交流，或是保护文物，都不能没有塔。”

面对是否修塔、如何修复的问题，政府部门和文物界的领导者们议论不定，踌躇不前。有专家说，法门寺塔属明代建筑，文物价值不大，修和不修都可。有领导说，法门寺保存这个残塔或许更好，更有风度和韵味……正当领导者们莫衷一是时，韩金科、王俊哲和宝鸡市的有关领导，却取得了一致的意见，并又一次打报告给陕西省有关部门，并报告国务院文化部。

这个报告决定先拆八层，然后再作修塔打算，不料这个决定遭到了陕西省文物部门的反对和坚决抵制，按照省文物部门的理论，法门寺宝塔现状，横竖是原始文物，从保护文物的角度看，拆除无异于对原始文物的破坏。因此，只批准拆上面的四层，留下底部九层，作原始文物保存。如果是这样，中部和底部残存的佛经、佛像，仍处于日晒雨淋、风吹霜打之中，珍贵的原始文物依然得不到妥善的保护。

1985年的7、8、9三个月，韩金科带着一些疑问和不情愿付诸实施的计划，先后三十次前往西安，向有关领导陈述拆除八层的好处和拆掉四层的弊端，扶风距西安一百多公里，这三十次奔波，对于患有慢性肌肉萎缩症的韩金科来说，需要付出怎样的艰辛。

也许是韩金科的精神感动了上级领导，或许是他提出的方案更有其合理性。反正在经历了一番折腾之后，他终于听到了一个振奋人心的消息：

1985年7月1日，陕西省人民政府作出决定，由省民委、省宗教局、省文物局及所在地的宝鸡市（已由地区改市）、扶风县共同集资，重建真身宝塔。原残塔拆除五至十三层危险部分，保留其稳定部分，并责成扶风县博物馆对残塔上佛龛中留存和废墟中积压的文物，随工进行彻底清理……这是继唐代、明代之后，法门寺又一次重建宝塔。

1986年初秋，由扶风县文化局局长韩金科等人组织长安古建队，开始拆除残塔。

拆塔这天，县市领导、建筑工人、四方百姓纷纷来到塔前，向这华夏民族的文化遗存、周原父老的精神依托，作最后的告别。

一串长长的披红挂绿的鞭炮被高高举起，身披五彩袈裟的澄观法师率众僧立于塔下的香案前，香案之上三炷香火忽明忽暗地散放出股股紫烟，法师和众僧双手合十，口念真经，为释迦牟尼真身宝塔虔诚地祈祷。

长长的鞭炮燃起来了，炸裂的爆竹在秋日阳光的照耀下，分外绚丽壮美。随着一声“拆塔开始——”的呼喊，早已顺着升降机站立塔顶的韩金科，亲手轻轻地揭下了第一块砖。这时，立于塔下的众僧和四方百姓，都不由自主地缓缓将腿跪下，匍匐于这黄土凝成的古老的圣地，泪水涟涟地朝这同样古老的圣体叩拜不起……

自此，法门寺真身宝塔将正式作别沉重遥远的历史，迎来一个崭新的辉煌时代。

1986年冬，半边残塔的上八层全部拆除，并清理发现铜佛像五十尊、石佛像两尊和大批珍贵经卷。其中残《毗卢藏》四卷、《普宁藏》一百八十三卷、清代《妙法莲华经》七卷。这些藏经的发现，对于研究法门寺历史以及我国佛经雕印史，具有重大意义。

1986年12月，陕西省人民政府决定，重新修复法门寺明代真身宝塔，责成陕西省文物局组成考古队，负责重建前的地基清理工程。由省文物局通知省考古队、宝鸡市文化局、扶风县文化局，联合组建省、市、县三级考古队。正式发掘工作待严冬过后即可进行。

陕西省文物局重修法门寺宝塔的通知下达后，扶风县政府立即成立了修塔领导小组和修塔办公室，由扶风县副县长李宏桢为组长，县文化局局长韩金科为副组长兼修塔办公室主任，同时迅速抽调技术人员组成法门寺修塔古建队，为修建古塔作充分的准备。

1987年2月，陕西省考古研究所考古专家曹纬、扶风县博物馆馆长、考古专家淮建邦，以及考古技术人员傅升岐、王仓西、徐克诚、吕增福、胡武智等人，连同扶风县的部分领导，云集在文化局，召开了一次行动之前的会议。自此，法门寺终于迎来了新的命运转折的契机，古老的周原大地又将续写一部新的历史画卷。从1981年秋真身宝塔倒下，到1987年春正式修复，其间度过了六个年头，有人说，六个年头，反映出政府行政部门的效率不彰和官员的许多弊端，但不管经历了多少曲折艰难，不管有多少弊端，法门宝塔毕竟还是迎来了令周原父老欣慰的这一天，伟大圣者释迦牟尼的西天之灵也一定为之庆幸和慰藉。阿弥陀佛……

## 考古人员走进古刹

1987年2月28日，三级考古队的全部人员进驻法门寺，开始了具有历史性意义的伟大行动。

原来的宝塔地基已被地下水破坏，建造新塔必须重打地基，而在此之前的首要工作是清理原塔基的地面废墟。

考古人员在清理现场查看

因为是考古清理，就非同一般意义上的建筑工程，所有的砖石瓦砾、黄尘泥土，都要小心翼翼地搬运、装卸、清理，细小的土块全部弄碎，然后再用铁丝编成的筛子筛一遍，生怕有什么宝物隐藏其间——这就是考古。

自然，像这样一个场面的考古，仅凭几个专家是很难完成的。所以，宝塔村的大部分青年农民都参加了这浩大的行动。人心所向，众望所归，不到四天的时间，小山一样的几百方废土全部过筛、清理、拉运出来，而其中的数十万块明砖和瓦砾等废弃物被清除完毕。这次清理，又有一大批珍贵文物出土，其中碑刻就有介绍金代法门寺僧人法爽的《金烛和尚焚身感应之碑》和记载法门寺在金代收集整理佛藏的《金代藏经碑》等。

就在这次大规模清理的过程中，韩金科同有关部门的领导人一起，将法门寺周围村庄里的老人们聚集起来，先后召开了七次座谈会，会议讨论的内容主要是法门寺的地下是否真的有宝藏存在？民国年间朱子桥将军等人到底发现或看到了什么？

在法门寺不远处的大北巷村有一个老秀才叫杨自利，从小便和法门寺众僧接触较多，因而对法门寺的兴衰及有些轶闻趣事也较清楚。可惜老秀才已去世多年，人们无法从他口中得知详情了。韩金科等人只好把老秀才的儿子杨弘儒找来参加座谈会。在这次座谈会上，杨弘儒向韩金科讲道："听我父亲说，他在世时经常到法门寺找僧人聊天，得知过去寺院内有许多许多的石碑，外地人经常来寺院拓碑帖。按照寺院风俗，凡是有来拓碑帖的，寺院都要管饭招待，以后拓碑帖的人越来越多，寺院经济很难承担起招待任务，加之又逢乱世，寺院僧人一商量，便偷偷在院内挖了一个大坑，将大批石碑运来埋掉了。自此，寺院内就少有石碑了。由于法门寺有四平方公里之大，这些石碑埋在什么地方，连后来的僧人也不知晓了。"

在座谈会上，大北巷村村民王宝华，还向韩金科等人讲出了几十年前的一段秘密。这段秘密就是当年朱子桥将军修塔时看到的情景。王宝华说："朱子桥将军率众修塔时，我不到十岁，那天我正在塔边玩耍，突然听修塔的人群中传出发现宝贝的叫嚷声，并见人人脸上现出严肃的表情，我便也跑过来观看。当时前边有大人们挡着，看不清什么东西，情急之中，我就顺着一个大人的裤裆钻了进去，那时我身子极为瘦小，也正是钻裤裆的顽童年纪，大人们也对我不太注意。就这样，我趴在大人们的腿底下，顺着一块被撬开的石板，看到了塔下一个大洞，洞中有一根大棍和一个大金盆，其他什么也看不清……"

朱子桥将军当年修塔时发现的秘密，尽管几十年后被王宝华泄露开来，但由于没有确切的证据，韩金科等人依然未敢断定塔下就有地宫和匿藏着珍宝。但宁信其有不信其无的思想，使他立即决定将这一情况向上级汇报，并和公安部门联系，对宝塔加强监护力量，日夜看守，严防文物被盗。事实上，几个月后法门寺地宫被发现，当年王宝华看到的止是秘藏于地宫后室的珍贵文物，即著名的灵罗帐④等物。

清理中的明代宝塔地基

当所有的杂物被清除以后，极富神秘和刺激意味的清理发掘地基工作开始了。考古者们首先确定了一个10米 ×10米的大探方⑤，按顺时针方向对角线开挖。开挖的结果不出所料，在现有塔基中发现了两个相叠的塔基。一个是唐代木塔塔基，一个是明代砖塔塔基。两个塔基的出现，吻合了历史的记载。

1987年3月初，在距地表0.8米时，考古人员分别于东北方的西南角、西南方的东北角发现扰土坑（土层扰动的痕迹），形状为扇形，编号为H1和H2，当清理到距地表1.6米时，又断定这是一座后人发掘时留下的深坑。考古学家曹纬指示考古队暂停，待打隔梁后再统一清理。

1987年3月10日至15日，考古学家曹纬和考古人员商量后决定，将10米 ×10米的大探方改为10米 ×5米的小探方，沿原大探方的四周布方清理。就在这次清理中，突然发现了夯筑痕迹，夯窝⑥为15厘米，每排夯窝均东北高、西南低，与明代真身宝塔倒塌的方向一致。这个现象的发现，说明明代地基变化最终导致了真身宝塔的坍塌。

在随后对四周小探方的清理过程中，逐渐显露出一个10米 ×10米的方形夯土台基。此夯土台基中的夯窝比明代的略小，土质更为坚硬，这一点，唐、明两代极易分清。前面做过标志的H1号坑，即在大方形夯土台的中心。

1987年3月20日，在曹纬的指导下，考古人员将明代砖塔基槽基本清理完毕。就在这个基槽的南面底部，发现了一块铺砌的长方形石条，极为明显的是，明代基槽将南面呈南北向的长方形基槽打破，该基槽内为含石灰点填土，与明代基槽的黄色土有较大区别，这表示一种新的现象即将出现了。

洛阳铲形状

1987年4月2日，考古人员在被打破的基槽中央部位处，意外地发现了一个直径约为80厘米的圆柱形井筒。

此时的井筒已被土方填实，但填土松散，并未夯实，土质中似乎掺杂着垃圾一样的细碎东西，因年代久远，一时无法分辨这些杂物到底属于什么。但井筒的出现，立即让人想起了“明正德二年重修，隆庆中，木塔崩，启其藏视之，深数丈，修制精美，金碧辉煌，水银为池，泛金船其上。内匣贮佛骨，旁金袈裟尚存……”的记载。

考古发掘人员似乎从这小小井筒中发现了什么，大家围拢过来，密切地注视着面前的一切。

曹纬手提洛阳铲选定位置

“拿铲来！”来自陕西省考古研究所的考古学家曹纬，从一个钻探工人手中接过洛阳铲，小心翼翼地向圆柱形井筒的中心探去。

这洛阳铲原为中原一带的盗墓贼所发明，后渐被考古人员利用，成了考古专用工具。其铲轻便锋利，便于操作，是勘探古墓和遗迹的得力助手，无论是有经验的盗墓贼还是考古学者，只要凭着洛阳铲触及地面的声音和提取出来的物质，就可判断地下几十米内的具体情形。

现在，洛阳铲在曹纬手中上下抽动，随着一堆堆成色纷乱的填土被提出，不大的钻孔也在渐渐延伸。终于，铲柄发出了轻微的颤动，这是触及硬性物质的特征。“像是触到了石块。”曹纬说着将铲提出，只见那直筒状的铲刃上，沾满了白色的石粉。这是大理石才特有的粉末。

每个发掘人员心中都清楚，周原的黄土下

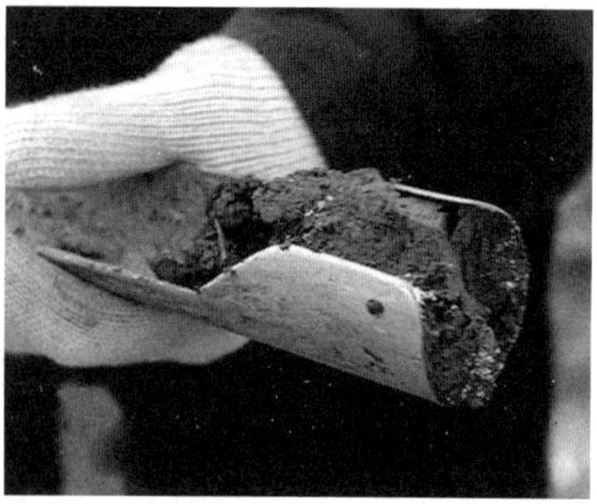

仔细辨别洛阳铲带出来的物质

是没有天然大理石的，这一现象的出现，意味着塔基下肯定有建筑物存在，也许，下面就是迷失千年的地宫宝顶。

想到此处，每一个在场的人身上都增加了一分温热，发掘的疲劳旋即消失，代之而来的是按捺不住的激动和欣喜。

经过一番周密的思考和磋商，大家决定以井筒为中心，按5米×10米的长方形向下发掘，这样既节省时间，又便于工作人员操作。

在这个不算太大的空间里，发掘进度很快。随着填土的不断运出，一个泥塑的佛像断臂和头颅露了出来。从这一迹象上判断，泥塑佛像的断臂残头及填土年代，几乎是在同一个时期进入这个位置的，时间跨度应为二十年左右。紧接着，大家又从发掘的填土中发现了香烟头、水果糖纸和几粒瓜子、花生皮等杂物。

“这到底是怎么回事?! ”一直睁大眼睛、屏神静气地注视着发掘现场的李宏桢、韩金科、曹纬等人懵了。在明代修建的宝塔下，何以出现这样现代的遗留物？正当大家面面相觑的时候，突然有人小声说道：“是不是地宫被盗了？”一句话提醒了在场所有的人，刚才那种热情与欣喜瞬间被一种冰冷的不祥的预感所替代，阴影笼罩了大家的心田，发掘现场陷入了短暂的沉默。

在泥土中发现的毛泽东像章

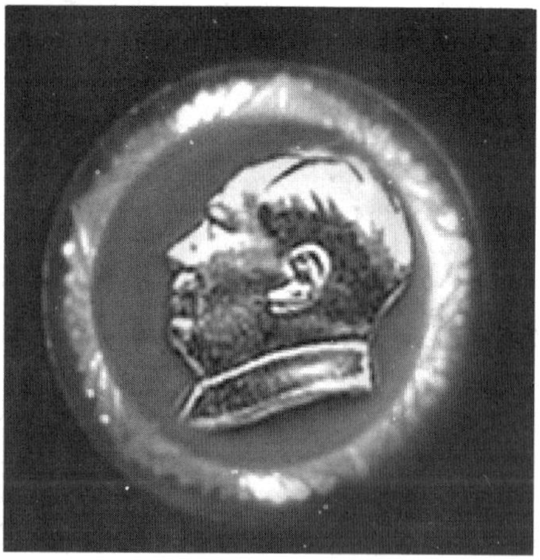

“快来看，还有毛主席像呢！”一个抬土的民工蹲在地上，正用粗糙的手指揉搓着什么。大家寻着他的喊声围过去，只见一枚指头肚大小的像章在民工手中捏着，这是一枚红底圆形的毛泽东主席的头像，尽管锈迹斑斑，但依然看得分明。韩金科一拍大腿，像是对自己，也像是对众人大声说道：“我明白了，是‘文化大革命’、是‘文化大革命’……”

众人转回头，怔怔地望着韩金科那疲惫而痛苦的脸。

## 疯狂岁月

1966年夏，毛泽东在天安门城楼检阅红卫兵队伍。

1966年夏天，北京天安门前那宽阔的广场上，红旗如海，人头攒动，毛泽东主席重新穿上了已经脱下十七年的草绿色军装，健步登上天安门城楼。随着那双巨手微微挥动，一个新的时代开始了。

似乎在一夜之间，“文化大革命”的风暴席卷全国。千千万万个血气方刚的青年男女，走出工厂、学校、农村，在红潮绿海的涌动中踏上“文化大革命”的征途。

自古豪杰并起、英雄辈出的关中大地，早已被红色的海洋淹没，各路“兵团”纷纷奔向举世瞩目的名胜古迹，开始了大规模的被誉为“革命”性的洗劫。先是城墙被毁、碑林被砸，接着是乾陵、周原、周公庙、金台观、钓鱼台、五丈原、诸葛庙、楼观台、草堂寺等相继遇难，八百里秦川一时旌旗飘荡，黄尘升腾，烟雾弥漫，喊声震天动地。千年的文明在这场突如其来的风暴中遭受着“史无前例”的炙痛。

1967年5月，一个星月惨淡，闷热得几乎令人窒息的茫茫黑夜，扶风县城一个普通的院内，几个人影在昏暗的灯光下，正在议论着“举事”的时间和目标。当一阵又一阵激烈的争吵过后，人影悄然消失在漆黑的暗夜里。

当时全国寺庙僧人多数被赶出寺庙并遭到批斗与污辱

就在这天晚上，法门寺的厄运已成定局。

第二天黎明，数百名红卫兵小将在县城西郊那块宽敞的空地上集合完毕，随之满怀“革命”豪情壮志，浩浩荡荡地向法门寺涌去。

尽管这些身着绿色假军装、稚气未脱的红卫兵小将，对这次“文化大革命”真正的目的和意义并不清楚，但有一点却是深信不疑的，那就是法门寺这座千年古刹，既是牛鬼蛇神的养生之地，又是埋藏蒋帮秘密电台的黑窝。这双重的罪恶赋予了小将们加倍的责任和“革命”的神圣，由此使他们热血沸腾，信心倍增。

杀气腾腾的红卫兵大队人马，裹着翻起的黄土尘烟，一路杀到法门寺门前。

面对朱红色的高墙和辉煌的殿宇，小将们感到既新鲜又恐怖，在他们不算太长的阅历和并不宽阔的视野中，从没有见到如此肃穆、威严的建筑，尤其那高耸入云、壮美神奇的释迦牟尼真身宝塔，更是令他们眼花缭乱，大开眼界。

小将们在院外驻足片刻，随后带着一种新奇，更带着一种责任向院内挺进。

法门寺大雄宝殿内，八十高龄的良卿法师正端坐在莲花八宝图案的蒲团上，双手合十，微闭双眼，全神贯注地诵念《涅槃经》。见到这古怪的老头那泰然自若、旁若无人的凛然神态，喧哗、骚动的人群立即变为沉默，一双双惊异的眼睛望着良卿法师那与众不同的面孔和临危不惧的身姿雄影。

大殿内一片沉寂，只有良卿法师那轻微的诵经之声随着缥缈的香烟在缓缓流动。

在抗战初期就从河南偃师故土出家到洛阳白马寺并渐成为当家的良卿法师，于1953年受佛教协会的派遣，来到法门寺任住持。当时的法门寺由于清末和民国时期的战乱，已是千疮百孔、荒草遍地、面目全非，偌大的院内只残存两幢佛殿和一个即将倾塌的钟鼓楼，与真身宝塔形影相吊，而诵经礼佛的僧人则在枪炮的轰鸣和铁蹄的驱赶下四处溃逃，法门寺成为空无一人的荒庙野寺。

法门寺僧侣暗中保存下来的良卿法师生前像

良卿法师独自一人来到法门寺后，不顾年迈体弱，八方呼吁，四方求援，立志重振法门神威。在他的努力下，法门寺的境况日渐好转，佛殿、围墙及鼓楼得到了修整，绝迹的香火死灰复燃，佛祖的圣光不断向古老的周原和大千世界扩散，久违的芸芸众生又敞开心扉投入到佛祖宽厚、温热的怀抱……正当良卿法师为自己十几年的心血换来的果实而感到欣慰的时候，大风暴来临了。

此时的良卿法师心情并不平静，他预感到一场劫难将不可避免地降临到法门寺和佛祖圣灵的头上，但面对眼前这些不谙世事却近似疯狂的“革命军”，竟一时想不出成熟的退“兵”之策，他不知道这场风暴的中心源自哪里，他也不知道这帮山呼海叫的“兵”们到底要干什么，他只知道大难临头，并默默地祈祷佛祖保佑。或许，这是他唯一的选择。

面前的红卫兵队伍在经过短暂的沉默之后，似乎又想起了自己肩负的历史重任和神圣不可侵犯的行动，人群又开始骚动起来。一个头扎小辫的姑娘抖抖身上的尘土，走出人群，昂首挺胸来到良卿法师面前，像背诵课文一样高声朗诵毛主席语录：“什么人站在革命人民方面，他就是革命派。什么人站在帝国主义、封建主义、官僚资本主义方面，他就是反革命派。什么人只是口头上站在革命人民方面而在行动上则另是一样，他就是一个口头革命派……”

小辫子姑娘背诵的毛主席语录还没有结束，早就按捺不住心中激情的小将们便开始了“不砸烂一个旧世界，就不能建立一个新世界”的行动。大雄宝殿内，那仅一只耳朵就可以承托六人的巨型泥塑卧佛被石头、棍棒、铁器击碎了，正佛殿的一切佛像和设施被捣烂了，铜佛殿内的铜佛被捆上绳索拉倒了……周原腹地，这个以古公亶父创立周王朝基业的水丰土肥、良田万顷的神赐之地，这段厚重得如青铜器一样的历史，随着法门寺的劫难被轰然推倒了。

面对瞬间成为灰土碎渣的巨佛和东倒西歪的铜像，一生笃信教戒、信誓精诚的良卿法师，依然端坐在莲花蒲团上，手捻佛珠，口诵经卷，在红卫兵的叫喊声中默默祈祷。他在渴望佛祖显灵，以那无量的法轮扼住劫难的持续。然而，万世不灭的佛祖迟迟不肯施展它的神威，它仍在一个神秘的暗处窥视着凡夫俗子们在这圣洁的殿堂施暴，它在等待那善恶报应的最终结局。

潮水般凶猛的红卫兵小将，在把大殿内外的“牛鬼蛇神”顷刻荡平之后，心中的狂热依然没有减退，与此相反的是，潜藏在心灵深处那六根未净的破坏欲望越来越烈，越来越浓，直至怒火中烧，难以自控。他们在寺院中寻找着一切可以碾碎砸烂的珍贵物件。终于，有人在寺院上殿檐口处发现了一块刻着字并有七个圆孔的石碑。石碑本身已摇摇欲坠，经此人用力一掀，摔落于地，发出了铮铮的近似铁质铜器的声响。

正在这时，镇里的一个造反门派——“真理战斗队”的几十名队员，也带着工具加入到红卫兵小将们中间，并共同实施起“革命行动”。

几个正在乱窜的人听到声响，急忙赶过来围住石碑看了几眼，由于碑面的文字多半被尘土所掩，无法看清，加上小将们和造反派队员们压根就没有察看文字的兴趣。在他们心中，这个古刹的一砖一石、一草一木都是有罪的东西，都是要捣毁砸烂的对象。他们心中只有一个念头——砸。

于是，镐头、镢头、石头……一切可以用来撞击的东西，都拿来向石碑砸去。令小将们和造反派倍感新奇和兴趣的是，这块石碑每砸一下，都发出音乐般的鸣响，像一把坚硬的古琴在弹奏鸣响着各种乐曲，动人心弦，又令人哀婉凄怆。

这时的红卫兵小将和造反派们当然不知道，他们要砸毁的正是一块中国历史上独一无二的记述古代音乐发展史并自身尚可发出七节音符的神奇绝妙的“七音碑”。

关于这块七音碑造就的年代无从查考，据后来的考古学家推断，至少不会晚于隋唐时代。当然，也有人推断诞生在北魏时期。关于这块七音碑的诞生，留下了这样一个神奇的故事——

在古周原腹地的一个乡村，住着一位姓师名旷的书生。此人父母早亡，孤苦无依，家境贫寒，酷爱读书、绘画，同时也非常喜爱音乐。他有极高的音乐天赋和高超的技艺，能用一片树叶吹出十几种鸟叫之声。他每次吹奏时，都有不少人前来围观聆听，有时竟听得如痴如醉，乐而忘返。师旷看到那么多人喜欢听自己吹的乐曲，便想着用什么办法把那些最动听的声音记录下来，然后传给四方百姓，让他们也像自己一样随意吹奏，在这欢快或哀婉、低沉或高亢的声音中得到人生的满足。

自从有了这个想法，他便开始日夜琢磨起来。

一天晚上，师旷思索到半夜，觉得疲惫，便侧身睡去。这时，他忽闻一阵从未听过的乐声，如莺歌燕语，又如泉水叮咚，忽高忽低，忽快忽慢，徘徊婉转，缠绵动听。他一下惊醒过来，却无任何声响，再合眼入睡，乐声又起。如此三番五次地折腾，使他再无睡意了。

第二天晚上，师旷刚刚入睡，忽见一位身穿蓝衣、头戴小帽的少年推门而入，并微笑着说："久闻先生能吹会唱，小生也酷爱此道，今日特来拜会。"师旷坐起来，冲少年苦笑道："先生过奖，我至今连个记录曲子的办法都没有找到，何谈其他。"

蓝衣少年说："先生如若不嫌，弟愿为您荐个去处，定能学到此法。"师旷想了一会儿，点头答应，并跟着少年走出门来。

师旷跟着少年，只觉身轻如燕，脚下生风，眨眼工夫便到了一个陌生之地。只见这里殿宇重叠，珠光宝气，奇花异卉，争放馨香。在微风的轻拂下，阵阵令人如痴如醉的仙乐，从殿宇中四散飘出。师旷正在疑惑，少年指着一幢披红挂彩的大殿道："这是天宫的乐仙在排练天乐。"说完拉着师旷来到殿前，隔着窗子驻足向里观望。只见殿内五彩灯下，有数十名仙女围成一团，人人手执一件乐器，有的吹、有的弹、有的拉、有的打。中间一位红衣少女，正安然地弹奏着一架七弦宝琴，琴声在大殿中回荡不绝。

师旷听着听着，忽觉这眼前的弹奏之曲和自己梦中听到的一模一样，惊喜之中不禁喊了一声："太奇妙了！"

殿里的仙女们听到喊声，纷纷放下手中乐器赶了出来，见到师旷便围将上来。师旷窘迫不已，众仙女上前指责道："哪里来的野人，来此何意?！"

师旷听到指责，更加窘迫，遂辩解道："刚才有蓝衣少年将我引到此处。我只是酷爱乐理，听到刚才音乐的奇妙，便禁不住喊了一声……"

正在这时，那红衣少女走上前来，温柔慈祥地说道："若先生喜欢，我就把这乐道之法告诉你吧。"

师旷刚要作谢，忽闻一声鸡鸣，猛然惊醒，见天色渐白，才知刚才是南柯一梦。

次日梦中，师旷又见那红衣少女翩然来到了自己的房中，他急忙起身相迎。只见红衣少女说道："我特意来给你送奉天宫乐谱，有了它，你可将乐理传给后世子孙了。"说罢，从袖中取出一块红色的绸缎递了过来："天宫乐谱全记在上面，你要潜心钻研方能领悟……"

说着冲师旷莞尔一笑，正欲回转，却被师旷一把拉住，只听少女大叫一声："不要碰我……"话未说完，就砰然倒地，尔后渐渐地变成了一块石碑。碑为红褐色，有孔七处，恰似仙女的七窍。

为此，师旷后悔不已，悲伤至极，整日泣哭，夜夜落泪，不久便成了瞎子。

瞎了眼的师旷，每日抚摸小石碑，用以表达他对红衣少女的思恋忏悔之情。忽然有一天，他的手触摸到石碑的小孔处，竟然有"铮铮"之声发出。他大为惊讶，再逐孔摸去，响声似有节律，细听竟有"哆、来、咪、发、唆、啦、唏"的音节。他欣喜若狂，赶忙记下了这七个音节。之后，他又用这七个音节，谱了一首又一首的曲子，把美妙的音乐传遍人间。

后来，官府知道了此碑的妙处，便派人将此碑抬到周原的中心集会地——教稼台⑦，每到丰收之时就请师旷亲自击碑领唱乐律。

自此，天下乐师、百姓才懂得了作歌和谱曲，歌曲成为人们生活中不可缺少的一部分。

不难看出，七音碑的诞生自是一段美丽的神话，既是神话，现实生活中就很难出现。但透过这个美艳奇丽的神话，足可以看到百姓们对中国古代伟大的音乐之圣师旷的敬佩和感念之情。他是音乐之源、音乐之山，不管人类再经历千年万代，只要有音乐存在，他的名字就不会朽亡。假如有一天世界上的乐律全部消失了，人们也会以他的精神、他的意志重新创造出乐律。

据传，师旷去世后，七音碑在战乱中随着教稼台的荒芜而被遗弃荒野，法门寺建成后，一位有心的和尚找到此碑，并将它移至法门寺。

当然，现存的这块七音碑是不是和师旷同一个时代诞生，由于考古资料缺乏，现在人们还无法确切地知道。人们知道的是，这块世界上独一无二的本身能发出钟磬般的音节、上面镌刻着中国古典音乐发展历史和技巧的七音碑，被一帮造反派和"红卫兵小将"砸烂了，然后又抛到一个石灰窑给彻底地火葬了。这是中国

太古遗音琴・师旷式・唐代

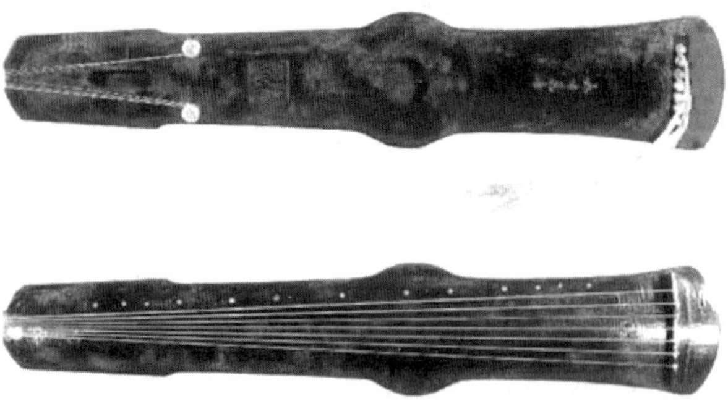

音乐史上的一个悲哀，也是世界音乐史上的一个重大遗憾和损失。

就在这个同时，法门寺又有几处珍贵文物遭到大劫。

## 良卿法师自焚之谜

当法门寺被折腾得天翻地覆之后，造反派和红卫兵大队人马又开到真身宝塔之下，他们要在这佛祖的安息之地挖出秘藏的蒋帮电台。

更加酷烈的帷幕拉开了——

宝塔内外，造反派和一群群红卫兵轮番挥舞着从附近农村拿来的铁锨、镢头，向圣洁的地下劈去。一块块青砖被刨出，一堆堆黄土被抛散。瞬间，宝塔内外已是坑洼遍布、面目全非。与此同时，有几人施展了“飞檐走壁”的绝技，以勇不可挡的冒死精神爬上塔基，对每一处藏佛洞都仔细地察看，无数泥佛铜像纷纷坠地，跌入抛散的泥土之中。

一直观望着这场劫难的良卿法师，本希望造反派和这帮娃娃在大殿内外折腾一阵后就会自动离去。但是，眼前的事实却在越来越清楚地告诉他，事态的发展比自己预料的要严重得多，险恶的形势朝着难以设想的深渊疾速滑去。当看到那渐渐增高的土堆和越来越疯狂的人群时，他的身心感到了从未有过的战栗和恐慌。他知道，在这座称雄于世的宝塔下，埋藏着宗教界最大的秘密，它的价值无法估量。假如这个秘密在这样的场景下被揭开，无异于羔羊投入群狼之中，千年的稀世珍宝将毁于一旦。

当时全国寺庙多数佛像被红卫兵或造反派捣毁砸烂

良卿法师再也无法沉默了，他从八瓣莲花蒲团上站起来，抖了抖那沾满泥土粉尘的袈裟，大步向宝塔走去。他要用自己的言行阻挡这场劫难的发展。

“阿弥陀佛，使不得，千万使不得，你们赶快住手……”良卿法师一边吆喝，一边向疯狂的人群中间挤去。这时，他看到宝塔中心已挖出了约有半人深的大洞，飞扬的镢头正咚咚地向下劈去。良卿法师打了个冷战，头“嗡”的一声如同炸开，他高喊一声“罪过！”便跌跌撞撞地滚落到挖出的洞中。

大汗淋漓、干劲正酣的造反派队员和红卫兵小将，见眼前的和尚竟敢阻止自己的“革命”行动，不禁勃然大怒，立即放下手中的工具，几个人上来一顿拳脚将良卿法师打得鼻口流血、头皮青肿，昏死过去。

“快将这个封建地主阶级的孝子贤孙抬出去扔掉。”人群中有一唇上布着黑色茸毛的小伙子，抬着血泊中的良卿法师高声叫喊，几个男女上来，分别拽胳膊拉腿，将昏迷的良卿法师连拖带拉扔到了宝塔后的空地上。

酷热伴随着剧痛使良卿法师醒了过来，他吃力地睁开已被鲜血粘住的眼睛，望了一下依然挥镢抡锨、疯狂肆虐的人群，心中一阵悸痛和痉挛，他知道，用不了半个时辰，那封闭了千年的地宫将被挖开，佛祖的灵骨将在劫难逃，面对这无法改变的厄运，良卿法师长叹一声，心中泛起一阵内疚之情，难道佛祖的圣灵将在自己的守护中被践踏、断送吗？假若真的如此，自己还有什么脸面活在世上？焦虑、灼痛中的良卿法师，心中蓦地袭上了一个念头，这个念头痛苦而悲壮。

他伸手抹了一把脸上那早已干涸的血污，用力站起身，一拐一瘸地向他的住室走去。这时的造反派和红卫兵没有注意他，或许，即使注意了他的举动，也没有人在乎他。在造反派和红卫兵的心中，他早已像抛掉的一尊泥塑佛像一样无足轻重了。

良卿法师来到屋里，先是从木箱里找出了那件平时很少舍得穿的五色木棉袈裟，这是一件只有寺院住持才能拥有的具有象征意义的特殊法物。今天，良卿法师特意把它披在身上，以表示自己对佛的虔诚和生死相依的信念。

香案前，良卿法师双膝跪倒，两眼含泪，对残缺不全的释迦佛祖的塑像顶礼膜拜之后，顺手将身边一个油桶打开，这是他平时照明用的煤油，他用最后一点气力将桶高高举过头顶。霎时，桶中黏糊糊的煤油倾泄而出，沿着脖颈哗哗地流到脚底。

在呛鼻刺眼的气味中，良卿法师缓缓站起身来，双手合十，冲佛祖的塑像连念三声“佛祖保佑”，尔后从香案上抓过一盒火柴，又抱来一捆柴草，转过身大步向外走去。

法门寺铜佛殿

高耸入云天的释迦牟尼真身宝塔就在眼前了，良卿法师停下来，将柴草铺于地下，睁大那双泪水涟涟的眼睛，悲痛万分地打量了一下那阳光照耀中的宝塔全身，哧的一声划着了手中的火柴。

冲天的大火燃起，良卿法师那瘦弱、模糊的身影在火舌烟雾的包围中缓缓向宝塔移动，那烤灼皮肉的爆裂声伴着刺鼻的油烟味瞬间扩散开来。良卿法师踉跄几步后倒地不起，大火升腾不止。法门寺内阳光顿隐，一块硕大的黑云笼罩了天空，天地一片混沌。几只苍鹰在迷濛的宝塔之尖盘旋，凄厉的叫声在古老的周原回荡——这是三千大千世界的生灵为良卿法师鸣唱的第一首挽歌。

当挥汗如雨、狂劲冲天的造反派和红卫兵看到良卿法师自焚的悲壮场景时，一个个目瞪口呆，在他们不算太长的“革命”征途上，从未遇到过以如此方式来抗争的非凡人物，这血与火凝固的瞬间，在每个人的心灵深处势同一枚重磅响雷轰然炸开。所有的人顿时懵了、傻了，积淀的狂热与喷涌的激情立即消失殆尽，在极度的惊恐与不安中扔下手中工具四散而去，法门寺劫后余生。

良卿法师殿前自焚

## 发现玄宫

就在红卫兵洗劫法门、良卿法师焚身护宝之时，担任法门公社团委书记的韩金科，正作为工作队的一员在各村督促农民夏收，当听到法门寺惨遭洗劫的噩耗时，已是翌日上午。他约上一个同伴匆匆来到法门寺，只见满院残墙断壁，大殿内外弥散着被砸毁捣碎的各路神灵的肢体，真身宝塔下的空地上，残留着一堆被油火烧焦的黑土，这是良卿法师灵魂归天的起点。宝塔内外那被造反派和红卫兵挖掘的洞窟，早已被父老乡亲填平，佛祖的灵魂得到了暂时的安息……

韩金科没有想到，二十年后从泥土中发现的一枚毛主席像章，会重新勾起他渐已淡远的记忆。他更没有想到，这完全不同于二十年前的发掘，会成为轰动于世的壮举。

发掘还在继续，每一个人都密切注视着面前的一切，仔细辨析着每一丝可疑的痕迹。

时间在一分一秒地过去，原始的夯土开始出现，发掘者的注意力越发集中。正在这时，只听“砰”的一声，进入土中的镢头触动了硬物。大家沉着的心为之一震。

“像是石头。”众人几乎同时喊出，韩金科的心随之悬了起来：“是不是触到了迷失千年的地宫？要真的是地宫，那可要加倍地小心行事。”他知道古墓、地宫伤人、杀人的传说自古以来就流传甚广，尤其是关中百姓更是深信不疑。如周代的虢国夫人墓⑧、唐代的永泰公主墓⑨、清朝的两广总督曾国藩墓⑩等等，虽被与死人争夺钱财的盗墓贼盗掘，但盗墓者本身也受到了前人设置的护墓机关的伤害。这些传说虽不见得真实，但作为清理塔基的负责人之一，自然要尽量将一切事情考虑周全、稳妥，万一出现一点纰漏，或有什么闪失，其后果不堪设想，自己将无颜面对周原父老。

想到这里，他向现场负责的扶风县李宏祯副县长说出了自己的想法，两人目不转睛地审视着操作者的每一个动作，同时反复叮嘱大家要稳住阵脚，争取整个过程不出一点差错。

发掘在高度的谨慎与小心中明显加快了速度，那镢头撞击硬物的声音空闷洪亮，像木槌敲击在牛皮鼓上发出的富有弹性的音乐之声。尽管大家尚不知这声响给自己带来的是福是祸、是吉是凶，但有一点似乎已是毋庸置疑了，埋藏了千年的秘密将由此揭开。

夯土越来越少，塔基中心那巨大的台墩上，一块汉白玉[11]石板的层面显露出来。就在这时，韩金科突然意识到了什么，他找到李宏祯副县长商量片刻之后，随即将民工们集中起来带到了另一个地方。这些民工分别来自长安县韦曲镇和当地法门镇宝塔村，他们跟随着考古、建筑队员们在这里已工作了几十个日日夜夜，为宝塔的拆除和清理作出了突出的贡献。现在，他们得马上离开这里，人多嘴杂，所以要尽量缩小知情者的范围。

尽管民工们听到韩金科的讲述后，一时无法真正从感情上完全接受，但他们还是默默地走了，没有留下一句怨言。多少年后，当韩金科回忆起这幕情景时，心中依然存留着对父老乡亲的歉意和感激。

事实上，韩金科这种看似不相信和不依靠群众的做法，自有它不可取代的道理。或许，只有这样做才是最恰当的。

现场只剩下十几个人，李宏祯和韩金科坐阵指挥，县博物馆馆长淮建邦、县修塔办公室主任常鸿玉和县级有关部门的负责人傅升岐、郭建秦、白安礼、吕增福，以及陕西省考古研究所的曹纬等人，具体实施发掘工作。

当大家小心翼翼地用手拨开石板上沾着的泥土时，只见一只线雕雄狮出现在石板正中央。它身躯呈半蹲姿势，双目满含着雄性动物的挑战之光，微张的大口内衔着一枚大铁环。雄狮左脚前方部位，石板已碎裂成两块，但仍完好地缝合着，似无人动过。几秒钟后，南北走向的长方体坑内，又裸露出几块形状各异的石块端部来。所有在现场的人，心情紧张得似要凝固，四周出奇地寂静，几乎都能听到心中的律动。

又过了几秒钟。

韩金科小心异常地上前，用手扒开中心部分的虚土，将那线雕雄狮的石板中那断为两截的角石取掉。只见石板下露出一道小缝，缝内一股阴冷之气直扑面颊，不禁使他打了个寒颤。

韩金科站在石板前怔怔地望着裂缝沉思片刻，尔后慢慢俯下身子，左眼闭，右眼睁，小心谨慎地向缝内看去，里边漆黑一团，什么也看不见。他向旁边一挥手:“快拿手电筒来。”这一声并不太大的喊声，宛如一副清凉剂，将沉闷的气氛搅动开来，大家同时望着他表情复杂的脸。有人递来了手电筒，韩金科将电筒又递给了曹纬，示意让曹纬先看。曹纬整个身子几乎是趴在了地上，脸颊紧贴石板，手电的光亮和惊奇的目光一齐向裂缝深处射去。

“哎呀，我的天！”曹纬几乎是尖叫着从地上蹦了起来。

众人望着他奇怪的叫喊和呆立的身子，齐声发问：“你看见了什么？”

“金碧辉煌，金碧辉煌！”曹纬由于过分激动，声音有些颤抖，两颊腾起淡淡的绯红。有人一把夺过他手中的电筒，急不可待地向石板奔去，众人跟着围了上来。

手电光穿过缝隙中缥缈的浓雾，照亮了一个硕大的空间。这时，几双眼睛同时看到，烟雾升腾中，一片难辨分明的物体散发着灿烂光芒，这光芒似雨后的彩虹，又如弥散西天的晚霞，夺人双目，刺人心扉。整个现场，无论是有神论者，还是无神论者，都为这扑朔迷离的地宫之宝而倾倒，而迷醉。

亢奋、狂喜、惊叹之后的发掘者们，在经过反复的辩论和推测之后，得出了一致的结论：裂缝下那个硕大的空间，一定是传说中迷失了千年的地宫。但由于里面弥漫的烟雾和所窥视的有限空间，地宫到底是什么形状、什么规模，是否真有释迦牟尼佛骨匿藏其中，仍是一个待解之谜。

省考古研究所的曹纬、县修塔建筑考古队的傅升岐以及吕增福、淮建邦，都是在闻名古今的青铜器之乡、西秦腹地古周原上从事多年考古活动的专家。他们凭着多年的田野考古经验，以及眼前这南北铺盖的石板式样与子午线走向重合的实物事实，初步推测，这是皇家地宫的规模[12]，其大小可能远远超过了眼见的面积，而地宫中珍藏的宝物，肯定会超出所有人的想象。现场的每个人都为这一重大发现心魂激荡。

从地宫裂缝中看到和拍摄的地宫珍宝情形

时间接近正午12点。

韩金科与李宏祯商定，为了使发掘工作更加顺利进行及地宫珍宝的万无一失，两人以发掘领导小组的名义，在现场紧急拟订了七项措施，号令所有的人员都要严守机密，并将刚才发现的裂缝原土封存，派几个人寸步不离地把守。然后他立即前往法门镇政府，向县委、县政府做了电话汇报，请求速派保卫人员前往法门寺。随后，又以同样的内容和请求向宝鸡市和陕西省有关部门汇报。由于电话久接不通，两人决定干脆直接派人前往西安，向省文物局和考古研究所详细汇报。

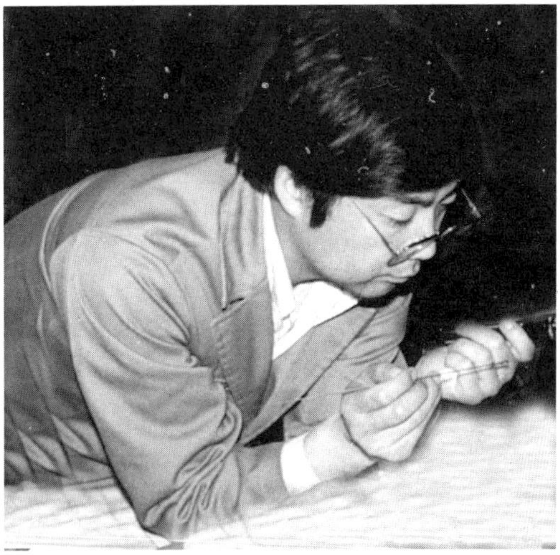

曹纬在观看地宫内珍宝

事不宜迟，韩金科决定由自己和曹纬同赴西安。临走之前，又起草了一份发掘简报，两人登上县人大常委会派来的轿车，向西安飞奔而去。

一个小时后，汽车在古城西安大雁塔附近的陕西省考古研究所大院停下，韩金科怀揣报告，急促地敲开了所长石兴邦家的房门。

“石所长，我们在法门寺发现了地宫……”韩金科气喘吁吁地说着，递上了发掘简报。

石兴邦望着满脸尘土、汗流浃背的韩金科和曹纬先是一惊，然后急忙盯住发掘简报看起来。站在旁侧的韩金科清晰地看到，这位年过花甲的长者，嘴唇在微微上下颤动，双手不住地哆嗦，这显然是由于极度激动而难以自控的缘故。这位新中国第一代考古学研究生、在国内外颇负盛名的考古学家，放下简报，在屋里踱了几步，转过身，猛拍了一把韩金科的肩头，激情难平而又信心十足地说道：“等着看吧，这一伟大的发现，必将像秦始皇陵兵马俑一样震惊世界。”

石兴邦与他田野考古岁月中发掘出土的器物

石兴邦当即决定由周原考古队和凤翔考古队抽人参加法门寺发掘工作，又拿起电话，拨通了当时正在雍城遗址[13]发掘的考古学家韩伟，令他火速赶往法门寺现场。同时通知考古研究所的文物保护专家冯宗游准备保护器材，通知摄影、绘图的王保平、白金锁……一道道指令发出，如同将军在战场上指挥作战一样迅速、干练而有条不紊。随后，一声声“法门寺出现珍宝”的消息通过电话传往陕西省委、省政府和有关部门。

下午4点，驻西安的考古工作者全部到达法门寺。

在石兴邦的具体组织下，由省、地、县三级考古工作者组成的最高层次的考古队迅速成立。其人员具体分工为：

发掘者：石兴邦　韩　伟
任周芳　韩金科
淮建邦　傅升岐
冯宗游　曹　纬
王占奎　王保平
摄影、绘图：王保平　赵赋康　白金锁　朱岁明
记　录：韩　伟　王占奎　金宪镛　曹　纬
任周芳　淮建邦　傅升岐
省文物局副局长张廷皓参加指导

三级考古队成立后，在石兴邦的统领下，连夜投入了工作。经过对现场认真、细致的观察，专家们肯定了扶风县考古修塔建筑队的推测，一致认为，塔基下就是一处南北走向的横卧式地宫。但目前首要的问题是，要尽快找到地宫宫门。

地宫的大门到底在哪里呢？

## 注　释

①《毗卢藏》：佛教大藏经刻本之一。创雕于北宋徽宗政和二年（公元1112年），雕版局设福州开元寺，至南宋高宗绍兴二十四年（公元1154年）完成，由本悟等人劝缘雕印，收佛典1429部。之后，在孝宗隆兴二年（公元1164年）、乾道八年（公元1172年）、淳熙三年（公元1176年）又有续刻，其印刷活动则持续到元成宗大德年间（公元1297–1307年）。

②《普宁藏》：佛教大藏经刻本之一。创雕于元世祖至元十四年（公元1277年），至元二十七年（公元1290年）完成，为余杭（今浙江余杭）白云宗的普宁寺雕印，由

住持道安、如一、如志等人主其事，收佛典1430部。元成宗大德十年（公元1306年）之后又续刻补入密教经典，总计全藏佛典1594部。

③卍字是古代的一种符咒或宗教标志，原在婆罗门教、佛教、耆那教流行的地区使用，被认为是火或太阳的象征。大约从唐代开始由印度、波斯、西藏等引入汉地。历史记载，武则天长寿二年（公元693年）制出此字，并读作“万”，“卍”称为万字纹。卍字在梵文中的意思是“胸部的吉祥标志”，古时译为“吉祥海云相”，系释迦牟尼三十二相之一。

④灵罗帐：即白石灵帐，因其上搭一腰丝织罗而得名。灵帐又称宝帐，其形制仿照张施于床上之帐，由顶盖、帐身、帐座、禅床等部分组成，为古代佛教石刻之一种。

⑤探方：大面积考古发掘时所开的方形或长方形基本单位，可用以了解地下的堆积情形，并揭露出古代人类留下的遗址、遗物。探方的布方方法是先选定发掘区域，划好方格网，在每个十字线交叉打下一个木橛。方格的大小，依遗址文化堆积的厚度而定，一般为每边长5米。相邻的两方之间要保留一道宽0.5至1米的隔梁，到发掘过程的末尾再挖掉。每一方要编一个号，以便于记录。

⑥夯窝：夯筑地基或墙体时，夯槌在泥土表面留下的撞击痕迹，分为圆形平夯窝和球面夯窝两种。考古学家可根据其大小、形状及分布密度，用以推测当时的技术水准及施工状况。

⑦教稼台：位于今陕西扶风县，距离法门寺仅十余里地。相传为古公亶父的子孙所造，是古代周原居民欢聚庆贺庄稼丰收的地方。

⑧虢国夫人墓：西周晚期至春秋早期的虢国贵族墓，其埋藏年代下限为公元前655年晋假道灭虢之时。据史载，虢国是随周平王东迁的封国之一，又称北虢。墓地位于今河南三门峡市上村领，1956-1957年进行发掘。墓中随葬有铜列鼎三件、段四件等，另有特别丰富的玉石装饰品，死者颈部、胸部的两件串饰尤其精美。墓中还出土苏国、虢国铜器，墓主人可能是苏国嫁到虢国的贵族女子。

⑨永泰公主墓：乾陵的陪葬墓之一。永泰公主为唐高宗与武则天的孙女，中宗李显的第七女，名仙蕙，字秾辉，于大足元年（公元701年）与驸马都尉武延基（武则天侄武承嗣之子）同被武则天杖杀，时龄17岁。中宗复位后，于神龙二年（公元706年）将其夫妇合葬于乾县之北。此墓早年曾经被盗，出土石墓志一合，残存随葬品1300多件，尤其墓室壁画更是丰富，形象生动，线条流畅。

⑩曾国藩墓：位于今湖南长沙市望城县坪塘镇桐溪村伏龙山。碑文曰“皇清太傅大学士曾文正公，一品侯夫人欧阳夫人之墓”。此墓在20世纪80年代初被盗，部分随葬品遗失。现未正式发掘。

⑪ 汉白玉：颜色洁白似玉、质地细密坚硬、透光性好的大理石岩，适于雕琢磨光，是上等的建筑材料。

⑫ 唐陵地宫的构筑情形，不见文献记载，至今也尚未进行过正式发掘。但自乾陵开始，唐代陵园的平面布局，乃是模仿长安城的建制——包含宫城、皇城、外郭城三部分，其中轴线呈南北走向——而设计，以三对门阙加以区分为三部分，其陵园的门与墓门皆朝南。同时，地宫往往是皇帝生前殿堂的缩影，三殿制在高宗时已成定制，因此乾陵以下诸陵的玄宫也应建有前、中、后三室。法门寺塔基中心的这块汉白玉石板呈南北走向，在其正南方找到地宫大门，经发掘证实内有前、中、后三室。由

此可见，当时人是将佛塔视同帝陵，其地宫仿照皇家墓葬形式。

⑬ 雍城遗址：东周时期秦国都城遗址，位于今陕西凤翔县城南雍水北岸。自德公元年（公元前677年）至献公二年（公元前383年），秦国在此建都近三百年。1973年开始发掘，城平面近方形，东西约3300米，南北约3200米。城墙为夯筑，已找到城门五座。北部是市场和平民住宅区，中部有宗庙等大型建筑基址。中部偏西有宫殿和“凌阴”（冰窖）遗址。制陶、冶铜等手工业作坊散布于城区，四郊高地上也有当时的宫殿遗址。城南郊为秦公墓园，西、南两面有国人墓葬区。遗址中出土铜建筑构件、金器、铜器、铁器、玉器、砖瓦、陶器等。该城的发掘对了解秦国早期历史及都城规划有重要意义。

# 第四章
# 在玄宫的隧道里

百余人紧急探寻地宫大门，时间已过去一天一夜，地宫大门踪影全无。疑团顿起，人群大哗。突然一位民工大叫，千年地宫大门洞开，一路金钱铺道。一块暗石落下，老居士李子重应声倒地，鲜血如注。古刹外的土丘上，一个神秘的人，望远镜对准法门地宫。武警部队重兵出动，再度封锁法门……

## 凌晨的机缘

从凤翔雍城考古工地赶来的韩伟，指挥稍后赶来的考古人员王保平、吕增福、徐克诚等人，在寺院内罗汉殿北及原真身宝塔之间实施钻探，以图寻找地宫入口。稍后，曹纬率考古人员在原圈定5米 ×10米挖掘范围的基础上，先揭开铺地砖，又决定扩大发掘范围至20米 ×20米。

考古人员与民工在发掘现场挑灯夜战

为了尽快找到地宫神秘的宫门，考古队决定再次使用民工。韩金科于是风风火火地叫来法门宝塔大队书记、西坡生产队队长党林生。党林生即以前聚众写请愿书的汉子，他倍感上级领导对自己的信任，肩上的担子重大，于是认认真真地去村里挑选青壮年劳力，各自带上自己家里的镢头、铁锨，快速在法门寺院集合，一板一眼交待完任务后，近百名庄户汉子便开始了紧张的挖掘。

然而，4月4日整整一天过去了，仍不见地宫大门的影子。

时值春寒料峭，周原之上冷风袭人。可忠厚的青壮劳力们，像习惯风雪一样没有一个畏缩，尽管一天的辛勤劳动，他们只得到一元五角人民币的报酬，他们的干劲照样不减。其实，即使一天不发给他们半文钱，他们也会为家乡的荣誉而干的。只见镢锨挥舞，一派热气腾腾的样子。开饭也是在工地上。那陕西老碗一样大的馍，用箩筐装盛着，那简单的青菜汤用大铁桶担来了。庄户汉们顾不上洗一把手擦一把

当地政府为考古人员准备的米糕，左为胡继高，右为考古人员王孖。

汗，随便抓过馒头就吃，随便端来汤就喝，然后又紧张地干起来了。

夜幕降临时，仍然没有多大起色，毫无任何发现。

有人开始怀疑，这地宫是不是地下迷宫。怎么越费力气挖却越难找到门，难道民工们的汗水要付之东流？

持这种怀疑态度的人，不是没有道理的。长期搞考古发掘的考古工作者，对世界考古事件莫不关注。这次发掘法门寺地宫珍宝的人们，大都记得，20世纪初英国皇家考古队在克里特岛考古时，发现米诺斯王宫的事。

克里特岛在爱琴海南端。走入岛北部诺萨斯地下，即是神奇而隐秘的迷宫所在。走入迷宫的人，都会迷失方向，不辨东西南北，更找不到出口。据说，就在这迷宫里，发生过一个动人魂魄的故事。古希腊时，有一位名叫米诺斯的国王，统治着克里特岛。在岛上，他建造了复杂程度令人难以想象的迷宫。在迷宫深处，他豢养了一头人身牛头的恶兽——米诺牛。为了供养它，国王向辖下的雅典颁布了一条使人恐惧不安的“法令”：每年必须送七对十七八岁的童男童女，到迷宫喂给米诺牛！

整个雅典起了骚乱。人们悲怒的泪水流成了河，可是仍然没法，必得岁岁贡奉。

这年，被送往迷宫的七对童男童女中，有一位叫特修斯的少年，他是雅典国王爱琴的爱子，由于不能忍受父亲的臣民遭受劫难，他决心加入被送的童男童女中，一同前往，杀死米诺猛兽，为民除害。

小特修斯被送到克里特岛后，没想到米诺斯国王的女儿亚丽亚德妮爱上了他。他们情爱炽烈互相起誓终生永不分开。可是，眼看到了特修斯被猛兽吃掉的日子了，怎么办？已经点燃了爱情烈火的亚丽亚德妮，情急生智，送给特修斯一柄利剑和一个线团。聪明而勇敢的特修斯一进入迷宫，就把线头的一端系在宫门上，将线团放开装在大大的衣袋里，自己沿着神秘的通道往深处走去……

后来，凭着勇敢，他杀死了米诺牛，凭着智慧，他走出了迷宫，并救出了其他童男童女。

时至今日，这个神奇而曲折瑰丽的故事，仍像宝石一样，嵌镶在巴尔干半岛人的心里，甚至流传至世界各地。

而实实在在的迷宫实物，是被英国考古队开掘后公之于众的。原来，米诺斯王宫依山而建，是数不清的群体建筑叠加在一起的复合体，总面积达1.6万平方米。迷宫中间是一个长方形庭院，四面被米诺斯国王的宫殿环绕，配以有宗教意义的双斧宫、王后寝宫、楼房、储藏室、仓库等。整个建筑共有三层，外加一个地下室。在这个华美富丽的建筑物之间，有长廊、门厅、复道、阶梯等连接，入得宫去，颇有千门万户、曲折互通之感，酷似《水浒传》祝家庄外迂回的盘陀路，让人失去辨别方向的能力。

莫非法门寺的地宫也如米诺斯王的迷宫？在答案未找到以前，考古队员的心，都揪成了一个疙瘩。他们在心中一遍又一遍祈祷发掘能够顺利，盼望着地宫口尽快露面。

夜深了，工地上灯火通明，民工们汗水依旧，石兴邦等人仍小心细致地指挥着挖掘土方。

时间一秒一秒地向前推移。

零点的钟声即将敲响。

过了零点，就是4月5日了。

可工地上的人们并未感觉到。

突然，一民工在罗汉殿北8.4米的地下30厘米处试掘了两镢，未想到，这两镢竟找到了地宫口。他先看到镢头触在砖头上之后，地裂一小洞，于是大声叫喊起来：“这儿有情况！”

人们“哗啦”一下全围了过来。

顿时，整个在场的人双眼全盯上了这个洞。

空气凝滞了。

时间停顿了。

人心跳动的声音，全可以听得见。

——地宫入口终于发现了。

地宫入口宽达2米，根据考古人员钻探的其水平距离下降的数值，判断入口处为砖砌的斜坡踏步漫道，大约有19阶，漫道长度为5.6米。

地宫入口处的第一级台阶，是青石板①铺成。这位姓张的民工因此成了法门寺历史上的功臣。但是，正如每一位周原父老兄弟姐

地宫第一道门

妹一样，他仅是极为普通的群众而已。地宫口找到后，民工们又要撤离了。这里因具体情况限制，只能有考古队员及个别领导在场，而为找地宫口抛洒了汗水的民工兄弟的队伍在完成了使命后，就被解散了。

细心的考古队员这时舒缓了一口气，他们恍然发现了一个秘密：有两棵合抱粗的梧桐树，枝叶繁茂地站立在地宫口，像两名站岗守卫的勇士。这太有些离奇得不可思议了。若早有此悟性，直接拿起镢头在两棵树中间轻轻一挖，不是再简单不过了吗？

## 玄宫内金钱铺道

以下的工作即由考古队员去做。当大部分辛勤挖土劳作而没有看到真正谜底的民工纷纷离去以后，揭开历史沉睡久垂的帷幕的责任便由考古队员来承担，他们的心无疑是激动的。

从第一级台阶开始挖掘清理，他们顺利地找出了第二级台阶、第三级台阶……这一级级台阶形成一条踏步漫道。踏步漫道呈45度角向下向里延伸，就如一个长方体槽形甬道。

从第二级开始，队员们边挖，专家们边用尺子量，同时用笔记录。第一级台阶高16.5-19厘米，宽27-33.5厘米，长2米，由六块方砖或再加一块小条砖并排铺成一层，每级约三层。

也是从第二级开始，每一台阶上都发现唐代的粗瓷油灯盏及撒满了带着翠绿色铜锈的大大小小的唐开元通宝[②]、乾元重宝[③]、五铢[④]等各式铜钱，很像关中周原的榆树上生长的榆钱[⑤]，熟落一地。受石兴邦所长委托，留在工地主持发掘工作的韩伟，作为考古专家，

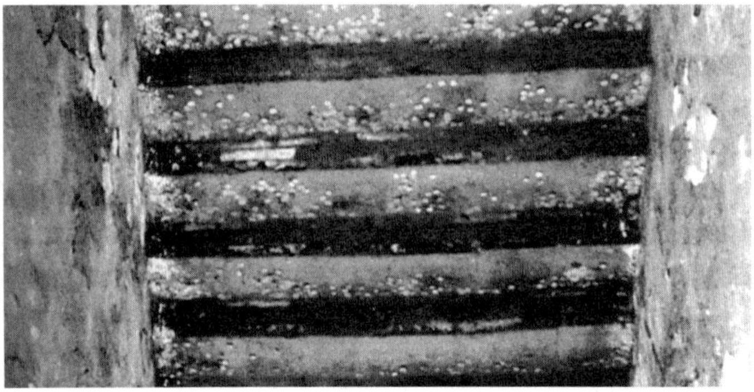

地宫隧道台阶上金钱铺道

大半生考证发掘的古迹不计其数，但也就是在今天，他才真正亲眼目睹了“金钱铺地”的历史原貌和壮观风情。这几十万枚金钱洒地的浩大场面，在他记忆中，似乎只是儿时听老人讲神话传说故事时听见过。

韩伟考虑起发掘的重大责任来。他立即与韩金科商量，命人火速就近赶制三十套只露两眼两鼻一嘴的全桶套式蓝衣装，亦即工作服。衣服全身没有口袋，扣子则在身背，且必得本人穿而另一人给系扣子。这样做的目的，就是防止任何可能丢失——哪怕是一件古文物——的事情发生。

衣服穿在了现场的每一个人身上。漫步平台也一级一级向下延伸。由于时间太久远，有些钱发生了化学变化，几近于成为灰粉，看上去形色还好，可一触摸立即如面粉一样碎了。这使得冯宗游这位文物保护专家不得不慎之又慎，使出浑身解数，拿出“十八般兵器”，认认真真仔仔细细地保护现场。

除了大量的古铜币，文物保护专家冯宗游又发现了数枚稀有的玳瑁币⑥，这使得发掘又多了一层耐人寻味的神秘。

冯宗游五十多岁，是一位具有丰富的文物技术保护经验的文物专家。对他的一举一动，在场的每一位目击者都是心悦诚服的。这位自始至终都强调“考古方面，人的素质很重要”的专家，对于不认真对待考古的人，是绝对看不惯的。今天，他全身心地投入，对每一枚钱币的清理保护，都极其认真仔细。

考古人员在隧道中清理金钱

就在发掘完成的八年后，我们采访了冯宗游先

生。在他的办公室，笔者对文物保护有了更深一步的了解和认识，我们想，我们当代所有的文化人对我们民族古老文化大加赞颂褒扬的时候，实在应当对像冯宗游这样的文物保护专家给以肯定和赞美。因为没有他们艰苦细致的工作作风和态度，就不可能有一件又一件绝美的民族文化精品实物展现于我们眼前。冯宗游对文物保护这一专业技术性极强的认识是很深刻的，他的言谈使我们感动。

“文物保护不光是技术问题，责任心强不强至关重要。责任心不强，分秒之间，就有可能留给历史、留给人民以残品。只有责任心极强，甚至需要时豁出命去，才能完成真正的发掘……马虎不得！马虎不得！千万马虎不得！！”

对于文物保护，冯宗游感慨万分，我们觉得，他对世界文物保护现状，分析直陈得很独到。在此，笔者特将他的原话摘录于此，以表真情实感：

“第一，技术上，国内外都在发展，可都没有一个成套的东西，都是边干边摸索，几乎在同一水准上。第二，我们国家在文物保护方面，条件很差，要啥没啥。第三，保护人员奇缺，相当艰苦。总之，要是不具备对我国古代灿烂文化的责任心和责任感，文物瑰宝面临的灾难与不法分子的窃掘，同样不可想象。”

现场的人们都睁大双眼，目睹着冯宗游将一枚枚古钱币用特殊的保护手段妥善保护后收起来。人们同时也从他双颊上直往下流淌的汗水中看出，冯宗游竭尽全力地投入，印证了他

地宫隧道直通藏宝中心

说的“发掘工作多苦多累都能忍受”并不是一句空话。

从第十四级台阶起，开元通宝铜钱越来越密。漫道北端的高浮雕[7]门楣已显露出来，但为一块巨石所封堵，当把填土清理出去后，才知道为第二十级台阶。

踏步漫道的第二十级台阶下面是一平台。平台略呈方形，东西长1.95米，南北宽1.75米，由五排方砖铺成，每排六块，表面平整。平台表面上同样撒满了绿锈斑驳的各式铜钱。紧接青石平台，人们发现一堆重叠有序的石块，大家小心翼翼地搬开这堆杂色石块，一数，共八块。韩伟一下子顿悟：“这是封门石。”

## 迷宫就是隧道

韩伟先生的断言没错，这正是平常所说的封门石。于是，他指挥考古人员和后勤人员拿来导链，用以吊起封门石。待八块封门石搬掉后，凸现于人们眼前的，是一个双扇素面青石门。石门高约1米，门扇正面无纹，不太光整。两扇门环处，一把大铁锁紧紧锁住了浇铸进门扇的铁环。铁锁已因年代的久远而完全锈死。怎么办？

这时，人们的眼光四下扫视，所有的人都似在寻找着什么。他们发现，门框是由较大的四块青石做成，门楣横架于其上，门楣的东西两端夹填着石块，石块正面光滑平整，上有梵文痕迹。还有门槛，亦为条状青石砌成，其正面打磨后，雕刻出三层仰莲瓣，上下两层五瓣，中层六瓣，各层间上下错列，莲瓣的周围饰有阴刻的卷云纹，中层莲瓣的正中还雕刻有佛像，旁有题刻，自西向东，依次为“南无□阿迦佛”、“南无□精进佛”、“南无□忧佛”、“南无毗卢遮那佛”、“南无卢舍那佛”。

对于佛像、题刻、莲瓣，考古队员们并不陌生，问题在于这些东西两侧夹填的石块上的梵文咒语无人能解得开。这令人神秘莫辨的梵文，绝不像《天方夜谭》中阿里巴巴打开石门宝库的秘诀那么简单。

就在大家不知所措的时候，不知是谁喊了声：“看看门楣上的顶石。”

刻有双凤的地宫大门楣额

于是目光同时向顶石移去。只见顶石上方安置有一块梯形石块，石块正中刻有两只对首飞翔的凤鸟，凤鸟周围衬有线雕缠枝纹，布局对称，构图明朗。石顶左上角有“醴泉县人王行□”等刻文。韩伟一眼便认出了，这两只凤鸟，就是迦陵频伽鸟⑧，是一种佛典里象征吉祥瑞福的神鸟。它的嘴微张，嘴里含着一枚珠丹，这是献给佛祖的最珍贵的吉祥物。

韩伟从这一对吉祥鸟的存在，似乎找到了打开石门铁锁的答案。

他断定，封铸地宫宫门的人，绝对是佛祖的忠实信徒。既然是佛祖的信徒，就应是大慈大悲、普度众生的人。所以，石门内侧不可能安置杀人机关。他和罗西章、曹纬、傅升岐、任周芳下至第一道石门，分析研究开启办法。

此时的铁锁已锈死，当年的钥匙不知存放于何处，即使找见钥匙，也不可能打开了。此种情形，只有用考古学中特殊的手段和方法进行处理。

为了尊重宗教教义和宗教政策，考古人员在开锁之前，请来了法门寺住持澄观、静一等法师，在漫道平台摆案焚香，为即将开启的地宫诵经祈祷。

4月9日上午10点21分，富有经验的考古人员任周芳，根据大家事先研究的方法，用一根锯条锯开了门上锈蚀的大铁锁，然后在录像机和辅助灯光的照耀下，韩伟轻轻地推开了两扇石门。

随着两扇石门“咯嘣、咯嘣”地向两侧运转，一股阴森潮湿的雾气呼呼地喷射而出。雾气凝重急促，弥漫散发出一股刺鼻的霉味，这股霉味刺得众人热泪直流、咳嗽不止，不得不撤离到石门两侧以避雾气。

待雾气渐渐散尽，录像机的灯光才重新对准地宫。透过淡淡的雾气，考古人员看到甬道内石壁断裂严重，地面散铺着无数的铜钱和崩裂的碎石渣。

为防止不测，韩伟、曹纬、罗西章等在地宫口决定，先察看险情，确定安全措施。于是，由韩金科、罗西章、韩伟、曹纬和省文物局来的侯卫东依次进入甬道，考古人员白安理、傅升岐等随后跟进。他们小心翼翼地在地宫内转了一圈，为了怕踏坏、破坏了文物和文物遗迹，大家很快依次退了出来。随后立即拟定了发掘地宫的计划。

几年后，当韩伟回忆起这段经历时说：“当我拿手电，向这座刚刚启开的却已经封闭了1113年的地下宝库照射时，一股强烈的那个时代的云烟气息扑面而来，我看到了宗教信徒们的无比虔诚和敬意，看到了统治者为求得统治安稳而不惜耗费的巨大财富，也看到了那样一个被神学时代所统治的中国中世纪风貌……”

隧道中发现的十三枚（中）玳瑁开元通宝

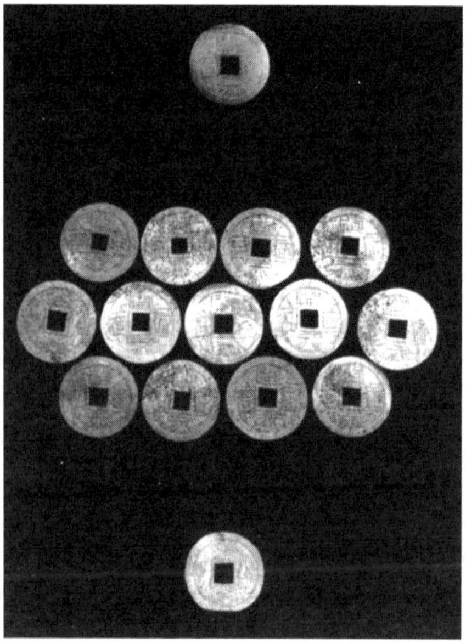

在进入地宫之前，韩伟组织召开了临时会议，并提出甬道内先以木材支撑的办法，这个想法当然是为安全而计。因甬道内部没有发现文物存放，且顶部断裂严重，为万无一失，决定不再绘图，只搞文字记录、录像和照相，并决定由曹纬带吕增福、徐克诚入内，将撒在甬道地面上的铜钱捡出。

会议结束后，考古人员依次进入地宫门。手电光下，他们看到，眼前是一段长长的隧道。隧道两边的石墙、顶部和地面，均为黑色大理石镶砌，且用白石灰勾缝。铜币仍然满地都是，在数以万计的铜币中，又发现了几枚玳瑁币，与踏步漫道上玳瑁币加起来，一共十三枚。这十三枚稀有钱币，在法门地宫宫门还未洞开之前，全中国大陆也就只有那么两枚！至此，共出土古代货币四百多公斤，计七万多枚。这几乎囊括了唐代的全部货币品类。

在隧道的石壁东侧，有好多或端正或歪扭的刻字和用白色颜料书写的题记，如“右神策军使衙子弟都部领迎送真身□□周”等，内容多与迎送真身或“勾当（处理承办）隧道”有关。

由这一切，考古队员们不难想象，当年佛事鼎盛时迎奉佛骨的壮观情景。

隧道的后边为第二道石门，石门前为两块石碑所堵封。韩伟再次召开临时会议，并决定迅速打开第二道石门。如险情不严重，则进入前室清理。

要打开石门，必须先将堵封石门的两块石碑搬出，于是，在民工的配合下，用了近三个小时，将两块石碑全部运出地宫。只见运出的石碑之上，刻满了以楷书书写的文字，字体看上去颇有中国传统书法飘逸大方、遒劲有力的气势。

第一块石碑上，开首刻着如下的文字：

大唐咸通启送岐阳真身志文

内殿首座左右街净光大师赐紫沙门臣僧澈撰内讲论赐紫沙门臣令真书

第二块碑文较前面第一块石碑字数要多，起头两行文字如下：

监送真身使

应从重真寺随真身供养道具及恩赐金银器物宝函等并新恩赐到金银宝器衣物等如后

几位考古队员，一边擦着汗渍渍、灰蒙蒙的脸，一边反复琢磨字意，不禁喜形于色，亢奋激动。

“无价宝！无价宝！无价宝啊！！”最先悟出门道的考古专家激动得不能自已，跳着喊了起来。众人跟着陷入不可抑制的发狂状态。

闻讯赶来法门寺现场具体指挥发掘的陕西省副省长、历史学家孙达人，以他文物考古内行敏锐的头脑，作出如下断语：

“有了两块石碑刻文，我们就可以按图索骥，不用发愁了。千年迷宫，在人民手里，终要再现出它的如意吉祥的谜底……”

原来第二块石碑详细记载了大唐咸通十四年迎奉佛骨后，皇室供佛器物的名称、大小尺寸、重量和施奉者姓名等，这是我国唐代考古所发现的唯一最完整的《物帐》碑。前一块《志文》碑和后一块《物帐》碑，是我国现存为数不多的唐碑精品。从这两块珍贵唐碑的文字分析，显然是唐代最后一次迎送佛骨时留下的，即咸通迎佛骨一事。

对于这两块珍贵的唐碑，考古队员仍像对待其他文物一样，丈量、登记造册。

《志文》碑长113厘米，宽48厘米，碑文楷书，47行，每行21字，共计约900字，一一记录在册。这900字，真实确切地向人们揭示了一段佛事历史，它的出现，当然使那些流传甚远的人与事、是与非有了真假之参照。《志文》这样记述：

## 大唐咸通启送岐阳真身志文

内殿首座左右街净光大师赐紫[9]沙门臣僧澈撰，内讲论赐紫沙门臣令真书。

法门寺地宫出土的《物帐》碑，这是目前中国考古发现的唐代唯一完整的《物帐》碑，碑文详载大唐咸通十四年迎奉佛骨时期，皇室供佛器物的名称、大小尺寸、重量、施奉者姓名等。

释迦大师示灭一百一十九年，天竺有国君号无忧王（阿育王），分遗形舍利，假鬼工造八万四千塔，阎浮[10]之聚落，有逾一亿舍，即置于宗。睹彼岐阳重真寺，乃其一也。元魏二年，岐守拓跋育初启塔基，肇申供养。隋文时郡牧李敏、唐太宗朝刺史张德亮并继开灵趾（佛指舍利），咸荐香花。高宗延之于洛邑，天后荐之于明堂[11]。中宗改法门为圣朝无忧王寺，塔曰大圣真身宝塔。肃宗虔请，严于禁中。德宗归依，延于阙下，宪宗启塔，亲奉香灯。洎武皇帝荡灭真教，坑焚具多，衔天宪者碎殄影骨，上以塞君命，盖君子从权之道也。缘谢而隐，感兆斯来，乃有九陇山禅僧师益贡章闻于先朝，乞结坛于塔下，果获金骨，潜符圣心。以咸通十二年八月十九日得舍利于旧隧道之西北角。按旧记云：长一寸二分，上齐下折，高下不等，三面俱平，一面稍高，中有隐迹，色白如玉少青，细密而泽，髓穴方大，上下俱通，二角有文，文并不彻。征诸古典，验以灵姿，贞规既叶（通“协”，合也）于前闻，妙相克谐于瑞彩。宸襟瞩望，睿相虔思。降星使[12]于九重，俨华筵于秘殿。十四年三月二十二日，诏供奉官李奉建，高品[13]彭延鲁，库家齐询敬，承旨万鲁文与左右街僧录清澜、彦楚、首座僧澈、惟应，大师重谦、云颢、惠晖等同严香火，虔请真身。时凤翔监军使王景珣，观察判官元充咸来护送。以四月八日御安福楼，会宰臣者，辟以延伫。宸虑既劳其倾瞩，法容先诚其庄严。继赞纪于道途，耀戈铤于城阙。澄神负扆，齐虑临轩[14]。虔拜瑶函，若灵山之旧识。一瞻金骨，忆双树之曾逢。解群疑而自化尘心，攀瑞相而尽成雪涕。遂感灯摇圣影，云曳彩章。神光亘发以辉华，玄鹤群飞而率舞。大官玉食，陋缜阤最后之心[15]；甲帐清香，笑汉武冲虚之思[16]。古今焜耀，中外归依。而遽厌万机，将超十地[17]，望九莲[18]以长往，蹑五云[19]而不归。龙图乃授于明君，凤历纂承于孝理。腾香花之法物，圣敬如新；顾函锡之清尘，遗芳尽地。克成先志，永报眷慈。爰发使臣，虔送真相。乃诏东头[20]高品孙克政、齐询敬，库家刘虔宏，承旨刘继郇，西头高品彭延鲁，内养冯全璋与左右街僧录清澜、彦楚，首座僧澈、惟应，大师清简、云颢、惠晖、可孚、怀敬、从建、文楚、大德会具、志柔等以十二月十九日自京都护送真身来本寺。□□□□，严奉香灯。云飘宝界之花，泣散提河之泪。以十五年正月四日，归安于塔下之石室。玉棺金箧，穷天上之庄严，蝉覃龙纹，极人间之焕丽。叠六珠而斥映，积秘宝以相鲜。皇家之厚福无涯，旷劫之良因不朽。仍令高品彭延鲁、内养冯全璋颁赐金银钱绢等，诏凤翔节度使令狐绹、监军使王景珣充修塔寺。禅河呜咽，觉树悲凉。幢幡[21]摇曳以交鸣，磬梵凄清而共切。想金扃之永闭，万感难裁，知妙体之常存，双空自慰。龙花三会[22]，同为见佛之人，香烈九莲，共接无生之众。芥诚可谒，愿海无穷。命纪殊功，永志于石。监寺使高品张敬全。

这块石碑碑文半文半白、长长的一串文字，到底告诉了人们什么呢？很明显，它述说了中国历史上从元魏至唐代帝王历次来法门寺礼拜佛骨的经过，其中包括历史上有名的，也是法门寺最大一次劫难的“会昌灭佛[23]”事件。从这段记载中，人们更加真切地了解了盛唐之时那波澜壮阔、气势恢宏又奇事百出的迎佛送骨活动。正

法门寺真身宝塔唐代地宫纵剖面、横剖面图。

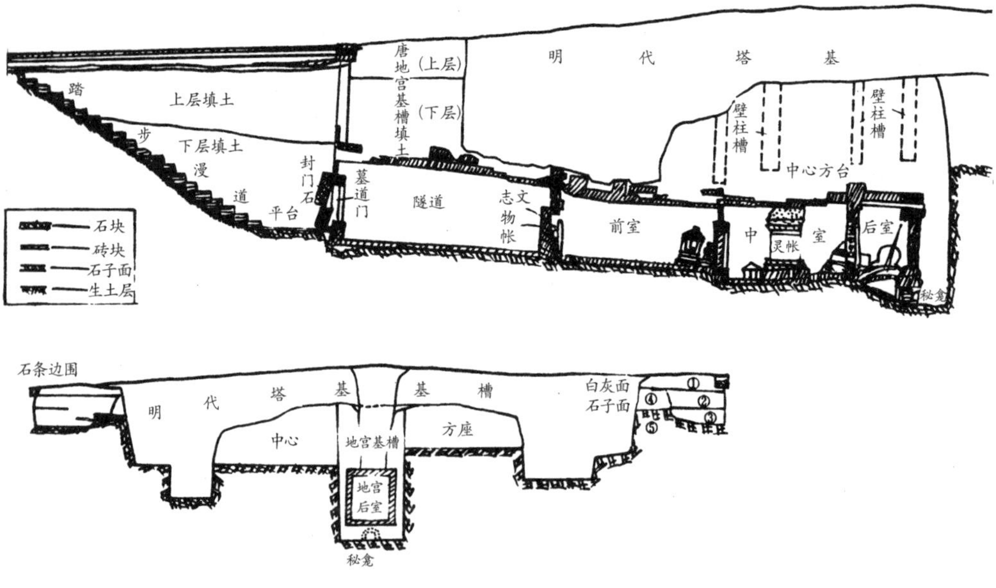

是有了这些奇盛的活动，才有了后来人们在法门寺地宫看到的一切，才有了那么多欢乐与悲哀、神秘与惊险的故事。

## 是谁最早打开了地宫

很明显，在法门寺地宫发现的《志文》碑中，关于前一段那天竺国无忧王使鬼神造八万四千塔，而法门寺也在其内的记载，颇具神话色彩，极难令人当真，更难以用严谨的考古学来论证。关于佛祖的出世与涅槃以及佛骨东传和法门寺的建造，前面已经叙述，这里不再赘述。需要着以笔墨的，自是从元魏二年开始，法门寺真正的热闹和繁荣，也应是从这里拉开序幕的。

当历史进入北魏末年的时候，随着战乱的迭起，朝政渐渐被重兵在握的大军阀高欢掌握。到534年，位居大丞相的高欢，强行把都城从洛阳迁往邺城，并拥立年仅11岁的元善见（孝文帝四世孙）即位，称孝静帝，此乃历史上的东魏。而北魏历史上最后一个皇帝孝武帝，当初因和高欢的矛盾冲突，从洛阳侥幸逃脱，投奔了在长安称霸的重臣宇文泰。永熙三年（534年）十月，老奸巨猾的宇文泰设计毒死孝武帝，拥立北魏南阳王元宝炬为帝，号为文帝，并在西安建立了国家政权，形成了历史上的西魏。

公元554年，宇文泰废掉文帝，拥立齐王廓为帝，号为恭帝。次年，魏恭帝二年（555年），也就是《志文》碑上记载的元魏二年，便有了岐州牧拓跋育打开法门寺地宫，供养佛骨或瞻仰佛骨的事件。这是法门寺历史上第一次启奉佛骨的文字记载。

拓跋育是随魏孝武帝元修入关的元氏（本姓拓跋，太和二十年改姓元）宗室之一，大统年间，曾为魏十二大将军之一，魏恭帝二年降爵为公，出任岐州牧一职。此人为何要在他由王爵降为公爵的这一年到法门寺瞻迎佛骨，历史上没有留下更多的记载。不难猜到的是，这与他当时的心情和处境是有极大关系的，眼看整个拓跋家族政权要落入他人之手，自己无力回天，只落个削官降级、苟延残喘的结局，而更大的险恶可能还在后头，命运给予他的可能还会有

麦积山127窟菩萨像，著名文化批评家何三坡认为，此像意喻文皇后。

性命之忧，为了寻找一点感情的寄托，便来到法门寺启奉佛骨，请这位慈悲的圣者保佑。这显然是一种失意者的无奈选择。至于他是如何打开地宫，又是如何封闭宫门，做了一些怎样的祈祷，这些具体细节因无只言片语留于后人，也就无从知晓了。我们知晓的，是他的这种做法并非出于偶然，因为自佛教传入东土后，人们崇佛礼佛的热潮就在这块黄土凝成的土地上，一浪高过一浪地升腾着。到了北魏时期，崇佛的热情更是高涨。西魏时的傀儡皇帝魏文帝和奸臣宇文泰，都对佛门表示了极大的兴趣和狂热。文帝的皇后文皇后，对佛的虔诚和狂热更是令人感到惊异。当她失去魏文帝的宠爱后，干脆出走麦积山，削发为尼。麦积山位于今甘肃天水市东南，在重重叠叠十余层的栈道通向距地面六七十米高的地方，现存洞窟一百九十四座，泥塑造像七千多个，堪称中国泥塑造像最多的石窟。而这些石窟的开凿年代就是在北魏和西魏时期，其佛像特点是，面相雄健，直鼻大眼，嘴小唇薄，躯体粗壮坚实。菩萨们则是高冠披发，袒裸上身，下着长裙，体态丰腴，颇有独特的风格和魅力。文皇后到这里出家为尼后，终日修行，不问世事，最后老死于山中。这位皇后死后，这里的僧尼们又凿崖为窟，将她安葬于此。古老的麦积山因此又有了西魏文皇后一窟和关于她不少凄哀婉转的故事。

西魏王朝覆灭了，代之是齐、周两个时代的兴亡。从《志文》碑上看，这两个时代似乎与法门寺没有关联，因而也没有一字的记载。事实却并非如此，相反法门寺恰恰在这个时期又遭到了一次劫难。关于这次劫难的详情，我们在后面的章节中将专门叙述，这里还是按《志文》碑的提示，看一下隋唐时代法门寺的繁荣鼎盛吧！

麦积山石窟

西魏大统七年（541年）的一天深夜，一个女人正躺在同州（陕西大荔县）般若尼寺的一块木板上痛苦地呻吟。静谧的夜幕里不时传出这个女人被宰杀般的哀嚎，有些肥胖的身子不时地扭曲和挣扎，暗黄的脸上汗珠如豆……当她从昏死中醒来时，发现肚子里的娃已跑到身边开始嚎啕大哭了。从此，这个男娃便由本寺一个叫智仙的尼姑抚养，并给他取名为那罗廷，意为“金刚不可坏”。直到十三年后，这个男娃才回到父母身边。

多少年后，这个在般若尼寺生活了十三年的男娃，一跃登上了大隋王朝的宝座，成了一名威风凛凛的开国皇帝，号为隋文帝，本姓杨，名坚。

这位叫杨坚的隋文帝，在结束了南北朝分裂局面、统一天下的同时，也开始了统一佛教的历程。

因为有了和般若尼寺以及智仙尼姑的一段因缘，隋文帝便理所当然地对佛教有了特殊的感情。当他尚在北周辅佐幼主，刚刚掌握朝廷实权时，就逐渐留心提倡佛教。开皇元年（581年），当他取代北周，龙袍加身登上天子宝座后，便普诏天下，听任人们自由出家，广做佛事，大兴佛教。他认为自己之所以能贵为天子，是由于佛祖的暗中保佑，并自认为前身原是一个“道人”（僧）。而对抚养他长大成人的智仙尼姑，更是崇爱有加，称之为“神尼”。为表示他对智仙尼姑的尊崇，杨坚在成为皇帝后，特下诏让当时的著名文学家王

邵为她作传，并诏令后来在各州所造的佛舍利塔中安置智仙之像。

据王邵所撰的《舍利感应记》记载，早在隋文帝即位之前，有位印度沙门来到他的住宅，送给他一包佛舍利，请其供养。到了仁寿元年（601年）隋文帝便敕令在天下三十一个州各建舍利塔，以便分藏他供养的那包舍利子。次年再度颁诏，下令增五十个州建立舍利塔以便分藏。到仁寿四年又下敕增三十个州建塔。这样，从仁寿元年到仁寿四年，各州建塔一百一十多座。在向各州分送舍利时，均挑选名僧护卫办理。各塔在安放珍藏舍利的石函时，要举行隆重的礼仪，所在地方的刺史以下、县尉以上的官吏，要停止正常的衙署办公七天，以专门料理安放舍利一事，并为皇室和臣民祈祷。

冕服隋文帝和漆纱笼冠朝服侍臣（《列帝图》）隋文帝杨坚称帝后，着手恢复两教，尤其是一度受到打击的佛教，并于公元581年下诏：凡境内的臣民皆可随意出家当和尚，又命令全国按人口出钱用以营造佛教寺塔，安排僧侣写经，造佛像，一时全国佛教风靡，民间流传的佛书比儒家《六经》多达十倍，佛教呈一时之盛。

就在全国掀起建塔热潮的同时，仁寿末年（604年），时任右内史的李敏曾专门率人前来法门寺，修缮寺院和宝塔。也就在这次修缮中，李敏等人可能打开了地宫，迎奉佛骨。因法门寺早已有塔，重建自然没有必要，但距它西北二十余里的风泉寺却又兴建了一座舍利塔。在修建此塔的过程中，天空忽然出现祥云，法门寺僧人在观看的同时，将当时的图景画了下来，名曰“陕州瑞相图”，后放到佛堂供养。只是这《瑞相图》不知毁于何时和何人之手，后人不曾相见，只凭流传了。

继隋文帝之后，他的儿子隋炀帝杨广在即位的第一年，即大业元年（605年），又大肆兴造佛寺，并于次年在东都洛阳的上林苑设置译经馆，命高僧彦琮主持其事，征召达摩笈多和众多高僧学士从事佛经翻译，闹得京都内外遍布僧尼，热闹异常，甚至日本岛国也闻风而动，大业三年（607年），摄政的圣德太子派使者小野妹子和沙门僧十余人来中国学法。隋炀帝杨广在其他方面没有继承父业，唯在对待佛门一事上比他的老子有过之而无不及。但就其一生的荒淫无道来看，他的所谓崇佛，也实在具有讽刺意味，连佛祖的在天之灵也感到不安。

尽管如此，由于杨家父子的两代努力，奉佛的热潮还是在表面上由低谷达到了一个高峰，随之而来的，是佛教在东土中国进入了一个大红大紫的黄金时代，法门寺也由此走向辉煌。

## 唐太宗法门寺度佛

隋王朝的短命，主要是毁在弑父即位的太子杨广手里，这已成为史学界公认的事实。由于隋炀帝杨广的昏庸残暴，恣意妄为，致使天下大乱，豪杰并起，揭开了叛隋倒隋的序幕。

隋大业十三年（617年），岁逢灾凶，赤地千里，饿殍遍野，而隋炀帝杨广还在率领群臣寻欢作乐，各地反隋热潮空前高涨。在各地反隋义军蜂起的形势下，太原留守李渊听从了儿子李世民的劝告，在太原起兵反隋，并于这年的冬天十一月攻入长安，立代王杨侑为皇帝，改元义宁，自封为“大都督内外诸军事，大丞相，进封唐王”。他实际上成了这个短命小朝廷的真正主人。

也就在这一年，陇西灾民因无以为生，纷纷揭竿而起。仍受隋王朝控制的金城府令郝瑗拜薛举为大将军，率兵抄拿义军。薛举见天下大乱，隋亡在即，正是自己称王称霸的好时机，受令后立即倒戈，乘机囚禁了郝瑗，并宣布叛隋而反。之后，他率兵进陇西，消灭了义军，占据了陇西广大地区，暗称帝号于金城兰州。随后又自称西秦霸王，年号秦兴，迁都天水。并以其子薛仁杲为大将军，统兵向关中地区进击，很快以三十万大军占据关西。

义宁二年（618年）春，身为“大丞相”的李渊率部来到扶风一带视察民情，也为讨伐薛举父子做准备。就是这次扶风之行，他来到了法门寺。

这时的法门寺由于战乱而呈荒废状，香火几乎断绝。该寺老僧普贤法师见这位握有实权的“大丞相”到来，连忙奏表，希望朝廷能拨款维持寺院的一切法事和民事活动。

那时的法门寺已改称成实寺，李渊接了奏表后，没有呈傀儡小皇帝阅，独自决定将成实寺又改为法门寺。关于法门寺的名字在这之前几经变迁，只是从李渊开始才正式定名法门寺。虽然后来也曾有过变化，但就这座寺院而言，还是法门寺的名字最为响亮，也最为广泛流传。

至于李渊为什么要改这个名字，法门寺众僧是否得到了朝廷的款项，史书没有再作记载，后人就很难知底细。若按情理和当时李渊的心境来说，法门寺是应得到些资助的，只是多少的问题而已。

李渊和法门寺之间的这一段因缘，对法门寺本身在唐代的存在与发展起到了有利的作用。因为李渊回长安不久，也就是义宁二年五月，就代隋登上了皇帝的宝座，改年号为唐武德元年了。

由于在中国西部存在着李家和薛家两股不同的军事势力，战争和流血自然就不可避免。

就在这年冬天，李渊的儿子秦王李世民，统率大军西出京师长安，沿渭河北岸浩浩荡荡地直逼扶风。因为这时薛举的军队已在扶风扎下大营，正要逼近长安。

李世民率大军过咸阳、走兴平、越武功，雄姿浩然地向扶风扑来。李、薛两军在短暂的对垒后便开始了血战。

两军在沣河两岸激战数日，大唐军队雄风不减，大有越战越勇之势，而薛家军队已成败势，将士死伤惨重。面对危局，薛军只好弃城西溃。李世民不失时机地指挥军队追杀过去，直逼得薛军溃至折墌才稳住阵脚。

正当李世民率部乘胜追杀时，由于水土不服，突染重病，卧床不起。薛军趁机反扑，李世民大军招架无力，只好弃城而逃。

武德二年（619年），李渊再次下令李世民率大军讨伐薛军。

此时勇猛善战的薛举已病死，儿子薛仁杲称帝。

两军在陇东的高墌摆开了战场。两军激战十余天，薛军大败，退至浅水原。李世民指挥军队乘胜猛追，薛军在浅水原重整旗鼓，奋力迎敌，拼死抵抗。又是十几天的鏖战，薛军终因寡不敌众，彻底溃败，最后全军覆没，薛仁杲本人被俘。陇东之地自此归属大唐。

李世民大军高奏凯歌，班师回朝。浩浩荡荡的大军出陇山、过天水，向京师长安开拔。当大军行至扶风郡的沛川时，李世民下令大军安营休整。

沛川之地是李世民与薛军第一次交锋的地方，阵前交战的场景历历在目。想不到才过去了一年，薛军就被彻底打垮了。旧地重游，李世民感慨万分，心情越来越兴奋，他决定要让全军将士好好地在此休整几日，多多体味一下胜利的欢悦。

就在这个时候，李世民来到了法门寺。

尽管李家王朝曾一度利用道教始祖老子姓李这一历史巧合，尊老子为唐皇室祖先，并宣称自己是神仙之后裔，以此制造“君权神授”的舆论，但对佛教仍很尊重。

唐高祖李渊即位前，就曾多次到寺院祀佛求福，他于义宁二年（618年）的法门寺之行，自然包含了这层用意。而秦王李世民更是自幼就与佛教结下了不解之缘。他的出生地就在法门寺东邻的武功县境，当李渊任岐州刺史时，因刚刚4岁的李世民患病而向佛许愿，乞求佛法保佑年幼的儿子尽快恢复健康。后来李渊在荥阳的大海佛寺为李世民的病愈专门造了佛像，并立碑一座，以示还愿。渐渐长大成人的李世民对父亲此举一直牢记心怀，念念不忘，在他凯旋之时，正好途经自己父亲命名不久的法门寺，理所当然要参拜一番。

李世民的到来，法门寺众僧自是求之不得。在寺院老僧普贤法师的组织下，全体僧众为李世民的到来诵经焚香，大肆颂扬其攻伐征战的英明功德。本来佛门教义的宗旨是反对战争和杀戮，六戒中的首戒便是不杀生，但此时的僧众们却顾不得那么多了，因为李家王朝像耀眼的旭日，

法门寺出土的
唐代莲花方砖

已经在东方升起，天下眼看要归属这个家族。

年轻气盛、春风得意的李世民，更是不管那么多，他不惜身家性命地征战拼杀，想得到的就是这种万人敬仰、天下生灵归顺的感觉和气派。只有如此，他才觉得这征讨厮杀是多么值得，多么有意义和快乐——正是出于这样一种心态，年轻的李世民和众僧们才一拍即合，共同进入了自己扮演的角色。

整个寺院已是烟雾缭绕，钟磬的回响伴着僧众们不绝的阿谀奉承之词，在大殿中不绝于耳，倒茶递水者们的殷勤，又显得那么诚惶诚恐、关怀备至——此时的李世民在找到了他想象中的感觉之后，终于晕了、醉了。一向不善诗词歌律的他，命人找来笔砚（也可能是僧众们早就预谋好了的），借着晕劲和醉意，居然挥毫泼墨，作起诗来。一首《经破薛举战地》很快挥就，诗曰：

昔年怀壮气，提戈初壮节。心随朗日高，志与秋霜洁。
移锋惊电起，转战长河决。营碎落星沉，阵卷横云裂。
一挥氛沴静，再举鲸鲵灭。于兹府旧原，属目驻华轩。
沉沙无故迹，减灶有残痕。浪霞穿水静，峰雾抱莲昏。
世途亟流易，人事殊今昔。长想眺前踪，抚躬聊自适。
诗注：义宁元年击举于扶风，败之。

当李世民在法门寺的风头出足出尽，僧众们早已累得腰酸腿痛并口干舌燥之后，自然是到了坐下来摊牌的时候了。自隋文帝一朝，因法门寺当时不满五十僧众，且有荒废状，便并于京都宝昌寺管辖，成了事实上的一个分寺，寺院事务由宝昌寺住持通管，不设单独的住持，僧众自然也较宝昌寺少得多。

这次僧众们摊牌的底数是，法门寺首先要从宝昌寺中独立出来，实行自治。要独立和自治就得有相当数量的僧众、财力和有自己寺院的住持。

李世民听后欣然照准，并亲自命人找来八十名民间汉子来寺剃度，充作僧人，法门寺算是已超过五十人的大寺而理所当然地独立起来。这里需要说明的是，在唐初政局尚不稳定的情况下，法门寺一次能获准度八十僧，已是件不同寻常的事情。唐初由朝廷下诏度僧的事并不多，到贞观三年（629年）也就是李世民来此寺的十年后，诏天下有寺处得度僧尼总数才三千人，关东各州寺院仅置三十僧。由此可见这位小秦王当时的心境和法门寺的运气。

法门寺的地位已经确定了，而众心所向的住持却仍要李世民来拍板。有些出乎意料的是，这寺院住持一人竟选中了从京都宝昌寺来此做杂役的僧人惠业。为什么要选惠业而不是别人，史书没有记载。就常理而论，这惠业毕竟是总寺来的人，相当于现在总部派往基层挂职锻炼的机关干部，既然这个基层单位要升格独立，他就成了理想中的人选。或许是这惠业借着自己做杂役的便利条件，在李世民来寺后，点烟递水，大献殷勤，并不时地卖几句乖而博得了这位小秦王的赏识，从而一举夺魁也未可知……反正他的住持是“特蒙敕准”了，而财力的支持更是当然。

至此，李世民和法门寺众僧开始收盘，他们各自得到了想要得到的东西。尽管寺院中有一些老僧因未当上住持而有些遗憾甚至不满，但就总体而言，还属皆大欢喜，毕竟还有个庙大和尚大的公认规则存在着。

李世民一拍屁股走了，看起来这段因缘已经结束，但事实上却远没有那样简单。法门寺正是由于这个小秦王的到来，才使得它后来声名如日中天，誉满京华，遍及九州；才有了天下寺院无一能与之匹敌的鼎盛，有了至尊至圣、高不可及的历史地位。

随着唐王朝政权的日益巩固和血溅宫廷的“玄武门政变㉔”，秦王李世民终于坐上了龙椅成了皇帝。他龙袍加身后的第一件重大举动，便是在曾经攻伐征战过的七处重大战场建立佛家寺院。此时的李世民已非当初，他诏设寺院的目的已很明确，是要利用弘扬佛法、崇敬佛祖的举动来笼络民心，消化反唐势力的斗志，使其安分守己，臣服大唐；同时在客观上既抚慰了殉国者的亡灵，又将自己的战功标榜于世，以不使国殇在“九泉之下尚沦鼎镬，八难之间永缠冰炭”，并“变焰火于青莲，易苦海于甘露”。

不管是真是假，既然皇帝李世民已表达了对佛法的尊崇和厚爱，他下属的官吏当然也要仿效，并且要仿效得更加高明、更加奇特。

为官之道，在于无道。无道便是各自有各自的道，道的来源就靠各自的悟性。这个时候，有一个人顿悟了此道，在讨得李世民欢喜的同时，也有了一个留传后世的机会，此人便是法门寺地宫出土的《志文》碑上记载的“唐太宗朝刺史张德亮”。

张德亮其人，在大业末年投李密军，隶属徐勣。后经房玄龄、李勣等人的引荐，在李世民旗下任秦府车骑将军。玄武门政变前夕，张德亮奉秦王李世民之命，到洛阳统左右王保等千余人，暗中引山东绿林豪杰伺机待变。当政变结束后，登上皇帝大位的李世民授予他为岐州刺史，后予为怀州总督，封长平郡公。再后历任豳、夏、鄜三州都督，至贞观十五年，官拜刑部尚书。

从张德亮这份简单的履历上看，乃是一个平步青云、官运亨通之人。如果他与法门寺事件没有直接关系，至少也可看出这是一个极为聪明之人。

他的聪明在于，太宗贞观五年（631年）二月，时任岐州刺史的他，在得知法门寺被火焚烧（焚烧原因不详，可能是不慎失火被烧）后，立即奏报唐太宗，并获准修补塔寺。

就在这次修补中，他听到了一个“此塔一闭，经三十年一示人，令道俗生善”的传说和“古所谓三十年一开，开则岁谷稔而兵戈息”的传闻。他以“恐开聚众，不敢私开”的理由奏报太宗，请“开剖出舍利以示人”。唐太宗许准。于是这位刺史张德亮便率人打开了地宫，找出了佛舍利。之后的情景，唐僧道世所编的《法苑珠林·敬塔篇》曾做了这样的记载：

法门寺鼓楼

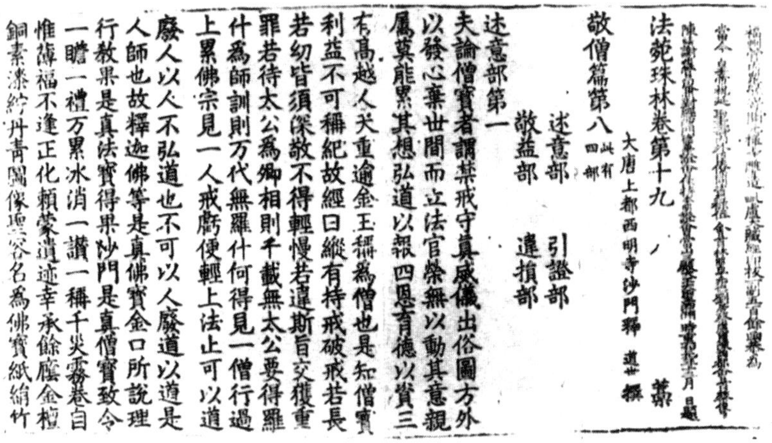
法苑珠林卷第十九
大唐上都西明寺沙門釋道世撰
敬僧篇第八此有四部
述意部　引證部
敬益部　違損部
述意部第一
夫論僧寶者謂禁戒守真威儀出俗圖方外
以發心棄世間而立法官榮無以動其意親
屬莫能累其想弘道以報四恩育德以資三
有高越人天重逾金玉稱為僧也是知僧寶
利益不可稱紀故經曰縱有持戒破戒若長
若幼皆須深敬不得輕慢若違斯旨交獲重
罪若待太公為卿相則千載無太公要得羅
什為師訓則万代無羅什何得見一僧行過
上累佛宗見一人戒虧便輕上法止可以道
廢人以人不弘道也不可以人廢道以道是
人師也故釋迦佛等是真佛實金口所說理
行教果是真法實得果沙門是真僧實致令
一瞻一禮万累冰消一讚一稱千災霧卷自
惟薄福不逢正化賴蒙遺迹幸承餘䕃金檀
銅素漆紵丹青圖像瓔容名為佛寶紙縑竹

开元寺本《法苑珠林》

既出舍利，遍示道俗。有一盲人，积年目瞑，努眼直视，忽然明净。京邑内外，奔赴塔所，日有数万。

舍利高出，见者不同。或见如玉，白光映彻内外，或见绿色，或见佛形像，或见菩萨、圣僧，或见赤光，或见五色杂光。或有全不见者，问其本末，为一生已来，多造重罪。有善友人教使彻到忏悔。或有烧头炼指，刺血洒地，殷重至诚，遂得见之。种种不同，不可备录。

唐太宗没有见到舍利。当时的舍利只在法门寺院内供奉展示，并未运到京都长安。只是长安倒有不少人前来观看，并有一盲人看后突然复明。插曲的背后还有一些罪恶多端之人，只有烧头炼指、刺血洒地才能看到舍利形状和颜色。至于他们把头颅用烈火烧烤一顿之后，看到的舍利是什么形状、什么颜色，文中没有提及。但不难想象的是，除了一片漆黑便是一片残白，因为他们的大脑神经已被烈火烧焦，剩下的恐怕只有麻木的肉身了。

以上记载是否属于实情，在佛指舍利已经出土的今天，自然要打问号。毋庸置疑的是当时的热闹场景。

张德亮挖出的舍利何时放回了地宫，他本人和唐太宗都作何感想，历史上未见记载。但不管这张德亮是从哪里听来的传说，是不是真有这个传说，是他听到的还是无中生有编造的，不得而知。反正张德亮的这一折腾，便有了法门寺地宫三十年一开的规矩，以及日后大唐王朝六次浩浩荡荡迎奉佛骨的故事。

## 大唐七帝地宫迎佛骨

贞观末年，由于废立太子和辽东征战失败，唐太宗的健康状况不断恶化。为了治病健身，贞观二十年（646年），唐太宗开始服食丹药，当他连续服食了一两年的“国产”丹药仍不见效后，这位垂垂老矣的皇帝便希望能得到国外具有奇特疗效的神药加以治疗。皇帝的这种幻想康复长寿的急切心理，被一个叫做王玄策的大臣窥视，这个专靠迎合皇帝心理起家的王玄策，不失时机地于贞观二十二年（648年）向唐太宗进献了一名大唐与中天竺战争中俘虏来的“胡僧”那罗迩娑婆寐。此僧“自言寿二百岁，云有长生之术”，宣称能配制金石秘剂。这个明显的谎言竟打动了唐太宗，于是龙心大悦，命该僧人金飚门宫内配制丹药，又令兵部尚书崔敦礼率一帮群臣协助制作。

至贞观二十三年（649年）春天，经过近一年的炼制，由这位“胡僧”主持炼制的丹药出炉，兵部尚书崔敦礼为邀头功，赶紧捧送入宫。正在病中呻吟的唐太宗李世民见到期盼已久的仙丹神药送至床前，颇为激动，在感念“胡僧”忠心侍君的同时，很快将药服下。

然而，这聪明一世的李世民万万没有想到，他吞食的长生不老药竟成了送他入地狱的催命鬼。原本衰朽不堪的身体顿觉不适，病情迅速恶化，不到两个月，便“暴疾”而死，享年52岁。

唐太宗一生都很会利用佛教为自己的统治服务，他本人的性命及大唐帝国日渐兴盛的事业，都曾得到过佛门弟子的不少帮助和维护，想不到最后竟死于佛门弟子之手。这一残酷的现实，恐怕是他始料不及的。

唐太宗魂归西天，太子李治登上了皇帝的宝座，是为高宗。

早在高宗皇帝为太子时，就对西天取经的旷世名僧玄奘十分敬重，并曾著文对玄奘的人生经历和功业表达了称颂赞美之情。

永徽三年（652年）三月，登基不久的唐高宗在京师长安的慈恩

玄奘回归图。唐贞观十九年（公元645年）正月二十五日，玄奘西行取经后返抵唐土西安，出现了“道俗奔迎，倾都罢市”的欢迎场面。未久，唐太宗李世民接见并劝其还俗出仕，被婉拒，后玄奘留长安弘福寺译经，直到辞世未改其志。

寺西院造起大雁塔，用以保存玄奘从印度取回的佛教经典。

永徽六年（655年），唐高宗召令玄奘与尚药奉御吕才辩论佛法。

显庆元年（656年），应玄奘法师之奏请，唐高宗欣然撰写了《慈恩寺》碑，并亲临安福门，观看玄奘迎接御赐碑文的盛大仪式。奉迎队伍以天竺法仪幢幡为先导，车骑千余乘，浩浩荡荡，前后延至三十余里，长安城百姓、官宦纷纷前来观望，人数多达百万以上。

麟德元年（664年），玄奘病亡。唐高宗用金棺银椁藏其骨灰，在长安周围五百里内，有一百多万人前来送葬，三万多人结庐于墓旁守教安灵。而此时的高宗更是哀恸感伤，喟叹：“朕失国宝！”痛感“释众梁摧矣，四生无导矣！何异于苦海方阔，舟楫遽沉；暗室犹昏，灯炬斯掩”。由此可见这位高宗皇帝对佛法的看重。

《大唐西域记》书影

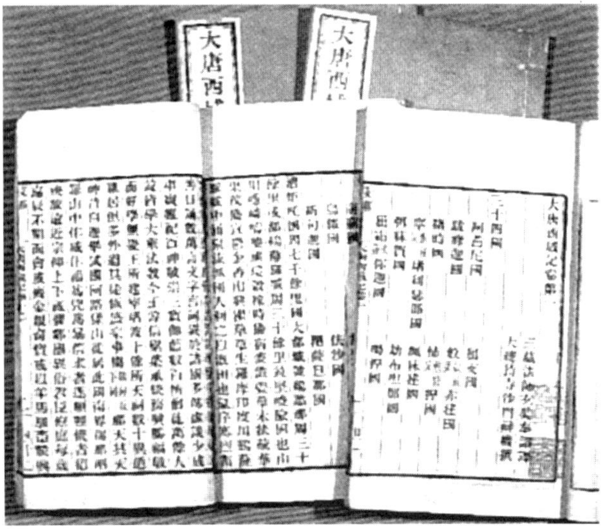

就在旷世高僧玄奘仙逝的前五年，即显庆四年（659年）九月，高宗便和法门寺联系在一起，并开创了开启地宫、迎佛骨到皇宫供奉的先河。这便是后来法门寺地宫出土的《志文》碑所载的“高宗延之于洛邑”的事件。

根据《法苑珠林·敬塔篇》记

载，事件的具体经过如下：

显庆四年九月，以破译咒术闻名的山僧智琮、弘静应召入朝，拜见高宗。在谈话中，两僧提到了法门寺，说法门寺年代久远，声名渐长，需要好好地弘扬和爱护。并提请皇帝："古老传云，三十年一度（佛骨）出，前贞观初年已曾出现，大有感应，今期已满，请更出之。"结果获得批准。

> 帝曰："能得舍利，深是善因。可前至塔所，七日行道，祈请有瑞，乃可开发。"
>
> （高宗）即给钱五千贯，绢五千匹，以充供养。琮与给使王长信等十月五日从京旦发，六日逼夜方到。
>
> 琮即入塔内，专精苦到，行道久之，未验。至十日三更，乃臂上安炭火烧香，懔厉专注，曾无异想。

这段记载不难读懂，无非是说王长信等人受皇帝之命来法门寺迎请佛骨。有些让人感到惊异的是，僧人智琮竟把烧香的炭火放在手臂上，以示对佛的敬重和崇拜。而这种崇拜和虔诚，终于引发了一段神秘得近似荒唐的事件。

> 忽闻塔内像下振裂之声。寻声往观，乃见瑞光流溢，霏霏上涌。塔内三像足下各放光明，赤白绿色旋绕而上至于桁桷（屋梁），合成帐盖。
>
> 琮大喜，踊跃欲召僧看，乃睹塔内，侧塞僧徒，合掌而立，谓是同寺。
>
> 须臾既久，光盖渐歇，冉冉而下，去地三尺不见。群僧方知圣隐。
>
> 中使王长信等同睹瑞相，流辉遍满，赫奕澜漫，若有旋转，久方没尽。及旦看之，获舍利一枚，殊大于粒，光明鲜洁，更细寻视，又获七粒。总置盘内，一枚独转绕，余七粒各放光明，炫耀入目。琮等以所感瑞，具状上闻。敕使常侍王君德等送绢三千匹，令造朕等身阿育王像，余者修补故塔。仍以像在塔内，可即

开发，出佛舍利以流福慧……

初开舍利，二十余人同共下凿。

及获舍利，诸人并见，唯一人不见。其人懊恼自拔头发，苦心邀请。乃置舍利于掌，虽觉其重，不见如初。

由是诸人恐不见骨，不敢睹光。寺东云龙坊人，敕使未至前数日，望寺塔上有赤色光周照远近，或见如虹，直上至天，或见光照寺城，丹赤如昼……

以上记载了智琮等僧众和部分官僚打开地宫，并找到佛骨舍利的故事。因为舍利既出，所以整个天空大地祥兆瑞景就争相出现。需要指出的是，自从佛入东土甚至在佛未入东土而自身处于生灭之时，关于天空大地出现瑞兆的记载，就见于后人撰写的史籍中，尽管这瑞兆各异，但相差总是不大。唯关于对大唐王朝与法门寺发生联系的一系列记载，除了这些之外，总是在短短的文章中夹杂着一个或几个颇为幽默、令人发笑的故事。你看在这次挖掘地宫找到舍利后，大家都看到了，唯一个人看不到，他便在懊恼羞愧中自拔头发，苦心邀请[25]。但当有人将舍利放到他的手掌之上时，他虽感觉到其物的重量，可惜仍视而不见其真面貌。

据此可以推论，这个人肯定不是僧人而是由朝廷派来的差役。因为僧人是不留头发的，既然没有头发，就不存在拔的问题。就当时的情形而言，一般普通老百姓没有资格进入地宫，所以断定他是由朝廷派来的。

接着往下看：

至显庆五年春，三月[26]，下敕请舍利往东都入内供养。时西域又献佛束顶骨至京师，……又追京师僧七人往东都入内行道。

敕以舍利出示行道僧，曰：此佛真身，僧等可顶戴供养，经一宿还收入内。

皇后舍所寝衣帐，准价千匹绢，为舍利造金棺银椁，雕镂穷奇。

这段记载是说唐高宗在得知法门寺佛骨舍利被挖出后，即下令运到东都洛阳的皇宫中供奉起来。所谓的“内”即大内皇宫。早在东晋时代，宫廷之内就建立了举行法事活动的地方，晋时称精舍，隋之后称内道场。隋炀帝时曾有在内道场汇集佛道经典编撰目录，至唐代已大规模地发展了内道场制度，而其全盛时期则是在中、晚唐以后。

唐高宗首次诏令将佛骨舍利迎入东都洛阳内道场供养，自然引起朝廷上下的震动，几乎所有的皇亲国戚、臣僚妃嫔纷纷出资捐物，前来施舍供奉，京城内外一片欢腾的景象。

佛骨舍利在皇宫历经三年的奉迎、礼拜，终于在唐高宗龙朔二年（662年）送还法门寺。这年的二月十五日，由京师派来的诸僧与臣僚，会同法门寺僧众打开了塔下的地宫，将佛骨藏于其中。

就在佛骨送还的时候，唐高宗赐绢一千五百匹，诏令惠恭、意方等禅师办理法门寺重修事宜，以示皇恩浩荡和皇帝本人对佛的崇敬之情。

当佛骨入地宫后，惠恭等僧人便四处征集材料和能工巧匠，开始了“不日不夜，载营载葺，庄严轮奂，制置殊丽。危槛对植，曲房分起，栾栌斗拱，枕而盘郁”的大修复。法门寺在这次重修中，更加辉煌壮丽，气势非凡，并具有了典型的皇家寺院气魄和格局——这时的法门寺已形成了二十四院㉗并存的浩大规模……

继唐高宗之后，大唐历史上先后有武则天、肃宗、德宗、宪宗、懿宗到法门寺迎奉过佛骨，《志文》碑同时记载了中宗、代宗、僖宗三代到法门寺送佛骨或下诏修复的事件，当然也有武宗灭佛的事件。《志文》碑的发现像一盏明灯，照亮了大唐历史，同时也揭示了地宫的一段波折岁月。

——发掘仍在继续。考古人员觉得先不要跟这浩瀚历史的是是非非纠缠，一切都让这地宫中的瑰宝说话吧，因为它们才是最具历史真实的。

# 玄宫内落石伤人

隧道尽头两块石碑的后面，又出现了一副双扇石门。门的结构与隧道门稍有不同，门框只用了两块石材，门槛除西半部用长约0.3米的石条外，其余部分用一整块大方石料加工而成，上面有四个门臼窝。两扇门高0.9米，宽0.42米，厚0.1米，门槛宽0.21米，高0.2（内侧）至0.4（外侧）米。这些看似繁琐的数字，浸透着现场考古队员的汗水。

登记、丈量完门扇门槛，他们才发现，门和门框泛着一层白光。贴近眼前一看，方晓得在两侧门框的正面，有阴刻的坐佛像。这佛像均结跏趺坐，有背光与顶光[28]，线条简洁，构图明朗。东侧三行六排共十八尊佛像，中间一行的佛像边上有刻文，现场发掘组推断，这刻文都是人名，有“杜从真”、“从谏”、“从昶”、“从礼”及“任士良”等等。由每一尊造像旁仅一个人名来看，这些人大都是当时的大德居士、对佛事有功者。西侧三行十三排共三十九尊坐佛像，个别佛像因石头碎裂脱落而损坏或不复存在，已很难辨出佛像优美丰腴的风骨。

就在门框的两个内侧面，均有一线刻雕的“天王力士”像，他们神态威勇，颇有一股不可战胜的护法气势。而两扇门上各有一尊“菩萨”像，线条镂刻流畅，堪与张择端《清明上河图》上的线描媲美，甚至令人坚信如此美妙的构图，可以称得上是张择端画的师承来源。而这些却实实在在出自文化不深的一般石匠之手！这两尊菩萨的存在，显然打破了第一道门只涂黑漆的格局。而也只有到现在，人们才恍然悟知，第一道门上的黑漆，原是有意地赋予了哀悼念怀佛祖之意。菩萨造型看似相同却又不同，充分显露隋唐壁画人物丰腴饱满的特点，生动可人，逼真传神，风采飘逸，委实是两位普度众生的慈善家，她们的足下，各踩一团升腾的莲云，瑞气流溢。左边的一位手扬拂尘，拂尘扬处，人间的一切妖魔鬼蜮，似无处逃遁，只等伏地被擒。右边的一位双臂交叉，叠摞胸前，手拈一樽斜倾的净水圣瓶，似要收尽作孽恶人。左边的凝目浩渺长空，天庭也显缩微；右边的秀目半启，俯视浩浩人间。

地官第二道石门

由于第二道门位于整个塔的中间位置，塔的重力大部分作用于门的部位和里面4米见方的隧道顶部，所以，门的顶部已有两处断开。打开第二道门，里面室内结构仍然大体与隧道相同，只是隧洞不堪宝塔压力作用，破坏严重。两壁上的石板错位现象很普遍，甚至一些石板被压挤成了碎石状。

随着第二道门的打开，现场除了考古队员以外，数名佛门代表、官员的情绪都达到了难以形容的顶点。

考古组仍然决定动用民工，于是，十名身强力壮的民工被招来。他们凭着一股好似冥冥中神力相助的憨猛，肩扛臂抱，硬是先将两扇石门抬上地面。

就在这时，佛门僧众或现场官员，都意欲先睹里面究竟，感情一时无法控制，争相要下去。现居法门寺院的李子重，这位身兼宝鸡市、扶风县佛教协会秘书长的大居士，即为争睹佛容跳下坑道者之一。人们现在似乎可以理解当时他硬要下去看的心情，他不顾学生韩金科的劝阻，不顾年岁已大，硬是随几个人下到隧洞门前，想把自己的冲动变为对佛的仰拜。

李子重居士刚下去，与其他几人挤着探头朝里面看，他们都惊呆了：里面全是山一样叠摞在一起的码放整齐的丝绸、丝织品，镶金带银嵌圭挂珠的丝绸织物，比起空余地面铺满的铜钱来说，更是人们注意的焦点，引起一片骚动。就在他们情绪激昂的当头，不想从门楣落下一块碎石，正好砸中李子重右额角，顿时血流如注，模糊了这位善良和善的老居士的双眼，他在颤抖中被人抬了上去。

石落见血，是吉是凶？被中国传统封建思想长期禁锢的民众，往往在紧要关头富于迷信联想，包括此刻现场的无神论者，也惊异不止。正好一种无形的力量阻止了还争相要下去的一些人，而下面的几位也都面面相觑地默不作声，只可意会地交换了一下眼神，知趣地爬了上来。

韩金科等人迅速安排人、车，将李子重老人送往九公里外的扶风县医院包扎……

流血事件的出现，使现场的人们心中产生了不小的悸动。

考古队员们心里不是没有想法，只是职业的严肃性要求他们要更加仔细认真地处理好眼前的每一件文物。说真切一点，一些非专职考古人员离开了现场后，正好使考古队员们感到没了拥挤和紧张的气氛，他们全神贯注放开手脚去履行自己的职责。

于是省、地、县三级考古队员继续探寻。地面，有专门从事摄影工作的王保平扛着摄像机全程拍摄。大家身穿韩金科设计制作的那种全身无口袋、桶状、扣子在身后的工作服，清一色颇有股专门作业的味道。

队员们发现，铺地石是南北向两行，由于年代久远，已经互相拱起。

考古学家石兴邦先生现场判断，这石门开处的第二个四面用大理石砌成的长长隧道，为塔基地宫的前室。只见这前室东壁的上面，留有数处题名结衔的题刻，如“内弓箭使左衔上将军刘从实”等等。

往前室深处一看，发现一堆又一堆码叠垒摞整齐的丝织品，以及石函、蹀躞十事㉙、白瓷瓶，还有一铜质锡杖㉚，甚为罕见。这锡杖是鎏金㉛单轮六环，显系哪位大德高僧之宝物。锡杖由轮首、执手、杖樽三部分组成，原与木杖套接，木杖已朽坏，总长度不明。看那桃形轮杖上端的两侧，各套三枚锡环，一量，锡环直径均为117毫米。桃形轮及圆环剖面均呈菱形，轮顶饰有智慧珠，锡杖大部分已由于潮湿等原因出现了绿绿的铜锈。锡杖执手为八棱形，杖末端为圆球形。轮高310毫米，宽270毫米，执手长317毫米，直径22毫米，杖樽长312毫米。

特别引人注目的倒不是镇守室后两角的一对汉白玉雕金毛狮子，

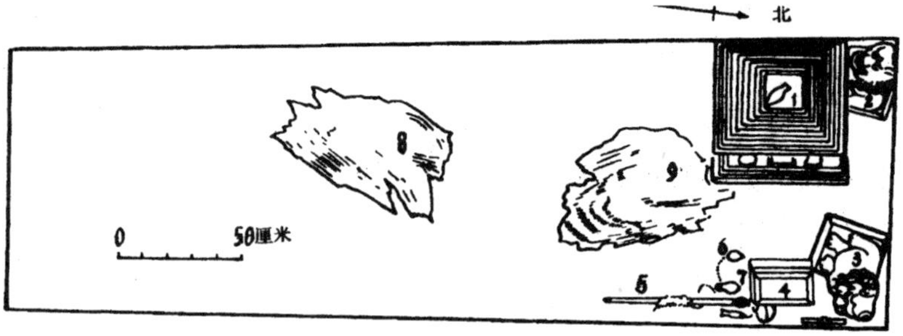


法门寺地宫前室文物分布图。1.阿育王塔；2、3.石狮；4.石函；5.铜锡杖；6.蹀躞十事；7.白瓷瓶；8、9.丝绸

而是前室的主体中心，即汉白玉浮雕彩绘阿育王塔。它置于石室的后部中央，也称为四铺菩萨阿育王塔，主要是因为它的四面都刻有两尊端庄秀丽的菩萨像。这塔由塔刹、塔盖、塔身、塔座四部分组成。塔刹即塔顶，为铜铸的葫芦状，安置于塔盖的中心位置。塔盖则为九层棱台，由上而下逐渐变大，每边刻如意云头二方连续图案[32]一周。枭混[33]为三棱台，由外向里收缩，格局造型逼真自然，精美无比。塔身为四面，四角有立柱。每面中心设门，门有四排乳钉，每排六枚。门设司前（门闩），有锁。门扉两侧各有菩萨一尊，共计有八名胁侍守护佛的舍利。塔座为须弥座[34]，每面束腰[35]出金刚力士面首三，共计十二名力士，座的棱台边沿，都刻流云纹。从雕刻手法看，这尊塔是属于盛唐时期建造的，而在咸通年间置于法门寺地宫前，显然进行了重新装绘，从其三出团花[36]即可窥出其时代特征来。塔高785毫米，大家都为此阿育王塔叫绝、赞叹之余，又对其内部是否藏有罕见的稀世宝物议论纷纷。石兴邦作出决定，眼下是没有工夫打开它看个究竟，只有整个发掘完成后，再专门打开。

这阿育王塔十分沉重，一时却弄得众人束手无策，不知怎样才能将它搬出。室内窄，若以人抬是转不过身的。这些考古队员，虽然常年奋战在野外，但到底是知识分子，身子骨孱弱乏力，而这精美的阿育王塔更是一点儿也容不得粗手抬撬，否则磕碰损坏一点儿棱角，也是巨大的损失。在这种情况下，默不作声的韩金科发话了：“我倒有一个办法。”

说罢，他自踏步漫道走上地面，说他去去就来。几分钟后，只见他带来一名脸庞黑里透红的壮汉。大家一抬头，见是法门镇宝塔大队书记、西坡生产队队长党林生。韩金科当着众人的面，向党林生发话："林生，你是周原汉子的代表，只有你可以将它取出来，也是咱周原父老对这次考古的一个大力支持。抬此宝塔，怕有闪失，只能抱上来，你下吧！"

这貌似简单的几句，像一个无限迫切而庄重的期待，又似在为周原父老争脸面，党林生顿觉脸部热辣辣的。他猛吸一口气，没说二话，再看一眼自己的老上级韩金科，四十多岁的他走向地宫边，直接跳了下去。

人们都屏气凝神地看着党林生。只见他来到前室后部的汉白玉浮雕彩绘阿育王塔前，一捋挽袖子，身子一蹲，双手腕力一运，抠入宝塔底部的泥土中，硬生生将整个宝塔抱于胸前，连塔下的泥土也抠出两个窝窝。

党林生不愧是周原人的骄傲，他一脚一脚挪向踏步漫道，一步一步地登上了地面，大家方见他额头沁出几颗黑亮的汗珠。

令众人注目的白玉宝塔搬出地宫，人们才稍稍舒了一口气。

## 女皇武则天的绣裙

以下的工作是清整钱币、丝绸，还有白玉宝塔后两侧角落的彩绘金毛双狮。彩绘金毛双狮，是韩伟这位比较精通唐代文物的中年考古工作者给起的名字。这对狮，呈后蹲姿态，为汉白玉圆石雕成，阔口大张，鬃毛鬈曲，呈决斗时姿态，铜铃般的巨目虎视眈眈直逼前方，通体施黄、绿、黑三彩，高为59.3厘米。它们非常像护卫阿育王塔的神兽，给人以英武狂野的感觉。

法门寺地宫，门两边是彩色双狮，狮前面是《志文》碑和《物帐》碑。

钱币清理完后，开始给丝织品编号、计数、度量等等。聪明的考古队员们，此时想到了按图索骥，《物帐》碑不是记载着唐懿宗、僖宗、惠安皇太后等供奉给佛祖的各类丝织品，数

考古人员在地宫中发现丝织品

量多达七百多件吗？

堆积码放得形似两座小山的纺织物，由于地宫封闭条件和年代太久的限制，许多已碳化朽败，仅存残迹，丝绸织物也表层粉化。严重一点的，已成了灰烬和结成块状。只有堆积叠压在底部的丝绸，色彩花纹保存完好，艳丽如初。考古队员根据《物帐》所言："惠安皇太后及昭仪、晋国夫人衣计七副，红罗裙衣二副，各五事，夹缬[37]下盖二副，各三事，已上惠安太后施。裙衣一副四事，昭仪施。衣三副八事，晋国夫人施。"大家确定着哪一件为武则天的施裙。他们发现，"唐代是我国丝绸织物工艺发展的繁荣时期"这一结论，在眼前得到了充分证实。眼前的丝织品囊括了唐代丝织工艺的所有品类，经石兴邦等人初步判定，有绫、罗、绢、锦、绣、印花贴金[38]、描金[39]、捻金[40]、织金[41]等。

而《物帐》碑记载，地宫织物基本包括袈裟、绣裙、披袄子、百索[42]线结、案裙、绣帕、袜子、紫靸鞋（即拖鞋）、绣幞、花罗衫、花罗袍、长袖、长夹暖子、接袎、可幅绫披袍、纹縠[43]披衫、浴袍、影皀（罩）、臂钩、勒腕帛子、方帛子、食帛、长袎袜、蹙金[44]鞋、被褡、锦席褥、床皀（罩）、枕、花罗夹幞头[45]、绘罗单幞头、夹帽子、析皂手巾、毛巾、揩齿布、靴、下盖等近四十多种品类。这里面，武则天的绣裙到底是哪一件，他们一时间在眼花缭乱中，根本无法得知。但是，武则天与法门

地宫中绛红罗地蹙金半臂，为捧真身菩萨而做。

寺的关系却在不知不觉中显现出来。

人们惊奇的是，武则天竟然也是一位笃信佛事的大居士。

武则天的绣裙是武则天崇信佛祖，并以佛法净心修身治国理政的物证之一。法门寺的武则天绣裙是她在世时献给佛祖的供物。除此之外，包括那尊汉白玉浮雕彩绘阿育王塔，均是来自庆山寺的产物。庆山寺在八百里秦川的东头，法门寺在西头，这两寺想当年互为辉映，同为武则天朝大肆修筑的皇家寺院。

## 注 释

①青石：砂岩之一种，呈豆青色，质地松脆，不能承重，但易于加工。一般小型建筑多用来制作柱顶、阶条等，用途广泛。

②开元通宝：古铜币名，唐高祖武德四年（公元621年），废五铢钱，别铸新钱，钱文为“开元通宝”四字，简称开元钱。开元，意谓开辟新纪元，并非年号；通宝，意为通行宝货。这是我国币制上的重大改革。从此以后，铜币不再以两、铢等重量为名称，而改称宝、通宝、元宝等等。且开元通宝不标重量，每枚钱币重二铢四絫（二十四铢合一两，十絫合一铢），十枚重一两，从此以后，我国衡制不再以铢絫计算，而改用两、钱、分、厘的十进位法。另外，开元钱不但是唐代最通行的钱，而且在形制和重量上，也成为后代铜钱的标准。唐代两百多年间，开元钱常常铸造，版别很多。唐武宗会昌年间（公元841-846年）铸造的开元钱，一般别称为“会昌开元”，因为它在背面铸有地名。

③乾元重宝：古铜钱名。唐肃宗乾元元年（公元758年），御史中丞第五琦奏请改钱，以一当十，别为新铸，不废旧钱，钱文为“乾元重宝”。次年，第五琦入朝为相，再铸重轮乾元重宝（其背面之周郭为重轮），以一当五十，并行于世。

④五铢：古铜币名。圆形，方孔，有周郭（古钱边缘的轮廓），重五铢，钱上铸有篆文“五铢”二字。汉武帝元狩五年（公元前118年）始铸，直至隋代七百多年间，各个朝代皆有铸造，但形制大小不尽相同。

⑤榆钱：即榆荚，榆树的果实。榆树未生叶前先生荚，形似钱而小，连缀成串，故称榆钱，可食。

⑥玳瑁币：玳瑁为龟科类海生动物，其甲壳在古代与珠玉宝石等贵。玳瑁器物唯独皇室可用，臣民不得使用。玳瑁币并非通行货币，属礼币之一种，以作为赏赐。

⑦高浮雕：浮雕的一种。浮雕是在平面的底版（泥、木、玉石、金属板）上塑造或琢刻图案，形体轮廓线近似绘画，前后压缩体积，系介于绘画和立体雕刻（圆雕）之间的艺术形式。有的有背景，主要从正面欣赏。浮雕一般以压缩多少、形体凹凸的高低厚薄程度，分为高浮雕、低浮雕，两者系相对而言。凡压缩后形体凹凸在圆雕二

分之一以上的，称为高浮雕；不到二分之一的，称为低浮雕。

⑧迦陵频伽鸟：又译作美音鸟或妙声，按佛教经义，此鸟发声微妙，胜于其他禽类，听者无厌，喻大行大度众生。不过，亦有人认为这两只神鸟是“朱雀”，中国传统代表南方的神祇，故镌于南向的地宫大门顶石上。

⑨赐紫：唐制以紫色为三品以上官员的袍色，五品以上为绯色，官位不及者、僧道乃至书院待诏，也往往有赐紫之举。此处是指朝廷赐紫袈裟给高僧，以示宠贵。

⑩阎浮：即阎浮提，须弥山南方之大洲，为吾人所居，佛教以此引喻为人世间。

⑪明堂：古代帝王宣明政教的地方，凡朝会、祭祀、庆赏、选士、养老、教学等大典均在此举行。其后宫室渐备，另在都城近郊东南建明堂，以存古制。武则天于垂拱四年（公元688年）毁洛阳乾元殿，在其上改造明堂，高三层。证圣中，明堂遭回禄之灾，则天又令薛怀义督造重修。直至玄宗开元二十七年（公元739年）始毁明堂上层，改修下层为新殿，次年命名为含元殿。其遗址现已经考古发掘。

⑫ 星使：古代天文家认为天节八星主使臣持节，宣威四方，故称皇帝派遣的使者为“星使”。

⑬ 高品：唐贞观中，太宗定制，内侍省宦官不得高于四品。至玄宗时封赐浮滥，此制已坏，但碍于祖宗家法，乃命宦官三品以上衣紫者，皆以“高品”署官阶。

⑭ 负扆，古代天子朝诸侯，背扆（户牖间画有斧纹的屏风）南面而立。临轩，天子不居正殿，而至殿前之平台。此二句意指唐懿宗迎奉佛骨之肃穆虔诚。

⑮ 大官，官名，即太官。秦、汉有太官令、丞，掌皇帝饮食宴会，属少府；北魏时，太官掌百官膳食。玉食，珍美的食物。由于此句之典故出处不详，因此含义无法完全理解。

⑯ 甲帐，供养神明的高级帷帐。此句典故出于《北堂书钞》卷一三二引《汉武帝故事》：“上以琉璃珠玉、明月夜光杂错天下珍宝为甲帐，次为乙帐。甲以居神，乙以自居。”汉武帝好求仙道，以甲帐奉神，因此《志文》撰者讥其有“冲虚之思”。

⑰ 十地：佛家用语，亦称十住。指佛教修行过程的十个阶位，常见的有大乘菩萨十地和三乘十地等两种说法，内容不一，但其最后境界皆是达到成佛的理想。

⑱ 九莲：佛家用语。净土宗认为，修行完满者死后可往生西方极乐世界，身坐莲花台座，因各人生前修行深浅不同，而所坐莲台有九等之别，九品莲台是最高一等。

⑲ 五云：佛家将“五障”譬喻为云。五障又称五碍，是佛教修行的五种障碍，包括烦恼障、业障、生障、法障、所知障，它们会妨害道机，使人不得入于佛法。

⑳ 东头：即大明宫，位于唐长安城的禁苑中，因在太极宫之东北，故又称东内。太极宫则称西头、西内。唐主原在太极宫听政，自高宗龙朔三年（公元663年）以后，主要朝会之所正式移至大明宫。

㉑ 幡：亦作“旛”，旌旗的总称，用来供奉和装饰佛、菩萨的法具。以青、黄、赤、白、黑等五色丝绸与各色绣线，刺绣缝制而成，故又称五色幡。上面除了有狮、龙、象、莲花等吉祥图案外，往往缀以响铃，镶以花边。一般悬挂于佛堂，增加其庄严气氛，并有祈福之意。

㉒ 龙花三会：又作龙华三会。据经文记载，弥勒菩萨曾在龙华树下成道，并开

三番法会，普度人天，故名。

㉓ 会昌灭佛：中国佛教史事。唐会昌五年（公元845年），武宗下令灭佛，宣称僧尼是耗费天下的蠹虫，所以毁天下寺院4600座、小庵寺4万余座、征籍僧尼奴婢归官府或还俗的总数达41.5万余人，没收良田数千万顷。除此之外，这次灭佛也波及摩尼教、景教、袄教。

㉔ 玄武门政变：历史上著名的宫廷政变。唐王朝初建时，太子建成、齐王元吉与秦王李世民不和。高祖武德九年（公元626年）六月，李世民伏兵于玄武门，趁建成、元吉入朝，杀之。于是立李世民为太子，决军国事。八月，太子即位，高祖称太上皇，次年改元贞观。

㉕ 据唐·道宣撰《集神州三宝感通录》记载，此人甚至“哀哭号叫，声骇人畜，徒自咎责”，反应十分激烈。

㉖《集神州三宝感通录》与《法苑珠林·敬塔篇》皆作三月，然而唐·张彧《大唐圣朝无忧王寺大圣真身宝塔碑铭》记载：“至显庆五年……以其年二月八□□□□□□□□□□奉迎护舍利。”两者时间有异。

㉗ 二十四院：即瑰琳宫二十四院。位于真身宝塔后大殿北侧，东西对称分布。自唐确立后，历五代、宋、金仍有案可稽，只是随着时代变易及宗派兴替，在内容上有些损益。至明代，二十四院已不能维持，徒具虚名。

㉘ 背光，古代佛像背面所饰的火焰纹，是佛教中佛法的象征。顶光，又称首光，佛像头后所饰的圆形光圈，原来只画一条线，后来以几层花纹来处理，极庄严美丽。

㉙ 蹀躞十事：蹀躞，腰带间以环佩挂各种随身应用的物品，本为胡人马上生活之服饰，魏晋以后传入中国，唐代时大为盛行。此处的蹀躞十事为僧侣生活用具，有剪刀、镊子、镜子、滤水囊、锥子、勺子、鱼镌、牙剔、耳掏和针筒等，均以链子系牢，置于僧人腰间，供其外出使用。

㉚锡杖：本是僧人修行、游方常常随身携带的十八物之一，显教以锡杖为乞食、驱虫之用，密教则视锡杖为佛、菩萨内证本誓之标志物。

㉛ 鎏金：古代金属工艺装饰技法之一。这种技术在春秋战国时已经出现，汉代称金涂或黄涂。系把金和水银合成金汞齐（即白金），涂在铜器表面，然后加热烘烤，使水银蒸发，金则附着于器面不脱落。

㉜ 二方连续图案：图纹的一种。其组织方法，用一个单位纹样，向左右或上下连续成一条带状式的图案。

㉝ 枭混：中国传统建筑的构件，由侧面作凹进的圆弧状“枭砖”和侧面作凸起的圆弧状“混砖”组成。因枭砖和混砖通常连在一起使用，故有“枭混”之名。

㉞ 须弥座：佛像底座，后发展为中国古代建筑的一种台基形式。须弥，佛教传说山名。须弥座，又称须弥坛、金刚座、莲花座，传为须弥灯王的佛座。一般用砖或石砌成，中部内陷，呈工字状，上有平行的凹凸线脚及莲瓣纹、卷草纹、各式浮雕。

㉟ 束腰：原为须弥座上枭与下枭之间的部分，呈向内凹陷状。后亦延伸应用于器物家具上。

㊱ 三出团花：即三幅独立的团花。团花，传统寓意纹样。系一种四周呈放射状或

旋转式的图形图案，有大团花及小团花之分，后者也叫皮球花。在古代铜器、陶瓷、织绣品以及现代一些工艺品上都有用团花作装饰的。

㊲ 夹缬：一种镂空型版双面防染印花技术。将缯帛紧夹于两块相同尺寸、花纹的镂空型版之间，于镂空处涂刷或注入色浆，解开型版花纹即现。如涂刷防白浆，则经干燥染色后，搓去白浆就能制得色底白花织物。

㊳ 印花贴金：利用花版将有色胶粘剂漏印到织物上，趁色胶未干，贴金箔加以研光压实。待色胶全干后，轻敲图案边缘，将未附着之金箔抖掉，即成印花贴金锦。

㊴ 描金：又称勾金。利用花版将色浆漏印到织物上，形成图案之后再以金泥进行勾边或绘纹。

㊵ 捻金：又称撚金、拈金。将金箔黏合在纸上切成0.5毫米左右的细条状（扁金线），然后包缠在棉纱、丝线外（圆金线），以之作为纬线织成锦帛。

㊶ 织金：即织金锦，又称纳石失。一般指以扁金线或圆金线为纹纬的锦缎。

㊷ 百索：又称长命缕、长命索。旧俗端午节时，为了避邪，以五彩丝线编结成各种形状的带子，系在手臂上。唐代故事，宫中常于端午日以所结长命缕赐诸臣。

㊸ 纹縠：应作縠纹。古称以强拈丝织成的平纹丝织品为縠，即绉纱，其质地轻薄纤细透亮，表面有如云雾般的凹凸皱纹。

㊹ 蹙金：即蹙金绣。一种先用捻金线在织物表面盘成图案，然后再用其他丝线将之固定的刺绣针法，以显示“高花”的技巧。

㊺ 幞头：又作襆头，是一种包头用的软巾。巾裹在东汉时已流行，魏晋之后成为男子主要首服。北周武帝时做了改进，将巾帛四角制成带状，通常以二带系脑后垂之，似两条飘带，另二带反系头上，令曲折附顶，故又名折上巾、四脚、软裹。隋时以桐木为骨子，使顶高起，称为军容头。唐时将材料改为黑纱罗，贵贱通用，皇帝硬脚上曲，人臣下垂，宫中女官及女乐亦用之，形式各异。五代以后，两脚渐变平直。宋代以藤织草巾子做里，用纱做表，再涂上漆，叫作幞头帽子，可据其式样区分身份地位。

# 第五章
# 一代女皇与佛祖灵骨

司晨牝鸡出世，太阳啼血面枯形槁，李唐江山已伏衰相。政出宫闱，一双股掌上，六合疆土成玩物。殷殷血滴，几曾起誓弃屠刀。悠悠庆山，千载艳史传不休。情结法门，则天大圣亦弥勒。织锦绣裙，留给青史解“璇玑”……

## 袁天纲卜出骇世惊雷

公元624年，大唐江山正从战后的满目疮痍走向新生。

初春，料峭寒气还弥漫在北方大地。京都长安，人声嘈杂，春节的热闹气氛仍在持续。

江南扬州，春的妩媚已爬上杨柳枝头，婉转黄鹂嘤嘤歌唱。

傍晚，扬州都督长史武士彟府邸。中年丧妻亡子的沉痛此时已经过去，不知不觉中，新娶的汉室名宦士族后代杨氏女，自唐高祖李渊说媒联姻续弦，也已四年。续婚后，很快地，他与杨氏便生一女婴。如今，妻子杨氏又十月怀胎，已到了一朝分娩的生产期。这天清晨，黎明时分，武士彟早早起床，梳洗一番后，正准备再到城外的庙宇里烧回早香，求佛保佑，再请易师抽签占卜一回，祈祷美愿。刚要出门，只见蒙蒙亮的天色中，侍妾小翠慌慌张张碎步奔来，纳头禀告："老爷，夫人要生了。"

武士彟闻报一惊，随小翠引领，几步已到妻子居室门口。还未进屋，一声尖厉的婴孩啼哭声飘出屋外。"生了！"武士彟急忙闯进去，但是，没有想到，生个男孩的希望已在眼前破碎，又是一个女孩！

令人困惑的是，天已大亮，仍不见太阳，分明天地新净，而女婴的啼哭声，却哇哇不止。一时间，左邻右舍的官吏百姓，都惊动前来，祝贺问好声络绎不绝。即便如此，武氏夫妇仍大失所望，叹气皱眉。

这武士彟满心想借杨氏的贵族血统，为自己生个有根有基的贵公子，以子承父业。而杨氏也盼生个儿子，因为自己已经四十多岁，膝下无子……她不敢往下想了，虚弱的身体拥住夫君饮泣不止。

第二天，太阳出来分外彤红。约莫一个时辰，又变成了黄褐色，这女婴的哭声突然停了。仿佛对世上的一切事物都有了情感，她竟不去理会父母亲的消沉，自己瞪着一双骨碌碌的大眼睛，深邃地洞察着她初到的这个世界。

侍女礼佛图。敦煌壁画，出自隋唐时期高僧洪䛒的"影窟"，画面描绘的是侍女感怀高僧的情景。

亏得随杨氏陪嫁来的奶妈赵氏，是个极精明的女人，精心地护理着孩子，喂水喂奶，使小女婴健壮成长。不满周岁，便学会走路，嬉闹笑叫，无忧无虑。奶妈赵氏为了安慰武氏夫妇，特地私下为女孩做了一身可体的男孩衣服，使明眉凤目、大脸宽额的孩子更加可爱。随着时间的推移，武氏夫妇看着天真烂漫的孩子，郁积在心头的愁石，也舒散开来。

一晃两年，活泼可爱的孩子仍未起名，武士彟不免焦急。这一日，他偶然拿起孔子的《论语》，刚一翻开，正是《泰伯》篇，"惟天为大，惟尧则之"一语映入双眼。他双眸一亮，孔子说只有天最大，而尧才能效法于天，爱女既有天命，何不以此命名。于是，“则天”便从此成了孩子的名字。

这一日，几年不见的朋友袁天纲突然来访。在武家宅院门外，武则天一身男孩打扮正与姐姐和小伙伴们玩耍。星相大师袁天纲无意间一眼看见几个孩童，大惊失色，仔细一瞧，个个都不同凡相。正在他发愣的当口，武士彟同夫人杨氏迎了出来。未及寒暄，袁天纲便指武则天的姐姐：“此女有大富大贵之相，丈夫必然官高位显。”接着，以手指向一袭男装的武则天：“这位小公子龙睛凤项，实乃伏羲之相，富贵之极。可惜是个男娃，若是女郎，将来必可君临天下，执掌社稷。”

袁天纲话音未落，晴端端的天空滚过一声炸雷，武士彟心头一惊，头发倒竖，既兴奋又惧怕。庆幸的是小女因着男装而未被袁天纲识破性别，不然，话传扬出去，被上所知，祸便不远矣。

重重地谢过袁天纲，武士彟召集全家老小，叮嘱千万不可泄露此事一点风声，否则会大祸临头。

## 绝色美人

兔走乌飞间，不觉又七年过去。武则天9岁，出落成美艳无双的亭亭玉女。聪颖可人的她多了些超乎同龄孩子的沉稳和成熟，爹娘爱护至极。尤其是爹爹武士彟，因有袁天纲卜相一节，对爱女则天进行特殊的教育，专门请诗学、音律、礼仪方面的先生为其教习。虽然他与唐开国皇帝李渊有兄弟般情谊，在李渊父子挥戈南北征战四方的时候，他曾倾尽经商终生的资财积蓄，挺身相助，功不可没。但是，岁月匆匆，他年事渐高，人生的风霜雨雪早已爬满额鬓。更让他不安的是次女武则天，眼见得一天天长大，超凡脱俗，他担心了，真不敢想女儿果真弄出惊动天地的事来，要酿出什么样的可怕结果。愈是这样，愈加寝食难安，以至于近来竟卧床不起，病色满面了。

偏偏地，李世民登上皇位后，将他钦调至荆州任都督之职。荆州都督任上，次女武则天的美貌和才学，一时间传扬开去，越传越邪，越传越远，普通百姓、同朝为官的，莫不知晓。他本是一个信佛崇佛之人，当年李渊在行军途中妻子生得多病的孩子李世民，曾抱着孩子去古刹大庙求佛烧香为孩子消病祛灾，他武士彟是见证人之一。而他一联想起袁天纲数年前的话，一看到女儿那老成、懂事的身影，就产生莫名的担心和恐惧。

武士彟就这样在万分忧虑中心力不支，撒手西去。

武则天与母亲杨氏相依为命，在艰难中度日。她过早地担起了生活的重担，过早地体味到了人世的艰辛。

贞观十六年春，武则天十三岁半，母亲在苦涩的生活中，已无力挣扎。愁苦中，想起了朝中的叔伯姑姑桂阳公主。

通过桂阳公主的竭力举荐，年轻貌美、蓓蕾初露的武则天，走上了去往都城长安的西行大道。

一行人过黄河，渡渭水，跨越承载着浪漫情思与淡淡哀伤的灞桥，终于迈进了浩大壮丽的皇城宫寝。武则天的天生丽质便使六宫粉黛顿然失色。

这是一个没有月光的秋夜。

掖庭宫。狭长的南北向巷道永巷。

夜幕中闪出两只大红灯笼。灯笼后边，几条袍袖迎风飘舞的黑影，抬着一个弥散着药膳味的热水大木桶，走进永巷深处。所过之处不断有式样相同的门窗打开一道缝，露出一双双媚眼，追随这些

灞桥

大唐长安城门

黑影，单相思般地在梦中享受皇上的“宠爱”。

木桶在永巷尾停了下来。前边两个黑影并不说话，几乎同时伸手推开一扇门，屋里顿时射出一派融融灯光。

天天盼着被皇上宠幸，却浑然不懂宠幸为何物的武则天，看着几位宦官公公死灰般的嘴脸，不由身子一缩。

老宦官孙贵上前一咧嘴：“皇上赐浴，武才人请吧。”

武才人向后躲缩，被孙贵一把抓住：“听话，待会儿到皇上跟前，可不能这样。”言语间，已为武才人宽衣解带。

坐进升腾着热气的浴桶中，武才人像只进贡来的小波斯猫，周围的陌生使得她大气不敢出，任由老宦官孙贵左右摆布，一会儿竟忘了害怕，像孩子一样捏玩水面上漂浮的香木卷和茉莉、玫瑰花瓣。

三更鼓自窗外响过。武才人在孙贵等几名宦官的侍候下出浴、净身、施粉、点朱、描眉、梳头、更衣，对镜自顾，她已认不出自己。

甘露殿内，暖灯高挂，香烟袅袅，奏折像小山一样，压摞在御案上，御榻前锦帐柔美。

武才人进门叩拜，御案前发出一阵中年男人疏朗的笑声：“抬起头来！”

武才人抬起头，她看见一位五十岁左右的只穿着睡袍的长者，正放下手中的毛笔。御案头，有两杯酒。

“如此美人儿，可是武家次女？”长者一捋浓密的髭须，接着道，“来来，别惧朕，与朕共饮这美酒。”

言说间酒已到眼前。武才人屏气饮酒，呛出涕泪。

“为朕宽衣。”未等武才人回过神来，太宗已经拥住她，大步走向御榻……一切都模糊了。武才人像只沉默的羔羊，无力挣扎，天地翻覆。突然，她一声惨叫，一口咬住太宗的右肩……

“告诉朕，你的名字？”

武才人透不过气，无力说话。

“你姿容姣美非常，朕赐你叫媚娘吧。”

拂晓时分，宦官孙贵们送武媚娘回到掖庭宫中间那条狭长的永巷里。

这一夜，武媚娘变成了一位真正的女人。

## 青灯不了万般情丝

唐太宗李世民画像

太宗李世民是从那夜咬印在自己肩上的那枚“金钱斑”而记住了武才人的，仿佛回到了刀剑戈矛挥舞的战场，他更喜欢决斗般的刺激。而接连受到皇上的宠幸，武媚娘没多久就成了婕妤、九嫔、贤妃、德妃、淑妃、贵妃们嫉恨的对象，宫人们都风言太宗皇帝遇上了狐狸精。

武媚娘不以为然，她只管一心一意侍候皇上。

哪知流言秽语不理会，灾祸却已起于萧墙。当时与袁天纲齐名的另一星相家、当朝天文宫太史令李淳风观天象时，发现太白星连日出现在白天，便占一卦，奏太宗皇上说：“女主当昌。”与此同时，长安民间亦流传出一种手抄本《秘记》，上写：“唐朝三代之后，女主武王当有天下。”

太宗闻言大惊，遂决定将涉及《秘记》内容有重大嫌疑的人杀掉。在滥杀了许多无辜之后，屠刀的血滴，悄无声息地举向了武媚娘。武媚娘应对自如，死里逃生，但猜疑心理极强的太宗皇帝，从此停止了对她的宠幸。

武媚娘不但失宠，而且还被降为侍女。她举步维艰，整日如履薄冰。

她无时不在调整自己的心绪。侍女每日要侍立皇上身边，每每抬头，便是太宗皇上审视的逼人目光，她由心悸到坦然相对，经历了炙烤般的磨炼。从进宫之日起，她就把身心交给皇上，做才人侍候皇上身心愉悦，做侍女跟随左右，维护皇上尊严没有半点漏洞。太宗几起杀机，又几弃杀心。

在做侍女的几年中，武媚娘没想到自己被太宗的九皇子李治看中，并倾心相恋。

武媚娘的转机来了，她迎合李治频频以秋波传送。

宫廷中争权夺位的斗争从不停止。一会儿有人光彩四溢、飞黄腾达，一会儿有人悲怆落难、一蹶不兴。李治在宫廷斗争中被推上皇太子的宝座，武媚娘也跟着有了一线希望。然而，这一线希望随着太宗皇上的驾崩而破灭。

太宗皇上在死之前曾逼问武媚娘："朕死后，汝有何打算？"他仍想着《秘记》中的谶语，唯恐武媚娘留在宫中将来夺他李氏大唐江山。这一问，看似平常，实则藏匿着隐隐杀机；这一问，若稍作

敦煌壁画中的唐代仕女剃度图

迟疑或者回答不当，便逃不脱杀身之祸、灭顶之灾。

武媚娘慌忙双膝跪地：“臣妾蒙圣上隆恩，本该一死相报，但是圣上病体会痊愈，妾还要忠心侍君。若圣上怜爱，臣妾愿削发为尼，吃斋念佛，为圣上拜祝长生，以报恩宠。”

这是武媚娘与佛结缘的率真举措，也是她巧妙逃避太宗追杀的正确抉择。

太宗觉得，只要武媚娘遁入空门，就去了缠绕自己的一块心病，便可万事大吉。所以他亲眼看着武媚娘收拾好东西，被发往感业寺削发为尼。

风凄雨悲，寒热无着。去感业寺的路上，武媚娘六神无主，伤痛的心中一片空白，真不知此去前途是何天日。

这一年，武则天25岁。

然而，新做皇帝的高宗李治，这位父皇在位时就与武才人偷渡情波的风流天子，他对武媚娘的绝代佳貌极为倾心，他是不会忍心让武才人去感业寺孤守青灯、永绝尘缘的。

李治与他的父亲李世民相比，自然有天壤之别。他既无多大才能，又无心执掌兴国大事，那时朝廷大政幸亏有顾命大臣长孙无忌和褚遂良把持，李唐天下还算太平。高宗时时惦念感业寺中的武媚娘，时逢太宗三周年祭日，高宗借口到感业寺烧香献花，见到了他昼思夜想的武媚娘。

这一日，武媚娘与高宗再次相见。武媚娘一双大眼扑闪，更显

当年武则天出嫁为尼的感业寺已毁，遗址上建起了学校。

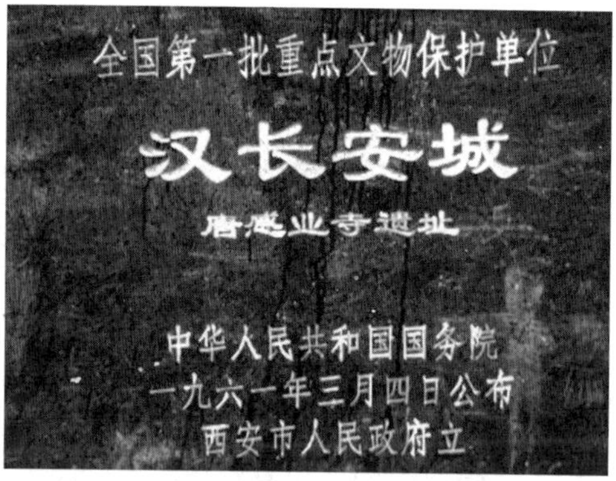


感业寺遗址标志牌

出娇媚的成熟之美，高宗早已按捺不住，情不自禁将她搂住。武媚娘早已激动得热泪奔流、娇语喃喃，叙诉不完的相思情。高宗发誓要将她尽快接进宫去，武媚娘自是窃喜不已。

而当时的皇宫内，王皇后与萧淑妃的争宠之战正愈演愈烈。

不会生育的王皇后，为了彻底击败正被高宗宠幸的萧淑妃，几乎挖空心思，到了机关算尽的地步。她打听到高宗与武媚娘近期频频偷情的事，高兴已极，竟私下派人命武媚娘蓄发，一面向高宗进言，劝其将武媚娘纳入后宫，由此而达到她离间皇上与萧淑妃的目的。这一年冬天，武则天怀孕，王皇后先做后禀，将她悄悄接回皇宫，藏在自己辖区的一个房间里。高宗见事已至此，只好干脆下旨，令拜武则天为昭仪。

## 宫闱滴血

武则天的再次进宫并被加封，使萧淑妃在皇上面前的宠幸，大不如从前，这使得王皇后喜上眉梢。然而，王皇后错了，她没想到自己干的是一件引火烧人也烧己的事。在她燃起的这场宠幸之火大战中，她自己也被烧成了灰烬。

夺得寻欢宠幸权后，武则天的匕首锋芒直指王皇后。

“忍”与“狠”两字，被她发挥得淋漓尽致。且不说当初她曾以匕首、铁锤、钢鞭替太宗驯那匹狮子骢，单说她以杀死自己的亲生女婴来达到打垮王皇后之手段，就足以让人不寒而栗。

公元654年春天，武则天生下第二个孩子，是一女婴。小公主天生丽质，与武则天长相如出一辙，颇得高宗溺爱。也不知是好奇心驱使还是别的原因，这天早上，王皇后前往看望这个小孩。当时武昭仪不在，王皇后摸了摸

戴帷帽的唐代仕女骑马俑

唐长安城含元殿复原图。含元殿是大明宫的正殿，唐高宗以后的主要活动场所，位于唐长安城东北的禁苑中，因在太极宫的东北面，又称“东内”。

小公主的脸就离开了。然而，王皇后刚一走，武则天便从一旁的房间闪了出来，幽灵般潜入孩子卧室内，然后又快速离开。不一会儿，高宗皇帝驾到，武昭仪高高兴兴地陪高宗进屋看孩子。她殷勤地走上前去，掀开被子，突然大叫一声，立时昏在地上，不省人事。高宗赶忙上前一看，只见可怜的小公主嘴唇发紫，已一命呜呼。高宗顿时咬牙切齿，大声喝问周围左右宫人：“谁来过了？”左右答道：“皇后。”高宗大怒，脱口大骂：“可恶的女人杀死了我的爱女！”

武昭仪在一旁趁机献谗言，历数王皇后平日里忘形得意及其他可恶行为，更增添了高宗对王皇后的厌恶与愤怒，他决心一不做二不休，废掉王皇后。

不久，王皇后便在武则天的连续攻击下，彻底失去了往日的光华，甚至被高宗赠言“花蛇精”，意即表面美丽诱人，实则狠毒无比。其实，这一切都是武昭仪所为，高宗李治又怎能知晓他身边的女人们为争宠是怎样的剑戈相向呢？

王皇后被幽禁深宫，后与萧淑妃一同被圣旨宣布废为庶人，举家皆遭流放，自己也体无完尸……武则天在别人的痛苦与鲜血之中，构筑了自己胜利的方塔，终于登上天后宝座。

## 雾锁云迷庆山寺

这显然是一个令人不得不相信的离谱传奇。

武则天垂拱二年（686年）九月六日，临潼新丰县露台乡。突然，天空滚过一声闷雷，霹雳闪耀之际，刹那间山摇地动，平地上端端地涌出一座鳖盖形的孤山。这山一露头便高有六丈，老百姓惊奇不已。更玄的是，仅过了一夜，这鳖盖山又猛长到二百丈，且在山东面地陷处崩出一个三百亩大的水池，山的南边也裂出三眼大泉！水池的中央有三座小岛，周边龙凤戏舞，岛峰上长满熟透的柿子，醇香扑鼻，还有满满地挂在枝头、红得炸裂开来、果仁显露的大石榴，犹如天界神果，极为迷人。地势平坦处，则奇怪地长满一片片莜麦，莜麦正当扬花，使一些人又感惧怕至极。因为时令是九月秋季，若有柿子、石榴等果木存在还可说得过去，而此处出现的莜麦正在吐穗扬花，这不是九月与五月相搏、时令同节候相斗吗？一些人甚至认为这眼前的事实实在是与传统的天理不合，吓得足不出户，门扉紧闭。当地官员显贵们则于惊叹之余认为这是天上瑶池仙山降地、仙麦下凡，吉瑞非常。于是，有一位胡姓县令匆匆忙忙来到京都长安，将此事百般渲染地禀报给当朝垂帘的天后武则天。

武则天听到这一消息，震惊不已。一时间头脑中不由幻出昔日生活的一幕幕：由媚娘到才人，由才人到昭仪，由昭仪到皇后，由皇后到太后，自己苦苦奋进、努力近三十年，数不尽的侮辱，说不完的宠幸，道不竭的争斗，言不全的荣光，风风雨雨，雷鸣寒霜，她终于有了执掌李唐王朝的天赐机缘。她想落泪，但这一次落泪不是被残害被打击时的辛酸泪，在眼眶中打转的，分明是激动的泪。

她曾以皇后身份与高宗一起坐朝理事，被时人颂作“二圣”之一。高宗驾崩后，她不满足以太后的名义临政，当上了中宗、睿宗两皇帝的天后，她时刻想着自己改制当皇

则天皇后像

帝，以施展自己的治世之才。武则天不会忘记那个叫法明的僧人想讨她的欢心，在自己所译的《大云经》中添置手脚，加上“女主当有天下，佛祖菩萨佑之”的句子（即“天女，时王夫人即汝身……汝于尔时实是菩萨，为化众生，现受女身，是时王者。”）呈献给她。她也没忘法明的师兄弟云宣为《大云经》作的疏：“陇头一丛李，枝叶欲凋疏，风吹几欲倒，赖逢鹦鹉扶。”“三六年少唱唐唐，次第还歌武媚娘。”她对以佛法讨好献媚自己的法明等人，大加赞赏。而在她最高兴的时候，法明趁机向她献言：“长安虽云乐，却不合天后的生辰八字，天后不如长住东都。”这言语更中她的下怀，早年为争宠而谋杀王皇后，自己亲手掐死爱女，长安宫廷的冤魂怨鬼们早已使她心神不宁。她于激动中给这位叫法明的僧人亲口赐名“明崇俨”，且封他做了侍中的官职。

面对姓胡的县令报告的“吉兆”，武则天深信这是上天垂兆、佛祖赐瑞，庆贺自己不日将登上皇帝宝座，是大喜大吉。于是，头脑发热的她，金口脱出玉言，赐形似鳖盖的山为“庆山”，又把新丰县改名庆山县。更降旨地方，在山上筑两大佛寺，北边的起名“宝云寺”，里边供奉佛祖释迦牟尼和《大云经》；南边的起名“庆山寺”，里边塑上自己四尊生肖供养像。第一尊是她做姑娘时的闺阁塑像，第二尊是被封为太宗李世民才人时的俏丽坐像，第三尊是做高宗皇后时的行辇像，最后一尊是自己做皇帝称至尊的坐朝宝像。不过这第四尊像，暂时没有往里放，而是放在洛阳。直到三年后也是秋阳朗照的时

庆山寺建筑图示（引自《圣谕像解高大门间》）

候，她登上皇位，建起周王朝，改元天授（即天授其君权），这第四尊至尊坐朝宝像才从东都洛阳正式安放于庆山寺。迢迢千里，运送途中的艰辛可想而知。

在安放至尊坐朝宝像入主庆山寺的同时，武则天大兴土木，在庆山寺后面为自己筑起了一座“万岁长寿”宝塔，俗称庆山寺塔。一时间，香烟袅袅，磬钹、木鱼之声声震九天，旌旗飘扬，山上山下好不热闹！

《新唐书·五行志》载：武后垂拱二年十月，新丰露台乡“大风雨，震电，有山涌出，高二十丈。有池，周三百亩，池中有龙凤之形、禾麦之异，武后以为休应（吉兆），名曰庆山”，故改新丰县为庆山县。这段文字，我们录于此，算是对庆山寺的进一步佐证。

还是在武则天登上天后宝座的前期，还常常去庆山寺，找她的情男明崇俨相聚。因为这时高宗李治由于沉醉声色花影，身体极度虚弱，终于染上了内症。可以想见，武则天后来即使已到东都洛阳，为什么仍然对庆山寺情有独钟。

离庆山寺不远处约四五华里外的凤凰塬畔，有一被当地人称为姑姑庵的地方。这姑姑庵，与庆山寺有地下通道相连接。武则天虽人去庆山寺，但作为皇上的昭仪，她是不敢光明正大地与明崇俨往来的。为了遮人耳目，给自己的不洁行为创造条件，她竟亲自察看地形，命人秘密沿庆山寺半山腰东南方向的崎岖险峻、傍山依水处修建一处房舍。房舍建成后，工匠全被秘密处死。她每每来庆山寺，明崇俨都提早在房内迎候。这里常常上演的一出鼠窃狗偷、苟欢野合之剧，极少为世人所知。

这些授受不亲的秘史，使我们喟叹。佛，在此时只是武则天掩饰秽行的一袭外衣，她那复杂而精于心计的内心世界对人们来说，是个猜不透的谜。也正因为如此，我们才坚定了查访探寻这一切的决心，真真切切回到历史的荣辱谱中。我们的责任是，写出原原本本的真情实感，使后来者对一代天后有公允的评说。

## 寻访历史遗迹

1992年2月20日，我们在“长安三千金世界，终南百万玉楼台”的古长安（今西安）采访法门寺最后一位发掘专家——文物保护者、陕西省考古研究所的冯宗游，详细地了解地宫丝绸与武则天绣裙的发掘保护情况后，又取道临潼，打捞庆山寺的残章断简。

由西安火车站附近乘上一辆去临潼方向的旅游车，便上了西临高速公路。举头朝车窗外观看，转眼间，一片望不到尽头的石榴树林出现在眼前。暮冬的石榴树没有树叶，只有龙爪一样向四方八面伸出的虬枝，尽情舒展着占据自己的空间。我们想象着这眼前的情景，多么酷似当年迎送佛骨的热烈；这石榴树的姿态，多像当年佛门弟子与凡夫俗子们对佛的虔诚！

时下，春寒暮冬，已交过七九，石榴树的枝条在风中摇曳着，虽不比春华秋实使人扎眼，可也实实在在是一处不可多得的风景。

临潼的第一站是去县博物馆，据说这里有关于庆山寺的活的秘密。在华清池公园门口的那条笔直坡路的东尽头往北拐弯处，临潼县博物馆楼阁式的庭院，接纳了我们这两位孤独的探访者。

进大门后，敲开一扇发黄的看似古旧透顶的门，一位身高约莫一米八，然而却干瘦得像蒿草秆的五十多岁的人迎了出来，他就是博物馆馆长赵康民。

赵康民在做兵马俑发现的报告

未到临潼前，我们已得知，只要是去临潼，不管探访庆山寺或者别的任何一处古迹，必得找他，他是临潼地界内文物古迹的“探宝人”，陕西文物界称他为“东霸天”。

这位陕西汉子，虽然身体瘦弱单薄，似乎与粗犷豪爽的秦人外形相去甚远，但是通过交往后，就感到了他那陕西人地道的质朴与实在，丁卯如铁。

虽然年已近花甲，赵康民仍在临潼的地界内不知疲倦地工作着。他是一位自学成才的考古“土专家”，寻寻觅觅三十年，历尽沧桑护国宝，是对他一生的概括。

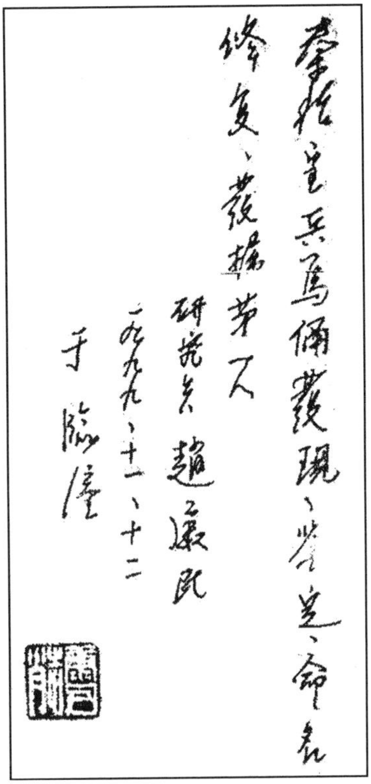

赵康民自书

临潼的山山水水、村村寨寨，全有他辛勤劳作的汗水，全县一千二百多平方公里的土地上，每一处文物遗址都留有他的脚印，他先后在国内外文物学术杂志及报刊上发表过五十多篇论文。

1972年，他在县城北一公里处姜寨村南，发现了姜寨仰韶文化遗址①，报告上级并参加了为期九年十一次的发掘。

1974年春，他在西阳村发现了世界第八大奇迹——秦始皇陵兵马俑②，成了兵马俑的第一个发现者和开挖修复者。

1982年4月，他确定了华清池内的御汤遗址③。

就是这样一位为中国的考古事业献出了毕生心智，为发掘祖国的悠久文化遗存作出了卓越贡献的优秀的知识分子，却也经历了许多磨难。

1963年，还是个“毛头小伙”的赵康民，在临潼县文化馆工作已有两年多。这一年，仅有高中毕业文化程度的他，去陕西省文物局在临潼举办的“秦汉唐文物陈列室”展览现场，结识了文物考古专家王翰章，获得不少文物考古方面的知识，对枯燥的文物工作产生了浓厚兴趣，与文物结下情缘。“鸿鹄之彀羽翼未全，而有四海之心。”为了对县文化馆材料中记录的文物情况有一个具体研究掌握，赵康民将散失在全县的一些碑石运回文物馆。在七八通碑石里，有两尊北周时期的佛像，其雕线舒畅、洒脱，给人以美的想象。仿佛与佛结下情缘，他禁不住激动异常，稍一发挥想象，便产生了是否让更多的人能够观赏的想法。他无所顾忌地发动几个与他年龄相当的小伙子，挥镢抡锨，在地上刨了两个坑，将两通佛像栽在了文化馆院子中间，使来往的人们都能够对此品评、观赏。事情也就这么简单。

然而，这一平平凡凡的小小举动，却惹下了不明不白的麻烦，他的身心像被魔鬼无休无止地纠缠、撕抓。当时县城以外的全中国是一派“四清”运动④的大气候，赵康民没想到他会成了政治大气候中的典型。有人告他，说他在文化馆里公然大张旗鼓地供佛像，说明他满脑袋封建迷信观念，是隐藏在文化战线上的“封资修”代表。县里很快便知道了这件事，不打招呼地点名批判他这位再普通不过的青年文物工作者，红头文件一发，人们从此说他赵康民是佛的“孝子贤孙”。

批斗会上，他被命令当着革命群众的面，低头认罪，扇自己的耳光。

“稀里糊涂地便当了一次靶子。”赵康民那双噙满泪花的眼，充满了现时的满足，他显然动情了，但言语仍不乏幽默。

想象着他在随后“文革”的政治运动中被揪斗、劳改，在被从屋里拖出去时“出门妻子强牵衣，问我此行几日归”的情景，我们心中顿生一股莫名的怅然。

我们不愿再继续追问他在“文革”中的“表现”，只冲着他的“佛事”而追问。

他说：“佛，作为一种理想，是讲因果情缘的。没想到，我还与佛有缘。至于再出现一个什么运动不运动的，我自认批、整就是了。”

# 金棺银椁与灵骨舍利

70年代，要说临潼人把被称为世界第八大奇迹的秦俑视为“瓦渣”，三架子车的俑体换了三十元的奖金，便认为是发了大财的话，那么80年代开放政策实施，随着商品经济的大发展、价值观念的大裂变，临潼人一夜之间就变得精灵聪明起来。他们再不把中华瑰宝秦俑视为“瓦渣”了，而把从地下挖出来的一砖一瓦、一木一石，统统视为珍宝。穷困潦倒了多少世纪的庄稼人把“土里刨食”变成了“土里挖宝”，从而在“地上满眼都是穷，黄土之下尽是宝”的临潼县出现了一股掘宝热。他们把“土里挖宝”视为发财的终极捷径，把“复制秦俑”当做致富之路，更有人冒天下之大不韪，盗国宝，卖文物，演出盗宝掉头的悲剧……

1985年5月5日中午12时许，新丰砖瓦厂在凤凰塬（即姜原）上取土制砖，推土机掘至六米深时，突然发现了一个砖砌的墓穴。当时在场的姜原村群众“哗”地围了上去，争相抢砖。墓穴越挖越大，有人抬走了石碑，有人拆了石门，有人拿走了瓷盘、铜剪……姜树荣老汉和儿子则抬走了一座石塔。傍晚时分，姜原村的青年农民姜贡献，气喘吁吁地跑到县博物馆，上气不接下气地对馆长赵康民说:“庆山寺……发现了一个石塔！”

“啊！”异常激动的赵康民听了姜贡献的报告，便立即联想起《新唐书·五行志》关于庆山寺的记载。

赵康民认为这一情况很重要，石塔很可能是被埋没了一千余年的庆山寺上方舍利塔。

当时，赵康民正犯胃溃疡，疼痛难忍。他强忍着胃疼，捂着肚子，当晚就和博物馆干部贺金虎在姜贡献的带领下来到了现场。墓室约三平方米，墓道二平方米，砖块零乱，壁画遭毁，一片狼藉。赵康民等人见状，心中十分痛惜。突然，他们看到了一道石碑，碑的主额正中刊“大唐开元庆山寺之塔”，碑面上款刊“上方舍利塔记”。赵康民心中一震，只见碑文记载道:“此寺伽蓝（寺院），固神山踊建，铲鸿门之左阜，南揭骊岭；划象河之大川，北横半树。”……“压重林，亘绝巘”，才建成寺院和佛塔。但不久，忽

庆山寺出土的舍利宝帐额枋刻文

遭大风所毁，“栾獠中隳，岁月亦久”。直到唐开元二十五年（737年），“赖前邑宰唐俊”，“哀此荒凉”，“乃命京温国寺承宗法师充住持”，对寺塔进行重建，至开元二十九年（741年）完成。碑文并记有舍利的棺具是“椁之以环宝，衾之以绵绮”，下款刊“大唐开元二十九年四月八日”。

看罢碑文，赵康民惊呼道：“这是距今一千二百多年之久的珍贵文物啊！”于是他们立即来到抬去石塔的姜树荣家，幸好那座石塔完好无缺地放在姜家的院落里。掌灯一瞧，塔上便亮出“释迦如来舍利宝帐”八个金灿灿贴金楷书阴文字来。“啊！果然是佛祖释迦牟尼的舍利宝帐啊。”瞧这宝帐，楞柱方体，形似方亭，重檐挑角，一石凿成，六件叠制，上下三台，帐体中空。帐体四周雕着释迦说法、涅槃、荼毗、八国王子分舍利等四幅释迦佛的涅槃经变图，其精细程度令人叹为观止。不知是由于高兴还是激动，正犯胃病的赵康民，似乎胃痛也好了许多。赵康民不愧是有着二十多年考古经验的“土专家”，看罢碑文和宝帐，他掂出了这批文物的分量，于是他连夜通知当地政府管理好现场，严防已散落的文物流失。回到博物馆，他说什么也睡不着，次日清晨，立即向县委、县政府做了汇报。领导当即决定，由他和公安局的党凤玲、文管会的胡金炳三人组成工作组，开挖清理并收集已经散失的出土文物。

在姜原村的村民大会上，经过他们的动员说服，人们相继拿出了石门扇、石门楣、三彩⑤南瓜、三彩狮子、虎爪兽面衔环镀银铜熏炉、银勺、银筷、鎏金宝瓶、金莲花、凤头人面铜壶、四轮十二环鎏金锡杖等稀世珍宝。

庆山寺出土的凤头人面铜壶（唐代）

姜树荣老汉虽说交出了宝帐，但却引起了赵康民的疑心，难道舍利宝帐是空的不成？后来，工作组向老人做了一番耐心的开导，姜树荣老汉终于从箱子底下抱出个匣子样的东西。赵康民惊呆了："这是一具银椁！"赵康民将银椁取离椁基，打开椁盖，椁里宛如升起一轮太阳，金光耀眼。他定睛一看，是一具金棺，好一个金棺银椁！

银椁玲珑剔透，嵌玉镶金。盖顶中央平贴鎏金莲花，白玉成蕊，蕊心之上再以粗银丝绕成螺旋状象征宝塔。椁盖前后左右有四朵较小团花，宝石成蕊，蕊上亦以银丝圈捆成螺旋塔形。银椁前面门扉则粘有一对鎏金浮雕菩萨，菩萨中间再粘鎏金佛脚一双。银椁两侧各有两只饕餮兽面，嘴衔圈环，兽面下或坐或站着姿态不一的释迦佛祖的十大弟子，做工甚为精细。

金棺长十四厘米，锦带缠缚着放在银椁之内。弧形的棺盖上粘有缠枝鎏金宝相花，棺前档有珍宝团花，团花下方粘有两只浮雕鎏金小狮。棺内两个绿色小玻璃瓶内，均装用水晶石制成的舍利代用品。

晚上，满架子车的庆山寺出土文物都被拉回县博物馆。赵康民同馆员王进成、康惠芳、贺全虎、王荣章等一起开始了紧张的抢救清理工作。

在清理庆山寺出土文物的过程中，赵康民强忍着胃疼，一手捂着肚子，一手绘制图样，指导工作。有时胃疼厉害了，几天不能吃饭，为了坚持工作，便只好喝几口啤酒，谓之曰"啤酒疗法"。副省长孙达人闻知后，来到工地，见他带病工作，便关心地说："老赵，你可一定得注意身体啊！"经过二十多天的紧张战斗，除了在现场发现神秘的宗教壁画外，共清理出价值连城的舍利宝帐、金棺银椁等127件珍贵文物，而舍利宝帐、金棺银椁是当时世界上所见最完整、最豪华而又唯一专盛如来佛舍利的棺具，被誉为佛教考古史上的奇迹。除此之外，造型精美的三彩南瓜，瓣瓣分明，绿彩鲜艳，黄彩橙红，釉色闪闪发光，犹如新鲜出炉。装盛三彩南瓜的三足供盘，盘下安有三只外撇矮脚，盘心均印绘黄绿彩宝相花纹图案，宝相花纹内外满饰幻觉式色彩点缀，外面再装饰一圈宽边绿彩。出土文物中的两只护法狮子，一只俯首啃腿，一只侧首搔颈，形态生动自然，彩色鲜亮，十分珍贵。虎爪兽面衔环铜熏炉为鎏金镀银器具，盖上有红心、梅花等通气孔洞，金光闪闪，加上生出的自然铜锈，炉身显得特别美丽。在这庆山寺出土的127件文物中，属国家一级品的就有10件。

庆山寺塔基出土的唐代兽首衔环银熏炉。银质，直口。折沿，直腹，平底。有盖，呈三级覆钵形，顶沿上有桃形和梅花形镂孔。高13厘米，口径13厘米。现藏临潼博物馆。

清理工作结束后，赵康民的胃病竟然神奇地减轻了，赵康民笑着说："阿弥陀佛，我有点信佛了！"然后他又说："真正的佛祖，还是我的贤内助樊松草，多年来她不但承担了所有的家务，而且还支持我的工作。在整理修复庆山寺出土文物的过程中，她天天步行三四里路，按时给我送可口的饭菜，才使我的身体没有垮下去。要是我能在事业上取得一些成就，打心里我得感谢她！真是——'贫贱之友不可忘，糟糠之妻不下堂'啊！"

赵康民在清理庆山寺文物上成绩突出，西安市文物园林局通报表扬了他。

为了使庆山寺出土文物早日和广大观众见面，省、市财政厅（局）给临潼县博物馆拨了20万元的专款修建展厅。资金不够，赵康民又贷款10万元，加上博物馆自己的家底，总共50万元。当时，他给县上立了军令状："半年建成展厅，10月1日展出。"为了按时完成任务，他亲自动手，结合丰富的经验，自己设计，自己绘图，仅用了三个多月的时间，建筑面积一千八百多平方米的陈列大楼就建成了。大楼沿袭北方四合院的布局方式，建筑形式采用重檐歇山顶⑥的环廊楼阁式。1985年国庆节，金棺银椁等文物果然在明清式的新展厅与观众见面了。

国家规定，为保护文物，一级文物一般不得展出，所以要让游人观赏金棺银椁，就必须进行复制。然而请人复制，人家便狮子大开口，张口就要三四万，赵康民急得火烧火燎。恰在这时，有人向他推荐省建三公司的汽车修理工安培生，此人心灵手巧，加上油漆彩画家黄三娃，他们三个人关起门来，没日没夜连轴转——又是锉又是磨，苦干了二十天，花了三千余元，便复制成功了金棺银椁，而且还是两套，其精细程度和真品真假难辨，展出后引起极大轰动。1988年，出土文物参加了日本奈良丝绸之路博览会；1989年参加了日本福冈太平洋博览会展出，获得很高评价。香港的圣一法师、台湾的圣严法师、杭州佛学院的法因法师纷纷前来朝拜。

## 奇珍瑰宝

其实，赵康民发掘庆山寺并不是孤立进行的。我们想，其他发掘的当事人若能一一见到，那无疑更有助于解开庆山寺之谜。只可惜人世匆匆，当时的好多人现已无法找到。然而，令我们兴奋的是，在县博物馆一楼的庆山寺遗址展厅，不期遇见了一位重要的当事人康惠芳。

在我们进展厅时，康惠芳正与一位女讲解员韩晓霞为游人介绍每一件文物出土时的情况。她是我们能够采访到的唯一的一位当年发掘庆山寺遗址时跟随赵康民做现场文字资料笔录的人。

"金棺银椁释迦如来舍利宝帐，是当今世界上佛教考古的重大发现，是法门寺地宫未开启前世界唯一刊名为释迦如来的最完整的舍利棺具，已被定为国宝，与秦陵铜车马同为一级文物。"这序幕式的语言一结束，她们手指眼前有机玻璃盒内米粒般大小的白色晶体，说：“这就是佛舍利，俗话讲就是佛祖释迦的骨灰。古印度人称小米为舍利，佛火化后的白色晶体大小似米粒，因而称这为舍利。舍利有全身舍利和碎身舍利之分，多宝佛舍利即为全身舍利，释迦牟尼佛舍利即为碎身舍利。碎身舍利又有三色之别，黑者，发舍利；赤者，肉舍利；白者，骨舍利。我们眼前盘中的舍利为白色，即释迦牟尼的骨舍利。”

“有人可能要问，这是不是释迦牟尼佛的真舍利，我们说不是的，释迦牟尼生活的时代相当于我国的春秋战国时期，比孔子早一百年，而佛教是西汉末年传入我国的。况且据佛籍记载，释迦火化后，他的舍利已被八国王子瓜分，正如我们大家眼前所见的这舍利宝帐四周线雕图案中的八国王子分舍利，即是当时的真实场景。所以，在我国极少有释迦牟尼的真身舍利。既然如此，那么我们眼前的这些白色晶体是什么？佛籍记载，若无舍利，以金银、琉璃、水晶、玛瑙、玻璃等制作舍利，用这些材料制成的舍利是高级舍利；若无钱财之力，可到大海边拾取洁净的沙石作为舍利，也可以用药草、竹木根节做舍利，其名为舍利的代用品。”

我们眼前的这些白色骨舍利，原来装在盘盖上有两个葫芦形铜质莲花座缘的有色玻璃瓶内，瓶装在金棺内，金棺置于银椁内，银椁置于石雕宝帐内。这具金棺是铜质鎏金棺，两侧粘着绢底珍珠团花，前档上是一对护法狮子，这对护法三彩狮子比起全国各地出土的不少狮子，自有其独到之处，实属不可多见的精美佳作。三彩狮子造型优美大气，栩栩如生，俏皮活泼，逗人喜爱。一个安然自得，俯首啃蹄；一个闭目凝神，抬蹄搔痒，实是迄今所见制作时代最早、艺术水平最高的三彩动物造型。它的问世，一扫唐代帝王陵前石狮四蹄抓地的呆板作风。法门寺地宫前室也出土了汉白玉雕金毛狮子，但比起这对三彩狮子的形态，自然逊色不少。还有在宝帐前一盘中供的一颗三彩南瓜，更是属首次发现。这南瓜虽名不惊人，但焙烧技艺超群，蒂落之痕尤其逼真，也算得上三彩器中的上乘珍品。俗语云：“南瓜不敬佛”，看来并非如此，由这枚南瓜所供位置看，当推上等供品。笔者看到，这棺盖顶中镶着一颗猫眼宝石，这种宝石在《红楼梦》、《杜十娘怒沉百宝箱》中均提到过，杜十娘言它贵值万金，足见其珍贵。

银椁为纯银质，椁下的工字形须弥座是铜质鎏金。这一具银椁玲珑别致，工艺绝伦，不愧为国之瑰宝、民族文化遗产之精华。椁盖中央平贴鎏金莲花，花蕊用白玉和玛瑙做成，莲花周围分别镶嵌着水晶绿宝石、蓝宝石、猫眼宝石、翡翠等名贵宝石，每颗宝石上都用粗银丝挽成类似塔刹的螺旋。椁盖一周悬挂着用珍珠穿成的流苏。椁两侧分别站着释迦牟尼的十大弟子：舍利佛、目犍连、摩诃迦叶、阿那律、须菩提、富楼那、迦旃延、优婆离、罗喉罗、阿难陀。椁前面门扉则粘着鎏金浮雕的观世音和大势至菩萨，两菩萨中间又粘有一双金佛脚，脚跟上有一对法轮。传说释迦涅槃后，曾三出金棺，初出金臂为阿难现入胎之相⑦，次出为摩那说法，后出显双脚示迦叶。文献有载，佛教在早期，无塑偶像之举，对佛脚的顶礼即为佛礼。我国唐代高僧玄奘西行取经，在天竺礼拜的就是佛足。他回长安后将此风俗带回我国，今陕西耀县药王山和长安卧佛寺都有佛脚造像碑的存在，银椁上佛足的发现，为研究佛足增添了一个实据。

1985年5月陕西临潼县庆山寺舍利塔基出土的唐代玻璃果。壁厚0.1厘米。玻璃果作球形，一名阿那含果。共六件，一件为乳白色，二件为褐黄色，三件为绿色。均壁薄而半透明，中空，其大小若核桃。这几件玻璃果出土时，分别置于石雕宝帐前的两个三彩盘内，是佛教舍利塔内的供奉物品。陕西省西安市隋代李静训墓出土过玻璃卵形器，河南省密县北宋塔基中也出土过类似的玻璃器。庆山寺舍利塔基中玻璃果的发现，为研究这类卵形玻璃器的沿革与用途，提供了珍贵线索。

她俩又告诉我们，椁后面粘有的摩尼宝珠，也叫如意宝珠，此珠乃佛家法器，能消灭四百四十种疾病。而这安置银椁的石质宝帐，是由六层物件叠置而成，座为雕满海石榴、卷云纹、乐舞纹的工字形须弥莲花座，方形的帐体，有四根满雕海石榴的楞柱，上雕苍龙⑧、飞天⑨、团花、藻井⑩、迦陵频伽鸟和天王图案，四面雕凤，鎏金三滴水的重檐联珠莲花托桃顶。这四周的雕凤，正是皇权至尊的武则天的意图，她令明崇俨监制的这藏佛物，即是乞佛庇佑自己早日当上皇帝的体现。四角上各插一棵铜杆银叶菩提树，这菩提树是佛事的象征。佛座前两边分插两朵以珍珠和绿宝石嵌蕊的金莲花。《无量寿经》记载："行者（释迦）命欲终时，阿弥陀佛与诸眷属持金莲花，化作五百佛，来迎此人。"宝帐帐体前额雕刻"释迦如来舍利宝帐”八个金字。释迦是宗族名，如来则是佛的十大佛名之一。

帐体四面的这四幅浮雕画，总名为涅槃变[11]。第一幅是佛说涅槃经，第二幅是涅槃图，第三幅是荼毗（火化）图，第四幅是八国王子分舍利。据《佛学大辞典》录载，释迦涅槃后，于拘尸那迦罗城娑罗双树间荼毗，诸国为了得舍利，下令举国以象、马、车、步四兵进攻恒河，先遣婆罗门番姓至拘尸那迦罗城求舍利，对拘尸那迦罗城君说："不予舍利，我有四兵在此。不惜生命，当以力取。"拘尸那迦罗城君说："如来遗形不可取，你若动兵取，我已在此。"无奈番姓建议以一瓶一石许，均分舍利八份，给八国王。据传当时东海龙王也曾前往分舍利，但可惜他去迟了，没有分到……

这有声有色的讲解和精美绝妙的文物，使我们沉浸其中。佛教艺术，是我国古代文化遗产中的一颗璀璨明珠。眼前精美的金棺银椁等实物，无不凝聚着古代民众的智慧。

事实上，庆山寺出土的珍贵唐文物，仅是当年供佛庆山，大量珍宝汇集礼佛的物品之一部分。权倾宇内的武则天为庆山寺的佛事广扬起了推波助澜的作用。

## 庆山顶上冷风袭

在临潼县博物馆，我们获得了关于庆山寺的史实线索，但我们却按捺不住想亲临现场的强烈欲望，执意去庆山寺原址。

然而，庆山寺已成了一片荒原。

凛冽的西北风怒吼着，我们先找到了新丰镇和鸿门坂。新丰镇是刘邦建汉后为了不忘家祖，将老家丰镇的江南景物格局原样搬来北方，以抚慰自己的忆旧乡情。而鸿门坂则是著名的鸿门宴所在地。

在鸿门坂，有一文管所，王国璧所长得知我们的来意，热情地从所中找来一位小伙子王建军。王建军的家就是附近胡王村，他对这一带十分熟悉。

谁知，刚出文管所大门，王建军即以手指正东方向说："其实庆山寺距此并不远，你们看——”我们顺他指的方向看去，只见在鸿门坂东侧的那片开阔的项羽跑马场尽头，山势舒缓，丘陵起伏，丘陵下似乎有一道沟壑。

“鸿门坂与庆山寺中间也就隔了这么一道沟，这沟叫杜甫沟。庆山寺与这儿的直线距离约莫六七百米。”

我们不知道庆山寺与鸿门坂有没有什么内在联系。我们一出鸿门坂，往东取捷径大约一百米开外，先到了一个叫鸿门粮库的地方，然后步入山间丘陵。沿着丘陵的边缘，踩着凹凸不平的仅巴掌宽窄的路径，走了大约四百米，便到了一个名叫姜原村的村庄西边。姜原村！我们一下子想起了庆山寺文物出土后，不就是被这个村的村民争抢着搬到自家去的吗？立时，我们意识到，庆山寺遗址已不远了。寒风中，抬眼望一望远处的骊山，感到了这个普通农庄的弹丸之小。

在姜原村村西停下脚步。我们想，最好能进村去了解一下当时庆山寺地宫文物出土时的情况，也算掌握了第一手材料。但是王建军说，这个村子的人对此事特别忌讳，怕是不会了解到什么的。我们发现，他的语气里含着一层催促，不知是想急切地让我们看到庆山寺遗址，还是有别的什么原因。

青绿的麦苗埋不过脚踝，间隙地还有黄土裸露，人过处，冷风一扬，一缕烟尘。迎面走来一位挖野菜的母亲，领着两个小女孩。这位母亲告诉我们，她也姓姜，家在姜原村。迎着我们说话的时候，阴冷干裂的北风掀起她缠在头上的手织粗布花头巾。她的脸红彤彤的，眼睛里充满了疑惑。

我们说随便问问庆山寺的情况，没有别的意思，请不要紧张。

一提庆山寺，她先是低了一下头，大约几秒钟后，她抬起头，神色呆呆地说：“庆山寺就是庆山寺，一片土塬子，什么也没有。”稍顿，她又像在发泄着自己的不满：“庆山寺这姑姑庵叫人呢（即叫人魂，害人的意思）！”

我们说：“你不是说庆山寺什么都没有了，怎么会害人呢？”她说：“唉，说来话就多了。那年，推土机将墓子（即遗址地宫）底下的那些坛坛罐罐推了出来，我们村子的人捡回家里。后来，你们说这咋就恁么怪，上面县上来人，大伙儿都将捡回家的东西交了。本来，事情也就了结了。没想到，我村的那个死鬼姜贡献，他的魂被姑姑庵的鬼拉去了，再也没有回来。”

莫非姜贡献有什么特殊之处，那么多人都参加了捡拾文物，怎么单单鬼就只抓他一人呢？

姓姜的大嫂继续说：“姜家老小人机灵，长得好看，秀气，还不是姑姑庵的千年死魂昭仪（武则天）给招了去，捡好看的招了去。”

这样的说法虽是民间的传言，也算离奇。那年推土机推出宝物，姜原村的人纷纷拿回家，是姜贡献主动步行几十里路赶到县上，将情况报告给县博物馆，庆山寺文物才得以保留下来。我们突然意识到，从迷信的角度讲，难道是姜贡献保护了庆山寺姑姑庵的物品，姑姑庵的死鬼们缠上他了?！而武则天的躯壳是埋在乾陵，姑姑庵着实已荡然无存，历史已进入新世纪新的年代，那些淫荡死灰，是不可能复原的。

然而，事实的确摆在眼前，姜贡献确实是死了。人们牵强附会，又多了层口实，多了层神秘。

我们对此当然是不会相信，但我们还是没有立刻反驳姓姜的大嫂继续发表“演说”。

她的言辞掷地有声：“姜家老小才三十出头，已过去几年了。去年年底（即1991年年底）就过了三周年了。”她眼中闪着泪花，又道：“为此，这方圆几十里以姜原村为先，每年九月九日，或者有个大节气什么的，四路十一乡的老太太都要来这儿烧香念经，求得平稳安福。”

这时，我们像被火烧烤了一回一样，脸上热辣辣的。尽管冷风仍一个劲地往脸上扑、往脖颈里灌，却没有一点儿凉意。我们想，姜原村还是不去了，否则无疑会给心灵受了创伤的村民们带来不安，但我们有责任将这位姜大嫂的话一五一十地记录在此。

我们发现，那两个小女孩早已停下了剜野菜的铲，在一旁嬉笑打闹着。对她母亲与我们的谈话，一点儿也不理会。瞬间，我们觉得这两个小孩，即是姜原村乃至这片庆山寺土地上的希望。但这眼下将要目睹的庆山寺，仍然在一片扑朔迷离中。

告别了憨直朴素的姜大嫂和她的两个孩子，我们又踏过了好几条沟沟坎坎，终于沿黄土塬到了庆山寺遗址跟前。眼前只是一片土坑，没膝的、干涩的蒿草的枝秆，在风中瑟瑟奏出哀哀的音调，像在为这块土地和古老的历史唱着挽歌。

风不解人意，在一个劲地吹着。

我们与王建军跳下了土塬，来到庆山寺遗址旁，站住。久久地，久久地……难以找见历史遗落的半块碎片。

“山下，就是新丰砖厂。”王建军见我们默不作声，率先打破了沉默，手指山下。

我们说：“那，我们就去一回砖厂，也不虚此行。”

我们就在没有路的土塬畔，艰难地下了山。

新丰砖厂，全称临潼县新丰砖瓦厂。门朝西开，位于庆山寺遗址的正下方；往北，是西安到渭南、洛阳方向的公路，往右（东）即杜甫沟；与杜甫沟西边紧连着的是赵家村。

新丰砖厂院子里尽是泡桐树，干枯的泡桐叶落了一地，一片破败景象。进入这曾经因烧砖创财路、因烧砖推出个庆山寺遗址的砖厂，我们的心一下子都沉到了底。王建军告诉我们说，这儿现在已没几个人了，因为全县四处兴起的砖瓦厂热潮，将这里原本仅有的一点儿繁荣也给卷走了。

昔日辉煌的庆山寺，如今已湮没于田园荒草之中。

庆山寺地宫壁画

眼前这十亩山坡，原是一片荒地，1983年时，效益还不错的砖厂从姜原村划出来，但万万没想到，这片地就是唐朝有名的庆山寺遗址。由于年代久远，人们只仅仅口头传说有姑姑庵，有皇家事佛的地宫，但没有人能说出它的准确位置。

1985年5月，砖厂推土机日夜作业，供应效益很好的砖窑。土是生长万物的，也是砖的原料。当时开推土机的司机叫韩玉华，是一名副业工（即临时工）。施工一开始，就推出了一些零星砖头，他并没有在意。等他一个班快干下来的时候，推土机推的土层，距下面的地宫仅剩十厘米了。姜原村的村民这时正在塬上的地里劳动，歇晌时，纷纷围在土塬上面观看推土机推土，当发现砖块时，便纷纷跳下土坡，在推土机周围捡拾砖块，最后竟毫不费力地刨开了地宫。文物就这样被哄抢一空。砖厂见此情景，忙向县文化馆打电话，报告情况，但偏偏电话打不通……后来，幸亏有了姜贡献的报告，才使这批珍贵的出土文物及时收回。

## 武则天抹不去的庆山恋

由于高宗病体不愈，病情一天一天加重，无力披阅奏章、处理繁杂的朝政事务，武则天便一天一天将朝政大权揽于一身。也由于高宗病体虚弱，素有情种称谓的武则天，感到高宗已远远不能满足自己的感情需要，她借故偷偷地去庆山寺的次数渐渐多了起来。庆山寺，这寄托自己精神希望的地方，成了她倍加爱护的重要寺院。她要将位于长安东边的这个寺院，建得与长安城西端的皇家寺院法门寺一样。在武则天的心中，庆山寺最好能与法门寺互为犄角，共同为自己的武氏朝政争辉。

在朝廷内部，她屡次玩弄设立太子又废太子的把戏，尝试自己手握皇权的威力。除掉太子李弘后，又立二儿子李贤为太子。紧接着从庆山寺将明崇俨召至宫内，侍候自己左右。但是，由于太子李贤深知武后与明崇俨的暧昧关系，使得明崇俨对李贤恨之入骨，他唯恐李贤在高宗死后当上皇帝与己不利，便常在武则天面前进谗言，言及“以贤之相，不能继承皇位”。

正当此时，大唐帝国连年遇到特大自然灾害，满目疮痍，民不聊生。朝廷官吏俞文俊途经新丰，目睹了山涌地陷、百姓遭殃、无人援救，与朝廷大肆营造庆山寺、庆山寺塔的情形形成鲜明对比，心中非常气愤。他凭着一股书生气，直登大明宫丹墀面圣，为民请命道：“启奏圣上，臣听说天气不和而有寒暑降临；人的气血不和而生赘疣；地气不和而山涌地陷！今新丰山涌地陷，给当地百姓带来灾难，圣上本应放粮施财救灾救民，谁知不然，却听妖人之言，把灾山称为‘庆山’，在其上大兴土木，此非天子爱民之德也！……”

侍立于高宗病榻一侧的武则天听了，强忍怒火，问道：“腐儒，你说新丰突出新山，不是庆贺我大唐中兴、我帝龙体安康的吉兆，是什么？”在多病的高宗身前，武则天没有说出这是庆贺自己登基的先兆，而是改口说这是祝高宗龙体痊愈的吉兆。

俞文俊显然不顾及自己的性命了，他说：“地气之所以阻塞，是因为武皇后以女主而处阳位，反易刚柔，因此地气涌山而降灾！今皇后不以为是灾害，反而称灾山为‘庆山’，试问何庆之有？……”

武则天恼羞成怒，下令把俞文俊鞭打出宫，并放逐到岭南蛮夷之地，永远不得启用。

下朝时，给事中魏叔璘自言自语说：“地生骨堆，何足为庆？”却不想被明崇俨听到，立即向武则天告了密，武则天一不做二不休，立即以高宗名义赐宝剑给魏叔璘，逼他“自杀”，以谢“皇恩”。

从此，合朝上下无人再敢言说“庆山”之事。

满朝上下都惧怕武则天，也包括太子李贤。为了使自己的太子之位稳固，他必须除掉明崇俨。他密谋派人暗杀明崇俨，并逃避现实，寄情声色，终日纵欲，竟与身边的仆童发生同性恋关系。武则天听说此事，心中大怒，将李贤贬为庶人，幽禁深宫。第二天，即下旨立第三子李显为太子。就在这个当头，56岁的高宗病情加重，一命呜呼，李显即位，即唐中宗，然而武则天仍执掌着所有朝政大权。

不久，武后又废李显，立第四个儿子李旦为皇帝，称为睿宗。再后来，她干脆自己当上了皇帝，登上了九五至尊的天子宝座。

明崇俨死于非命；高宗李治驾崩，皇位初登日理万机使武则天元气大损，深感苦闷、烦躁，不能自拔。

这一日，武则天又感身体不适，遂命御医沈南璆入宫，让其扶脉诊疾。沈南璆悬丝作判："陛下心情抑郁，多生烦躁，恐是无阳气滋润……"武则天会心一笑，双眸一亮，不由赞沈南璆料体诊疾如神，就让沈南璆为她配制几副强身之药。

这类药物的配制，对沈南璆来说再简单不过了。于是他随手便配制成几副山獭髓和强龟益女方，熬好后，递了上去。不曾想，面对一大碗汤，武则天突发奇想，便招沈南璆进前，要其尝试药力如何。沈南璆心惊胆战、痛苦万分地端起药汤，皇上的旨意他岂敢违抗？他一咬牙，一气喝下满碗苦汤。这下可坏了，他喝的这碗药正是所有补肾强身药中最猛的山獭髓剂。有山中猎人和采药人说，雄山獭是兽中最淫之物，若下情发作，找不到同类，碰到其他雌兽，也会难以控制，扑上去与之交配。故而，茫茫群山中所有野兽见了它都能避则避、能逃则逃。无奈时，雄山獭就常常以树洞为阴发泄，直至排精而止。山獭髓即是取其鞭肾与淫羊藿调配而成。喝完汤药，沈南璆情知不妙，只觉心胸如烧似煎，全身血液直向下身聚拢。正当他痛苦难抑，准备请求告退时，龙榻上的武则天一下子似变成了美丽动人的少女。他身不由己……

自此以后，御医沈南璆便时时进宫为皇上"医疾"。然而，沈南璆毕竟年事已高，正在武则天欲辞弃御医沈南璆，心事重重之时，女儿太平公主察言观色，看透了母亲大人的心思。她将张昌宗、张易之两兄弟举荐给母亲，为母亲"分忧解愁"。张昌宗兄弟俩长相一模一样，面如傅粉，唇若涂脂，口含鸡舌，气若吹兰，身材健美，活脱脱一对灵童仙子，武则天陶醉得说不出话来。

自此后，张昌宗兄弟在武则天后宫日夜盘桓，淫秽宫闱。当时武则天已年近七十了。

## 夜梦惊魂思皈依

虽然在长安城玩尽了权谋，施行了血淋淋的统治，实现了自己的宏愿，但武则天每每合上眼，那些如王皇后、萧淑妃一样的冤魂厉鬼便前来找她算账。她在这种极度恐惧的煎熬中，稍稍省悟过来。这天夜里，武则天梦见佛降法云，缠裹着自己的身体。全身汗渍斑斑地惊醒后，她据此遂生出一些忏悔之意，决心皈依佛门，寄托精神希望，当一个大仁大慈的大居士。

就这样，她一方面迁往东都洛阳，在洛阳白马寺大兴土木建筑佛寺；一方面下令精心修缮庆山寺，并命人精雕细凿，制出汉白玉浮雕彩绘阿育王塔，制出金棺银椁，盛装佛灵骨供奉，还将自己心爱的最精美的绣裙供奉在庆山寺内。一时间，庆山寺上空弥漫着一派虔诚的佛教云烟。

《大云经》上说武则天是西方弥勒佛下世，应取代李唐做天下之主。武则天就下令将《大云经》颁行天下，长安、洛阳及诸州各建大云寺一所。天授二年（691年），武则天改变了初唐以来的规定，公开宣告：佛教在道教之上，僧尼在道士之前，对佛、道地位进行了颠倒。早在三国时，道教徒曾伪造《老子化胡经》，说老子西到流沙，命令门徒尹喜降于天竺，化生为释迦牟尼，因而中国的道教始祖成为佛教的先师。魏晋南北朝以来，这种传说一直起着扬道抑佛的作用，对佛教不利。武则天要崇拜佛，她下令全国搜集《老子化胡经》，全部焚毁。

复原的唐代洛阳定鼎门

不难看出，武则天拜佛供佛，不仅仅是出于一位普通居士对佛的敬意，还因为佛可被她加以利用，巧妙地变成统治人心、治理朝政的工具。正是看中了这后者的无比巨大的作用，武则天才带头礼佛信佛。

由于在长安城中一步一步搏斗残杀，她走上了中国最高统治地位，长安城中作孽所扬起的血晦之气时时袭扰着她的身心，她于恐惧中恨透了长安城。东都洛阳，成了她的后期理政栖息之所。《华严金师（狮）子章校释》一书记载着这样一则故事：武则天延载（694年）、证圣（695年）间，华严宗三祖法藏于洛阳佛授记寺讲新译《华严经》，讲到华藏海震动处时，恰好发生地震，这偶然的巧合，使得僧众们震惊不小，认为是不祥之兆。此事上奏武则天，武则天御笔答曰："省状具云，昨因敷演微言，弘扬秘赜。初译之日，梦甘露以呈祥；开讲之辰，感地动而标异。斯乃如来降祉，用符九会[12]之文，岂朕庸虚，敢当六种之动[13]！披览来状，欣畅兼怀，仍命史官，编于载籍。"如此一宗偶发事件，却被武则天一口咬定，说成是佛降法祉，是上天之意，不但不是自然灾害，却成了祥兆瑞气。我们且不去评说武则天所作所为的荒唐可笑，单从这点就可以看出，她崇佛事佛到了多么"忘我"的地步。

天册元年（695年），武则天又作无遮会[14]于明堂，凿地为坑，深五丈，结彩为宫殿，佛像皆在仪式开始后自坑中引出，叫做"自地涌出"，以示对佛的重视和痴迷。久视元年（700年），她将洛阳城北邙山的白司马坂作大像，税天下僧尼人出一钱，至长安四年（704年）十月，共募得十七万贯钱财，足可见武则天对佛的供奉之投入。

武则天有生之年中的最后一次崇佛活动，即长安四年的迎奉舍利。

她派大德高僧自庆山寺取出她最心爱的阿育王塔和最精美的蹙金绣夹裙（庆山寺现今出土的金棺银椁是阿育王塔移走后，留下的盛佛骨舍利的唯一法器），命凤阁侍郎[15]博陵崔玄玮与西京大荐福寺寺主法藏偕同应大德、纲律师等十人，同往岐州扶风法门寺迎取佛指舍利入宫供养。法藏等僧众进入法门寺，献上武则天皇上的最

北宗神秀（《释氏源流》插绘）。唐代僧人神秀，原为蕲州双峰东山寺弘忍禅师的弟子，上元年间，弘忍去世，神秀迁居江陵当阳山玉泉寺传教，名声大振，成为北方佛教界的领袖，与同时在弘忍门下学道的慧能大师并称为“南能北秀”。好佛的武则天闻讯，将神秀召入京城，向其问道，并在昔住山建度山寺供其居住。其间，神秀曾报告武则天，请慧能入京，但慧能处于多方面考虑，固辞未允。此图表现了神秀进宫拜见武则天时的情景。

高礼仪——阿育王塔和蹙金绣夹裙，鸣钟念经七天七夜，然后开启塔下地宫宫门，将至尊无上的佛指舍利迎了出来。佛门僧众和凡夫俗子们跪倒一大片，膝行相迎，“顶缸指炬者争先，舍财投宝者耻后”。场面之宏大，可见一斑。这年除夕，佛指舍利被迎至西京崇福寺，当时的西京留守会稽王率领官绅侯属，以及五部之众，跪身于道路两旁，争相倾施奇珍异宝，供奉佛灵，“香花鼓乐之妙，矇瞶亦可睹闻”。到了正月十一日，经过长途跋涉，佛指舍利终于被簇拥着进入洛阳城。武则天特敕令全城王公望族、平民百姓，倾城而迎，事先精心做好的幡幢宝盖[16]，遮住了云天，蔽隐了日头。武则天亲自传旨，命宫中太常具乐奏迎，一路上浩浩荡荡，迎佛前往富丽辉煌的明堂。正月十五元宵观灯之日，武则天“身心护净，头面尽虔”，请法藏高僧捧上佛指舍利，“普为善祷”。至此，武则天以封建社会历史中绝无仅有的女皇迎佛之姿态，完成了自己在四海民众心目中的形象塑造。

武则天认为最能显示自己对佛坚信不移的便是制器具献佛。这一回，她没有造金棺银椁，也没有再去送绣裙，她想到的是另一别出心裁的表示，那就是织绣出最能表现佛法的金袈裟献给佛，也算是对佛的最虔诚的礼物。显然，从织绣的角度讲，绣裙与金袈裟相比，不知要逊色多少倍呢！

## 《璇玑图》中绘恋情

武则天事佛，无疑很大一部分是出于政治上的原因。在政治统治上，她需要将盛行于世的佛教用来为自己服务，这是不必作任何掩饰的历史事实。悠悠岁月，各朝各代，每一位皇帝都有自己的统治工具，利用佛教来巩固自己的统治，则是武则天及另外几位唐代皇帝的统治术之一。曾有一段时间，中国历史将武则天这种做法称为“佞佛”，今天想来，的确荒唐可笑。

武则天大崇佛法，一俟为佛绣制金袈裟的想法成熟后，她便下令施行。

江南的苏绣湘绣，闻名久远，武则天自然想到了江南的织绣高手。还未等她将这一想法出口，身边的薛怀义似理解主子的心事，投言掷情，一副丈夫气，要为武则天分忧解难。武则天凤目舒展，薛怀义作为她最得力的亲信面首，督办此事，她焉有不放心之理。

这薛怀义即武则天的宫内贴身面首之一，家籍为京兆鄠县，即今陕西户县，原名冯小宝。他原为东都洛阳城中一经营药材的小商贩，身材魁梧，粗壮有力，也有点文化。因得幸于李渊女儿千金公主的侍女，进而与公主相识，随后被推荐为武则天的男宠。武则天虽身份贵为天子，但天子也有七情六欲，在男女问题上，她的欲望是无节制的。在传统的三纲五常的伦理道德气氛下，她不得不顾忌朝臣们的议论，不好直接公开将男宠留在宫中，便开动脑筋，将冯小宝度为僧侣，亲自为他起名怀义，使他能随便出入宫禁。不仅如此，她还让怀义与驸马都尉薛绍合族，命薛绍事之为叔父，以提高怀义的身份。此后，薛怀义与洛阳高僧常有往来。689年夏天，薛怀义积极参与了编撰《大云经》的工作，在此书中竭尽全力鼓吹武则天为弥勒佛下世，为武则天施行政治改革铺路。称帝后的武则天，亲封怀义等为县公，并颁赐给他们紫袈裟和标志身份的银龟袋[17]。

怀义自然荣幸之至，他出入宫廷禁地，每每身披武则天赐予的紫袈裟，如入无人之境。

这一日，武则天将想要为佛制金袈裟的想法告诉怀义后，怀义手抚皇帝赐赠给自己的紫袈裟，心潮起伏，激动异常。作为面首男宠，怀义以他的精明干练、侍候主子得力而深得武则天赞赏，在这个节骨眼上，怀义当然得绞尽脑汁大加表现一番。他马上想到了自己的家乡，很小的时候，便听人说起民间刺绣珍品《璇玑图》的事。鄠县是长安的区县，与扶风县之间仅隔着一个周至县，扶风县民间才女苏若兰织就《璇玑图》的故事，曾在故乡广为传颂。想到此，他故作聪明，将江南织锦刺绣工艺大加棒杀贬低一番，弄得武则天如坠五里云烟之中，摸不着头脑。接着，他向武则天津津有味地讲起了北方刺绣尤其是以扶风为中心漫及各县各乡各村的刺绣技艺，讲起了苏若兰《璇玑图》的来历。

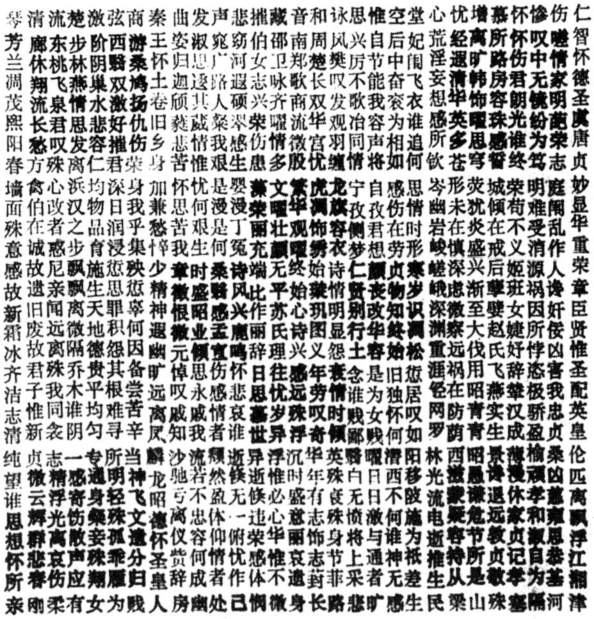

法门寺北门墙所嵌之《璇玑图》（原图设色），根据《扶风县志》和流传本复制，应为“关中本”。

在东晋时，一个月色朗照、天宇皓皓的夏夜，法门寺寺院附近村庄的父老乡亲们，沉浸于夏粮丰收的喜悦之中，坐在院子里乘凉。忽然，银河岸边一颗明亮的星星拖着长尾巴向这里箭一般直直射来，人们惊魂未定，只见它眨眼间已落在了寺院里。夜深人静，天籁俱寂，忽然天空中似有钗环声玲玲作响，笙鼓管乐也由远及近悠悠飘来，动人极了。第二天，便有奇事发生，离法门寺不远处的苏家村有位名叫苏道质的穷秀才，妻子分娩，生下一个眉清目秀的女婴。更神的是，满月刚过，这女婴即咿呀学语，八个月后就能说话，并已懂事。周原的乡亲们都说，这女婴是个奇女子。因为孩子出生的那天，苏秀才书桌前的一盆兰花突然绽放，苏秀才便给爱女起名若兰。

小小的若兰聪颖过人，3岁学画，4岁作诗，5岁抚琴，9岁便学会了织锦。10岁刚过，即可描龙绣凤，琴棋书画的精妙全被她运用到了织锦之中。远近乡邻，将她的超人之才，传播成了神话一般。一些富豪望门人家，更是央人接二连三上门求婚，但均被若兰父女婉言谢绝。

这一日，法门寺逢庙会，若兰跟随父亲上香游玩，在寺院附近的一个池塘边，遇见一英俊少年挽弓搭箭，一箭射去，高空中一只飞雁应声跌落地上。少年接着又向池塘连发几箭，水面随即漂起几尾带箭的鲤鱼。若兰姑娘正被这少年射飞雁、穿池鱼的神奇箭法吸引得入迷时，突然几个士兵捆绑着一位衣衫褴褛的大汉，推搡前行，这群人身后，一位白发苍苍的老大爷哭喊追赶，其惨状目不忍睹。那位英俊少年见状，急急跨上前去劝解，兵丁们非但不听，反而动手打少年。少年一怒之下，三拳两脚便打散兵卒，救出大汉。然后，又义赠白发老汉一锭白银，让其父子快快逃离。少年的义举，使若兰姑娘心仪不已，涌起了强烈的爱慕之心。她细问父亲这少年是谁，父亲告诉她，这热血少年乃已故右将军窦真之孙，名叫窦滔。若兰姑娘异常高兴，遂向父亲表露了自己对这少年的爱慕真情。苏秀才也不反对，即托人向窦滔表示结亲之情。窦滔全家早已闻知若兰姑娘美名，唯恐求之不得，故一直未敢声张，今日好事临门，自然立即应诺。

苏若兰与窦滔完婚，夫妻互恩互爱。不久，前秦苻坚看中窦滔的才学和武艺，便封他为秦州刺史。有一回，苻坚派他带兵攻打东晋，窦滔此时已厌恶连年战乱，便与妻子相商，借故不从。苻坚一怒之下，将窦滔革职发配到流沙（今甘肃敦煌一带）。窦滔临行，苏若兰心如刀绞，牵衣顿足，戚戚送别。行至法门寺外池塘边随口吟诗："银箭夕日穿红线，何故今朝断丝弦？送君池边千秋泪，漠漠流沙几时还？"窦滔强按住心中的悲伤，随即安慰道："阳春飞鸟嬉戏时，边关壮士自回还。"情依依，悲凄凄，水碧碧，相亲相爱难舍难离。送到村外，就要分手了，两人更加悲伤。若兰见秋叶飘落，一行大雁悲鸣，又吟诗："瑟瑟秋风孤雁鸣，古道西望泪湿巾；野日惨惨照荒草，佳音不知几度春？"窦滔又安慰她道："秋去冬尽春日暖，自有鸿雁送佳音。”

苻坚无情地拆散了这对相亲相爱的青年夫妻，当地周原父老乡亲无不为之叹息。

窦滔走后，苏若兰每天孤坐窗前，遥望西边漠漠天空，冬去春来，几度花红叶落，鸣雁依然无影无踪。每到夜晚，她思念丈夫心切，凝视天边明月，月缺月圆，不见壮士归还，悲泪涌流。日餐渐减，夜夜孤灯，思绪万千，只盼心上人能早日脱离谪贬，平安归还。

激情中，苏若兰磨墨摆砚，提笔写出自己的思念。开始，每天写几首思念诗，白驹逝水，年复一年，竟写成七千九百多首诗。然而，亲人窦滔仍不见回还。

由于苏若兰才情若泉，时时不间断地喷涌而出，写诗的事也便传开了。苻坚的妻弟，为了讨好苻坚，得知苏若兰确是一不凡才女时，竟仗势欺人，要接若兰进宫，为苻坚做妃子。若兰悲愤交加，毅然剪去自己的一头青丝，表示宁为玉碎，不为瓦全。她孤坐绣阁，轻摇纺车，纺缠出缕缕细纱，去水塘洗净，染成五彩线。最后，将五彩线昼夜不停地织成了一幅千古奇珍、绮丽无比的诗锦——《璇玑图》。这《璇玑图》里，渗透着若兰的倾腹才华、一腔衷情，是她高智力、深才情的巍然凝结。

诗锦织成后，竟无人能读懂。若兰说：“非我夫君，莫能读之。”后来，她竭尽所能，历经千难万磨，托人将《璇玑图》带到边关，带给窦滔。窦滔读懂了妻子的一片真挚之情，悲痛欲绝，他仿佛见到了善良而贤惠的妻子，从遥远的故乡来到自己的面前。这件事在边关将士中间传开后，引起了大家对苻坚的不满。有一位边关守将十分感动，在他的热心帮助下，窦滔终于摆脱了凄凉的流放生活，逃回到自己的家乡扶风县。但是，令他肝肠裂断的是，他已见不到自己恩爱多情的妻子苏若兰了。若兰由于等不到他的归来，孤苦一身，无力抵抗苻坚妻弟的威逼纠缠，便守节尽忠自缢而亡，成为千古遗恨。苏若兰的死，成了关中民众倒苻的一根导火线，前秦苻坚的王朝不久便土崩瓦解了。然而，周原法门寺的父老乡亲不会忘记苏若兰，八百里秦川的民众也在传说中永远记着苏若兰的名字。法门寺周围的人们，在若兰死后不久，又听见天空响起轻悦的钗环声和鼓乐声，又看见多年不见的织女星出现在银河岸边，大家争相流泪祷祝苏姑娘转世再来人间。也许是苏若兰在天有灵，法门寺乃至整个关中各县村寨，自那以后便出现了一茬又一茬民间刺绣能手。直至今天，秦川各县村寨的刺绣品，仍可与江南刺绣分庭抗礼。“秦绣”率先在北方驰名起来，广受各方喜爱，它似乎比江南的苏绣湘绣更惟妙惟肖，美丽绝伦。

因此，武则天的男宠面首薛怀义，便在武则天意欲织绣金袈裟奉佛的当头，讲起了关于《璇玑图》的故事，让武则天大加赞叹吃惊，受到了很大的震动。她随即命薛怀义探访民间，寻回那使她云山雾罩的仰慕之物。据史书记载：这幅诗锦仅八寸见方，苏若兰以红、黄、蓝、紫、黑五色彩线将它织成，用色得宜，令人赏心悦目。苏才女将它起名《璇玑图》，意即它能像罗盘一样旋转连读。由于它织成的是一方五彩诗锦，因而后人又叫它“织锦回文”。《织锦回文璇玑图》纵横回环，交叉跳间相读，皆成美妙的诗篇，共可读出7958首，诗体繁复多变，词美韵和，节奏铿锵，情真意切，是苏才女忠贞爱情的全部心血结晶。

窦滔将苏若兰的织锦回文带回故乡后，人们争相摘抄传读，学诵印行，流传甚广。可是，到了武则天时，时间已不知不觉晃过了几百年，《璇玑图》真品还可寻得见吗？

薛怀义自有他的奇谋妙招。他踏遍周原、秦川，历尽千辛万苦，竟然找见了当年流落民间的《璇玑图》，恭恭敬敬地献给武则天。武则天见到宝物，喜爱吟诗诵句的她，惊喜之际，竟激情大发，大称《璇玑图》“才情之妙，超古迈今”，“真为千古绝唱”，并提起御笔，亲自书出一篇佳文，作为对《璇玑图》的序。

确实，织锦回文不论从哪个方面衡量，都是精妙高雅的无价之物，它标志着我国文学史上回文发展的高峰，文物价值更是引人注目。在距今1700多年之前，将841个字排列成一个含诗7900多首的方阵，并用五彩线织成八寸见方的彩锦，就是当今科学技术和纺织技术都高度发展的情况下，恐怕也是一道不易解答的难题。苏若兰作为普通妇女，她超人的文学功底和纺织技术，是让人不得不佩服的。难怪清代大文豪李汝珍把它收录在巨著《镜花缘》中，并称：“得观此文，三生有幸。”

我们由此可以想见，武则天在得到这幅《璇玑图》的时候，是怎样的一种激动。

江南乡村流传之诗巾，仿《璇玑图》之意创作。

武则天由《璇玑图》中得到很大启示，她亲自叮嘱薛怀义，要他挑选举国最高妙的织绣人才，要像绣《璇玑图》一样，精心绣制献给佛的金袈裟。

薛怀义挑选八百里秦川宫内宫外的织绣能手，又挑选全国最杰出的冶金高手，终于在最短的时间内，蹙金绣出一件绢里袈裟。这件金袈裟四周设缘，捻金线钉绣云纹，中部界成水田格，格中绣莲花，四角饰卍字。献与武则天，武则天龙颜大悦，重重奖赏薛怀义。由于薛怀义造制金袈裟有功，武则天又让他督造明堂，先后动用数万工时，最后建成高达三百尺的大屋。

单说这金袈裟上的捻金线，此项工艺使人不得不对唐代抽金丝工艺大加赞叹。金线的截面平均直径为0.1毫米，这在世界上无疑是仅见的。在当代中国，最能代表冶炼业技术水平的北京首都钢铁公司，仅仅只能将钢丝抽到截面直径0.4毫米！金与钢相比，可以想见，今天的冶炼术，相对于唐朝时的冶金术工艺，不知要逊色多少呢！

丝织物加金织、绣，最早见于汉桓宽《盐铁论》，《三国志》亦有织物用金的记载。《北史·何稠传》还提到：“波斯尝献金线锦袍，组织殊丽，上命稠为之，稠锦成，逾所献者。”但是，实物过去一直

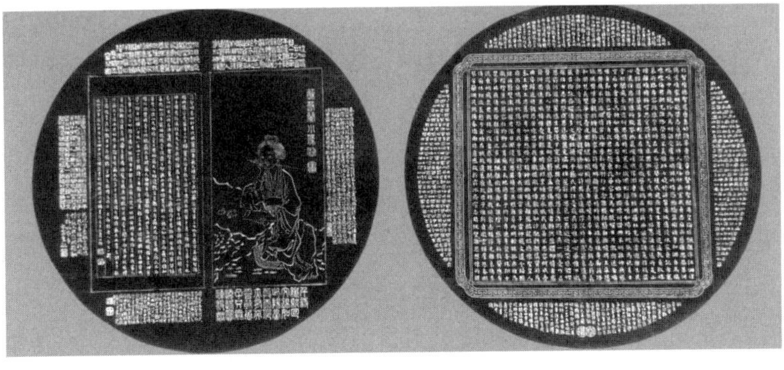

清代汪蔚刻赵孟頫，管仲姬合《璇玑图》，即江南本。回文诗锦帕《璇玑图》肇始于前秦苏若兰与丈夫窦滔的爱情故事，辗转流传，文人学士从中玩味出许多风雅，村姑乡妇以此表达挚爱。织锦回文，遂成千百年来令人拍案叫绝的爱情信物。

未能见到。考古队员们自法门寺地宫前室中发掘的包括武则天绣裙、武则天金袈裟等等精美无比的蹙金绣和织金锦物件，使我们对唐代纺织工艺技术的水平有了一个深切认识。

## 再说织绣

说到中国织绣，我们不得不从丝绸说起。丝绸作为中外交流的彩带，曾以迷人的姿态，连接起亚欧大陆。从某种意义上说，华夏文明是从丝绸之路走向世界的。翻开杜甫的《丽人行》，翻开王建的《宫词》，喷发的激情中，不乏对唐代淑女丽人穿绫披纱、织锦绣彩的描写与赞叹："绣罗衣裳照暮春，蹙金孔雀银麒麟"；"看著中元斋日到，自盘金线绣真容。""蹙金绣"和"盘金线[18]"长期被人们说成是诗人们对织绣的浪漫想象，哪里会想到法门寺地宫的洞开，使这些"浪漫想象"成了存在着的事实，摆在人们面前。

考古队员们在清理中发现，堆积的丝绸衣物竟有23厘米厚、780多层！若将它们全部揭取铺展，可达400多平方米！但是，由于地宫离地面较近，封闭不严，加上地下阴湿等原因，年逾千载的这类织品除部分保存完好外，不少已破损碳化，形容不整。还有一部分尚可抢救，有望再展姿彩（这其中即有武则天那件神秘的绣裙）。丝绸及织锦物通过专家分析，计有锦、罗、纱、绢、绮、绣等类，仅绢一类就有十余种，加织金物则也极为丰富，唐代的织金锦为首次发现。刺绣品加工多种多样，有蹙金绣、贴金绣[19]、平绣[20]、贴金绣加绘[21]等等，均反映出唐代工艺水平的高超。特别应提到的织金锦中的捻金丝，平均约0.1毫米，最细处仅为0.06毫米，且为螺旋弹簧状，每米多达3000转。在这方面技术最发达的西欧诸国也仅能抽制出0.2毫米的金丝。这样高超的加工技术，怎不令人称绝。石兴邦先生说："这批几乎涉及唐代全部丝织品精华的发现，不仅为研究中国古代服饰史和织造技术史提供了重要的实物资料，而且也可以使人们明白，唐代丝绸为什么能饮誉世界。"

考古队员们在前室发掘了大量织物残、整原件的品类，按《物帐》碑所载，在中、后室中还可能有收获。

最后要补充的一点是，当年迎入神都洛阳明堂的佛指舍利，终于披上了武则天献上的金袈裟。以皇宫—明堂—白马寺三点一线为轴心，举都举城的崇佛事佛活动如烈火冲天，呈辐射状往周围各郡县蔓延，香火下，整个世界弥漫着青黛云烟……

法门寺出土的石匣盖与文字

公元705年十一月初，正当事佛活动一浪高过一浪时，老态龙钟的武则天也走向了她生命的弥留之际。她最后一次在两班文武大臣们陪伴下登明堂礼佛，事毕回到宫里，躺在御榻上，似感时候不多，艰难地招手示皇儿李显近前。李显轻步趋前，武则天道出了她人生的真体验："朕一生与佛结缘，臣民生灵幸无涂炭，佛佑大唐，朕感灵光……尔等继位，纳佛于心，善待臣民，绝弃杀戮，自会德大福报……"话未说完，武则天如睡着了一般，安详地撒手人寰。

也许是至老心境模糊，也许是羞于启齿，也许是当时举国一片事佛之声，武则天并没有在临死前"坦白"她自己身不由己投入宫闱斗争的刀光血影，还有借佛掩淫的桩桩旧事，但是从她对中宗李显的一番弥留遗嘱，我们不难看出她对佛的敬心，以及隐隐的忏悔。

武则天身死时，佛指舍利仍供奉在明堂。中宗李显继位后，于景龙二年（708年）二月十五日，派沙门法藏等造白石灵帐一铺，送归佛指舍利于法门寺。为了表示虔诚，中宗和韦后等还下发入塔，供养舍利。

还应说明的是，于法门寺地宫前室发掘的四铺彩绘阿育王塔，并非中宗命法藏造的那一铺"白石灵帐"。但令人欣喜的是，1976年秋，在法门寺塔的西南方向地下一米深处，发现了中宗等人收藏头发供养舍利的石匣盖子。盖子上有如下铭文：

> 大唐景龙二年，岁次戊申，二月乙丑，朔十五日己卯，应天神龙皇帝、顺天翊圣皇后，各下发入塔，供养舍利……

景龙四年二月十一日，中宗李显这位继武则天之后的又一崇佛大居士，欣然为法门寺塔题名：“大圣真身宝塔”，将法门寺改称“圣朝无忧王寺”。

## 注　释

①姜寨仰韶文化遗址：中国黄河新石器时代的聚落遗址。位于今陕西临潼县城北。地处临河东岸的第二台地上，面积约5万平方米。1972–1979年间，曾进行11次大规模发掘，揭露面积1658万平方米，为研究关中地区仰韶文化的发展序列提供了重要依据。其聚落遗址保存之完好、布局之清晰是前所未有的，并发现大量的遗迹、遗物。

②秦始皇陵兵马俑：发现于今陕西临潼县西杨村西南。秦代为显示皇帝的威仪，制造了数量众多的和真人等高的大型陶俑，仅秦始皇陵随葬的陶俑就达几千件。这些陶俑身披铠甲或穿战袍，手中还持有真实的兵器。同时配备有与真马大小相若的陶战马，以及由四匹陶马拖驾的木质和铜制战车。这些陶俑的服饰、发式及眉目胡须都如实地反映出秦代士兵的真貌，整体呈现秦代军队的编制情形。

③华清池御汤遗址：华清池，位于今陕西临潼县城南，骊山西绣岭北麓，地有温泉，秦始皇曾砌神女汤，唐贞观十八年（公元644年）时于其地建汤泉宫。高宗咸亨二年（公元671年）更名为温泉宫。玄宗天宝六年（公元747年）进行扩建，并正式命名为华清宫。相传宫中布置汤池十余所，均砌以白石，莹澈如玉，表面作鱼龙花鸟图案，十分奢华。每年十月间，玄宗携杨贵妃来此沐浴，游宴避寒。安禄山之乱时破坏甚多，宪宗元和年间曾重修，已罕游幸，逐渐荒废。1982年4月，发现了华清宫汤池遗址，清理面积4200平方米，其中有5个石砌汤池，初步考证分别为星辰汤、太子汤、贵妃汤、莲花汤、尚食汤等。

④四清运动：1963–1965年在农村展开的社会主义教育运动，四清即清工分、清账目、清财务、清仓库。

⑤三彩：又称唐三彩，唐代的低温色釉陶制品。所谓“三彩”，实际不限于三色，有白、黄、褐、绿、蓝、黑等，但以白、黄、绿为主。经两次严格的温度控制，烧成温度为摄氏800到1100度。初唐出现，盛唐流行，由于质地较脆，不具备实用价值，多作为冥器随葬。其色调富丽，图案优美，尤以塑造的各种舞俑和马俑更为生动。产地主要在河南和陕西两省，流传地区仅在洛阳、长安及扬州，它对后世的陶瓷工艺有

很大贡献。

⑥重檐歇山顶：中国传统建筑屋顶形式之一。歇山顶，由四个倾斜的屋面、一条正脊、四条垂脊、四条戗脊（垂脊下端处折向的一条）和两侧倾斜屋面上部转折成垂直的三角形墙面（即山花）组成，形成两坡和四坡屋顶的混合形式。有单檐和重檐（双层屋檐）两种形式。

⑦入胎之相：佛家用语，如来成道八相（下天、入胎、住胎、出胎、出家、成道、转法轮，入灭）之一。传说释迦牟尼乘六牙白象，由其母摩耶夫人左肋入而托胎。

⑧苍龙：即青龙，古代寓意纹样。青龙为东方七宿（角、亢、氐，房、心、尾、箕）之总称，道教奉为东方之吉祥神祇，与白虎、朱雀、玄武合称四方四神。佛教东传后，融进中国传统的四方神思想，故在佛教美术题材中也可见苍龙图案。

⑨飞天：佛教美术题材之一。本是佛的八部侍从中的两类，即佛经中的乾闼罗与紧那罗，意为天歌神及天乐神。欲娱佛时，其身自现异相，飞行于天空，手持乐器，蹁跹飘舞，是佛教中欢乐吉祥的象征。飞天纹由印度东传后，与中国传统的羽人、天人形象相结合。早期的飞天身材粗短，造型稚拙，带有明显的西域风格；隋、唐时期则转为轻盈飘逸，绰约多姿，千变万化。

⑩藻井：中国传统的顶棚装饰形式，通常作成方形、多边形或圆形的凹面，上有各种花纹、雕刻和彩绘。多用在殿堂正中穹顶，或帝王御座、神佛像座之上。

⑪ 涅槃变：变，佛教美术术语，变相的简称。指以佛经故事为题材内容的绘画或雕刻作品。有的以某部佛教经典为依据，表现其至尊与侍从在净土内的各种活动，谓之“经变”；有的以释迦牟尼传记为依据，采用独幅或多幅系列画的形式，把佛的一生描绘出来，谓之“佛传”；有的依据释迦牟尼降生净饭王家为太子之前许多世的本生故事，采用独幅或连环画形式予以表现，谓之“本生”。涅槃变是以《涅槃经》为依据，属于“经变”，主要描绘佛涅槃的前后经过。

⑫ 九会：《华严经》记述佛向四方菩萨宣讲教义和各种修行过程，其说法地点在晋译本是“七处八会”，即菩提场会、普光明殿会、忉利天宫会、夜摩天宫会、兜率天宫会、他化天宫会、普光明殿双会、给孤独园会。唐译本则将普光明殿双会一分为二，遂成“七处九会”之说。

⑬ 六种之动：大地震的六种相状，又称六变震动、六反震动、六震、六动。据佛经记载，释迦诞生、成道、说法，或如来出现时，大地皆有六种之动。所谓“六动”，一说是东涌西没、西涌东没、南涌北没、北涌南没、边涌中没、中涌边没，一说是动、起、涌、震、吼、击（摇）。

⑭ 无遮会：佛教仪式的一种，即水陆道场。源于释迦在世时所授阿难济度饿鬼的方法与内容（焰口施食）。中国南朝梁武帝于天监元年（公元502年）首制水陆斋仪，并于天监四年（公元505年）二月十五日在金山寺举行“无遮大会”。至隋、唐间渐废，唐高宗时僧道英重兴此法，一直流传到当代。它是规模最大的佛事活动，少则七天，多则四十九天，参加僧众从几十到几百，会中诵经设斋，礼佛拜忏，追荐亡灵。

⑮ 凤阁侍郎：即中书侍郎。唐武则天光宅元年（公元684年），改中书省为凤阁，中宗神龙元年（公元705年）复名中书省。

⑯ 宝盖：佛教用具，亦称天盖，为佛或菩萨像上的装饰品，呈筒形圆盖，一般用丝绸或缎子做成，既可防灰尘，又可增威严气氛。

⑰ 银龟袋：龟袋，唐代官吏盛龟符之袋。古代官符多为虎符，唐高祖避其祖李虎名讳，改用鱼符（形似鲤，谐音“李”）。唐制五品官以上皆佩鱼，按品级不同，分别以金、银、铜鱼为饰物凭信，盛鱼符之袋谓“鱼袋”。但武则天天授元年（公元690年）定制，改佩鱼为佩龟，盛龟符之袋谓“龟袋”；三品以上龟袋饰金，四品饰银，五品饰铜。至中宗神龙二年，罢龟复改佩鱼。

⑱ 盘金线：即盘金绣，条纹绣的一种。以丝绣图案为依据，将金线回旋，加绣于已绣或未绣的图样边缘。两根金线并在一起绣称双金绣，一根金线称单金绣。一般以双金为主。

⑲ 贴金绣：贴金与刺绣工艺的结合。将金剪成图案造型，胶贴于底料上研光压实，再向四周施以彩绣，构成画面。

⑳ 平绣：刺绣常用绣种，亦称细绣。系于平面底料上运用某些针法绣出设计图案，绣面细致入微，纤毫毕现，富有质感。

㉑ 贴金绣加绘：以贴金绣为基础，再间施以彩绘。

# 第六章
# 地宫奇闻

一切的疲劳都置于脑后，紧张而有序的发掘仍在悬念丛生中进行。最后两道石门接连打开，件件精品耀然出现于眼前，大唐文物之美令人目眩神移。法门寺石破天惊，世界为之震撼……

## 奇珍又至

法门寺地宫
第三道石门

在前室所有珍贵文物一一按严格的考古程序清理出地宫后，考古队员们又发现，在紧接前室的最后面，又赫然出现一道石门。

通过精密测量，由考古队员金宪镛执笔，记录如下：

门高0.8米，宽0.69米，结构与隧道门大致相同。门槛系整块石条，长1.42米，高0.3米，宽0.34米；凿有两个门臼窝，直径约10厘米，窝深3-4厘米，底部垫有铁片。

这道门中部有门环，环上挂一铁锁，铁锁已经朽坏。两扇门上分别浮雕出一位天王和力士，施以彩绘。东边一扇门上是手执巨斧的大力士，可惜由于时代久远，身彩大部分脱落，仅余头部。西边一扇门上是右手握剑、左手托塔的天王，脚下踩一小鬼，形象逼真传神。

打开这两扇石门，金宪镛又在考古现场记录簿上记道：门框石厚约0.33米，门楣石横架于门框石之上，长1.2-1.5米，高0.2米，厚0.35米。门楣石之上又立放着一块石板，石板顶部高于其前后的顶盖石。两扇门各高0.89米，宽0.42-0.44米，厚约0.1米。

室内又是一个珍宝世界。考古学家韩伟当场定名它为中室。

队员们自然为眼前的发现而激动不已，他们发现这中室室内结构与前室大致相同。由于此室居内，所以，大自然的破坏相对小一些。

最令考古队员们吃惊的是，就在这中室的中间位置，竖立着一尊白如莹雪的汉白玉四棱塔状雕刻物。将它与前室中的四铺菩萨彩绘阿育王塔一对比，显然制作得更加精美细腻，体态也大得多。在它的前面正中位置，有一鎏金铜熏炉。汉白玉灵帐架在四棱形塔的上面，灵帐上披有三领金袈裟，与地宫前室武则天的金袈裟质地没

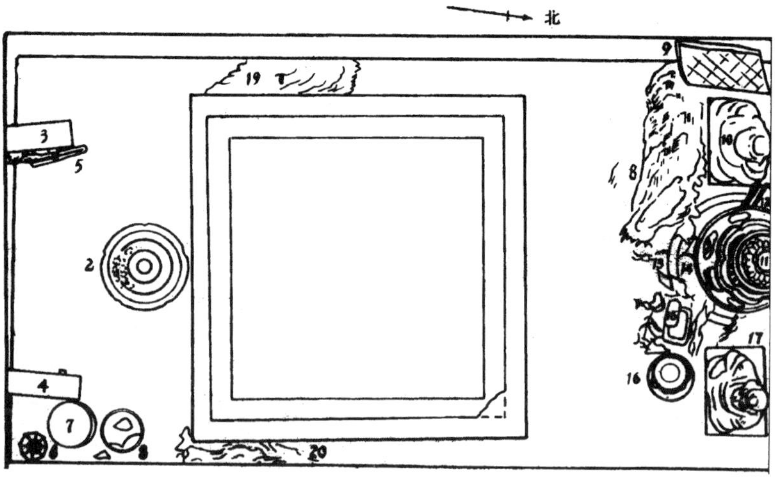


法门寺地宫中室文物分布图

有多大区别，件件金光闪闪，使人叹为观止。金袈裟边上，放有一双光彩照人的金鞋。

金宪镛、王保平等做过记录后，十名经过精心挑选的身板结实的民工，手把手肩摩肩，齐心协力将汉白玉石灵帐抬出地宫。考古队员们进一步往里，这时，他们又发现一个奇迹：在汉白玉石灵帐后的正中靠北壁处，放有一大型银风炉。韩伟一口咬定，这风炉为壶门[①]圈足座银风炉，系钣金成型，分作炉盖和炉身两部分。炉盖沿下折，形成三层渐收的棱台。盖面呈半球形，上半部镂空，模冲出两层莲瓣，盖顶以三层银片做成的仰覆莲瓣承托镂空的宝珠形莲蕾。炉身敛口，深腹，平底。口沿亦为三层渐收的棱台，每层棱台的外缘六曲。腹部上小底大，腹壁为内外两层相铆合。内层分作六块，与炉底铆接；外层即为圈足座，其腹部以下部分镂空六个壶门，底部与外折的足沿相接。炉底除与内层腹壁铆接外，其下焊有用作承托的十字形铜片。炉身两侧口沿下各铆接一个提耳，炉身通体铆钉之端均饰以小银花，花体部分已脱落。炉盖上面贴一墨书签封，犹可见到字迹：“大银香炉臣杨复恭”。这一签封显然系当时专擅朝政的宦官杨复恭所写。在他看来，事佛奉佛即与这千古法门寺的名声一样齐名。经测量，此炉通高56厘米，盖高31.3厘米，盖沿外径23.2厘米，炉正身高25.2厘米，口径20.7厘米，腹深16.5厘米，足沿外径34.6厘米，重3920克。这具风炉无论是从制作的精细程度，还是从体态的魁伟上来讲，均是不太多见的，文物价值更是弥足珍贵。

地宫出土的壶门高圈足座银风炉

在这具风炉的正前方，有三具金银棱檀香圆盒形木箱，高约13厘米，直径为40厘米。打开箱子，其中两个箱子里面装着一模一样的鎏金双凤纹银棺。这两个银棺均系钣金成型，纹饰鎏金。棺盖为半弧形，前部錾[②]饰莲台形华盖，其下有花结形绶带[③]；中部以横列如意云头为栏界，其内錾双凤衔绶带；内壁两端焊有凸棱台，刚好与棺体扣合。棺体前档宽高，錾一假门，门扇上錾饰出铁锁和三排金钉；门上部有梯形楣额，下部饰以流云，两侧各侍立一脚踏莲花的菩萨。棺体两侧的前部，各錾一金刚力士，后档錾出两只蹲狮。棺座与棺体焊接，中空，四侧壁均錾饰出火焰形壸门。通高7.2厘米，棺盖长10.2厘米，宽4.5厘米，棺体长8.2厘米、宽3.8–4.8厘米，棺座高1.65厘米、长9.7厘米、宽5–6.5厘米，每一棺重248.5克。

在另一具檀香木箱内，满装着世间罕见的唐代最有名的宫廷瓷器——秘色瓷[④]。有碗、有盘、有碟，共计十五件，正是《监送真身使随真身供养道具及金银宝器衣物帐》中所指明的。在箱里，还有一秘瓷八棱净水瓶。这净水瓶，不由人想起《西游记》中观音菩萨手持的那个专收妖孽、普度众生的净水瓶。这净水瓶小直口，圆唇，细长颈，浅圈足。颈底部饰三周弦纹，肩腹部有八条竖向凸棱。通体青绿色釉，釉层薄而均匀，瓶口内壁开细碎冰裂纹[⑤]。高21.5厘米，口径2.2厘米，肩径11厘米，足径8厘米。箱中的秘瓷碗，共五件，都为侈口。其中三件为平折沿，尖唇，腹壁斜收，平底内凹，胎较厚，通体施青绿色釉，釉层均匀，光洁莹润。碗外壁留有仕女图包装纸的痕迹，底外壁有一周烧痕，高6.8厘米，口径22.4厘米，沿宽10厘米，底径9.5厘米。另两件则是一对，口沿五曲，腹壁斜收，曲口以下有凸棱，平底、圈足，胎较前边三件薄一些，通体均施青灰色釉，均匀凝润，外壁也留有仕女图包装纸的

地宫出土的五瓣葵口圆足秘色瓷碗

印痕，高9.4厘米，口径21.4厘米，腹深7厘米，足高2.1厘米，足径9.9厘米。

再往外取，发现六件秘色瓷盘。这六件分三双，有敞口的，有侈口的，有口沿呈五曲花瓣形的，有折沿五曲的，有通体施青黄色釉的，有通体施青灰色釉的，釉色都均匀凝润，细腻可人。还有一点相同，就是六件瓷盘底部外壁都有火烧的痕迹。

自箱中最后取出的是两件平脱⑥银扣秘瓷碗，亦为不可多得的珍品。

除秘色瓷器外，还同时出土了两件白瓷碗和一件白瓷瓶。

地宫出土的八棱秘色瓷净水瓶

## 秘瓷写真

面对着十多件稀世罕见的秘色瓷器，我们在此对秘瓷的历史作一番回顾。

秘瓷是专供皇室使用的瓷器，它的价值在历史上甚至高过金银器皿。作为王宫贡品，劳苦人民是不可能拥有的，因为全大唐帝国仅越窑⑦一家可以生产。由于生产工艺独特，别的地方如陕西的耀州窑⑧等，均不可能烧制出来。在唐代，瓷器是按釉色的不同分为白瓷⑨和青瓷⑩两大系列的。青瓷数越窑质量最高，而越窑中又以秘色瓷最为有名，它的工艺由于属皇家专有，是绝对不得随意外传的。

中国古代的瓷器，是同古代四大发明一样伟大的发明。而大唐帝国的独珍秘瓷，更以其高雅的釉色和精美的艺术造型，跻身于国际舞台，并一枝奇秀、占尽鳌头，成了与世界各国人民联姻致谊的使者。

中国流往国外的瓷器，或成为王宫显贵的传世珍宝，或成为其国家博物馆中不可多得的藏品。在此，我们随手撷来几束因中国古瓷器而发生的故事：

故事之一：当中国的青釉瓷器传入欧洲并首次进入法国时，受到了人们的夹道欢迎和赞扬。当时的法国人把龙泉青瓷称为“雪拉同”。“雪拉同”是“阿司特来”神话中一位牧羊人的名字，由于法

古代造瓶图（引自《天工开物》，明·宋应星著）

国人为龙泉[11]青瓷鲜绿欲滴的青色瓷釉和精妙造型所折服，几乎找不到一个恰当的词汇来加以形容，只有那神话剧中牧羊人雪拉同所穿的华丽无比的衣服颜色可以与之媲美。因此，“雪拉同”便成了中国瓷的代名词，传扬至今。

故事之二：17世纪以后，欧洲虽已烧制出自己的瓷器，但只能烧制低温软质瓷器，高温烧制的硬质瓷还没有成功，各国使用的上等瓷器全来源于中国。从丝绸古道上流至欧洲的中国瓷，被人们视为价值连城的奇珍异宝，备受崇尚和偏爱。在欧洲，一般宫廷内莫不以陈设中国瓷器作装点而自豪，尤其是在上层社会及贵族之间，还常把手中拥有中国瓷器作为相互炫耀的资本。在普鲁士王国的历史上，也曾有这样一则趣事：神圣罗马帝国萨克森王朝某皇帝在选皇后时，为了向各国宾客显示其财富，他动用自己的四队近卫军换来邻国君王的十二件中国大型青瓷花瓶，陈列于婚礼大厅之上。此事一下子轰动了全国，国人称之为“近卫花瓶”。如今，这批闻名遐迩的“近卫花瓶”，在经历了漫长的岁月后，仍完好无损地陈列在德勒斯登博物馆内，游人如梭般前来品评、观赏。

故事之三：时序进入1608年春，一位名叫威廉·格琼斯的英国人，在亚洲各国旅行时笔录了这样一件事：莫卧儿皇帝贾汗吉尔在自己的所有宝物中，最喜欢那件价值昂贵的中国瓷盘，他经常让保管人员将瓷盘拿出来供他欣赏。有一次，保管人员不小心将瓷盘摔碎，他异常惶恐，担心皇帝降罪加害于他，于是急忙暗中派人速去中国购买一件类似的盘子。就在购买人还未回归之时，一天贾汗吉尔皇帝又想欣赏瓷盘，当这位皇帝得到报告说盘子已被不小心摔碎时，立刻龙颜盛怒，喝令将保管人员毒打一顿，但仍不解心头之恨，又下令没收了这位可怜的保管员全部家产。这位瞬间趋祸的保管员，整整调治了两个多月，才将遍体棒伤养好。然而，贾汗吉尔皇帝在这两个月中，一刻也没有忘记自己心爱的瓷盘，他寝食不安，一种重新得到瓷盘的欲望时时袭扰着他。由于被打的保管员是一位中国通，贾汗吉尔不得不又想到了他。为了再次得到一件中国瓷盘，他宽赦了保管员，赐给保管员五千里拉的款项，同时退还其四分之一被没收的财产，命其出国，再去设法寻求一件类似的瓷盘，并勒令若找不到瓷盘，不许其回国与妻子儿女团圆。经过艰苦的努力，保管员最后终于在波斯国王的皇宫见到了一件与被摔碎的瓷盘极相像的瓷盘，并苦苦做通了波斯国王的工作，用巨额款项买得瓷盘，才兴奋地跑回国向贾汗吉尔皇帝交差。

故事之四：翻开《明实录》，有一段文字说的是明朝正统年间，皇家机关光禄寺奉旨设宴，招待来访的各国宾客，宴会的气氛极其热烈，盛况空前。然而，谁也没想到会发生一件意料不到的事。盛宴中所用的器皿，全是御窑瓷器，形形色色的山珍海味和模样精美的瓷器用品，使各国来宾们大开眼界。宴会结束，收拾打扫杯盘的内宫仆役发现宴会所用的器皿竟所剩无几，而地上桌上却无半片残瓷碎物。难道器皿都不翼而飞了吗？于是便命东厂、西厂调查，很快真相便大白了：原来各国宾客酷爱中国瓷器，在宴会上，人人嘴里嚼着珍馐，心里却怀鬼胎，宴会还未结束，他们的衣袖中已包裹了一件件瓷器。经统计，被他们“悄然携走”的各种御窑瓷器，共五百八十余件！此事传出，立即成了当时大明朝野轰动一时的趣谈。史家以评判官的身份，十分客观地对此做了记载……

我们从以上几则故事不难看出，中国古瓷器在历史上是何等地引起世界仰视、渴望。然而，从另一方面我们也不能不说，正是诸如瓷器一样的众多珍宝，引发了近代列强争食侵吞中国的野心。圆

古代烧制瓷器图（引自《天工开物》，明·宋应星著）

烧制瓷器程序

进入烧制阶段

明园[12]的殁没，对于中国的一部文物史，即是奇耻大辱。

法门寺地宫的打开，无疑是我们对中国瓷增添了希望和信心。

当代瓷器工艺专家李知宴先生等曾专门撰文，针对法门寺出土的青瓷，尤其是秘色瓷，考证说这是煅烧工艺走向成熟的标志。从每一件出土的瓷器看，都有端庄规矩、线条优美的特点。器物的口、腹、底各部位以至瓶腹的突棱全做得一丝不苟。线条的长短盘曲，处理得大方得体，胎体的厚薄也都安排得与使用功能紧密协调，没有一点生烧或过烧现象，这说明当时工匠已可熟练掌握成型工艺。从火烧所留下的小垫饼痕处看，浅灰色胎细腻致密，胎体颗粒均匀纯净，没有当时其他窑烧制瓷胎上多见的杂色和粗大颗粒，也没有窑裂[13]、断裂和起泡[14]现象，说明瓷土原料的开采、捣碎、淘洗都很精细。生产釉色上好的青瓷需在烧制后期控制窑内的还原气氛，使胎、釉原料中的氧化铁（$Fe_2O_3$）还原为氧化亚铁（FeO），赋予瓷器以青绿颜色。假若工匠技术不全面，火候掌握不当，还原气氛控制不好，或者烟尘污染釉面，釉面就将出现杂色，失去当然的美感效果。法门寺出土的青绿釉秘色瓷就是在微妙的还原焰中烧成的，烧造时窑内气氛显然掌握得恰到好处，这不能不说是越窑这项独有的青瓷烧造技术的最高体现。

法门寺发掘的晶莹润泽，如宁静的湖面一样清澈碧绿的青瓷秘色釉面，不能不使人为之赞叹、震惊。人们很自然地想起唐代诗人陆龟蒙专门为秘瓷唱的那首赞美诗《秘色越器》:“九秋风露越窑开，夺得千峰翠色来。好向中宵盛沆瀣，共嵇中散斗遗杯⑮。”由此可以想见，在青绿釉秘色瓷烧制的当年，人们对它的评价是多么高。

这些越窑秘色瓷的出现，还解决了长期以来存在于考古界和工艺陶瓷界之间不同程序的争议。以往有关秘色瓷的讨论，仅限于文献资料，而文献资料的记载又众说不一，使得研究的证据不足。而现在这大量的秘色瓷出现，并配合《物帐》碑文字所记载，可谓名实相副，使得这一问题终于真相大白于天下。结合以前的考古发现，可以作出判断，秘色瓷的始烧年代只能在唐朝，或者更确切一些，可说是在晚唐。我们终于可以理直气壮地高呼一声，法门寺使中国瓷器史显出了它最为光辉灿烂的一页!

## 菩萨捧真身

就在壶门圈足座银风炉的两旁，各立一持剑护法天王，周围仍然有一堆丝绸。此刻，人们在吃惊之余，发现了精美的风炉和天王前方，尚有一尊双手捧着一片荷叶的鎏金银的菩萨，面容慈祥无比。大家为这美妙的造型惊呆了。

为什么菩萨双手要捧荷叶，这个问题是不难解释的。因为在佛教经典上，佛是荷花的化身，那么荷叶自然就成了佛的体貌身型。所以，菩萨双手其实捧的不是我们普通的荷叶，而是佛灵的象征。

考古队员们目不转睛地看那尊菩萨。只见它高卷发髻，头戴花鬘一样的宝冠。上身袒露，斜披帛巾，双臂饰有金钏，双手捧着荷叶，上置錾刻发愿文的镀金银匾，荷叶边向上微微翻卷，恰好似一盘子。菩萨下身穿一羊肠大裙，双腿左屈右跪于莲花台上。通身装饰珍珠璎珞⑯，金光耀眼，在头上的花鬘冠边缘，串饰有珍珠，冠中有一坐佛。

菩萨手捧的荷叶上放的金匾呈长方形，缀有匾栏，长11.2厘米，

菩萨捧真身

宽8.4厘米。栏上贴饰16朵宝相花，衬以蔓草，内饰联珠纹一周。匾上錾文依稀可辨，共65字、11行：

奉为睿文英武明德至仁大圣广孝皇帝，敬造捧真身菩萨永为供养。伏愿圣寿万春，圣枝万叶，八荒来服，四海无波。咸通十二年辛卯岁十一月十四日皇帝延（诞）庆日记。

由此錾文可以判断，此乃专为供奉佛指舍利而制，祷祝懿宗天下太平。就在金匾的两侧，以销钉套环，与护板相连。这护板呈长方形，长6.6厘米，宽3.5厘米，边沿饰有一周几何纹样的草叶，内外缘各饰联珠纹一周。

在护板的中间，镂空成三钴金刚杵[17]，四周衬以缠枝蔓草。莲座呈钵形，顶面八曲，边饰联珠纹，顶面与底面均錾梵文，腹壁由上至下饰有四层仰莲瓣，每层八瓣。莲瓣的上两层内，各錾一尊有首光或背光的菩萨或声闻伎乐像，它们手执莲、捧琴或结跏趺坐，两侧衬以缠枝蔓草。鼓一样的束腰，顶面与莲台焊接，底部以覆莲座套接。腹壁一周分别錾执剑、执斧、执塔、拄剑的四大天王，空隙处分錾三钴金刚杵。覆莲座呈覆钵形双层，外层上部饰有一周八瓣覆莲，每瓣内各錾一梵文；中部一周錾八尊三头六臂金刚，均有背光。座下有立沿，饰联珠纹与莲瓣纹一周。内层中心錾十字三钴金刚杵，两侧各有一行龙，并衬以流云纹。

这尊菩萨通体身高38.5厘米，重1926克。综观全像，菩萨与像座构成了一个完整的曼荼罗[18]（即坛场、道场）。

对于这尊捧真身菩萨像座上的多种式样的菩萨和天神像，当代学者晁华山曾专门撰文指出，印度佛教密宗高僧金刚智、不空和善无畏三人曾先后在8世纪初来到中国长安，带来了密宗信仰。在捧真身菩萨像座上的多面多臂像，极有可能是依据新传入的密宗典籍刻造的，他认为，9世纪时的长安佛教仍与印度佛教保持着联系。

考古队员们小心慎重地仔细清理完这一件件弥足珍贵的、价值连城的文物，正要舒展一下腰背手足的时候，又发现中室的后壁上

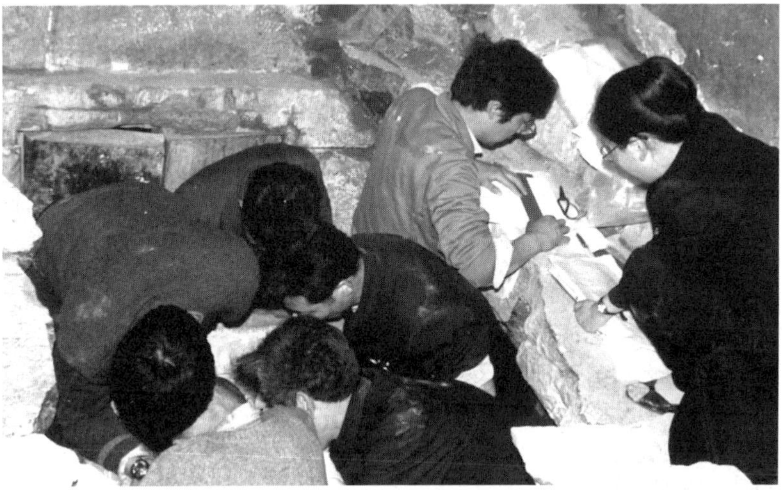

工作人员在地宫内发掘

出现一道石门。他们互相对视，交换了一下欢欣的神态，一齐向前围拢过去……

## 感慨金银

这一道石门是整个发掘过程中的第四道门。

这道门最显著的特点是没有锁。队员们轻而易举地推开了这雕有门神天王的石门。

随着石门的推开，大家被眼前辉映着珠光宝气的庞大的文物群激动得热泪盈眶。这眼前的神奇景观，无疑是大唐帝国皇室精美物品的聚集地。小到生活用具，大到工艺玩物，应有尽有，一派富丽奢华的金银世界。

金银钱财作为人们换取衣食生活物品的经济媒介，它是一种光怪陆离，可以撩拨人心、颠倒黑白，使怯懦变为坚强、使孱弱变为勇敢、使乞丐变为公侯的东西。展现在每一位文物考古工作者眼前的金银器，都以它无法估量的文物价值和金钱价值吸引着人。只要取得这批珍宝，哪怕是百件之一二，便可使这些工资微薄的考古工作者的生活眨眼间变样，贫穷即刻与他们一家人甚至几代人无缘。但是，他们是考古工作者，是中国古文物的发掘和保护者，他们人人肩上所担负的对祖国负责对历史负责的职责，告诉他们这么多文物自己只有保护、研究的权利，文物本身是不能据为己有的。

这满满一室金银器，比之前面已发掘出的三室文物，更独具特色。而且，质地之精巧，数量之众多，均是前面几个洞室里发掘的金银器物无法相比的。在这种类繁多、规模巨大的珍宝库，考古工作者似乎看到了有唐一代七次大规模迎奉佛骨的隆重场面。他们感慨上自皇权独握的帝王、下到王侯乃至普通百姓对佛的虔诚，同时，他们也看到了唐代社会经济繁荣、科学技术等各方面遥居世界各国之首，"古今焜耀，中外归依"那灿若星辰的恢宏气势。

## 件件是精品

虽然后室内的器物看似散乱随意放置的，但是，考古专家们还是作出了"这大批的遗物以八重宝函为中心分布"的结论。

因为后室的器物在专家们看来是按佛教密宗图释的格局放置的，共两层。八重宝函置放于后室北部的墁地石板上，函顶盖上放着一尊鎏金菩萨像，宝函两侧各立一身石雕护法天王，护法天王形态如生，尽显对护物的忠诚。南部放有五足朵带[19]银熏炉及炉台，四个银阏伽瓶[20]分立于后室四角，其余成双成组的器物亦分置于宝函前两侧。

地宫后室文物分布图示

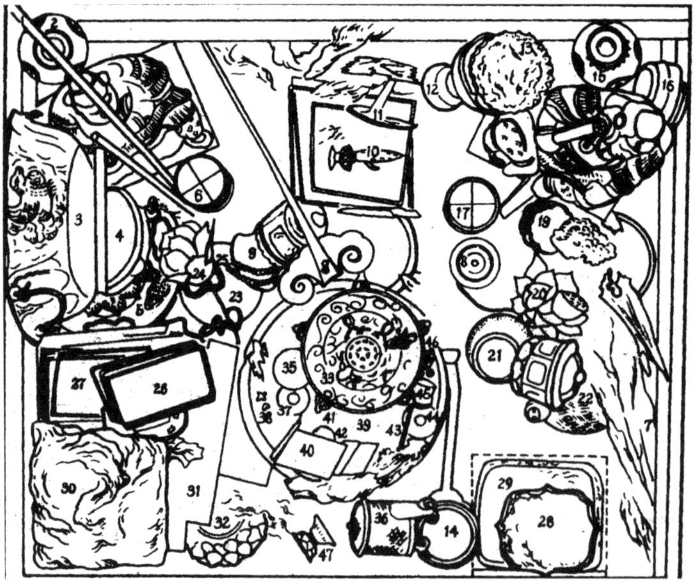

这里不是想象中的童话宝库，而是实实在在的地宫后室。由于前三室的奇妙及珍宝的众多，已使队员们适应了金银器炫目的辉煌，所以，后室的发掘，是在有条不紊的条件下进行的。队员们虽震惊、赞叹，但为了细致入微、不差毫厘地将每一件

地宫后室出土的鎏金双鸳团花银盆

珍宝收记，他们的心遂于一次次冲动中平静下来，工作紧张而严谨。

一切的器物都是围绕着八重宝函放置的。根据《物帐》碑记文，这八重宝函无疑是佛灵骨珍藏器（后来打开被证实）。其实，从其他器物的分布上，也可以看出极力烘托八重宝函之规模布局的用意。这一点，不论是石兴邦、韩伟、韩金科还是冯宗游，心里自然是有数的。

由于当时发掘工作紧张，所以现场根本没有时间去打开八重宝函，只将八重宝函清理运往扶风县博物馆保护起来。

其他珍宝，也一件一件被清理、登记、现场保护。宝物真是堆积如山，有迎真身银金花双轮十二环锡杖、鎏金三钴杵纹银阏伽瓶、鎏金鸳鸯团花纹双耳圈足银盆、鎏金鸿雁纹壶门座五环银香炉、鎏金壶门圈足座波罗子、檀香木金山、素面银如意、鎏金人物画银坛子、鎏金菩萨像、素面圈足银灯、鎏金圈足银水碗、单轮十二环金锡杖、素面盝顶[21]银函（外用丝绸包裹）、水晶枕、银芙蕖[22]等等，应有尽有。

由于篇幅所限，我们仅在此介绍少量的器物，相信读者会从中感悟出我国古代无论是科技还是文化艺术在当时世界上所处的无与伦比的领先地位。

在后室内大量摆放的金银铜器，其中生活用具包括食容器、熏香器、茶具和其他用品四种。食容器，有盆、盒、波罗子（用以盛放果品）、羹碗碟等，最引人注目的是唯一的一件鎏金鸳鸯团花纹双耳圈足银盆。该器为浇铸成型，纹饰鎏金，侈口，圆唇，斜腹下收，矮圈足，四曲口缘的内外均錾饰一周简化的莲瓣纹。盆壁自盆口凹曲处至盆底竖列凸棱，将盆壁分作四瓣，每瓣内錾两朵横列的阔叶石榴团花，团花中一只鼓翼鸳鸯立于仰莲之上，两两相对，鸳鸯团花之间衬以流云和三角阔叶纹。盆壁内外的装饰花纹完全相同，犹如透印而成。盆底模冲，捶打出一对嬉戏的鸳鸯和阔叶石榴组成的大团花，四周施鱼子纹地，形成浅浮雕效果。盆外壁两侧口沿下各铆接两个兽面铺首㉓，口衔满錾海棠花纹的圆环，环上再套置弓形提耳。圈足外撇，与盆底焊接，外壁錾一周扁团花。盆底外壁錾有“浙西”两字。盆高14.5厘米，口径46厘米，足高2.5厘米，足径28.5厘米，重6265克。根据“浙西”两字，石兴邦判断，这显然是晚唐浙西道（治所在今江苏镇江市）献于皇室的宝物，懿宗把它又献给了佛祖。这具银盆，足以说明晚唐江南地区金银器手工艺在全国处于很重要的地位。它是我国迄今所见唐代金银器皿中最大最重的珍品。

正是这件使在场发掘者惊叹不已的精美鎏金银盆，在六年后的1993年6月，轰动了国际奥委会总部所在地瑞士洛桑城。当时法门寺博物馆馆长韩金科携带着它，作为和平使者前往洛桑体育城博物馆进行文物展览，同行的其他八件文物诸如鹰鼎、金镂玉衣、兵马俑、清乾隆皇袍等，均是中国最高等级的文物，既显示了中华民族历史文化源远流长、博大精深，又昭示了中国对于申办2000年奥运会的决心。鎏金银盆是以唐文化代表的身份前往瑞士的，韩金科作为法门寺博物馆的负责人，心情自然感慨万千，激动不已。

而以墨书“随真身御前赐”字样令发掘者惊叹的鎏金双凤衔绶纹圈足银方盒更是精品。它钣金成型，纹饰鎏金，呈扁方形，直口，浅腹，平底，矮圈足，盒盖盒身形制相同，上下对称，以子母口扣合，盖面高隆，外缘錾一周莲瓣纹，中心錾相对翱翔、口衔绶带花结的双凤团花，角隅錾十字绶带花结纹样，均施鱼子纹地。腹壁均錾饰扁团花纹，鱼子纹地。盒底部外壁有同心圆旋痕。圈足外撇，与盒底焊接。墨书在盖面上团花处的六字，分两行排列。盒底外壁竖錾一行十二字“诸道盐铁转运等使㉔臣李福进”。盒通

鎏金双凤衔绶纹银方盒

高9.5厘米，边长21.5厘米，足高1.7厘米，足径18厘米，重1585克。

最引人惊叹的，当数迎真身银金花四轮十二环锡杖了。

由于种种原因，长期以来，日本正仓院所藏白铜头六环锡杖，号称世界锡杖之王，大和民族的佛门弟子们也引以为荣。而在地宫后室的这件迎真身银金花四轮十二环锡杖，就有了十分特殊的意义。这件锡杖，相传为释迦牟尼的大弟子监制，但从碑文记载看，则为懿宗下旨"文思院"所造。我们服从石兴邦的见解，以"实物为证"，即为"文思院"所造。只见这件锡杖高196厘米，由58两白银、2两黄金雕铸而成。杖首有垂直相交银丝盘屈的两个桃形外轮，轮顶为仰莲束腰座，上托智慧珠一颗。外轮每面各套雕花金环三枚，共十二枚。外轮中心的杖顶又有忍冬花（即金银花，象征"益寿"）、流云纹、仰莲瓣组成的三重佛座，其上承托五钴杵与宝珠。杖身中空，錾刻有手持法铃、身披袈裟于莲台之上的沙弥僧十二体。锡杖通体錾饰金花，杖首刻四出团花，衬忍冬花。杖身中段刻六出团花，衬有缠枝蔓草鱼子纹，中间夹杂着蜀葵。直锡杖的下段，刻着一整二破[25]二方连续团花，衬五彩流云纹，整体造型雍容华贵，制作精绝。显然，无论从哪方面看，都比日本正仓院150厘米高的白铜头锡杖等级要高，形制要宏伟得多，是不可多得的礼佛事佛之珍品。

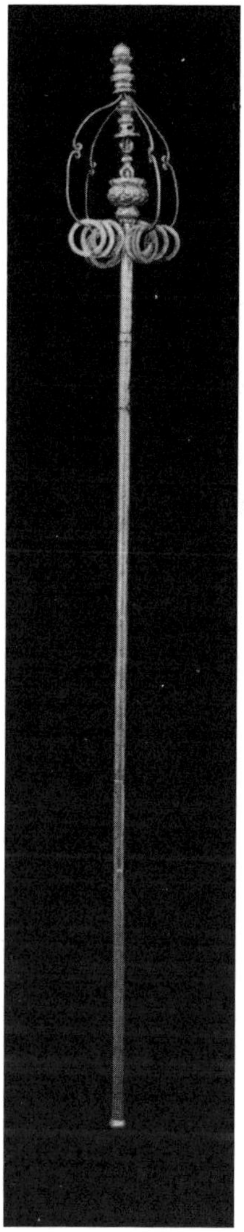
地宫后室出土的鎏金双轮十二环银锡杖

与迎真身银金花十二环锡杖同时发掘出的另一件纯金双轮十二环锡杖，更是精巧绝伦。这件锡杖通体用纯金制成，杖杆为圆柱形，顶部有桃形轮杖首。轮心之杖端，为跏趺坐于莲座上的坐佛，有背光，杖樽为宝珠形，轮顶为仰莲座智慧珠，轮侧各套有直径2.2厘米、厚0.2厘米的六枚锡环，通长27.6厘米，杖杆长25厘米，最大直径0.6厘米，总重221克。这件锡杖是以它的纯金制作工艺的精妙而取胜，同样赢得人们的赞叹。

在将素面银香案、银食箸、藻井垂饰、银则、银羹碗子碗盏等一一登记后，发掘仍在继续，时间已到了傍晚。紧张的发掘工作使考古队员们极为疲劳，但是，为了赶进度，更为了将地宫的秘密早日公诸于众，他们无暇休息，必须连续作战。对法门镇再熟悉不过的韩金科、淮建邦等人及时调来了电工，接拉电线，安上照明设备，队员们开始挑灯夜战。

这时，大家眼前又一亮，叠压在一起的器物中，现出一刻有文字的纯金钵盂。它当场被命名为迎真身纯金钵盂。呈圆唇状的纯金钵盂，斜腹下收，水平底，通体光洁。从其口沿的錾文得知，金钵是奉敕造于咸通十四年三月廿三日的。高7.2厘米，口径21.2厘米，壁厚0.12厘米，总重573克，在当今世界僧众聚会的各地佛寺中，这纯金形制的钵盂并不多见。与此同时发掘出的，还有三件钵盂，其中一件为迦陵频伽纹金钵盂，特别小巧精致。为模铸成型，呈直口微敛，方唇，腹壁斜收，平底，通体錾花。内壁装饰三重结构纹饰：口缘施一周联珠纹，其下为一周二方连续的卷草；腹壁錾四只捧莲迦陵频伽鸟，衬以缠枝蔓草，鱼子纹地；底部以莲蓬及一周莲瓣组成莲台。外壁口沿处饰二方连续的缠枝蔓草，近底处錾一周仰莲瓣。高3.3厘米，口外径9.4厘米，底径3厘米，重161.5克。

就在这个时候，年轻有为、善于思考的曹纬，发出一声疑问："不知这件绛黄色绫带包裹的是什么东西？"人们随着他的手指处发现，有一绛黄色绫带，封系着一个正四棱柱形的东西，近前打开一看，原来里面包裹着又一个重要文物——素面盝顶银宝函。只见它钣金成型，外壁发出闪闪白雪光亮。盒体方正，盖作盝顶。从盖与身以铰链相连、司前有锁匙以备开合上看，意味深远，大家心里霎时庄重起来。一量这件通体素净的宝函，通高19.3厘米，口径长

考古人员发现内藏佛骨舍利的素面盝顶银宝函

现场考古人员王亚蓉手提鎏金银香囊展示

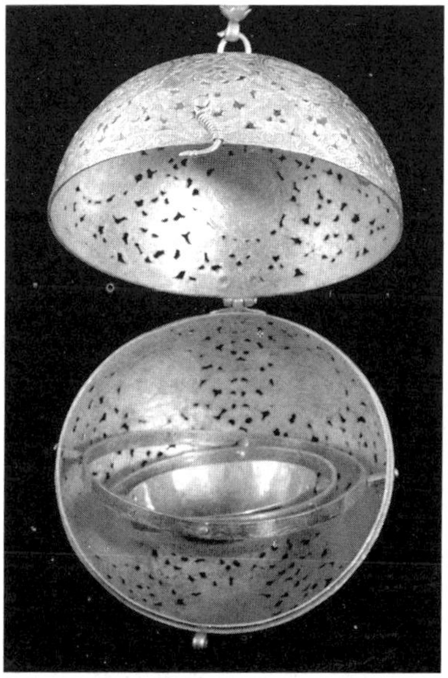

鎏金银香囊开启后情形

宽17.5厘米，函体长宽18.4厘米，盝顶面长宽13.25厘米。一称，重1999克，后来发现里边藏有佛骨一枚。

随着发掘工作的深入，一件件珍宝的神秘面纱一点点被揭示开来。

一对大小不一的香囊，出现在考古队员眼前。大的为鎏金双蜂团花纹镂孔银香囊，为镂空球体，上下半球体以合页铰链[26]相连，钩状司前控制香囊之开合。下半球体内有两个同心圆组成的持平环，铆接香盂于其中并与球体相连。球冠有圆钮，上接U形银链，链端套有环勾，链下端有莲蕾饰物。它的制作与现代陀螺仪[27]构造原理相

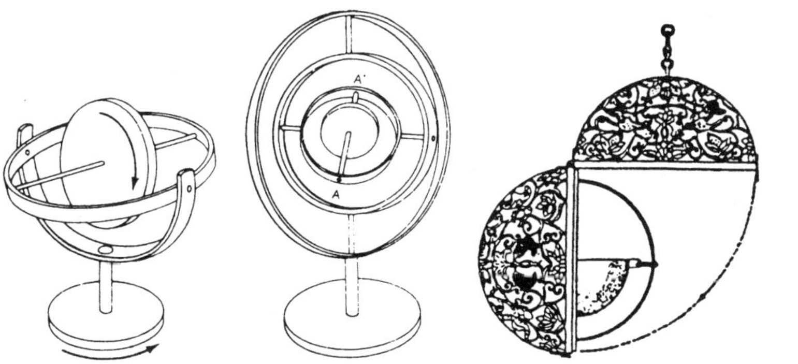


陀螺仪与香囊的平衡原理示意图，左为双框架式，中为三框架式。

同，无论香囊怎样倒置放立，内中香盂始终保持水平状态。香囊的上下球体均錾饰五朵双蜂纹团花，冠饰四蜂纹团花，球底饰折枝团花，通体为镂孔的阔叶纹样，直径12.8厘米，外衔一银链长24.5厘米，重547克。

这枚香囊，是迄今为止我国发现的最大的唐代熏球。盂内香料不会洒出，充分显示我国古代运用平衡原理制作熏球的工艺水平是多么不可思议，这种技术的发明，远远早于欧美近代航海航空使用的陀螺仪原理。

## 武警出兵封锁法门

就在考古工作者打开地宫的同时，一团团黑云开始向法门寺上空飘来，一个个犯罪分子把邪恶的魔爪伸向法门寺。某些大国的情报部门，立即开动一切情报机器，在法门寺四周紧急扫描……

据中国的反情报部门透露：海外几个黑社会集团已从中国香港、澳门秘密潜往西安和法门寺周围，并与国内几个走私盗窃文物集团勾结，伺机作案。

当地公安机关根据明察暗访，惊奇地发现，在西安古城、扶风县城，尤其是在法门寺附近，游荡着一个又一个身份不明的可疑之人。他们若隐若现、若合若离，行踪诡秘，居无定处，像暗夜中的幽灵，又似阳光下的魔影，无处不在，又无迹可寻。

公安机关调集一切力量，密切注视着法门寺四周急剧变化的情况，刑警组织开始了秘密行动。

就在法门寺地宫打开第二道门的这天上午，天度乡派出所三位干警，终于发现两个穿着奇特的青年，在法门寺不远处一个土包上，凭着树木的遮掩，用高倍望远镜向寺内观望。当三位干警悄悄包围过来时，只听土包下的道沟里一声口哨响起，两个神秘的青年悄然消失在树林之中。干警们在土包的一棵树上，发现了一只挂在枝杈上的黄色挎包，这是神秘人物在逃跑时遗忘的物件。只见黄色挎包内，装着扶风县地图、县文化馆地形图、法门寺地形地貌图，并且

荷枪实弹的武警战士跑步抵达法门镇街口，开始对法门寺实施封锁。

在地图上几个主要的地段和道路口都用红、黄、蓝、黑四种颜色的笔画下了一道道圈点。两个神秘人物的用意已显露无疑了，情况万分危急。法门寺考古队领导小组、扶风县公安局立即电告陕西省委、省政府和宝鸡市有关部门，请求派重兵封锁法门寺。

陕西省委、省政府接到紧急电告，连夜召开会议，决定由武警陕西省总队火速派兵赶赴法门寺。

当武警陕西省总队长高文华、副政委王哲忠等受领完任务后，已是凌晨一点多钟。他们立即召集司令部有关处室的负责人研究对策，制订进兵法门寺的方案。

凌晨五时，总队长高文华和随行的处长、参谋驱车抵达法门寺。此时，事先接到命令的宝鸡市支队、四支队的主官，已经带领五十名荷枪实弹的战士将法门寺团团围住，形成了一道绿色的城墙。

法门寺地宫的发掘工作仍在悄然进行，为确保珍贵文物万无一失，武警官兵在地宫内外设置了铁丝网、阻车路障，同时设置了内警卫、外警卫、固定哨和游动哨，整个兵力布置可谓固若金汤。

尽管法门寺地宫发掘情况对外严密封锁，但消息还是不胫而走，且越传越远，越传越奇。先是由挖出铜钱传为挖出金棺，随后变为挖出了释迦牟尼的真身，且这位匿藏了几千年的佛祖，依旧活蹦乱跳、光彩照人等等。

奇特而怪诞的传说如雷鸣电闪，很快传遍了古老的周原，并且以其越来越神奇的力量走出关中而遍布中华大地。人们怀着惊奇、猜测、疑惑，从四面八方纷纷拥向法门寺，期望一睹这万世不朽的活佛的风采和容颜。

4月15日中午，法门寺外聚集了几千名四方百姓，要求参观地宫，担负寺门警卫任务的战士李兵、王进，耐心地向四方百姓解释不准参观的理由，尽管他们使出浑身招数，但人流还是一浪接一浪地向寺门涌来。人群中有一个蓄小胡子、长发、黑脸的青年高声喊道："什么规定不规定，今天非看看地宫不可，大家往里冲啊！"

随着青年的喊声，人群开始骚动起来。有几个年轻人来到门前，将两位战士挤到了身后，当这两名战士用尽气力正欲摆脱困境时，人群中突然爆发出一声尖叫："当兵的耍流氓了！"话音刚落，一个打扮妖艳的女人捂着胸脯蹲在了两位战士的身前，几个青年趁机煽动群众："当兵的耍流氓是不是违反规定，快走，冲进法门寺看地宫呀！"顿时，人群蜂拥而来，朱红色的大门咯咯作响。

面对危局，两名战士意识到这可能是一场阴谋。从冲在前边的几个青年的眼神和行为判断，他们似乎和妖艳女人有某种关联，或许这是一个早有预谋的抢宝计划，刚才那妖艳女人莫名其妙的叫喊及假惺惺的动作，无不证明着这一点。要是真的让不明真相的群众冲进寺内，后果不堪设想。这时，只见其中一名战士对他的同伴大声喊道："你守住大门，不要离开。"自己迅速跃上门旁的台阶，"哗啦"一声将子弹推入枪膛，对已趋疯狂的人群喊道："大家不要受个别不法分子的欺骗，现在法门寺属非常时期，谁要是在此起哄闹事，将受到严厉惩罚……"面对乌黑的枪口和战士的宣传，百姓们仿佛明白了什么，吵嚷叫喊声顿时停歇，人流开始后退。前边的几个青年和那个妖艳女人挤进人群，瞬间消失了。

冲击法门寺的事件暂时得到了平息，地宫珍宝有惊无险。但是，无论是武警官兵还是不法分子，心中都十分清楚，真正的较量还在后头。

## 注 释

①壶门：隋、唐时期盛行的装饰性拱门。常见于宫殿阶基、佛道灵帐、须弥座等的束腰，亦可延伸应用在家具、器物的台座上，以雕刻或贴络手法制成，门内多雕有人物故事、吉祥花草等图案。

②錾：金属细工传统技法。即运用小凿在金属坯件表面，垂凿出各式花纹图案或文字。

③绶带：古代的一种佩饰。用四彩（四种颜色）或一彩的丝条（丝织窄带）编成，长一丈到两丈余，状似带片。

④秘色瓷：简称秘瓷，古代名窑进贡朝廷的一种特制瓷器精品。因其专供皇室使用，秘不示人，且釉药配方、制作工艺保密，故名。

⑤冰裂纹：亦称开片。瓷器釉面的一种自然开裂现象。形成原因有二，一是成型时坯泥沿一定方向延伸，影响了分子的排列；二是坯、釉膨胀系数不同，焙烧冷却时釉层收缩率大。制作上可分为填充型和覆盖型。

⑥平脱：古代装饰工艺的一种，用金、银箔片镂刻成各种图案，胶黏在器胎上，髹漆后细加研磨，使花纹脱露，器物表面依旧平齐。这两只碗，碗口和圈足包镶着银扣（即口沿涂银一圈），碗外壁为胎面，上面有慢轮切削出的弦纹，然后涂抹黑漆，漆上平脱金银箔镂刻的花鸟团花纹样，以散点形式装饰在碗的外壁。

⑦越窑：唐、五代时最著名的青瓷场和青瓷系统。中心窑址在今浙江余姚上林湖附近，旁及绍兴、上虞、余姚、宁波、诸暨、镇海等地的青瓷窑，这一带唐时属越州，故名。越窑青瓷胎质坚硬，釉色莹润，纯净如翠，装饰上多为刻花和印花，纹样活泼优美，富有浓郁的诗歌情趣。曾大量出口，在亚、非、欧各地均有遗物发现。五代时设官监造越窑青瓷，专供宫廷使用。北宋以后，越窑逐渐衰落。

⑧耀州窑：宋代名窑之一，是民间青瓷的主要产地。窑址在今陕西铜川市黄堡镇附近，宋属耀州，故名。唐时该窑多烧造白、黑釉瓷，北宋开始烧造青瓷，北宋末为盛期。耀州青瓷胎质灰白而薄，釉色匀净，有的青如橄榄，有的稍绿，也有的为微微闪黄，花纹多为自由流畅的刻划花和结构严谨丰满的印花，形成一个与越窑风格有别的北方青瓷窑系。金、元以后，胎釉较粗厚，花纹简化，品质已大不如前。

⑨白瓷：釉料中没有或只有极微量的呈色剂，生坯挂釉，入窑经过高温火焰烧成的素白瓷器。

⑩青瓷；我国著名瓷器的一种。在坯体上施以青釉（以铁为着色剂的青绿色釉），在还原焰中烧制而成。

⑪ 龙泉：即龙泉窑，宋代名窑之一。窑址在今浙江龙泉县，故名。相传南宋有章生一、章生二兄弟，在龙泉设窑场，生一所烧的窑称“琉田窑”，又名“哥窑”；生二所烧的窑称“龙泉窑”，又名“弟窑”。龙泉窑的特点是胎薄如纸，釉色以翠青、梅子青和粉青最佳，莹润清澈，色泽柔和，似玉一般。装饰有堆塑与贴花，别具一格。南宋时达到盛期，形成继越窑之后的一个新的青瓷窑系。元代时龙泉青瓷大量运销海外，明代继续烧造，清中期逐渐衰落。

⑫ 圆明园：在今北京市西郊海淀附近，为环绕福海之圆明、万春、长春三园之总称。始建于康熙四十八年（公元1709年），至乾隆九年（公元1744年）基本完成，嘉庆、道光、咸丰各代屡有修建，楼阁亭台无数，文物珍宝收藏丰富，被称为“万园之园”。咸丰十年（公元1860年），英法联军劫掠园中珍宝，并纵火焚园，这一举世闻名的艺术宝库遭彻底破坏，现仅存部分建筑残迹。

⑬ 窑裂：瓷器出窑时坯体带有裂痕的现象。形成原因有二，一是配料不当；二是在烧窑时，溜火（小火）时间过短即转入高温，残留在坯体中的水分因急遽化成蒸气，引起膨胀而破裂。

⑭ 起泡：宋以前瓷器往往有器体凸起气泡的现象。这是瓷器成型前炼泥不细致，泥中有气泡所致。

⑮ 嵇中散，即竹林七贤之一的嵇康，公元223-262年，三国魏谯郡人，为魏宗室婿，曾任中散大夫，后遭钟会诬陷，被司马昭所杀。斗遗杯，指的是斗茶、斗茗。斗茶为唐、宋时风尚之一，饮茶者相互评比优劣，其项目如茶叶、茶具、茶水等，包罗万象，各有标准。

⑯ 璎珞：以线缕珠宝串结成的饰物，常见于佛、菩萨的颈项间。

⑰ 三钴金刚杵：佛教法器，亦作三股金刚杵。金刚杵原为古印度的一种兵器，佛教密宗以之表示智慧、坚利、斩断烦恼、降伏恶魔的法器。一般用金、银、铜、铁等金属或硬木制成，长八指到十二指、十六指、二十指不等。中间有握把，两端有独股、三股、五股、九股等刃头。

⑱ 曼荼罗：佛教名词，又作曼陀罗、慢怛罗、曼拏罗，简称曼荼或曼拏，即坛场、道场。一般密教修习秘法，为防止魔众侵扰，在修法处画一圆圈或建以土坛，有时还在上面安置佛、菩萨诸尊像，事毕像废。在中国、日本等国，把坛场和佛、菩萨像绘制在纸帛上（或雕塑成器物），亦称曼荼罗，大致可分为几种，一是“大曼荼罗”，描绘佛、菩萨的形象；二是“三昧耶曼荼罗”，描绘佛、菩萨的法器（如刀、剑、莲花、轮宝等）和印契（手的姿势）；三是“法曼荼罗”，描绘诸佛、菩萨的梵字象征图，此梵字象征或名为“种子”，故法曼陀罗亦称“种子曼陀罗”；四是“羯磨曼荼罗”，描绘佛、菩萨的威仪（各种姿势与动作）事业，包括佛、菩萨的铸像、塑像等。以上合称“四种曼荼罗”或“四曼”。

⑲ 朵带：器物上的饰件名，即花结形绶带环。

⑳ 阏伽瓶：密教法器的一种。阏伽，意译为水，特指奉佛之水，内有香花，可清净诸烦恼罪业。

㉑ 盝顶：中国传统建筑屋顶形式之一，呈四面坡，中为四条平脊相围的平顶。后亦延伸应用在器物顶盖上。

㉒ 芙蕖：即莲花，具有出淤泥而不染的特质。莲花为佛之净土，又是佛教六供具（花、香炉、烛、汤、果、茶）之一，专门用来供养佛和菩萨。

㉓ 铺首：衔门环的底座，以铜制成，多作虎、螭、龟、蛇形，因以兽面铺设，故名。

㉔ 诸道盐铁转运等使：诸道盐铁使与诸道转运使的合称。唐代中期以后，因财

赋入不敷出，特置盐铁使（主管食盐专卖，兼管银、铜、铁、锡等金属的开采冶炼）、转运使（经理江淮米粮钱币物资的转运，供给京师及百官所需），多以大臣充任，并于各地分置巡所以掌其事。诸道盐铁使常与诸道转运使合为一职，通称盐铁转运使，为当时握有财权的重要官职。

㉕ 一整二破：传统图案结构方法之一，是指一个整体中破为两个相互对立而又相关联、相反而又相成的图形。如太极图即是典型。

㉖ 合页铰链：器物饰件名，亦延伸应用于家具上。常组成两折式，是连接器物两个部分，并使之能活动开合的金属片。

㉗ 陀螺仪：一种观测或显示地球旋转的装置。主要组成部分是安装在框架内能绕任意轴高速旋转的转子。当框架翻转时，转子的动量能使转子保持其原姿态。这一特性，使陀螺仪在飞机、船舶、人造卫星，火箭等运载器的导航与惯性制导系统中，得到了非常有价值的应用。

# 第七章 地宫茶具与中国茶文化的传播

一整套宫廷御用茶具映入考古学者的眼帘，久负盛名的中国茶文化史由此揭开新页。佛门吹起饮茶风，陆羽集大成而作《茶经》。地宫茶具非凡的艺术魅力，中国茶道的远播寰宇。墙根下创出秘龛，一只铁函引人好奇……

## 发现茶具

法门寺地宫后室发掘的大量金银器，无疑是中国大唐金银器制作工艺最高水平的标志。

在出土的金银器中，有一套完整无损的茶具分外引人瞩目，考古人员在擦着面颊上流淌着的汗水的同时，也细心地对这套茶具研究起来。

这套完整的茶具除《物帐》碑所载的“茶槽子、碾子、茶罗子、匙子一副七事共重八十两……琉璃钵子一枚，琉璃茶碗托子一副”

考古人员石兴邦等在地宫后室清理

外，还有长柄银勺、银则、银龟、菱弧形银方盒、盘圆座银盐台等，这些无疑都是茶器的组成部分。而秘色瓷器中的小碟子、琉璃器中的盘子，都可视为茶道①过程中的佐食用具。从茶罗子、碾子、轴等本身錾文看，这些器物于咸通九年至十二年制成。同时，鎏金飞鸿纹银则、长柄勺、茶罗子上还有器成后以硬物刻画的“五哥”两字，“五哥”是宫中对僖宗小时的称呼，而《物帐》碑将其茶具列入新恩赐物（僖宗供物）名下，所以可断定此物为僖宗皇帝所供御用真品无疑。从实物中来看，“七事”应指：茶碾子、茶锅轴、罗身、抽斗、茶罗子盖、银则、长柄勺等七件。另外还有唐僖宗供奉物中的三足架摩羯纹银盐台，由智慧轮法师供奉的三件盘旋座小盐台和由僖宗供奉的两枚笼子、一套茶碗、茶托等御用真品。这套茶器设计科学、使用方便、质地精良、纹饰优美、配套严密，它集中、全面、系统、形象地反映了唐代宫廷茶道的风貌，以物质的外在形式折射出唐宫廷茶道所达到的极高境界。

据后来的专家考证，这套唐宫廷系列茶具，是迄今世界上发现最早、最完善，古代茶文化史料中未曾记载过的最为珍贵的唐代茶具文物。它在确凿无疑地证实了唐代宫廷茶道和茶文化存在的同时，也为研究唐代茶文化及唐宫廷茶道，为研究中国乃至世界茶文化的形成和发展提供了极其珍贵的实物资料。

由于唐代茶文化特别是唐宫廷饮茶方式、使用器具与丰富成熟的宋代茶道和以后流派纷呈的日本茶道的渊源不甚明了，曾经是中国茶文化研究领域的缺憾，所以法门寺地宫唐代系列茶具的出土，就自然地引起了海内外学者的极大热情和关注。

从人类现存的史料看，中国不但是茶叶的故乡，也是世界上最早饮茶的国家。据《神农本草经》记载：“神农尝百草，日遇七十二毒，得茶而解之。”神农尝百草的故事，在其他史料中亦有不少记载，在中国可谓流传甚广，影响颇深。值得一提的是，名称由“茶”字改“荼”字是后来的唐玄宗御批而定，成书于开元二十三年（735年）的《开元文字音义》正式将“荼”去掉一笔，成为现在的“茶”字。

神农时代是“只知其母，不知其父”的母系氏族社会，依此推断，茶的发现和利用至少有四五千年的历史。因而，中国人推崇神农氏为发现和利用茶树的鼻祖也是有充足理由的。

神农氏尝百草图

纵观中国茶文化史，最早提到茶的有关记载便是《诗经》。在其《邶风·谷风》篇中曾有“谁谓荼苦，其甘如荠”的句子。至于“荼”字在当时指的是茶还是其他植物，后人众说纷纭，至今仍未有定论，但唐玄宗将“荼”字改为“茶”字却是事实。晋郭璞的《尔雅注》就曾指出：“树小如栀子，冬生，叶可作羹饮，今呼早采为荼，晚取者为茗。”西汉宣帝时谏大夫、辞赋家王褒写有《僮约》一篇，其中有“武阳买荼”，“烹荼尽具”之句，从描绘的形状和食用的方式看，当年史书记载的“荼”就是现在一直饮用的茶。唐代陆羽撰《茶经》说：“茶之为饮，发乎神农氏，闻于鲁周公。”如果说四五千年前的中国人就开始饮茶似乎不太可信，那么在三千多年前的商周时代，人们开始饮茶也许是可信的。

据史料载，中国茶树的人工栽培，始于两千多年前的西汉乡农吴理真，后称甘露普慧禅师。此人出家后种茶树七株于四川蒙顶山上清峰，名为蒙山茶。此茶后来名声大振，成为茶中少有的珍品，并留下了“蒙山顶上茶，扬子江心水”的千古绝唱。

尽管普慧禅师培植出了茶中珍品并开始饮用，但就整个中国而言，饮茶风俗却不普及。至三国两晋时代，以吴国君主孙皓为代表的上层统治阶级颇为喜欢饮茶，而且文人以茶待客渐成时尚，但茶仍属上层社会享用的奢侈品。

研究者普遍认为，茶在中国的广泛传播应自唐代开始，并与佛教的兴盛有极大的关联。由于佛教在唐代达到了全盛时期，许多僧居佛刹已不仅仅是传播佛学思想、弘扬佛法的地方，也是经济单位和财源势力所在，形成了“十分天下之财，佛有七八”的局面。在“安史之乱”后，禅学中的南宗派②因帮助征税和收“香水钱③”补助军饷有功，而统治者又想利用佛教的影响加强统治，佛教门僧就有了相当大的特权，甚至有了庄园和土地。这些名刹古寺、庄园又多建在云山雾罩、彩云缭绕的名山胜地，优美的风景，温和的气候，充足的阳光和雨量，极宜种植和培育茶树。伴随着佛教的兴起，僧尼们开始提倡坐禅饮茶，驱除睡魔，便于清心修行，饮茶之风首先在僧尼们中日益普及起来，由僧尼们栽种、管理、采制等一系列繁琐的佛事活动也随之产生。

另据史料载，最早培育茶树的蒙顶甘露寺茶的采摘要在四月初八，即释迦牟尼诞生这一天。每年的这一天，附近各山七十二座寺院的和尚都云集蒙顶，焚香沐浴，祭祀“仙茶”，然后由一大德高僧咬一片茶，漱一次口，如此循环往复，共咬完365片，即一年的时日，众僧方可采茶。茶采撷后，由寺僧中善制茶者炒制，众僧一边品茶，一边盘坐围绕诵经。蒙顶甘露寺以采茶饮茶的形式进行的佛事活动，渐被其他寺院采用，如杭州钱塘的天竺、灵隐等寺院，也采取了类似的活动，直至后来将茶发展成沙门规定的专项供养品。日本和尚圆仁在其著的《入唐求法巡礼行记》中有这样的记载：贞元八年六月八日，天竺高僧释智慧奉旨入西名寺译佛经，所得赏赐就有“茶三十半”。唐懿宗还曾亲自为后来护送佛骨舍利入法门寺地宫的僧彻大法师作“赞呗④”，内有“十供养赞”，其中有一项就是茶的供养。此时的沙门已经开设了茶堂、茶寮，配备了专职茶头、施茶僧，以茶来礼待善男信女。

随着“佛茶”的盛行，关于茶树的培植和茶的饮用也在大唐国土上由南向北铺排开来，大有烽火燎原之势，许多乡农也开始了种茶饮茶的活动。在这股大趋势中，中国茶文化史上一位伟人的出现，使饮茶的方式逐渐由最初的药饮和粗放式煮饮发展成为细煎慢啜的品饮，继而演进为富于艺术性、哲理性的茶艺和茶道，为中国自汉代有茶事活动文献记载至唐代为止八百多年间的茶事做了一个总结，同时为开创后世的茶学研究和茶学的传播，树起了光彩夺目的一座里程碑。

——这就是曾创作出不朽巨著《茶经》并被后人誉为中国“茶圣”的诗人陆羽。

## 陆羽与《茶经》

陆羽，字鸿渐，生于唐开元二十一年（733年），父母不详。因为陆羽出生不久便被父母抛弃，“有竟陵（今湖北天门）禅师智积得婴儿于水滨，育为弟子。及长，耻从削发，以《易》自筮，得《蹇》之《渐》曰：‘鸿渐于陆，其羽可用为仪’，始为姓名。有学，愧一事不尽其妙。性诙谐”。这便是陆羽幼年时大体的文字记载。而关于陆羽与茶结下的不解之缘，也从幼年开始。

陆羽幼年时就在龙盖寺初学茶事，因他聪明又用心，煮茶技艺不断提高，不断创新，所煮之茶渐渐有了自己的特色，因而受到智积禅师的赞赏。由于陆羽天性诙谐好动，聪明伶俐，不太喜欢看上去枯燥乏味的僧侣生活，所以他在唐天宝二年（743年）离开了龙盖寺，加入了当地一个戏班学戏。戏班经常到各地演出，陆羽在随行中也开始更广泛地接触茶事活动。天宝五年（746年），一个偶然的机会，13岁的陆羽受到被贬至竟陵当太守的河南尹李齐物的赏识，并出资送他到火门山（今湖北省天门县）邹夫子处读书。就在陆羽读书的三四年间，他在潜心攻读之余，还为性喜茶事的邹老夫子采茶、煮茶，并在火门山南坡凿泉引水，以煮良茶。陆羽成名后，此泉被称为陆羽泉。天宝十一年（752年），陆羽又与被贬当竟陵司马的礼部员外郎崔国辅结识，两人经常在一起交谈，论定茶事，研讨茶水的品质。此后又“与之游处，凡三年”，北到义阳（今河南信阳一带），西至巴山峡川。在这三年的游历中，陆羽了解了更多有关茶事的情况和知识，为以后撰写《茶经》打下了基础。

“安史之乱”后，陆羽于至德元年（756年）离开竟陵，沿长江

《陆羽烹茶图》(元·赵原绘，原图设色)

而下，经过鄂州、黄州、彭泽等地，一路游览寺观，采茶品水，结识名士。上元初（760年），陆羽到达湖州。

当时的湖州并未受到“安史之乱”的影响，此处山清水秀，人杰地灵，社会安定，名士云集，加上茶事活动历史悠久，优质茶水众多，极有利于开展茶事研究。由于这些优越的自然条件和人文景观，陆羽在湖州定居下来，并先后居住达三十年之久。

当时湖州杼山妙喜寺和尚皎然，是一个嗜茶擅诗的名僧，为人心性高洁，热情好客，相传是南朝诗人谢灵运十世孙。皎然在湖州属地长城（今浙江长兴）顾渚山区辟有茶园，常以诗谈茶。陆羽的到来使两人很快成了忘年之交，陆羽在皎然的帮助下，衣食尽有，“谭宴永日”，品茶作诗，甚得其趣。他以湖州作为安居的大本营，经常到与湖州邻近的杭州、苏州、常州、润州等产茶区，进行实地考察，使他对茶事的研究越发精到，也为《茶经》的问世做了进一步的铺垫。从后世留传的陆羽和吴兴名妓李冶交往的故事中，可以看出此时的陆羽已将茶事活动推行到一个艺术的境界了。

陆羽经好友皎然和尚的引荐，结识了当时在湖州属地吴兴号称色诗双绝的名妓李冶。当陆羽第一次前来拜访已经入观作道士的李冶时，按当时时兴的风气，李冶给陆羽敬了一杯热腾腾的香茶。谁知陆羽仅向杯中看了一眼，便说道：“亏了你还以诗才著称，料不到还没摆脱庸俗之气。”

此话一出，不由使李冶吃了一惊：“我李冶还没与您正式交谈，怎么就认定我俗气？”

陆羽用手往茶杯轻轻一指道：“就凭这杯茶已可看出。”

“这茶有什么？”李冶不解地望着陆羽。

“亏了你们吴兴的啄木岭茶名扬天下，吴兴顾渚山的紫笋茶还是皇家的贡品，对茶如何冲调，你还跟俗家一般，没入门哩！”陆羽答。

“呀，冲茶泡茶也有学问？”李冶更加惊讶。

“岂止是学问，而且学问大着呢！”陆羽有些得意地继续说，“茶乃养生之精，论其性它具有解热渴、驱凝闷、缓脑痛、明眼目、息烦劳、舒关节、荡昏寐、提神、醒酒等功效，长期服用，可以有力悦志，增益思考……这些其实还都是外在的，更深层次的则在五美，也就是味之美、器之美、火之美、饮之美、境之美。说到底是一种天人合一的大思想、大艺术之美……”

李冶见陆羽越说越玄，心中叹服的同时又有些不解地问：“您还没喝这杯茶，怎么就说我的茶未脱俗气呢？”

“就凭浮在水面上的几片茶叶，我就知道你起码不是用开透的水泡的，不用开透之水，茶味如何能现？”

李冶似有所悟，并自愿拜陆羽为师学习茶艺，陆羽当然乐意，当晚就留宿观中，且一住就是半个多月。在这段时间里，陆羽除与李冶谈论诗文以外，主要传授烹茶品茗的功夫。李冶凭着自己的聪明伶俐，很快领会了其中的要诀。不久，李冶除诗名色艺外，善于烹茗煮茶的声名也振动四方。后来，又经过陆羽的传授，李冶的茶艺之术又走向了一个新的境界。

唐建中四年（783年），德宗皇帝闻知李冶的诗名和茶名，特下诏召她上京晋见，这时李冶已四十多岁，但姿色不减当年，唐德宗在惊喜之中，召幸了她。第二年，大将朱泚发动政变，唐德宗仓皇而逃，李冶被弃在宫中。而朱泚入宫后，寻遍后宫佳丽，当寻到李冶时，见其仍是风韵宜人，尤其那一身洁白细嫩的肌肤，更是令人想入非非。朱泚当场将其挟入内室加以非礼，并命其随时待命侍夜，李冶迫于无奈，只好遵命。但这场叛乱不久便被平息，唐德宗再度回京时，恼恨李冶对他的不忠，竟下诏将其杀害了。

李冶虽死，但她从陆羽那里学来的茶道艺术却流传了下来，直到今天，吴兴一带还有人用她的烹茶方法，煮茗待客。而湖州一带著名的“擂茶”，据传也是她留下的绝技。

就在李冶死去的前五年，也就是唐建中元年（780年），她的茶艺之师陆羽，经过大半生的潜心研究，终于在湖州青塘门外，完成了世界上第一部茶学专著《茶经》。此书上承神农本草之学，下启农桑耜之术，对中国思想学术史、科学技术史起到了承先启后的作

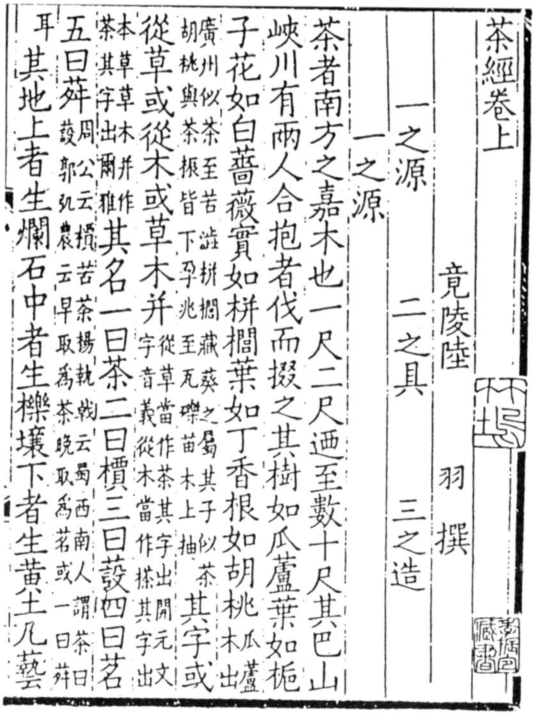
茶經卷上

竟陵陸羽撰

一之源　二之具　三之造

一之源

茶者南方之嘉木也一尺二尺迺至數十尺其巴山峽川有兩人合抱者伐而掇之其樹如瓜蘆葉如梔子花如白薔薇實如栟櫚葉如丁香根如胡桃（瓜蘆木出廣州似茶至苦澀栟櫚蒲葵之屬其子似茶胡桃與茶根皆下孕兆至瓦礫苗木上抽）其字或從草或從木或草木并（從草當作茶其字出開元文字音義從木當作搽其字出本草草木并作荼其字出爾雅）其名一曰茶二曰檟三曰蔎四曰茗五曰荈（周公云檟苦荼楊執戟云蜀西南人謂茶曰蔎郭弘農云早取爲茶晚取爲茗或一曰荈耳）其地上者生爛石中者生櫟壤下者生黃土凡藝

《茶经》书影（《百川学海》本，宋·左圭）

用。《茶经》的问世，在标志着中国的茶事已开始成为一门科学、一门艺术的同时，也体现了以茶—人为载体的物质特性与人类精神活动的高度统一，为唐代的文化、经济、贸易、科技乃至社会风俗起到了巨大的推动作用。

由于唐代茶事的兴旺和发达，饮茶极为讲究，饮必名茶，煮茶之水必引自名泉。陆羽在广泛总结了饮茶人的看法和亲身实践后，评定了天下名茶和名泉。在《茶经·一之源》中，把全国八大茶区粗定为“上、中、下”三等。具体到一地，则根据土质、气候、生长情况的优劣做了评述。他在著作中说：“上者生烂石，中者生砾壤，下者生黄土”，“野者上，园者次，阳崖阴林；紫者上，绿者次；笋者上，芽者次；叶卷上，叶舒次。”同时，陆羽还评定了天下之水，并排出了座次。他将庐山康王谷水帘洞之水评为水中状元，由此引发了一场“品水公案”，这个公案直到千余年后，才由大清朝的乾隆皇帝一锤定音。

## 地宫茶具的艺术魅力

陆羽在《茶经》中除阐述了茶道艺术的五美和各种煮茶饮茶的要素和精义之外，还开列了28种专门器具及其规格、造型和功用。

这是中国茶具发展史上最早、最完整的记录，可见唐人对茶具选择也同样重视。

唐代饮茶器具，民间多以陶瓷为主，而皇室贵族家庭多用金属茶具和当时稀有的秘色瓷及琉璃茶具，法门寺地宫出土的唐代宫廷系列茶具有力地证明了这一点。这套出土茶具，是皇室宫廷茶文化的完美体现，也是大唐帝国宫廷饮茶风尚极其奢华的见证。法门寺地宫出土的由僖宗为迎送法门寺佛骨舍利而供奉的御用系列茶具，配套完整，数量丰富，它在作为迄今为止唐代茶具考古最为重大的发现的同时，也从不同的侧面、不同的角度，对唐人的“吃茶”艺术进行了一次形象、生动、真实的透视和折射。

请看：

**烘焙器**

金银丝结条笼子：通高145毫米，重335克，有盖、直口、深腹、平底、四足，盖为穹顶，笼有提梁，盖与提梁之间用链相连。整个笼子用极细的金丝、银丝编织而成。通体剔透，工艺精巧。它是供烘烤团茶⑤用的，并为唐僖宗所赐。

鎏金飞鸿毬路纹⑥银笼子：通高178毫米，足高24毫米，重654克，有盖、直口、平底、深腹、四足，有提梁。通体镂空，纹饰鎏金，点缀着飞鸿，栩栩如生，它同样作为烘烤团茶所用。

鎏金镂空鸿雁毬路纹银笼子

在此，应该提及的是，茶具中的金银丝结条笼子和鎏金飞鸿毬路纹银笼子，其编织方法和1959年北京明定陵出土的万历皇帝那用金丝编织的朝天幞皇冠⑦基本相同。而万历皇帝的皇冠出土时，专家们断定，此种编织方法至宋代才开始出现。其实，从法门寺地宫出土的茶具来看，早在唐代，金丝编织工艺已经达到相当高的水平了。定陵万历皇帝皇冠发掘后造成的错误论断，在这里有了一个明确纠正的机会。

**碾罗器**

鎏金鸿雁流云纹银茶碾子：因唐代煮茶用团茶，所以在煮茶之前，要将团茶烘烤，再用茶碾子碾碎烹煮。它由碾子和锅轴两部分组成，与现在的中药碾子相似。茶碾子系钣金成型，纹饰鎏金，通体方长，纵横而呈“Ⅱ”形。通高71毫米，横长274毫米，槽深34毫米，辖板长207毫米、宽30毫米，重1168克，底面錾铭文“咸通十年文思院造银金花茶碾子一枚，共重廿九两，匠臣邵元审，作官臣李师存，判官高品臣吴弘悫，使臣能顺”。由此可见，这枚碾子显然是文思院专为皇帝打造并用来碾茶的茶具之一。而从那银锅轴来看，分别由执手和圆饼组成，纹饰鎏金，圆饼边薄带齿口，中厚带圆孔，套接一段执手。饼面刻“五哥”字样，并带半圈錾文“锅轴重十三两十七字号”。前边已经介绍，“五哥”是僖宗皇帝未即位前的名字，因而可断定此物也是僖宗皇帝的。这枚锅轴小巧玲珑剔透，饼径89毫米，轴长216毫米，重527.3克，是典型的宫廷茶具用品。

鎏金飞天仙鹤纹壶门座银茶罗子：通体呈长方形，由盖、身、座、罗、屜组成，钣金成型，纹饰鎏金，四周饰驾鹤仙人及流云纹。茶罗子是在团茶碾碎后用来筛茶的，罗为双层，厚约20毫米，高约20毫米，中夹质地为细纱的网筛，极为细密，罗下有屜，可放茶面。

鎏金壶门座茶碾子打开后上置纯银锅轴

纯银锅轴

陆羽对饮茶人的要求是“精行俭德”。后人又将其概括为“五字精蕴”，即“清、和、俭、怡、健”，含义乃是清心养神、和气安性、俭德精行、怡情励志、健体长寿。这五字精蕴和后来在日本形成的茶道那“和、敬、清、寂”大体是相通的。

也正是由于陆羽提倡饮茶人要“精行俭德”四个字，故他在《茶经·四之器》篇中，主张这些器具要用木制或竹制。当

左图，银坛子一侧画像。右图，山西太原金胜村唐墓壁画局部，二者画像有相通之处。

鎏金人物画银坛子

时人们品茶，多是自碾自罗，而碾和罗的过程，也是品茶者酝酿品茶时所需要的那种情趣的过程。法门寺地宫出土的这些银制镀金并刻有花纹的豪华茶器，显然不是陆羽在《茶经》中倡导的那种茶具，其原因当然是帝王之家与平民百姓甚至官僚士大夫的不同，帝王一旦把饮茶变成一种享受，也会在品茶的过程中加入精美的茶器和豪华奢靡的气派，同时借助茶道反映皇权至高无上的威力。

**贮茶器，贮盐、椒器**

鎏金银龟盒：通高130毫米，长280毫米，宽150毫米，重818克，龟状昂首、曲尾，四足内缩，龟甲为盖，甲上有龟背纹。通体惟妙惟肖，酷似一只乌龟。此盒的妙用在于储放碾碎的团茶，茶装入后，既可揭甲盖提取，也可从龟口中倒出。从中国的古代直至今日，龟象征着吉祥长寿，而把龟的形象作为茶器的装饰图案，则表明了皇家祈求“圣寿万春，圣枝万叶”的心愿。

摩竭纹蕾钮三足盐台

鎏金人物画银坛子：共出土两个，其一高247毫米，径132毫米，腹深112毫米，全重883.5克，钣金成型，纹饰鎏金。坛子为直口、深腹、平底、圈足、有盖。腹壁分为四个壶门，分别錾有仙人对弈、伯牙捧琴、箫史吹箫、金蛇吐珠等栩栩如生的画图，标志着中国画与金银钣錾工艺融为一体的精湛技艺。这就是供储放盐等调料专用的人物画银坛子。

鎏金蕾纽摩竭纹[8]三足架银盐台：通高250毫米，由盖、台盘、三足架组成，支架有錾文为“咸通九年文

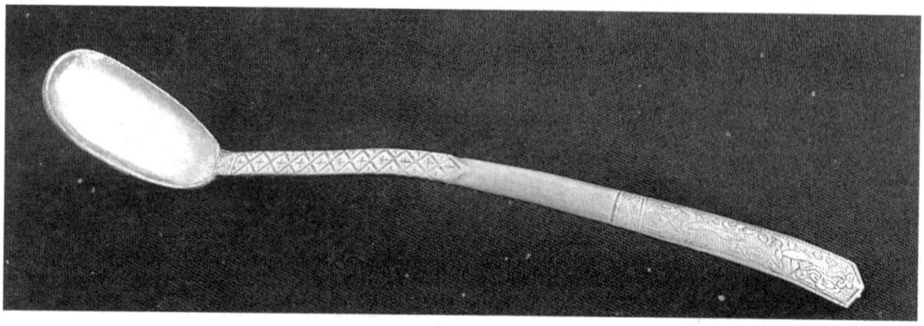

鎏金飞鸿纹银匙

思院准造涂金银盐台一枚”。由于煮茶时，茶中要放盐、胡椒等佐料，据此可断定，这是专门供储放盐和胡椒所用的茶具。

**烹煮器**

鎏金蔓草纹长柄勺：全长357毫米，重84.5克，匙面呈卵圆形，微凹，柄上錾有蔓草纹图案，并刻有“五哥”字样，当为僖宗生前所用，后与其他茶具一同供养于法门寺地宫。主要用途是在煮茶时不断击沸汤面，使茶末融于汤中。

鎏金飞鸿纹银则：全长192.1毫米，横径26毫米，纵径45毫米，重44.5克，小巧精致，与长柄勺形状相似，“则”是投茶时的匕状量具，形如勺，柄前窄后宽，后端作三角形，前后两段分别为联珠组成菱形图案，间以十字花飞鸿流云纹。

**饮茶器**

鎏金伎乐纹银调达子：通高117毫米，重149.5克，钣金成型、纹饰鎏金，为直口、深腹、平底、圈足、有盖。调达子是专供调茶和饮茶之用，这次出土是迄今见到的最早的点茶⑨器之一。

素面淡黄色琉璃茶盏、茶托：通体呈淡黄色，有光亮透明感。

鎏金十字折枝团花纹小银碟

茶盏侈口，腹壁斜收，茶托口径大于茶盏，呈盘状，高圈足。这是一套供人饮茶的器具，造型原始、简朴，质料微显混浊模糊，属唐代地道的中国式茶具制品，由此可见，中国的琉璃茶具在唐代已经起用。

素面琉璃茶盏茶托

除此之外，法门寺地宫中还出土了五瓣葵口圈足秘色瓷碗等一系列秘色瓷器。这套瓷器色泽青莹柔和，造型古朴典雅，初步认定为茶具中的点茶器。陆羽在《茶经·四之器》中，对饮茶器皿的质地色泽进行了评述：

> 碗，越州上，鼎州次，岳州次，寿州、洪州次。或者以邢州处越州上，殊为不然。若邢瓷类银，（则）越瓷类玉，邢不如越一也；若邢瓷类雪，则越瓷类冰，邢不如越二也；邢瓷白而茶色丹，越瓷青而茶色绿，邢不如越三也……越州瓷、岳州瓷皆青，青则益茶，茶作红（绿）白色。邢州瓷白，茶色红；寿州瓷红，茶色紫；洪州瓷褐，茶色黑，悉不宜茶。

从陆羽的论述中，可以看到唐代饮茶以及茶道对“色香味”的讲究和境界。茶道的最高境界则是首先在于茶叶汤色的自然本色——绿色，而能昭显茶叶这一自然之美的瓷器即为上品。当时越州窑烧制的青瓷茶青如天、明如镜、薄如纸、声如磬，其釉彩纹色更是千变万化，姿态纷呈，若作为茶具则的确有美不胜言之境，也难怪唐代诗人发出了“越瓯犀液发香茶”的赞叹。法门寺地宫出土的一整套宫廷系列茶具的非凡魅力，形象地再现了已经逝去的久远年代里人类的精神历程，人们通过这套迄今为止世界上发现最早、保存最完整而且茶史典籍未作记载的晚唐宫廷茶具，不仅可以了解那个时期的历史及宫廷生活的印痕，而且还看到了以感性形态存在于其中的人的本质力量，从而产生了一种很高层次的审美愉悦。

这套茶具除质地高贵、造型精巧、纹饰流动等艺术特色之外，

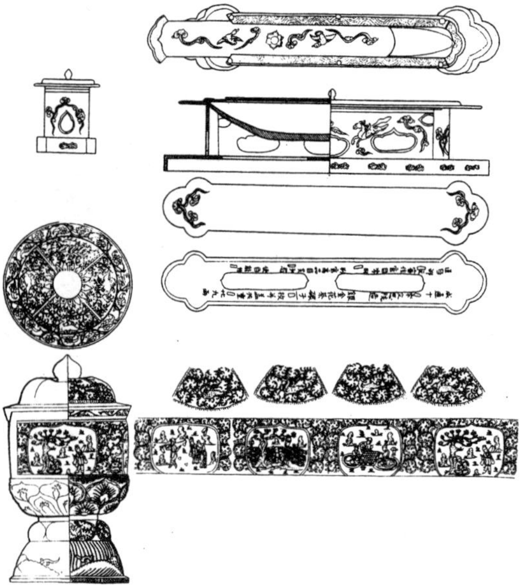

地宫出土茶具纹饰白描图

和其他出土的物件相比最为不同也最具独到之处的特点，则是整体和个体组成的阴柔之美。正如众所周知的那样，当历史年轮行进到晚唐时期，昔日那种奋发昂扬、激越豪迈的精神和美学追求已不复存在，那种“枞金伐鼓下榆关”的豪迈气势，那种“气蒸云梦泽，波撼岳阳城”的壮美境界，已经一去不返。时代的剧变，带来了精神家园的迁徙，人们在精神领域转向了新的思想追求，阴柔就成为时代转折期的一种新的美学标志与追求，而法门寺地宫出土的茶具，正是这一美学思想和特色的体现。无论是贮茶饼的笼子，碾罗茶面的碾子、罗子，贮茶面的盒子，盛盐、椒的盐台，或是饮茶用的调达子、琉璃茶托、茶盏及佐食用的秘瓷盘等，均精巧玲珑，飘逸轻盈。整体与个体、个体与个体之间互相匹配协调，那婉转飞动的纹饰，那色彩绚丽的机体，无不折射出一种自身特有的动人心魄的阴柔之美，而在这种美的意境深处，又包含着黄老哲学中那无为的思想底蕴，这种思想也正是晚唐政治背景的映照，是“无可奈何花落去”的政治挽歌。

多少年来，与人民生活息息相关的唐代茶文化一直是人们关注的热点，由于缺乏实质性文物的参考，人们对整个唐代茶文化的研究又大多集中在陆羽和寺院茶道的层面上。传统的观点一直认为，唐代茶文化、唐代茶道集中体现在陆羽《茶经》之中，因而在评价、阐述唐代茶文化现象时，又多以《茶经》为评判标准，同时也以《茶经》为唐代文化研究的重点。

毋庸置疑，作为世界上第一部描述茶的专著，《茶经》在茶文化中有着其他著述所无可替代的重要作用，但由于作者本身的地位、所处时代和地域的局限，也决定了其著作不可能全面总结、反映唐代茶文化的全貌。法门寺地宫出土的系列茶具，是陆羽及其同时代的人所未曾见到的。而今天的茶文化界，由于缺乏资料和实据，对唐代宫廷茶道及宫廷文化一直缺乏深层的了解和研究，甚至对这个领域的研究是一项空白。法门寺地宫宫廷系列茶具的出土，给了今天的人们认识唐代宫廷茶道和以此为代表的唐代茶文化的一个绝好时机，从而可以改变茶文化研究一直停留在一个单一的层面和缺乏从一个时代历史文化背景和一个民族文化大背景下把握茶文化的全面认识。

法门寺地宫出土的系列茶具，为我们勾勒出了唐代宫廷茶道的鲜明轮廓和辉煌气象。唐代宫廷茶道是在陆羽《茶经》茶道的基础上，结合了唐代宫廷礼仪的产物。它是对陆羽《茶经》茶道的一种完美的实践，同时也发展了陆羽的《茶经》与茶道，既然茶道已成为一种成熟的文化现象，就必然具备较深的思想内涵以及较完整的艺术表现形式。唐代宫廷茶道体现了茶与政治、经济、宗教、文化的结合，是茶文化在一个更高的层次上进行的发展与传播。宫廷作为封建社会最高层的代表，无疑地就成为当时社会时尚与文明的典范，是文化思想传播和推广的中心，是社会意识的源头。茶文化一旦从民间走进宫廷，便成为宫廷文化的一个重要组成部分，这股文化的移植，除了表明大唐的茶文化发展得更加成熟外，还极大地扩大了茶文化的社会影响。而从地宫中唐懿宗期望佛祖保佑的“圣寿万春，圣枝万叶，八荒来服，四海无波”的愿望，以及唐僖宗将茶道具体供奉佛祖的虔诚态度来看，茶文化由民间、寺院上升到宫廷，是宫廷的自觉行为，又是能够使这种文化继续发展的原因。宫廷茶道首先在内容和形式上达到了完美精极的程度，它既体现了在茶文化中具有深远影响的“和、敬”精神，同时也作为一种特殊的宫廷礼仪，反映了儒家“重礼仪，明序伦”的“礼乐”精神。这一点，也正是茶文化得以在宫廷兴行的原因之一。这种深层次的中国传统茶道精神，清晰地反映出唐代宫廷正是当时茶文化发展的最高形式，也是茶文化走向成熟的重要标志。

可以说，法门寺地宫出土的这套金碧辉煌、华美富丽的唐代宫廷御用茶具，真实地反映了宫廷饮茶的风俗和习惯，证实了陆羽在《茶经》中所述的饮茶之道。其大体的步骤为：先将茶叶烘焙，放在茶碾中用锅轴碾成粉末，然后将碾碎的茶叶放进茶罗子细罗，经罗底筛下的茶叶粉末落入抽屉中。吃茶时，从抽屉中取出这些粉末状茶叶入炉烹煮，并加盐、椒等佐料，调成糊状一并吃下，这便是唐人饮茶的大体过程、方法和规程。而通过饮茶联结友情，品味人生，观照人类社会自身，是唐代渐成的文人茶道的特色；饮茶过程中超脱世俗的宁静，是寺院僧侣茶道的特色；兼具表演性、等级性、和亲性[10]，则是宫廷茶道的主要特色。因而在唐代社会中，茶道表现出了阶段性、阶层性、地域性，不同的阶段、阶层和地域，始成为社会文明的重要组成部分。

## 茶文化东渡日本

继陆羽的《茶经》问世之后，随着茶道文明的普及和发展，对茶叶的生产制造、茶叶的贸易产生了重大的影响，从而在中唐出现了八大茶区和几条大的贸易路线。据陈椽《茶叶通史》的估算，德宗贞元九年（793年），全国产茶已达200万市担，人均竟达3.64斤，不仅创造了历史的最高峰，而且制茶工艺和茶道艺术也有了一个新的突破。故唐文宗大和九年（835年）规定，凡民间种植的茶树，全部要移至官营茶园，民间存茶一律焚毁，这便是大唐历史上的“榷茶制”。这一法令，将茶叶的种植、加工和销售全部归于官府。榷茶制先是用于内贸，后茶马贸易[11]兴起，又开始用于边贸。与此同时，唐朝廷也开始对茶叶征税，以解决财政困难[12]。中唐以后，唐朝廷曾四次颁布关于茶的法令，可见茶在国计民生中所占有的重要地位。唐宣宗大中元年（847年）制定的《茶税法十二条》中曾明文规定：“私鬻之犯，皆三百斤乃论死。长行群旅，茶虽少皆死。”从这项严厉的法令中可以看出，茶税对于唐朝廷的财政是多么的重要，由此也可以看出，植茶和饮茶风尚在大唐帝国正在走向繁荣。也正是由于这样一种背景和现状，作为特产并在大唐帝国达到鼎盛和繁荣的茶叶，同丝绸、瓷器等精美绝伦的物品一样，走出本土远销海外也就成为一种必然的趋势，大唐茶文化也在这股必然的趋势中，在异国土地上开花结果了。

关于中国茶种传播的第一个国家，史学界公认的是朝鲜，而后是日本、西亚等受汉文化影响较深的邻国。史载：新罗国27代善德女王（632年）时代，留学僧人从中国带回了茶种，种植于韩国的河东郡双奚寺，由此开始了朝鲜半岛茶树的栽培与饮用的历史。当然，中国茶树的栽培和茶道艺术，最典型和最有代表性的传播地当属日本。另据可考的资料记载，唐代高僧鉴真于唐天宝十二年（753年）东渡日本，在传授了佛教的同时，也带去了茶种和茶文化。

唐德宗贞元二十年（804年），也就是日本桓武天皇延历二十三年，日本天台宗的开山鼻祖最澄和尚和其弟子义真，乘遣唐使船来中国求法。在次年回国时，最澄不仅携回了天台宗经疏论及其他佛教经典，在比壑山开创天台一宗，大弘教化，而且还从天台山和四明山带回茶种，栽于近江（日本滋贺县境内）的台麓山地区。应该说，最澄和尚是日本植茶技术的第一位开拓人，日本茶文化历史的序幕也是从这里真正地揭开的。

与最澄和尚同年来中国，而于日本嵯峨天皇大同元年（806年）回国的日本僧人空海，不仅带回了密教佛法，也带回了唐朝的饼茶和茶种，分种各地，还有中国制茶的石臼和蒸、捣、焙等制茶技术，并全面地在日本传播中国茶艺。空海和尚在弘仁五年（841年）闰七月二十八日上献《梵宇悉昙字并释义》等书时，所撰的《空海奉献表》中，就有“茶汤坐来”的字样。可以说最澄和空海乃是日本栽茶和传授茶道的始祖。随后，最澄和空海的弟子圆仁、圆珍、常晓、圆行、慧远、宗睿等人，在入唐求法回国后，也都带了茶种和茶道艺术。

与此同时，还有一位重要僧人，为中国茶艺在日本的传播起到了极大的作用，这就是早在光仁天皇宝龟初年（770年）就入唐求法，于桓武天皇延历二十四年（805年）与最澄和尚同年归国的永忠和尚。

永忠和尚在大唐居住长达三十年之久，不仅平时嗜茶，也深入研究唐朝的饮茶风俗和技术。回国时，他带去了唐朝的茶种和乐器，并开始在日本传播。而传入日本后的中国茶道正式走进宫廷并受到皇室的青睐，应该始自嵯峨天皇，也正是他的推波助澜，才使茶道在日本扎下了根。此时的嵯峨天皇对大唐文化格外青睐，不仅是最初品茶饮茶的第一位天皇，其宫中的礼仪及服饰也采用唐的形式和制度。不仅如此，这位天皇还特别喜欢吃中国饭菜，又对唐文化钻研颇深，堪称当时书法、汉诗书作的第一才子。正是由于这位天皇对中国唐文化的偏爱，才有了《日本后记·嵯峨天皇弘仁六年四月》里的一段记载：

> 癸亥，幸近江国滋贺韩畸，便过崇福寺，大僧都永忠、护命法师等，率僧奉迎于门外，皇帝降舆，升堂礼佛，更过梵释寺，停舆赋诗，皇太弟及群臣奉和者众。大僧都永忠亲自煎茶奉御，施御被，即御船泛湖，国司奏其风俗歌舞，五位已上并掾以上赐衣被，史生以下郡司、郡司以下赐帛有差。

从这段记载中可以看出，求学大唐归国后的都永忠，不但和天皇有所接触，还因亲自给嵯峨天皇煎茶而受到了赏赐。由此也可以看出，茶道从中国传入日本后，嵯峨天皇已经开始把这种文化溶入日本文明之中了。

正是由于僧人的引进与皇帝本人的嗜好，茶道在日本开始发展并发达起来，因而就有了关于茶树栽培和茶园设置的记载。《日本后记·嵯峨天皇弘仁六年五月》中有“五月壬寅，令畿内并近江、丹

日本遣唐使在码头登船
（日本画，原图设色）

波、播磨等国植茶，每年献之”的字样。又据《拾芥抄》载，当时的首都一条，正宗町、猪熊和大宫的万一町等地也设有官置的茶园，种植茶树以供宫廷之用……尽管如此，茶树的种植与茶道的传播，毕竟受到了时间、地域、条件等各方面的限制，这个时期的种茶和饮茶也还局限于寺院僧人和宫廷之间，并未在全国普及开来。但就是这样的一个规模和范围，足可以确认在公元815年前后，日本已有了饮茶风俗的事实了。

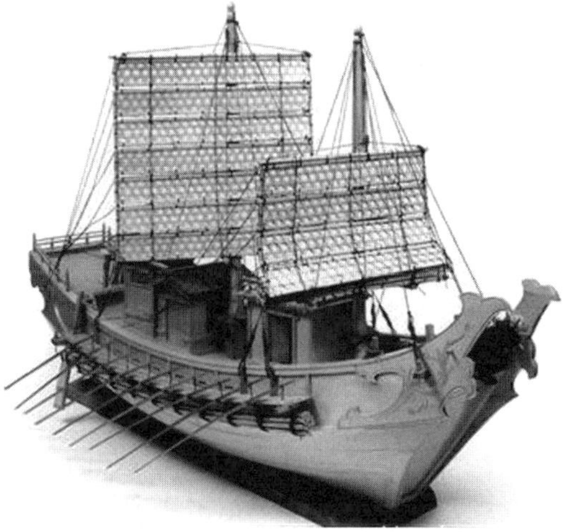

根据流传画像复原的日本遣唐使乘坐帆船

公元894年，大唐王朝进入藩镇割据、军阀混战的晚期，日本遣唐使终止，中日两国信使交往亦随之断绝，只有双方民间的贸易往来还时断时续地进行。到了宋代，中日两国的文化交流又出现了新的气象。宋太宗雍熙元年（984年），日本东大寺大朝法济大师奝然一行五人，浮海来到中国，立即受到宋太宗的召见，并“抚之甚厚”。自此，日本僧人来中国求学与宋朝渡日传法的僧人络绎不绝，出现了中日佛教交流史上又一个新的繁荣景象。

尽管宋代的中国长期处于内忧外患的境地，但是，茶叶在社会生活和文化交流中的地位却显得日趋重要，并由此得到了更为广泛

日本遣唐使来华途中

的发展。随着产茶区域的日益扩大，出现了许多以茶为主业的农民和大规模的官营茶园，致使茶叶的产量大大增加。又由于宋辽两国互市，宋民可以用茶换取辽货，在很大程度上又刺激了宋朝茶叶贸易的发展。在这种大背景、大气候下，宋代的制茶技术比之唐代又有了新的突破，特别是团饼茶的制造工艺较唐朝有了更大的革新和改进，制作更为精美，形式更加艺术化，团饼的饰面开始出现龙凤之类的花纹，龙凤团饼即由此诞生。而宋代的饮茶风尚，其传播范围比唐代更广，普及面更大，饮茶的艺术也更为精深老到。沏茶时对火候和茶具格外讲究，饮茶的艺术境界也进入了一个新的层次。由此，在唐代兴起的茶宴、斗茶之风便由上层社会普及到民间，并出现了中国茶道史上的艺术奇峰。这个艺术奇峰，不仅可以从斗茶和茶宴中领略饮茶的精妙意境，更重要的是从坐茶馆和品茶里体会到饮茶的悠闲之情、诗禅之意。饮茶文化已成为中华民族文明无法割舍的重要组成部分。

也就在这样一个时代背景和文化氛围中，前来中国留学的一个日本僧人，在掌握了中国的茶道精神后，将这种艺术和文化在日本进行了全面普及，为中国茶文化在日本国的传播和发展起到了最为重要的作用。这位僧人就是被日本人民誉为“日本的陆羽”和“日本的茶祖”的荣西禅师。

荣西，永治四年（1141年）生于备中国（今日本冈山市）吉备津神社的神官之家。8岁随父读《俱舍颂》，11岁师事本郡安养寺僧静心，14岁时，他为探求佛教知识而立志出家，并到比睿山受戒，改乳名千寿丸为荣西。这比睿山当时为天台宗传播佛教的最高学府，以曾留学中国的最澄为首，名僧云集，特别是圆仁慈觉大师、圆珍智证大师等曾长期入唐留学。荣西深受其影响，对唐宋文化十分推崇仰慕，立志来中国学习。

《斗茶图》（元·赵孟頫绘，原图设色）

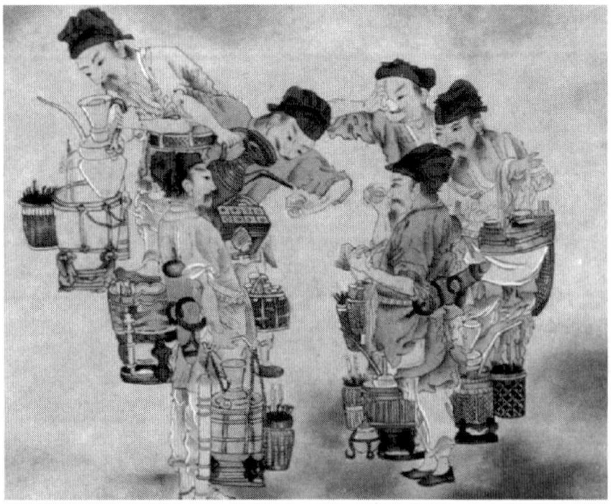

宋孝宗乾道四年（1168年），即日本高仓天皇仁安三年四月，荣西终于如

愿以偿，搭乘商船来到中国，在明州天童寺、育王寺和天台山万年寺等参拜，求得天台宗新章疏三十余部六十卷。在求学的过程中，他遇到了日本求学僧重源（源空弟子，后任负责东大寺再建的“大功进”），九月，二人结伴回国。

宋孝宗淳熙十四年（1187年），即日本文治三年三月，已是47岁的荣西再度乘船入宋，拜天台山万年寺虚庵怀敞禅师为师，受传临济心印[13]，修“看话禅[14]”。南宋绍熙二年（1191年），即日本建久二年，荣西归国，并正式创立临济宗。

荣西留学中国期间，正值南宋经济以杭州为中心向南发展的小康时期，江南各地均设置了茶园，饮茶风尚已扩展到普通庶民，制茶饮茶之风随处可见。荣西在中国先后长达二十四年之久的时间里，在钻研浩瀚的佛经之余，以极大的热情和兴趣进行茶道的研究。他跟中国禅师学习茶的栽种、品制技艺，不仅懂得了一般茶道技术，而且领悟了禅宗茶道之理。回国时，除佛教经典外，还带回了大量的茶树种子。对此，日本有明确的记载：“荣西入南宋，发四明，登岭，经茶山，见其贵重之而丕有药验。秋七月，归楫（指回国）之日，遂斋持茗数棵，移植之久世郡宇治县。”他不仅将宋代茶种带回日本宇治县，培植了至今被称为日本第一名茶的宇治茶，而且还将宋代的饮茶方法之一末茶法[15]，以及茶具、饮茶风俗传入日本，并根据宋朝寺院的饮茶方法，制订了寺院茶道。

日本建历元年（1211年）正月，荣西禅师用中日两种文字著成《吃茶养生记》一书，建保二年（1214年），又重加修订。书成后，献给源氏幕府的将军源实朝，由源氏出资加以刊印。

《吃茶养生记》一书的诞生，成为继唐朝陆羽《茶经》之后，又一部千古不朽的关于饮茶文化的名著。荣西在书中旁征博引陆羽《茶经》以及《尔雅》、《博物志》、《神农食经》、《唐本草》、《本草拾遗》等古代文献，论证了茶的起源、功能并结合自己的所见所闻和在中

万年寺位于浙江省天台县万年山麓，发端于东晋，始建于唐，南宋时曾列入“五山十刹”，兴极一时，日僧荣西、道元曾先后来此求师学法。荣西回国后，除了研究佛教经典，还带回中国的饮茶风习，并以极大的兴趣和热情研究茶的功能，把从由天台山和四明山带回的茶籽在日本种植。进而根据中国寺院的饮茶方法，制订寺院的饮茶仪式。在其晚年所著《吃茶养生记》中，说茶是“贵哉茶乎，上通诸天境界，下资人伦矣。诸药各为一病之药，茶为万病之药”。并称茶是“上天的恩物”，“圣药之本源”。因了荣西的研究和努力，茶在日本更广泛地传播开来。

国时的实际考察结果，全面记录了茶叶的采摘、蒸焙、烹煮、饮用的方法，同时论证了茶叶的产地具有自然之美、人性之美，吃茶乃是人生大美的享受，饮茶是人的养生之道、长寿之道的理论，以此向国人宣传饮茶具有提神、健胃及利眠、利食的妙处。他大力宣称："贵哉茶乎，上通诸天境界，下资人伦矣，诸药各为一病之药。茶为万病之药而已。"茶乃"上天的恩物"、"圣药之本源"。据传，《吃茶养生记》初成书时，和荣西极为亲近的将军源实朝因宿醉而剧烈头痛，治疗无效，荣西劝其饮浓茶，并将自己撰著的书赠给源实朝，让其依法饮用。将军依法饮用不几日，头痛很快好转。因此，源实朝大为赞赏饮茶的妙用及《吃茶养生记》的不凡，主动出资刊印此书。也正是由于源实朝将军的鼎力相助和亲自鼓吹，《吃茶养生记》一书很快风靡日本，饮茶风尚在原有的基础上，从此有了一个大的飞跃和推进，使单一的粗放型的饮茶方式，进入了一个具有文化和艺术意味的新天地——闻名于世的日本茶道的雏形形成了。

继荣西之后，日本高僧高辨（又称明惠上人，荣西弟子），又提出了饮茶十德的理论。同时在日本宇治广泛种茶，以寺院为中心推广饮茶，对日本饮茶风尚的传播和茶道的兴起，起到了推波助澜的作用。

此后，曾师承荣西并渡海至宋将曹洞宗引入日本的道元禅师，又将饮茶作为禅僧必守之规，制定了吃茶、行茶、大座茶汤等仪式，将茶道又向前推进了一大步。

再后来，日本居士千利休（1522-1591年）"初入大德寺古溪和尚禅门，受珠光茶法于武野绍鸥，完成茶道"。千利休由禅道中引出茶道，形成了"和、敬、清、寂"的茶道精髓，揭示了人间生活的本质和寻求自身和平与安定的愿望。

公元1738年，永谷宗丹创造了"煎茶"法，并被日本广大民众所接受。直到今天，这种饮茶风习还在民间广泛流传。

日本著名的茶道研究专家、神户大学教授仓泽行洋先生，把日本茶道的形成过程及特征放在一个大的文化背景中，做了如下精辟的论述：

日本茶文化是中国茶文化这个母体衍生出来的一个孩子，

这个孩子移居到日本以后非常强健，已成长为一种综合性文化。她具有深远的精神性和浓郁的艺术性，我们把这种茶文化叫日本茶道。但是我要解释一下，任何事物都有它的精髓部分，也有其糟粕部分。到目前，在日本并不是所有的茶道都能称得上茶道，也有一些不入流的茶文化现象。

民间饮茶图

关于中国茶道传入日本有两次清楚的记录。一次是在日本的平安时代，相当于中国的唐代。再一次是镰仓时代，相当于中国的宋代。在平安时代，把茶传到日本的有三位僧侣，一位是永忠，一位是空海，一位是最澄。这三位都是佛教的僧侣。在镰仓时代把茶传到日本的是荣西，他是日本禅宗的创始人。这样一看，把茶传到日本的都是僧侣。

日本的茶文化一开始就与佛教结合起来了。就茶道的历史来说，到了十五、十六世纪发生了很大的变化，那时成立了草庵茶道。我想最精粹的日本茶道就是这种草庵茶道。创立草庵茶道的有三个人，一个是珠光，一个是绍鸥，一个就是千利休。这三个人都与佛教有很深的关系。珠光本身就是一个和尚，他的老师也是个和尚，绍鸥和千利休也多次去参禅。千利休参禅的师父说他是三十年饱参之徒。草庵茶道是在佛教的影响下形成的茶道，这样说一点也不过分。在草庵茶道里除了佛教之外，还有日本固有的宗教——神道。这里不再赘述。

十五、十六世纪在日本形成的这种草庵茶道到底有什么特色呢？我认为：

第一，茶道是自然的，尊崇自然的。比如说，在日本用木头盖房子，一般都要把木头刨平磨光或者涂上一点油漆。但在茶道里一律不做这些加工，而是从山上砍下来就用，也不剥皮。我们特别喜欢用这些原木盖茶室。在茶室里使用的东西，也不用光滑整齐的，而用特别粗糙的，形状也不规整。第二，茶道特别讲究谦和、谦虚，决不夸大某些事情。比如说在这里开一个茶会，在墙上要挂东西，则只挂一张字画。只拿出必备的、不可少的茶具。在插花的时候，我们不是插得花团锦簇，而只使用一枝花或者是两枝花。除此之外，吃饭时，菜色也越少越好。

在这里我要举出我的老师久松真一先生对茶道的论述，他给茶道总结了七个特点：第一个是不匀称；第二个是简素；第三个是枯高；第四个是自然；第五个是幽玄；第六个是脱俗；第七个是静寂。这七个特点表现在草庵茶道外在的东西。现在讲一下内在的东西。十六世纪来到日本的一些西方传教士对茶道做了这样的评价，他们说茶道是一种宗教。当然，他们认为茶道是一种表现形式。这佛教是指在家的佛教，但是茶道本身是佛教的一种表现形式，却得到了基督教教士的高度评价。这是为什么呢？我认为茶文化、茶道能够综合东方的佛教思想，也能够包容西方的基督教的思想，它是一种具有融合力的伟大文化。

最后我想讲讲茶道的“道”字在日本有什么意义。日本茶道中的道与中国茶文化中所说的茶道的道有一点相异处。中国道教中的道，有人说是指万物的归宿，是万物的根本所在。中国儒教中也讲道，但与道教中的道有所不同。这里所说的道是人的生活的一种准则，一种道德的根本所在。佛教中的道是印度梵文菩提的意思。佛教传入中国之后，被翻译成中国固有的道，后又意译成觉悟的觉，在佛教中是悟了的意思。三种宗教都把道这个字用来表现它们各自宗教中最深邃的思想和观念。日本茶道的道是指一种行程，它包括两个部分，即去之路与回之路。通过修行茶道逐步迈进悟了的世界，得到纯净的心。再以其纯净的心去实践更高层次的茶道，甚至扩展至茶以外的一般生活领域。我将此概括为茶至心之路，心至茶之路。前者的茶可称为小隐，而后者的茶即是大隐。关于小隐、大隐之说也是来自中国的。按照中国的说法，凡是住在山林里，把自己的身子隐藏起来的叫小隐，而住在繁世之中的那种隐者叫大隐。为什么大隐比小隐还要高一筹呢？这与大乘思想有关。

最后，我要说，茶文化是东方的自然本位主义所派生出来的最伟大、最精粹的文化，同时茶文化将要在今后的世界潮流中起领衔作用。茶道不仅是传统型文化，而且也是未来型文化。茶道就是修心茶，天天用茶道修心，走过这个路程就是茶至心之路，心至茶之路。

## 关于茶文化的几点质疑

中国的茶种在传往朝鲜和日本的同时或稍后的一段时期，也沿着旱路和海路两条丝绸之路，继续向西亚、东南亚、欧洲一带传播开来。关于这一现象尤其是关于茶的早期产地问题，曾有后来的学者提出过质疑。

早在1878年，英国人拜尔通过对印度的考察，发表了《阿萨姆的茶树》一文，认为世界产茶始于印度。但原苏联专门从事茶叶研究的学者姆哈捷于1926年写成了《论茶树原产地问题》的文章，文中以自己亲身考察和研究得出了中国云南是茶树真正的原产地的结论。同是英国人的C.R.哈勒，针对拜尔通的观点，在《茶的栽培与市场》一书中指出，早在1780年，东印度公司就从中国广东进口茶树苗，在加尔各答种植。到了1864年，印度总督本廷格任命一个委员会，专门从事茶的生产，该会干事G.J.戈登曾被派往中国去运茶树苗及茶种，并聘请中国制茶专家到印度传授技术。印度本国有位叫P.高拉底亚的茶叶专家也著过一本《茶的概述》的著作，此作称印度种茶的历史是从1830年开始的。拜尔通所论种茶始于印度之说是否成立，也许还有待进一步考证。

日本静冈县茶叶试验场的小泊重洋在《日本茶树的历史》中曾提出，尽管有东渡中国求法的最澄和尚把茶树带到日本的说法，但实际上，从远古的时候起，茶树已在日本的土地上生长繁殖了，前后出土的文物中曾经发现过茶树的种子，并且，在公元729年就有把茶用于仪式中的文献记载。小泊重洋认为，关于日本茶树的起源有几种学说：一是认为在引进稻种的同时从中国大陆传入到日本，再一个是把它视为不经过人手而归化了的，即所谓史前归化植物的一种。如果茶树是从中国大陆传入到日本的话，那当然就应该具备中国种的特征。但是从大石（1959、1973）根据花粉分类得到的结果来看，日本自古以来就有的山茶（日本种），和栽培种（中国种）却存在着大的差异，即日本自古以来就有的山茶并不具备栽培种的特征。由此推测，日本也是有着固有的茶树种的。

此外，小泊重洋对荣西和尚从中国带回茶树种子在日本种植的学说也提出了质疑，他认为荣西回国时是农历七月（公历8月），从种子的发芽生理在七月份之后几乎失去发芽能力来看，种植后发芽是困难的。但他承认在日本广泛普及了的茶树栽培种（中国种），是在中国唐宋时代经和尚之手引进到本土并种植扩散的事实。日本种的山茶与中国种的栽培茶在日本的关系到底如何，也许仍需要进一步考证。

拜尔通和小泊重洋及其他学者、专家的观点和质疑，也许还要在一段相当长的时间里才有个正确的解释和统一的结论，法门寺地宫出土的唐代宫廷系列茶具，确为重新破译这些早已消失的远古岁月里的秘密提供了历史契机和珍贵物证，世界茶道也将随着这次伟大的发现而步入一个崭新的研究天地。

## 最后的秘密

1987年4月24日，陕西省副省长、历史学家孙达人和省文物局张廷皓、考古研究所石兴邦，陪同北京文物保护专家、高级工程师王孖、王亚蓉、胡继高等来到法门寺。同时还邀请陕西省光机所、地震局、煤炭航测大队等单位前来法门寺，协助地宫发掘。面对这支壮大了的队伍，孙达人专门召开了会议，就如何采取紧急措施保护地宫文物做了重点研究，并对有关单位及专家，以及对地宫发掘、保护的机构重新进行了调整。

第二天下午，陕西省光机所的科技人员进入地宫观察现场，地震局的科技人员开始在地宫寻找因地震而使地宫破坏的具体位置和损坏程度，航测大队的科技人员以高级仪器测绘地宫的图形。考古人员继续清理和做文物的保护工作。

4月26日，从北京来的王㐨、王亚蓉、胡继高等专家，在发掘工地负责人韩伟的陪同下，仔细观察工地化学保护室的文物标本，并对个别发掘出的漆木文物立即采取防霉抗变措施。当他们看到从地宫后室清理出的铜镜时，认为原来应有的镜套没有清理出来，建议考古发掘人员在后室仔细寻找，并对镜钮所系之带拟定了保护措施。当看到盛装真身菩萨的宝函底部的蹙金绣明衣[16]时，他们要求保护人员立即购置盛放小件的纸盒等物，这样才能较完整地将文物保存下来。

4月28日上午，大家一起研究发掘方案。在此之前，考古人员已将中室顶部石条全部揭取。为保护中室白石灵帐的安全，在中室全面揭盖之前，民工们在白石灵帐的四周垒置了沙袋，随后将沙袋填充了整个中室，以使考古人员在地宫中室顶部安全操作。当中室顶部石条揭取后，白石灵帐顶部暴露出来，周围散布了无数枚开元通宝。考古人员揭去两层带孔的石盖，发现帐身为筒状。就在这个筒内，放置了一个用丝绸包裹的铁函，后经打开验证，有佛骨一节。

按照韩伟的判断，如果灵帐的帐身没有封底，将筒状物吊起，筒内的文物即可显露出来。如果有封底，那么清理将会遇到很大的困难。但他还是判断属前者的可能性较大，便决定提吊帐身，等文物暴露出来后，在现场清理。

考古发掘队长石兴邦（右一）率队员把出土的武则天绣裙托出地宫

果然不出韩伟所料，当帐身被吊起后，发现这个筒状物并无封底，里边的铁函及各类文物暴露出来。这时，孙达人与率先于几天前赶到的省文物局王文清、常宁洲，以及同来的张廷皓、石兴邦和考古队的韩金科、罗西章，连同法门寺的澄观法师等，下到地宫观看已显露的文物。

因地宫漏水和透气的缘故，显露出来的金属文物多半遭到腐蚀，并与帐底粘连，很难清理。文物保护专家王孖等人采取措施，以硬纸或绝缘薄板插入底部，先将金丝编织的一双鞋清理出来，随后由考古人员陆续将珍贵的铁函、丝绸残片、钱币等16件（组）文物一一清理出来。

需要说明的是，在此之前的清理工作，不分白天夜晚。而为了文物的安全，这时的清理工作大多都安排在夜间进行，此次的清理恰恰是在后半夜进行，至天放亮时结束。辛劳了一夜的工作人员，直到这时才长吁一口气。

大家开始陆陆续续地带着满身的疲惫自地宫往上爬，照明设备也开始撤离。

就在这时，心细如丝的韩金科也准备自后面撤出，他以手摸了摸后室墙壁，看到壁画上的图案，感到颇有点像密宗的仪轨[17]，忽然脚下踩着的泥土使他心里一震。“怎么这么虚松？”疑惑中，他弯下腰用手一刨，方才大吃一惊：原来地宫后室的正面墙根下，掏有一窑窝，里面好像藏着东西，他连忙大声喊：“等一等，快打开照明灯。”

这一喊，走在他前面的现场发掘业务指导韩伟回过了头，紧跟着石兴邦也拨开其他人赶了过来。

窑窝里确实有东西，而且是秘密藏贮地。石兴邦说：“可能是一个秘龛。”韩伟点了点头。

在地宫后室墙壁下，石兴邦（中）从曹伟手中接过发现的铁函宝匣。

于是他们一齐弯腰动手，仔细刨土，很快地，一尊外部包裹着夹金织锦的铁函便显露了出来。大家一同将铁函抱出了地宫。

铁函内到底是什么东西？为何放置得如此神秘？此时大家没有意识到，这个铁函竟维系着一段刀光剑影的历史，也使法门寺地宫的发掘从此震撼了整个世界。

## 注　释

①茶道：原指饮茶的生活方式，后专指饮茶的一门艺术。“茶道”一词始见于唐朝封演《封氏闻见记》：“南人好饮之，北人初不多饮。开元中……渐至京邑城市，多开店铺，煎茶卖之。……于是茶道大行，王公朝士无不饮者。”

②南宗派：佛教禅宗五祖弘忍以下，分为南北两支。一支以神秀为代表，主张渐悟，因活动地区主要在北方，被称为北宗；另一支以慧能为代表，主张顿悟，因活动地区主要在南方，被称为南宗。后来南宗势力日益扩大，逐渐取代北宗，成为中国禅宗主流。

③香水钱：香水，原指能消除人们烦恼的阏伽水，由此引申，把欲出家者所交纳的“鬻度钱”称为“香水钱”。唐代设试经度僧制度，禁止私自出家。合法出家者由祠部发给度牒。安史之乱时，为增加财政收入，唐肃宗采纳右仆射裴冕的建议，下令卖官鬻度，并请禅宗南派代表人物神会设戒坛度僧，代朝廷征收四方的香水钱。百姓只要交纳钱资，听任出家为僧。唐末藩镇割据，各节度使亦采此制敛财，并偶为后代政府效仿之。

④赞呗：即梵呗。指佛教徒以短句形式赞唱佛、菩萨的颂歌，亦可有乐器伴奏。梵呗歌咏的题材包括三宝赞、经赞、香赞、供赞、事赞、物赞等，体裁有大赞（又分为八句赞、十句赞）和小赞（六句赞）两种。

⑤团茶：唐代多将茶制成茶饼，饼有方、圆两种，其中方饼常被称为“銙”（又称片茶），圆饼则称为“团”。平时穿成串，以笼具储存。

⑥毬路纹：又作球路纹、毬露纹。以一大圆为单位中心，上下左右和四方配以若干小圆，圆圆相套相连，向四周循环发展，组成四方连续纹样。宋代之前这个图案很流行，在金银器、丝织品、建筑装饰等方面被广泛应用。

⑦朝天幞皇冠：又名“翼善冠”，原置于万历头骨右侧一个圆形盒中。通体以极细金丝编结而成，重826克，半圆形帽山上立着两个状如兔耳的金丝网，两耳之间高悬一颗明珠，两条金龙足登帽山。

⑧摩竭纹：又作摩羯纹。摩竭是印度神话中的一种长鼻利齿、鱼身鱼尾的动物，或曰鲸鱼，或曰巨鼇。这种水怪透过佛教经典、印度与中亚的工艺品，以及天文学上黄道十二宫的摩竭宫等管道传入中国。

⑨点茶：唐代后期风行的饮茶法之一。即以茶瓶（俗称壶或注子）煮汤（热水），茶末撮入碗，再持瓶注汤，同时利用调达子在茶水中搅动，再品饮之。

⑩和亲性：指茶在开源、节流、进贡、和亲、输边、外交、奉佛诸作用中的一项。又因茶多子，故用“多子多福”之意，常在婚仪中作聘礼。

⑪ 茶马贸易：唐代时，饮茶风气由南传至此，进而影响到边疆的少数民族。唐末内战外患频仍，需马孔急，不得不向西邻诸国购买。他们经常以马易茶，于是形成了所谓“茶马贸易”。这种茶、马互市的情形，一直延续到清代将西疆收入版图才停止。

⑫ 唐代对茶叶征税始于德宗建中四年（公元783年），十税其一，由盐铁转运使主管茶务。兴元元年（公元784年）改元大赦，停止征收茶税。贞元九年（公元793

年）复茶税，在产茶州县及茶山外商所经要路设置税场，分三等作价，十税其一，岁得四十万贯，成为国家的大宗收入。到了武宗即位后，榷茶专卖制度确立，全部茶叶由官府收买，再转卖给商人，并对茶商征收重税。但随着唐末藩镇割据的形成，地方茶税多被截留，中央政府所得无几。

⑬ 临济心印：禅之本意，不立文字，不依言语，直以心为印，即所谓的“心印”。临济宗为禅宗五家之一，故亦传授心印之法。

⑭ 看话禅：中国佛教修持方法之一，又称参话头、看话头、参话禅、举话头。先引起疑情或提出问题，而不给予答案，若能答出，便是开悟了，或是见了性；如此，便是心心相印，并与祖师之心相印。回答可以是偈句、禅语，甚至是姿势或手势。古代修禅，直指人心，见性成佛，不论禅定上的功夫如何，往往参一个字或几个字，便即开悟明白，脱胎换骨。

⑮ 唐代制茶，按陆羽《茶经》记载，乃晴日采茶，经过“蒸之（将鲜叶放在甑釜中加热以去除水分）、捣之（将蒸过的茶叶用杵臼捣碎）、拍之（以模具将茶叶拍制成团茶）、焙之（将团饼烤干）、穿之（以绳线将团饼穿起来）、封之（封存备用）”等几道工序，制成茶饼。也有蒸而不捣或不拍的散茶和末茶，两者有粗细之别。宋代后期，团茶、片茶一味追求精细，价格昂贵，销路日窄，其主导地位遂由散茶和末茶所取代。

⑯ 明衣：即冥衣，中国古代供随葬的专用衣物。在盛放捧真身菩萨的漆盒底部，发现了五件保存良好的大红罗地蹙金绣明衣，包括蹙金绣夹半臂、蹙金绣夹裙、蹙金绣袈裟、蹙金绣案裙、蹙金绣拜垫。这五件明衣系按比例缩小，为敬献给捧真身菩萨的衣物。

⑰ 仪轨：佛家用语，亦称仪规。指佛事活动的规则、程序及做法。后泛指一切佛事活动，形式分唱、念、做、法器敲击四种，内容有纪念供养诸佛菩萨、日常修行、普济超度等。

# 第八章
# 佛光下的阴影

*开元三大士相继入室，密教之盛如日中天。崇佛狂潮席卷京师，一代文豪韩愈当头棒喝，招来了左迁厄运。只可怜漫漫潮州路，秦岭云横，雪锁蓝关，韩侍郎难中生悔，一纸表文诉忠诚，却惹得世人说长论短……*

## 开元密宗三大士

唐长安四年（705年）正月，中国历史上唯一的一代女皇武则天病重不起，早已按捺不住的宰相张柬之等抓住时机率兵进宫，杀死武则天正在宠幸的“嬖臣”张昌宗、张易之，拥唐中宗李显复位，并取消武周国号。是年冬天，武则天在忧郁中死去。

坐上龙椅的唐中宗天生庸懦无能，专信韦皇后，而这位韦皇后为达到自称皇帝的目的，先是残杀太子，后又谋害中宗。羽毛渐丰的李家后嗣李隆基统率御林军杀进皇宫，除掉韦皇后，恢复了其

唐长安城麟德殿。该殿是大明宫内的一组华丽宫殿，是唐朝皇帝饮宴群臣，观看杂技舞乐和做佛事的地点。位于大明宫西北部高地上，由前、中、后三殿组成。面宽十一间，进深十七间，面积等于明清故宫太和殿的三倍。

父唐睿宗李旦的帝位。景云三年（712年），睿宗让位于太子李隆基——即后来创立了“开元盛世”的唐玄宗。

唐玄宗即位不久，便对佛教采取了一定的限制。由于受武则天崇佛的影响，到中宗时期，普天之下已出现了“造寺不止，枉费财者数百亿；度人不休，免租庸者数十万”的奇特现象。而此时的朝廷竟听任贵戚造寺度人，那些富户强丁多削发避役。到了睿宗景云二年（711年），同样懦弱无能的李旦，又准许贵妃、王公大臣之家建造功德院，浪费钱财无以计数，大唐王朝的国计民生受到威胁。

开元二年（741年），根据朝臣姚崇的上书，年轻气盛的唐玄宗下诏，敕命淘汰伪滥僧尼12 000余人，责令还俗，并传谕百官，嗣后不得私造寺庙。并同时规定，僧尼必须致敬君上，恭敬父母。自此之后，关于佛门僧尼是否恭敬君王的不休争论基本结束了。

尽管唐玄宗对佛教做了具体的限制，但并没有禁佛。相反的是在他执掌朝政期间，佛教弟子迎来了造像的黄金时代。至今世界上最大的石刻佛像——乐山大佛①，就出现在唐玄宗一朝和稍后的时期，这尊花费了九十年时光雕凿而成的巨大佛像，在显示了“开元盛世”浩大气魄的同时，也展现了唐玄宗对佛的心态。与这个心态对应的还有鉴真和尚东渡日本事件②，正是在朝廷的许可和支持下，鉴真和尚才得以多次组团东渡，并最终到达了日本，为大唐文化的传播作出了贡献。

关于唐玄宗的享乐腐化、骄奢淫逸、荒唐透顶的故事，在中国几乎达到了家喻户晓的程度，他以自己的智谋才情将大唐王朝推入了“开元盛世”，而且要“殚耳目之玩，穷声技之巧”，尽情地享受一下人生——正是在这样一种时代背景下，三个不同凡响的印度和尚相继来到中国，他们分别是善无畏、金刚智和不空，史称“开元三大士”。

这“开元三大士”将一种叫做密宗教派的佛家理论带到中国，并在朝廷的支持下，很快发展传播起来。

相传，佛祖释迦牟尼涅槃数百年后，天竺国佛法渐衰，佛经几乎散失殆尽。唯南天竺一铁塔中，藏有天上真言佛经，但此塔以铁门铁链重重封锁，无人能开。

当时古印度有一位伟大的学者、佛教大乘般若空宗创始人龙树（后被神化为菩萨），立大英勇之志，发大慈悲之心，口诵大毗卢遮那（即后来密教尊奉的大日佛）真言，绕塔七日，又以白芥子七粒击打铁门。当七粒中的最后一粒甩出后，铁塔紧闭之门轰然洞开。

无畏祈雨（《释氏源流》插绘）。开元十年十月，天大旱。玄宗皇帝派使臣到西明寺请善无畏祈雨。无畏手持满满一钵水，用小刀搅动其间，口中念念有词，随即就有蚪龙一样的东西从钵水中探出头来，无畏再念咒语，接着就见白气从钵中翻腾升起。他对使臣说：“请你速回，雨马上就下。”使臣驰马回程，顷刻间风雷滚滚，大雨倾盆而下，数日才止。

只见塔内，香灯高一丈余，通明瓦亮，香案之上鲜花排列，宝盖满悬。塔内众神，踊怒纵跳，不令龙树进塔。此时的龙树菩萨至心忏悔，发大誓愿，愿得此真经普救天下一切众生。众神见他至诚忏悔，又立大悲大愿，终于允许他走进铁塔。龙树进塔后，将所藏经文通阅一遍，过目不忘，然后出塔，大门轰然还闭如故。

——这就是密教有名的南天铁塔典故。

龙树菩萨出塔后，按记忆写出了塔中经文偈颂③，即为后来形成的密宗教派的经典。密宗教派自称受法身佛大日如来传授最深奥秘密教旨，以不可思议的“真言”说法，故又名真言教、真言宗。它是印度大乘佛教发展的后期阶段，也是最高阶段，它以天衣无缝和无可辩驳的理论，成为大乘佛教最为有力的顶尖真言。

密教在隋唐之前即已传入中国，但都还只是些片断的杂部密教。唐开元四年

（716年），中天竺高僧善无畏来到长安，开始传授有系统、有组织、已发展成熟的纯正密教。

所谓密教，本是相对显教而言的。佛学中的显教，就是释迦牟尼佛所说的种种经典，因有文字语言，让人一目了然，故称显教。而密教则是毗卢遮那佛（法身佛）直接所说的秘奥大法，其教理组织不易说明，但以咒术、仪礼形式作为特征。比如文字的意义，本从声音而来，有“阿”之声音，而后有“阿”字，其声音又是依因缘而生，一对触耳，再闻不得，故声音亦毕竟不可得。这样，由文字音声上，可观诸法空不可得之理。也正因如此，密教以真言密咒为最根本修习方法。

密教不重教义理论，唯持高度组织化的各种密咒、仪规和神格信仰来进行修法。修法前必须建造“曼荼罗”，即建造坛场，坛场在室外净地或室内皆可，并配置或者图画种种诸佛菩萨威仪之像。每当开始修法时，都要口诵真言，即持“语密”，直修到身、语、意三密相应[④]，便可即身成佛了。

这密教的最高本尊，梵名称为“摩诃毗卢遮那佛”，“摩诃”是“大”的意思，“毗卢遮那”是“日”的意思，这个词连接起来可译为“大日佛”或“大日如来”，意思是光明普照。按密教的解释，世间的日光，若照在外，则不能照内，若照明一边，则另一边就生暗影，若照白天，则暗黑夜。而如来智慧大日之光，是世间之日所根本无法比拟的，因两者稍有相似之处，为使一切众生都能够知道，故以“大日”为名。

由于密教的佛法教义无法以一般文字语言说明，只可在身、语、意三密相应之间进行体会，于是就显得分外神秘，并且在这种神秘之中，也蕴藏着更为深邃、玄奥、广大、不可思议的意境。正因如此，它才深深吸引了一批信徒，并在中国很快扎下了根。

善无畏性爱恬淡简朴，静虑怡神，来中国后，方便诱化，声誉大起，被唐玄宗礼拜为国师。当时中国本土有一名叫一行的高僧，奉玄宗之命去见善无畏，请教佛法。谁知二人一见，相互倾心。从此，一行便投在善无畏门下，学习密教传承以及基本密法。以后，一行在主持大唐繁重的修订历法工作的同时，协助善无畏翻译出密典多部，其中就有《大毗卢遮那佛神变加持经》七卷，即密教根本经典之一的著名的《大日经》。这部经卷，抒发佛门义理，精致严谨，深得密法真髓，千百年来备受推崇。

另一位“开元三大士”天竺高僧金刚智，于开元八年（720年）来到长安，开始传授密法。他在唐玄宗的崇信下，于皇宫内外设坛灌顶⑤，广度四众，朝野士庶，争相归依。从师于善无畏的一行，也拜在他的门下亲受其灌顶，秉承其所传密法，深得其要。后来金刚智收受一位来自狮子国（今斯里兰卡）的弟子，这便是位列“开元三大士”之一的不空。

金刚智在弟子不空及一行的协助下，也译出密教经典多部，其中有《金刚顶瑜伽中略出念诵经》四卷，以及《金刚顶一切如来真实摄大乘现证教王经》三卷，后人习惯上将两者并称《金刚顶经》，这部经卷，亦是密教根本经典之一。

善无畏、金刚智虽然在密教的发展、传播中地位相当，但二人所传密法又有所不同。

善无畏、一行等传授的主要是胎藏界密法，经典依据主要是《大日经》，其学说认为宇宙界一切均为法主大日如来的表现，胎藏界表现其理性，如胎儿之在母腹，如莲花种子之在花中，可由大定、大悲、大智三德培育所有内在悟觉。金刚智、不空传授的主要是金刚界密法，经典依据主要为《金刚顶经》，基本教义相同，金刚界表现法主大日如来智慧如金刚，无坚不摧，可破一切烦恼障碍。其他如修持仪规、所画之曼荼罗，也有不同。尽管如此，人们还是把善无畏、金刚智的学说并称二部密法，或称金、胎二部，合起来共成为一大宗派——中国佛教密宗。

就在善无畏、金刚智、不空、一行等创建汉地密教的同时，印度密教又有一条支流，越过喜马拉雅山，进入中国西藏。以后这条支流教网日张，流行远播于西藏、青海、蒙古等地，形成了区别汉地密教的“藏密”，并成为西藏佛教的重要组成部分。

北京雍和宫“藏传佛教‘格鲁派’”寺院（俗称喇嘛教）中的密宗佛造像

与此相反的是，随着唐末五代的连年战乱，由善无畏、金刚智等首创的中土密教，渐渐法脉断绝，不为人知了。幸得当年来华求法的日本僧人最澄、空海、圆仁、圆珍等，将汉密带回了日本，并逐渐使这一佛教宗派发展、繁荣起来。

许多年之后，人们在法门寺地宫发现了早已断绝的“唐密曼荼罗道场”，因而也就从中窥看到中土密教的神秘和本质。这一切，当然是后话了，暂且不提。

却说这“开元三大士”在中土创建密教并很快扎根发芽、开花结果，这中间除了密教本身极其神秘和组织严密的教理之外，还有一个明显的特点就是教义中深含着享乐淫逸的内容，其教派的始祖龙树曾公开宣称“人生唯有追求欲色为至乐”的荒淫论调。这个论调和正在追求欲色淫乐的唐玄宗一拍即合，并很快在大唐朝野内外传播开来。

北京雍和宫密宗双身造像（汪尧民摹绘）

唐玄宗对密宗教派的理论越来越崇信，最后到了一刻也难以分离的程度。他在长安宫中住得久了，要去东都洛阳散心，僧人善无畏也得令必须随驾前往，并不间断地向这位淫逸皇帝传授“佛显五智”说，即大日如来、阿閦、宝生、无量寿、不空成就的五种智慧，按照密宗理论，如果众生有了这五种智慧，虽食肉、饮酒、做男女之事也能达到“菩提”（觉或者智），这五种智慧必须由师父秘密传授才能得到。

正是在这样一种崇佛理论的具体指导下，唐玄宗才越来越迷恋女色，不问国事，最后导致了使大唐由兴转衰的“安史之乱”。

“安史之乱”的爆发以及“马嵬坡事变”的出现连同唐玄宗的仓

皇南逃，给了太子李亨以篡夺皇位的可乘之机。他自奉天北上，收兵至彭原，率官吏马抵平凉。西北军人立即拥立李亨在关中灵武县境即位，从此完成了玄宗朝向肃宗朝的更替。

就在马嵬坡事变刚过，唐玄宗要逃亡之时，关于去向问题，君臣分别选择了蜀中、太原、朔方、西凉等几个地方。随驾的高力士最后作了总结性的发言："太原虽近，地与贼连，先属禄山，人心难测。朔方近塞，全是蕃戎，教之甚难，不达人意。西凉地远，沙塞萧条，大驾巡幸，人马不少，既无备拟，立见凄惶。剑南虽小，土富人强，表里山河，内外险固。以臣所视，幸蜀为宜。"上然之，即日幸蜀。

唐玄宗走了，太子李亨篡权成功，是为唐肃宗。面对刀光剑影的乱世，这位新即位的皇帝，却无法回避高力士所担心的"朔方近塞，全是蕃戎，教之甚难，不达人意"的矛盾。虽然朔方军队将领郭子仪、李光弼等率部拥立肃宗并愿为之拼杀疆场，从而构成了大唐军队的主要支柱，但该部多为突厥，极难顺从。后来肃宗又调集的西北各镇军人，也是一支成分复杂、信仰不同的少数民族军队，只凭传统的儒家忠君保国思想是不能稳定它的。而军心不稳，战斗力就无从谈起，并且蕴藏着随时倒戈的危险。为了求得各个民族间在思想上的共识，让军队为大唐效力，唐肃宗不得不再次借用已在西北少数民族中有极大影响的佛教，而法门寺已是极负盛名的佛门圣地，唐肃宗立即诏令平叛指挥部移驻当时被称为凤翔郡的扶风。

唐肃宗到了扶风，首先秘遣使者至已陷入"魔掌"的长安城，向开元三大士之一的不空求秘密法，以降叛军"恶魔"。

不空接到诏令，立即指导肃宗收复京都长安的策略，并指导在扶风设曼荼罗"降魔"。他召僧侣数百，每日念《大威德金轮佛顶炽盛光如消除一切灾难陀罗尼经》，以招兵引将，

泥塑供养人头像。高32厘米，约5–8世纪，新疆克孜尔第77窟出土。

不空护国（《释氏源流》插绘）。唐代僧人不空，15岁出家，师事金刚智，学得《大曼荼罗法》，颇有灵验。天宝元年，西蕃发兵入侵安西，包围了西凉府，情势十分危急。唐玄宗请不空入宫，令其设法退兵，不空请皇上亲自到寺庙主持道场（注：一说在长安，一说在法门寺），自己秉香炉诵《仁王密语》。未久，只见有约五百名神兵出现在殿庭。不空禀报玄宗说，这是沙门王子领兵前来相救，请赶快设食款待，前往前线御敌。到四月二十日，安西传来消息，四月十一日，城东北三十余里处，云雾中突然出现一队神兵，鼓角雷鸣，山崩地裂，蕃兵吓得惊惶失措，有人举弓射击，弓弦尽断，只见城北门楼上有天王怒目而视，蕃将率先奔逃，溃不成军。玄宗览奏，重谢不空，并加封其为“开府仪同三司”、“肃国公”，同时命令各地城楼都设置天王塑像，以示纪念。

消灾降魔。当时数百名僧众在曼荼罗内道场昼夜念佛，声闻禁外……不久，陇右、河西、安西、西域诸路大军奔赴扶风，聚集在肃宗的大旗下，开始了向叛军的战略反攻。

至德二年，唐军收复长安，唐肃宗将这次胜利归之于佛的神灵保佑，功劳首推僧人不空，并诏不空入皇宫为皇帝行“转轮王七宝⑥”灌顶大法，俨然一位忠诚的佛门弟子。

既然佛的神灵可以稳定军心，可以保佑唐军取得一次次胜利，那么就一定能保佑李家王朝政权的稳定与巩固。出于这种考虑，唐肃宗不顾当时战乱未平、国困民穷的尴尬处境，于上元二年（761年）诏令臣僚僧众到法门寺打开地宫，迎奉佛骨。

与此同时，李光弼正率领唐军与叛军史思明部在洛阳血战，唐将康楚元在襄州叛变，并切断唐王朝的漕运粮道，大唐王朝尚处在风雨飘摇之中。由于财政的极度困难和战局的吃紧，迎奉佛骨的活动只持续了两个月便匆匆结束了。

唐肃宗在改元宝应后不久便病死，生前借助佛事活动平息“安史之乱”的目的虽未达到，但客观上却为巩固李家王朝的政权起到了极大的作用。而经过一场兵祸战乱之后的李家王朝，以胜过以前的热情展开了迎奉佛骨的活动。

贞元六年（790年），大唐历史上已到了德宗一朝。这时的大唐帝国虽距“安史之乱”的爆发已过去35个年头，但藩镇专权的隐患却愈演愈烈，各节度使纷纷称王。政治上的严重失控，导致国家民族的内乱日趋频繁，难以收拾。

而这一年恰是大唐王朝迎奉法门寺佛骨三十年一度的“法定”

日子，这个日子的到来，使正处于焦头烂额的德宗极为欣喜和重视。他立即诏令到法门寺迎奉佛骨于宫中，又送各大寺院以示众，并倾都瞻礼，施财巨万。遗憾的是，这次迎奉活动并未使失控的政局得到控制，无可奈何的德宗只是借此获取一点心灵的自我安慰罢了。

## 韩愈的谏佛骨案

继德宗之后，是在位仅一年的顺宗，接下来便是在中国佛教史上赫赫有名的唐宪宗。

唐宪宗是在不可开交的“永贞内讧[⑦]”的政治斗争中登上皇帝宝座的，他用优抚的办法招降诸州叛将，使持续近一个世纪的大唐帝国藩镇割据的内乱局面稍有好转。他当时被誉为是个治国有方、睿智明断的皇帝。

登上历史舞台的唐宪宗对先辈们特别是处于乱世中的肃宗、德宗两朝，借助佛教的力量来稳定、巩固李家王朝的做法坚信不疑。就在他登基的元和元年（806年），即诏令天下大德高僧全部赴京师长安阐扬佛法，并特地把名声正兴的知玄和尚召入内殿寻求佛道，同时赐予这位高僧“悟达国师”的名号。第二年，唐宪宗又诏令宦官吐突承璀等人任左右街功德使职务，掌天下僧尼道士，沙门僧端甫、灵邃分别为左右街僧事。由皇帝本人身边的宦官和高僧共同来管理沙门，在客观上进一步加强和密切了朝廷与佛门的关系。

应该承认，唐宪宗李纯算是中唐李家王朝中较有作为和智谋的皇帝。在乱世纷争的局势中上台的他，经过一系列惊心动魄的政治、军事斗争，尤其是元和七年魏博镇田弘正归降唐廷之后，唐宪宗终于赢得了全面削平藩镇的机会和实力——到元和十年（815年），唐将李想率部奇袭蔡州，将淮西王吴元济生擒。元和十三年（818年），承德王向朝廷请降。元和十四年（819年），淄青王李师道亦请降归附。唐宪宗在征剿招抚的同时，又将这些归附的藩镇由大划小，分而治之，由朝廷统管，从而取得了自“安史之乱”之后的“中兴”局面。

大唐皇室赴法门寺迎奉舍利图

元和十三年十一月，唐宪宗正在宫中怀抱妃嫔饮酒作乐，有功德使前来奏报：“凤翔法门寺塔有佛指骨，相传三十年一开，开则岁丰人安。来年应开，请迎之。”

唐宪宗正在想着如何使自己的施政措施和取得的成果与“天命佛法”联系起来，立即准奏。

元和十四年正月，唐宪宗诏令太监杜英奇带领宫人、高僧30人，手持香花赴凤翔法门寺迎奉佛骨。

出发前夕，杜英奇传令从凤翔至长安沿途各州、县，务必隆重迎奉佛骨，并授意沿途广搭彩棚，红毡铺地，以示对佛的敬重。

杜英奇一行来到法门寺后，先由宫人、高僧持香花来到塔下，然后焚香点烛、顶礼膜拜一番后，开启了地宫石门……

杜英奇等人迎出佛骨，直奔京城而去。

自法门寺至长安二百多里的漫漫长道上，无论州县府衙，还是村镇寺庙，处处筑起高台香刹，张灯结彩，跪而拜迎。

迎佛队伍进入长安城，街市上的巨商豪富，争相举行盛大的迎奉仪式，到处结彩为楼，水银灌地，金玉扎树，形成了一条条流金溢翠的五彩河流。自开元门到安福楼，被数人恭抬的盛装佛骨舍利的黄金宝刹，几乎是从人群的头顶上踏过去的。为了向佛骨表示虔诚之意，砍肢割臂者不计其数，献儿献女、倾家荡产、极尽耗费者数以千万计。在一贞节牌坊前，有一老妪竟将一壶水银强行灌入女儿口内，使其当场中毒死亡，以此敬佛。

长安城西市等待奉迎佛骨的人群

此时的京师长安，一场大雪刚刚停歇，宫阙禁苑、豪门房舍一片银装素裹。灿烂的阳光照射下来，使这

西安古城

座都城分外辉煌壮丽。年轻气盛、志得意满的宪宗皇帝身披华彩亮丽的裘衣披风，在浓妆淡抹、妖艳华贵的妃嫔的簇拥下，站在大明宫道场前的锦绣高台之上，专候迎佛队伍的到来。

在万民齐呼、声震苍穹的礼佛声中，浩浩荡荡的迎佛队伍来到了宫前道场。宪宗抢步上前，叩头拜佛。紧接着，文武百官、妃嫔仕女、太监僧人等也跪地拜佛，整个道场一片沸腾。随后，宪宗将佛骨留于禁宫，几废朝政，日日素衣斋食，焚香点烛，守于佛骨之前，并借助神灵的感应，欣然命笔，赋诗一首敬献佛灵，其诗曰：

功成积劫印文端，
不是南山恐得难。
眼睹数层金光润，
手撑一片玉光寒。
炼经百火精神透，
藏之千载瑛彩完。
净果熏修真秘密，
正心莫作等闲看。

此诗一出，朝野大震，崇佛礼佛的狂潮再度掀起，“王公士庶，奔走施舍，唯恐在后。百姓有废业破产，烧顶灼臂而求供养者……”

韩愈画像

面对皇帝、官宦、四方百姓如此疯狂、如此痴迷、如此愚顽的礼佛之举，有一个人再也按捺不住心中的愤怒之情，他奋笔疾书，一气草成了一篇《谏佛骨表》，准备对这种礼佛之举坚决抵制——这个人就是官拜刑部侍郎的韩愈。

韩愈，字退之，邓州南阳人，祖居昌黎郡，故后世称他为韩昌黎。自唐德宗至穆宗，历任监察御史、行军司马、刑部侍郎、潮州刺史、国子监祭酒、兵部侍郎、吏部侍郎等职。他“自以孤子，幼刻苦学儒，不俟奖励。大历、贞元间，文字多尚古学，效扬雄、董仲舒之述作，而独孤及、梁肃最称渊奥，儒林推重。愈从其徒游，锐意钻研，欲自振于一代”。他打着“复古”的旗帜，着力创造一种内容丰富、语言新颖独特、语气通畅流转的散体古文，并以“文以载道，文道合一”的观点，不重押韵排偶，奇句单行，力求文从字顺，言之有物；坚决反对模拟抄袭的不良文风，从实际出发，因事陈词，使文章言语与事相侔；着力追求“丰而不余一言，约而不失一辞，其事信，其理切”的文风，终于创立了“文起八代之衰”，“力扫六朝绮靡之习”的一家之言。其为文生气流动，雄奇奔放，抒情记事，情真意切，气势磅礴，汪洋恣肆，在中国文学史上独树一帜，被列为文坛“唐宋八大家”之首，并以“杜诗韩文”成为后世文人学习的楷模。

就是这样一个闻名于世的大文豪，在唐宪宗执掌的朝廷中，当君臣正在为“舍利入大内，夜放光明”而皆贺是“陛下圣德所感”的狂热之时，他却呈上了一篇《谏佛骨表》。文曰：

臣某言：伏以佛者，夷狄之一法耳，自后汉时流入中国，上古未尝有也。昔者，黄帝在位百年，年百一十岁；少昊在位八十年，年百岁；颛顼在位七十九年，年九十八岁；帝喾在位七十年，年百五岁；帝尧在位九十八年，年百一十八岁；帝舜及禹，年皆百岁，此时天下太平，百姓安乐寿考，然而中国未有佛也。其后，殷汤亦年百岁，汤孙太戊在位七十五年，武丁在位五十九年，书史不言其年寿所极，推其年数，盖亦俱不减百岁。周文王年九十七岁，武王年九十三岁，穆王在位百年，此时佛法亦未入中国，非因事佛而致然也。汉明帝时，始有佛法，明帝在位才十八年耳。其后乱亡相继，运祚不长。宋、齐、梁、陈、元魏以下，事佛渐谨，年代尤促。唯梁武帝在位四十八年，前后三度舍身施佛，宗庙之祭不用牲牢，昼日一食，止于菜果，其后竟为侯景所逼，饿死台城，国亦寻灭。事佛求福，乃更得祸。由此观之，佛不足事，亦可知矣。

高祖始受隋禅，则议除之。当时群臣材识不远，不能深知先王之道、古今之宜，推阐圣明，以救斯弊，其事遂止，臣常恨焉。伏惟睿圣文武皇帝陛下，神圣英武，数千百年以来，未有伦比。即位之初，即不许度人为僧、尼、道士，又不许创立寺观。臣常以为高祖之志，必行于陛下之手。今纵未能即行，岂可恣之转令盛也！今闻陛下令群僧迎佛骨于凤翔，御楼以观，舁入大内；又令诸寺递迎供养。臣虽至愚，必知陛下不惑于佛，作此崇奉，以祈福祥也。直以年丰人乐，徇人之心，为京都士庶设诡异之观、戏玩之具耳！安有圣明若此，而肯信此等事哉！然百姓愚冥，易惑难晓，苟见陛下如此，将谓真心事佛，皆云："天子大圣，犹一心敬信，百姓何人，岂合更惜身命？"焚顶烧指，百十为群，解衣散钱，自朝至暮，转相仿效，惟恐后时，老少奔波，弃其业次。若不即加禁遏，更历诸寺，必有断臂脔身以为供养者。伤风败俗，传笑四方，非细事也。

夫佛本夷狄之人，与中国言语不通，衣服殊制，口不言先王之法言，身不服先王之法服，不知君臣之义、父子之情。假如其身至今尚在，奉其国命来朝京师，陛下容而接之，不过宣政一见，礼宾一设，赐衣一袭，卫而出之于境，不令惑众也。况其身死已久，枯朽之骨，凶秽之余，岂可直入宫禁！孔子曰：

“敬鬼神而远之。”古之诸侯行吊于其国，尚令巫祝先以桃茢[⑧]祓除不祥，然后进吊。今无故取朽秽之物，亲临观之，巫祝不先，桃茢不用，群臣不言其非，御史不举其失，臣实耻之，乞以此骨付之有司，投诸水火，永绝根本，断天下之疑，绝后代之惑，使天下之人知大圣人之所作为，出于寻常万万也，岂不盛哉！岂不快哉！佛如有灵，能作祸祟，凡有殃咎，宜加臣身。上天鉴临，臣不怨悔。无任感激恳悃之至。谨奉表以闻，臣某诚惶诚恐。

刑部侍郎韩愈的文表一经呈上，无异于对大唐宪宗皇帝和众臣僚凉水灌顶，当头棒喝。那“乱亡相继，运祚不长”，“事佛渐谨，年代尤促”的语句，使满朝文武惊骇不已，皇帝本人怒火中烧，几乎昏厥过去。

唐宪宗将《谏佛骨表》掷于地下，满腔怒火，嘴唇哆嗦着下诏立即处死韩愈。

韩愈在写《谏佛骨表》时，是凭着一时的气盛，还是思虑良久，在呈给大唐天子时，是否考虑到会有这样的悲惨结局出现等等一系列内心活动，史籍没有记载。有记载的只是当一群武士闻声而入，打掉他的乌纱帽用绳索捆绑时，他已面无血色，一句话也喊不出来了。

眼看韩愈大祸临头，很快将身首异处，宰相裴度急忙出班奏谏：“韩愈出言不逊，罪有应得，然实则忠心耿耿，才如此直言不讳。昔太宗听魏征直言，从其谏，才能亲贤疏奸，安邦治国。韩愈虽冒犯神威，然其苦谏亦是一片忠心，怎能轻而杀之？”

唐宪宗听后，仍余怒未息，愤然回驳道：“好一个‘枯朽之骨’、‘朽秽之物’，‘投诸水火，永绝根本’。昔太宗只为信佛，迎奉佛骨，才有了贞观之治。则天皇帝因为信佛礼佛，迎奉佛骨，才有了大唐的强盛。这且不算，然韩愈竟说出了‘运祚不长’、‘年代尤促’的混话，这不分明是在咒我这个皇帝早日归天吗？作为人臣，如此狂妄，罪实难恕！”

此时，惊骇不已的群臣似乎已清醒过来，他们见皇帝如此盛怒，连宰相的求情也不应允，又感到为此事杀了韩愈，实在有些过分，便纷纷出来为韩愈求情。唐宪宗见众意难违，遂诏令将韩愈贬为潮州（今广东潮安县）刺史，并即刻赴任。

幸免一死的韩愈接到诏命，不敢久留，当天便辞别亲友，收拾行装，找了驾马车，带着家眷及几个仆人匆匆上路。车出长安南门，韩愈禁不住回头凝望，那辉煌壮丽的宫阙殿宇已经看不到了。

韩愈谏迎佛骨这件惊心动魄的公案，看起来以当事者的被贬潮州作结束，但事情又没有那么简单。就在韩愈走出长安都城渐没在黄尘古道之时，他的一位叫冯宿的朋友却又大难临头了。

时任礼部郎中的冯宿，原来与韩愈是同年同榜进士，由于有了这层关系，二人得中后在长安“朝夕同出入起居”。当韩愈打出了“古文运动”的大旗时，冯宿在他的旗下竭力为其鼓吹，亲自实践的《初筮赋》曾得到韩愈的好评。唐军征伐淮西时，二人同在还是大将军的裴度幕府，韩任行军司马，冯任节度判官，均得裴度赏识。后来成为宰相的裴度之所以敢为韩愈冒死进谏，并使韩愈免了杀身之祸，是与这时所建立起来的感情分不开的。而冯宿为人“孝友忠信，清廉正直”，因为有了裴度的提携，升迁较快，遭到不少人的忌妒，加上他为了维护朝廷，损害了某些地方藩镇的利益，当这些藩镇归顺朝廷后，自然还对冯宿怀恨在心，并设法整治他。韩愈案发，作为韩愈好友的冯宿自然成为对立面打击的重要目标，苦于找不到借口的对手，便借机诬陷韩愈的奏表是由冯宿起草的。宪宗皇帝竟信以为真，诏令将冯宿贬为歙州（今安徽歙县）刺史。

韩愈被贬情有可原，而冯宿的被贬实在是有些冤枉。冯宿虽为当时的著名文人，然较韩愈却逊一筹，从《谏佛骨表》的文风看来，当为韩愈所书无疑。再从情理上说，这种有杀头之险的奏表，韩愈似不会让冯宿代劳。冯宿的被贬，实则是由于朝廷内部政治斗争所致，其微妙处后人无从知晓，但韩愈一案成了他遭殃的导火索也是推之不过的事实。

当然，冯宿被贬一事，韩愈到了潮州很长一段时间后才知道。

此时的他正在漫漫旷野里向蓝田关一带艰难挺进。

尽管春节早已过去，但春风却迟迟未至，一眼望不见边的西部黄土塬上，依然是朔风凛冽，冰冷如铁。

雄奇峻拔的蓝田关渐渐近了，灰蒙蒙的天空泛起了片片乌云，乌云在朔风的吹动下滚转翻腾，起伏波动。天空越来越暗，乌云越滚越低，一场铺天盖地的大雪悄然而至。纷纷扬扬的鹅毛大雪遮住了古道尘沙，淹没了高塬沟壑，起伏的群山一片洁白，苍茫的天地一片混沌。韩愈的马车在这风急雪紧的旷野里急急前行。就在车马进入蓝田关时，车轮陷于大雪覆盖的沟岔，任凭御手怎样挥鞭叫喝，那全身已被冰雪捶打得精疲力尽的老马，只能仰天长嘶，不肯举蹄前行。

天色越发灰暗，大雪越下越紧，韩愈无可奈何地环顾群山旷野，希祈得到意外的救援。就在这时，只见远处的雪雾中飞来一匹快马，马上坐着一位青春俊秀、飘逸洒脱的男子。那男子来到韩愈面前，滚鞍下马，叩首作拜。韩愈定神一看，来者竟是侄儿韩湘。

韩湘，乳名韩湘子，韩愈长兄韩会之子，幼丧父母，由其叔父韩愈抚养。少年时，韩湘入校求学，但他天生顽皮，不喜读书，并折腾得其他学生也无法将书读下去。在师父的建议下，韩愈只好送他到一座寺庙中习经。但没过几日，寺院住持前来告状，说韩湘天性愚顽轻狂，无法调教。韩愈将这位侄儿叫来，愤然警告道："市井小民都要有一技之长，你如此放荡不羁，不学无术，将来怎么谋生活命？"

八仙之一——韩湘子瓷像（明代）

韩湘子望着叔父，竟笑而答道："我已有一技之长，恨叔不知矣。"说罢，乃指阶前一盆正在吐蕊的牡丹说："叔父想要此花开成青、紫、黄、赤，任您吩咐。"

韩愈气恼中顺口说道："我不要青、紫、黄、赤，专要红、白、黑、绿四色。侄儿不要再顽固不化，快好好读书去吧。"

韩湘并没有依言行事，而是极为神秘认真地用一块布将牡丹枝遮住，第二天，这株牡丹果然开成了红、白、黑、绿四色。最为神奇的是，花朵上竟有紫色字样，并联成一句诗：

云横秦岭家何在，
雪拥蓝关马不前。

韩愈和家人看到盛开的牡丹和诗句大为惊异，知道湘子果有奇术，不再逼其读书。后韩湘辞归江淮，浪迹天涯，其间得到钟、吕二仙传授修行之术，并遁至终南山修道，得成正果，成为历史上流传的八仙之一。

史载韩愈在徐州任官时，浪迹中的韩湘曾专程拜访过韩愈，因叔侄已有多年不见，加之韩湘当时浪迹无着而蓬头垢面，韩愈竟一时没能认出，韩湘子走时，哭笑不得的他做了一首《徐州赠族侄》送给韩湘，算是这次相见的纪念，诗曰：

击门者谁子？
问言乃吾宗。
自云有奇术，
探妙知天工。

当韩愈获罪被贬来到蓝田关时，韩湘居住何处，怎么探知的消息，又从哪里弄了匹马在风雪中匆匆赶来，为何叔侄二人偏偏相会于蓝田关而不是别处，史籍少有记载。有传闻说，正处于欲进不能、欲退不可的两难局面的韩愈，见到这位侄儿飘然而至，自是百感交集，泪水涟涟，其心境的悲苦和内心的热情，自然胜过了早年在徐州官邸的接见。而此时的韩湘似乎还是那么顽固洒脱和放荡不羁，在叩首起身之后，他问韩愈的第一句话是："您老还记得当年那牡丹花上的诗句吗？说的正是今日之事也！"韩愈想起旧事，嗟叹再三，无可奈何又倍加感激地说道："我为你吟成一首完整的诗吧。"说着便面对风雪群山吟道：

一封朝奏九重天，夕贬潮州路八千。
欲为圣明除弊事，肯将衰朽惜残年？
云横秦岭家何在？雪拥蓝关马不前。

知汝远来应有意，好收吾骨瘴江边。

此即中国文学史上著名的《左迁至蓝关示侄孙湘》。

从这首诗的文风和气势来看，当是一代文豪韩愈所作无疑，而韩氏叔侄二人曾在蓝田关相见过大概也是事实。至于此时的韩湘是否就是后来八仙之一的韩湘子，还有以前那神秘的传闻是否真实，则很难推断了⑨。

## 一代文豪的反思

在韩湘的帮助下，韩愈一行的车马终于跃出积雪覆没的沟岔，越过蓝田关，向前疾进。

几乎忘记了已离开长安多少个日夜了。在韩愈的心中，这座辉煌壮丽又危机四伏的都城，已经渐渐淡远，它从此之后很可能不再容纳自己，那灯红酒绿、歌舞升平的生活也将不复存在了，属于自己的只有面前这漫漫古道、凛凛西风和一匹行将倒毙的瘦马拉着的一辆破车。道路曲折艰难，前景凶险难测，奔腾的思绪越来越难以平静，心情更加忧郁愁苦。当他来到韶州（今广东曲江县）郊外时，见天色已晚，便将车马赶进一座古刹借宿休整。

夜深人静，韩愈的家眷等早已沉沉睡去，惨淡清冷的月光洒向古刹的院落，照着窄小破旧的小窗，宝塔上方吊挂的铜铃在寒风的吹动中发出“叮当、叮当”的声响，似乎在向这个世界提示着什么。

困乏劳顿的韩愈一夜没有入睡，那个老僧告诉他的话久久在耳边鸣响。他有些不敢相信自己要去的地方竟是一个瘴气昏濛、海浪滔天，蛮荒到近似鬼兽难存的险恶灾难之地。想到自己“罪重无归望”的可能结局，他害怕了，他后悔了。他害怕的是说不定哪一天自己和全家老小将在这瘴气昏濛死去，他后悔当初不该那样迂腐陈旧地去谏迎佛骨，不该凭一时气盛而冒犯天子的神威。早知如此，何必当初，他感到自己罪有应得……百感交集的他不再想下去，他借着惨淡的一豆灯光，从地下摸起一块棱角突出的石头，向着已被烟火熏烤得漆黑的墙壁猛力划去……

第二天，古刹僧众看到了墙壁上留下的痕迹——

> 不觉离家已五千，
> 仍将衰病入泷船。
> 潮州未到吾能说，
> 海气昏昏水拍天。

元和十四年（819年）三月十五日，经过了两个月的风寒冰冻，跋山涉水，辗转行程，历尽千辛万苦的韩愈终于来到潮州。

经过一个时期的休整、反思，韩愈渐渐地从悲悯苦痛中摆脱出来，文化良知和人格的力量又促使他在这块被贬谪的土地上，再一次显示出文人的高贵胸襟。他决定不惜残年余生，和这里的百姓同甘共苦，建设家园，共创大业，以实现自己的志向与政治抱负。

事实上，韩愈在潮州执政的一年多时间，确为百姓做了几件好事。他提倡轻赋减税，与民休养生息，实行“自赎法”，解放了大批被卖身的奴隶，安定了社会秩序，使潮州从原始走向开化。所有这些，后人可从当时潮州百姓在海边设立的韩公祠，以及韩愈本人留下的《潮州祭神文五篇》（即《祭海神文》、《祭止雨文》、《祭城隍文》、《祭界石神文》、《祭大湖神文》）中看到。要说明的是，这五篇祭文不再是作者触景生情式的纯文学篇章，而是一种和当地民风民俗以及政治、文化等诸方面高度结合和沟通的产物。每篇祭文的背后都无一例外地附带着一个颇值得玩味的故事或叫事件，也正因为如此，才赋予祭文更加广泛的意义和深刻的内涵，从中折射出韩愈的良苦用心和足智多谋的治理本领。

位于潮州侍郎阁中的韩愈塑像

当韩愈走马上任并在潮州属地海门、神泉、惠来一带巡察

时，发现田野的庄稼被大片大片糟踏殆尽，有的村落荒草丛生，房屋倒塌，一片凄凉惨景。问及原因，都说是因鳄鱼所害。原来这一带滩涂地势低洼，水过处留下一处深潭，潭大方圆几十里，一望无际。潭中除了各种植物、鱼类生存之外，还潜藏着一种叫做鳄鱼的两栖爬行动物。它们勇猛凶残，身长丈余，牙尖齿利，口似血盆，每随潮来，数十成百，像一支临阵的军队，气势汹汹地自水中登陆，毁坏庄稼，咬食人畜，闹得四周百姓苦不堪言。为避鳄鱼之害，崇尚迷信道法的百姓，只好广修祭祀，向潭中抛撒牛羊，一些官僚乡绅甚至强迫百姓凑钱买来贫家的童男童女，抛入潭中以喂养鳄鱼。尽管如此，鳄鱼照常出潭为害，逼得大批百姓背井离土，逃难他乡。

作为一向反对鬼神并以“大儒”自居的韩愈，闻听后自是愤怒异常，他当即传令：“主此谋者当杀。调集团练、乡勇，各备坚兵毒弩，尽杀丑类，为民除害。”

当各地的团练、乡勇们拿着武器汇聚而来准备除害时，令韩愈大出意料的是，他的面前跪爬着无数请愿的百姓。惊讶中的韩愈不知为何，问及缘由，才听几位白发苍苍的请愿者说：“鳄鱼乃海龙之子，杀之不祥，若龙怒，将起波天之涛，淹没州县。天授年间，因百姓杀死一条鳄鱼，引起海水上漫，淹没了三县十八乡……”

韩愈明明知道此说荒唐，但面对如此众多的请愿者，他又显然感到民风民俗民心的不可违。既然百姓的思想被神主宰，聪明的韩愈只好假借神力来惩治害虫，这样可皆大欢喜。

想通了这一切，韩愈便扶起老者，慷慨陈词：“我原想为民除害，怎能作此逆举。鳄鱼既是灵物，当不能杀。传令下去，兵马仍驻原地待命。各乡父老百姓，准备香烛纸马、锣鼓礼炮、旌旗猪羊等祭品，以隆重的仪式，盛大的规模，欢送鳄鱼归迁大海，自找它们那海神父母。”

韩愈的一通演讲，百姓皆欢呼动容，以感念的心情各自回家作各种准备。

七月十五日，这是当地百姓公认的海神的生日。按照韩愈的事先安排，天刚放亮，四乡百姓便敲着牛皮鼓，打着铜锣，抬着各种肉类祭品，携带鞭炮，从四面八方拥向指定的海神庙。作为刺史的韩愈也率各等官僚、军兵，抬着祭品，打着龙虎旗，扛着火药铁铳来到海神庙。韩愈亲自在供桌前上香、烧纸，然后开始宣读那篇留传后世的《祭海神文》：

> 维年月日，潮州刺史韩愈，使军事衙推[10]秦济，以羊一猪一，投恶溪之潭水，以与鳄鱼食，而告之曰……
>
> 鳄鱼有知，其听刺史言！潮之州，大海在其南，鲸鹏之大，虾蟹之细，无不容归，以生以食，鳄鱼朝发而夕至也。今与鳄鱼约，尽三日，其率丑类南迁于海，以避天子之命吏。三日不能，至五日；五日不能，至七日。七日不能是终不肯徙也。是不有刺史听从其言也；不然，则是鳄鱼冥顽不灵，刺史虽有言，不闻不知也。夫傲天子之命吏，不听其言，不徙以避之，与冥顽不灵而为民物害者，皆可杀。刺史则选吏民，操强弓毒矢，以与鳄鱼从事，甚无悔！

韩愈读完祭文，命人将宰杀的猪羊、香饵，用绳索拴在一条大船的后部，然后抛向水中。大船拖着祭品在前边开道，沿岸万千百姓一齐敲锣、擂鼓、鸣放鞭炮，并把事先做好的数万只纸船，点上香烛，放到水里，随水漂向大海。士卒官吏则抬着火药铁铳炮，尾随纸船向水里放炮。一时间，鼓声、锣声、炮声夹杂着百姓的叫嚣欢呼声震天动地，响彻云霄……

一场有神论者和无神论者联手主演的闹剧落下了帷幕。自此之后，鳄鱼不再出现，百姓安居乐业。为了感谢这位刺史对百姓的恩德，一座韩公祠很快在潭边建了起来，而这位旷世文豪一篇文章赶跑鳄鱼的故事也流传下来。

韩愈在一场看似闹剧中取得了预期的效果，并使他留下了千古芳名。而这位无神论者最终在当地百姓心中又成了神的原因在于：韩愈本人当初就已料到，前有诱饵引路，后有炮火轰鸣，不要说是鳄鱼，就是海龙王也会跑掉的。鳄鱼本属浅水动物，一旦进入深海，就会迷失方向找不到归路，自然也不会再在这个深潭出现——韩愈的用心和聪明正在于此。

尽管这位韩刺史在潮州执政期间，为百姓做了不少好事，但他越来越无意在此久留，梦回朝廷重新施展抱负和充分享受人生的愿望日渐强烈。为了实现这个愿望，在上任不满一年之时，便颇有些违心地匆匆草拟一篇《潮州刺史谢上表》，呈奏唐宪宗。在这篇后人多有微词的《谢上表》中，韩愈既承认了当初的过激言行，又表示了忏悔之意，对自己被贬不仅未有丝毫怨言，反而一再表示对宪宗皇帝不杀之恩的感激之情，并极尽阿谀奉承之能事。他的良苦用心终于使宪宗皇帝大为感动，在接到奏表的第二天，唐宪宗便在朝中对众臣们说："昨日接到潮州的谢上表，想起韩愈谏迎佛骨之事，乃是对朕的一片忠心，朕岂不知，不过，作为人臣，本不该说朕信佛折寿，因而朕才加罪于他。"

唐宪宗这番述说，明眼人一听便知是想重新起用韩愈，意在试探众臣的意见。

当众臣正在考虑如何回答时，韩愈的宿敌、朝臣皇甫镈因怕韩愈归来对自己不利，便抢先答道："韩愈一向狂妄自大，可以酌情调至近处的州做刺史。"唐宪宗和众臣僚不好再跟这位皇甫大人较劲，皇帝只好诏令调韩愈为袁州（今江西宜春县）刺史。

韩愈的这篇《谢上表》没能达到预期的目的，却给后人留下了不少有损他人格的话柄，就连十分钦佩他为人为文的欧阳修也不得不说："前世有名人，当论时事，感激不避其诛死，其若知义者；及到贬所，则戚戚怨嗟，有不堪之穷愁形于文字。虽韩文公不免此累也。"明代的张萱在论及此事时，也不无感慨地说："始以谏佛骨见斥，既欲以请封禅而谋进，非两截乎？"

不管后世怎么评说，韩愈的这篇《谢上表》还是多少给他带来了一点好处。除了地域上离京师长安更近之外，重要的是在政治上已迈出了回归的步伐，辉煌的殿宇离他也许只有一步之遥了。

元和十五年（820年），唐宪宗驾崩，他的迎佛折寿之举不幸被韩愈言中，死时年仅43岁。

宪宗死后，他的儿子穆宗继位，韩愈被重征入朝，任国子监祭酒，后又出任兵部、吏部侍郎等职。至此，这件历史公案总算有了个满意的结局。

# 韩昌黎辟佛余波不绝

韩愈的辟佛事件，在不算太长的时间内，以其本人的沉浮做了事实上的注脚，但余波荡漾。也许由于韩愈名声太大的缘故，这一在当时引人注目的历史公案，受到了自古及今历代学者的重视和关注，并纷纷从不同的角度出发各抒己见，从而产生了一千多年争论不休的局面。

和韩愈同称“唐宋八大家”的欧阳修说：“佛法为中国患千余岁，世之卓然不惑而有力者，莫不欲去之，已尝去矣而复大集，攻之暂破而愈坚，扑之未灭而愈炽，遂至于无可奈何。是果不可去耶？盖亦未知其方也。”这显然和韩愈的主张与愿望相通相同。

亦为“唐宋八大家”之一的苏辙说：“愈之学，朝夕从事于仁义礼智刑名度数之间，自形而上者，愈所不知也。原道（韩愈所撰一篇排佛的文章）之作，遂指道德为虚位，而斥佛老与杨墨同科，岂为知道哉？”意思是指，韩愈只知儒学而根本不懂得深奥的佛学理论，不懂佛学而盲目排佛就不免荒唐。所以，宋代张无尽也以同样的看法指出：“欲排其教，则当尽读其书，深求其理，摭其不合吾儒者与学佛之见，析疑辨惑而后排之可也，今不通其理而妄排之，则是斥鹖笑鵾鹏，朝菌轻松柏耳。”明人茅坤更直言不讳，对韩愈大加嘲讽道：“只以福田上立说，无一字论佛宗旨，何者？退之（韩愈的字）原不知佛氏之学也。”清人包世臣则认为：“以退之屏弃释氏，未见其书，故集中所力排者，皆俗僧耸动以邀利之说。”同为清人的梁章巨则引用僧人的话，对韩愈谏佛的举动作了这样的评价：“辟佛之说，宋儒深而昌黎浅，宋儒精而昌黎粗。然披缁之徒[11]畏昌黎，不畏宋儒，衔昌黎，不衔宋儒也。盖昌黎所辟檀施供养之佛，为愚夫妇言之也。宋

欧公归佛（《释氏源流》插绘）。以排佛闻名的欧阳修回老家庐陵，船泊九江，拜访庐山圆通寺居讷禅师。居讷与欧氏论道，旁征博引，滔滔不绝，并谓：“善骂者，人亦骂之。先生平时以毁佛排佛为务，怎能不招致别人的毁谤？”欧阳修听罢，心怀惭愧，对居讷肃然起敬，遂一改排佛立场，倾心向佛，并一直与居讷保持通信联系。

儒所辟明心见性之佛，为士大夫言之也。天下士大夫少，而愚夫妇多。僧徒所取给，亦资于士大夫者少，资于愚夫妇者多，使昌黎之说胜，则香积[12]无烟，祇园无地。虽有大善知识，能率恒河沙众枵腹露宿而说法哉！比如用兵者，先断粮道，不攻而自溃也。故畏昌黎甚，衔昌黎亦甚。使宋儒之说胜，不过尔儒理如是，儒法如是，尔亦不必从我，我佛理如是，佛法如是，我亦不必从尔。各尊所闻，各行所知，两相支柱，未有害也。故不畏宋儒，亦不甚衔宋儒。然则唐以前之儒，语语有实用，宋以后之儒，事事皆空谈，讲学家之辟佛，于释氏毫无加损，徒喧闹耳。”这无疑从另一个侧面对韩愈的反佛提出了质疑和嘲讽。

而以司马光为首的一派拥韩者，却与这些人的观点相反，他本人在其《书心经后赠绍鉴》中说：“世称韩文公不喜佛，常排之。予观其与孟尚书论大颠云：能以理自胜，不为事物侵乱。乃知公于书无所不观，盖尝遍观佛书，取其精粹，而排其糟粕耳。不然，何以知不为事物侵乱为学佛者所先也？”

司马光所提到的韩愈与孟尚书谈论的大颠其人，是潮州的一个和尚。韩愈在潮州除了写文章驱逐鳄鱼外，另一个不太为人所知的插曲是：在他被贬后，当京城的许多和尚兴高采烈之际，唯独有一位叫僧简的和尚冒着生命危险，赴潮州走访韩愈，并表示“将朝得进拜而夕死可者”的决心。因为这个僧简和尚的缘故，韩愈在心灵上得到一点慰藉，同时开始主动跟潮州一位叫大颠的老和尚接触，随后又建立了极深的友情。韩愈称赞老僧大颠“虽外物至，不胶于心”，“实能外形骸，以理自胜，不为事物所乱”。这就是说，大颠和尚能把儒家修身养性之理与佛家修习之理相融合。对于这件事，柳宗元曾有过精辟的评论：“退之所罪者，其迹也。曰‘髡而缁，无夫妇父子，不为耕农蚕桑而活乎人’，若是，虽吾亦不乐也。”这就是说，韩愈所排斥的是佛教的粗俗教义及其所包含的出世主义，所容纳的是佛学与儒学相通的治心理论，他把以儒融佛的思潮推向更深入一层。

司马光像

继柳宗元之后，司马光派的南宋马永卿引友人王抃的话说：“世人但知韩退之不好佛，反不知此老深明此意。……其所

见处，大胜裴休，且休尝为《圆觉经序》，考其造诣，不及退之远甚。唐士大夫中，裴休最号为奉佛，退之最号为毁佛，两人所得之浅深乃相反如此。”

对佛道颇为精通的“唐宋八大家”之一苏东坡，对韩愈的思想做了研究后，认为韩愈则是“流入于佛老而不自知也”。

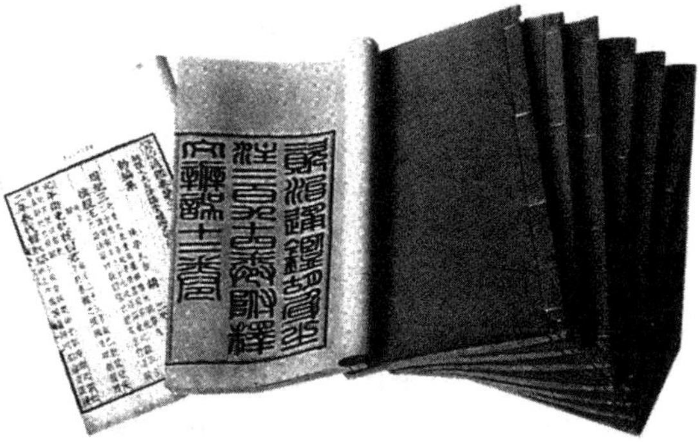

《资治通鉴》(司马光著)

清代林云铭也说：“欲烧佛骨人，却能阐发佛理。要知真正佛理，即圣人之道，公之所辟，乃其迹耳。”

对于本已了结的韩愈谏佛的历史公案，竟引来那么多不同时代、不同观点的名人议论纷纷，这实在是一个怪异的文化现象。通过这个现象，我们应当看到这些人表面上在谈论韩愈的辟佛事件，实则是对佛学——这股外来文化命运的关注。因为韩愈的谏迎佛骨涉及法门寺及地宫佛骨，今天我们有必要继古人之后，对这桩公案的看法再做些补遗。

正如我们在此之前的叙述，佛教作为一种外来文化，自它踏上东方古国的那天起，就遭到了本土文化的抵抗，有些不可思议的是，这来自西方的佛教文化，硬是凭着自身强大的生命力和独特的韵味，在东土渐渐地扎下了根，并迅速在与本土主流文化儒教与道教的融合中成长起来，于隋唐时形成儒、释、道三足鼎立的文化格局。促使这种格局形成的原因，除了佛教本身那具有对人生启迪的精深理论外，也与它本身具有实用社会价值有极大的关系，这个价值首先体现在能为皇权的转移制造舆论，如隋文帝假托“天佛所佑”、武则天“以释教开革命之阶”等，都是在宗教外衣的庇护下进行的成功阴谋政变。而在唐太宗时，少林寺和尚营救李世民，并协助平洛阳王；唐肃宗时，高僧神秀广征“香水钱”资助大唐平叛，以及高僧不空设坛度僧以团结诸路军卒等，都是实用价值极大的历史事件，也是儒教和道教难能其为的。还有一个重要的原因是，佛教可以对众生进行安分守己的教化。对于这一点，唐代一个不太出名的文人加小官僚看得最为透彻，说得也最为中肯：“俗既病矣，人既愁矣，不有释氏使其安分，勇者将奋而思斗，智者将静而思谋，则阡陌之人皆纷纷而群起矣！”

既然有了这样的文化功能，外来的佛教能在中国扎根、发芽，最终和本土宗教形成鼎立的抗衡局面，似乎是必然的事情。也正是由于这种局面的出现，才注定了佛教在不同的社会发展阶段，走出了一条沉浮不定的发展轨迹。

最早出现的儒、释、道三方为争夺势力和地位而进行的较量暂不叙述，自唐朝建立之初，就有排佛之举。唐高祖武德四年（621年）至唐太宗贞观六年（632年），朝臣傅奕曾先后八次上疏请废佛教，他曾在《请除释教疏》中说：

> 降自羲、农，至于汉、魏，皆无佛法，君明臣忠，祚长年久。汉明帝假托梦想，始立胡神，西域桑门，自传其法。西晋以上，国有严科，不许中国之人，辄行髡发之事。洎于苻、石，羌胡乱华，主庸臣佞，政虐祚短，皆由佛教致灾也。梁武、齐襄，足为明镜。

傅奕以儒家正统排斥佛教的主张，没有得到皇帝和朝臣的响应。武德九年（626年），唐高祖曾召集群臣仔细讨论傅奕的疏文，除一人外，众臣“多祖佛”，对他提出的中国古代在没有佛教时，帝王年岁长久，而佛教传入后，事佛愈谨，年代愈促这一论点，众臣颇不以为然，傅奕只好独自叹息曰：“众不我从。”尽管如此，傅奕还是抱住儒家学说伦理不放，并一次又一次地向佛教展开攻势，直到临终前，还告诫其子勿读佛书，免得中邪。

继傅奕之后，唐代反佛者不断涌现，如狄仁杰、李峤、张廷珪、苏环、韦嗣立、姚崇、杨炎、李翱、李德裕等名臣，都是反佛的极端分子。奇怪的是这些人没有因反佛而倒霉，而到韩愈出面时，情形就大不相同了。

就韩愈本身而言，他作为典型的儒家子弟的代表不容置疑。这位历史上“文起八代之衰”的大文豪，自称是“非三代两汉之书不敢观”，“口不绝吟于六艺之文，手不停披于百家之编”，“上规姚姒[13]，浑浑无涯；周诰[14]、殷盘[15]，佶屈聱牙；《春秋》谨严，《左氏》浮夸；《易》奇而法，《诗》正而葩；下逮《庄》、《骚》，《太史》所录，子云、相如同工异曲”。由此可见，韩愈思想的来源主要是先秦两汉的儒家典籍，诸子百家、史学著作和两汉辞赋，对于佛教经典未尝有过接触。所以，他的反佛便具有了很大的盲目性和片面性。

韩愈的《谏佛骨表》，无疑是历代反佛言论的大总汇，问题涉及了华夷之争、伦理之争、逃避徭役赋税之争、王朝运祚短长之争和如何对待处理佛骨之争。但不难看出的是，这些又都是当年傅奕理论的翻版和复制，他凭借跟傅奕一样的“士志于道”的传统，反对佛学代表的外来文化的冲击。他在《送惠师》一诗中沾沾自喜又颇为自负地写道：“吾非西方教，怜子狂且醇。吾嫉惰游者，怜子愚且谆。”同他的《谏佛骨表》一样，他以儒教为中国的正统，以佛教为西方邪教，将儒佛对立起来，将儒佛之争看成是中国文化与西方文化的一种较量，是正义与邪恶的不期遭遇，士大夫必须维护儒教而鞭挞佛教。他站在儒家传统的角度，认为“性也者，与生俱生也；情也者，接于物而生也”。在他看来，情与性是绝对对立的，要因情以见性，借以抨击佛教的脱离君臣、父子、夫妇关系去追求见性成佛，并认为这是灭情以见性的荒唐做法。

按照儒学的解释，性之品有三，而其所以为性者五；情之品有三，而其所以为情者七。在这个构成人天性的五要素中，排列着仁、义、礼、智、信，而因性而生的情，则构成喜、怒、哀、惧、爱、恶、欲。由于“性”与“情”的相辅相成，所以在儒家伦理道德规范内所进行的性情修养，应是整体人格的实现，对上品以教育，对中品以引导，对下品以制服，即所谓的“上之性就学而愈明，下之性畏威而寡罪。是故上者可教，而下者可制也。其品则孔子谓不移也”。正是处于这样一种思想和道德上的认

法琳对诏（《释氏源流》插绘）。据《释氏通鉴》载，唐代太史令傅奕上书朝廷，列举佛教的十一条罪状，包括佛经荒诞，损国破家等，要求废除佛教，将所有和尚旋归乡村和江湖，在全国推广道教。皇帝一时委决不下，于是下诏令僧人法琳前来询问。法琳进宫大谈佛教乃兴国安民之道，于是傅奕之奏暂时搁浅。后来的韩愈谏迎佛骨，即这次佛道之争的延续。

识，韩愈便不可能容忍“自性成佛”的理论，同时对一切背离儒家学说的佛家理论采取排斥态度。正如著名历史学家黄新亚先生在后来指出的那样，韩愈本人对佛学认知的肤浅和天然的排贬，就决定了其不可能用佛学的“因明[16]”关系来解释现实，他谏迎佛骨的思想武器只能是中国尊重史实而忽视理性演绎的传统。

当年傅奕三番五次上表谏佛，唐高祖曾找了一位叫法琳的拥佛者和其辩论，这法琳大师便针对傅奕几乎和韩愈一样的有佛则“乱亡相继，运祚不长”、“事佛渐谨，年代尤促”的观点，提出了西汉以前君王，尤其是秦始皇父子统治的秦朝，“当时无佛，何以天历不长”的例子，又引证元魏十七君合一百七十九年的例子反问：“尔时佛来，何故年久？”傅奕竟无言以对。也许韩愈感到傅奕跟他本人的主张，缺乏在思想上战胜佛学的能力，便只好以华夷之辨来施展政治上的打击，于是便有了“佛本夷狄之人，与中国言语不通，衣服殊制。口不言先王之法言，身不服先王之法服，不知君臣之义、父子之情……乞以此骨付之有司，投诸水火，永绝根本，断天下之疑，绝后代之惑”的主张。这个主张显然与大唐开放的文化风气、中唐统治者正在鼓吹和巩固的“中兴”局面背道而驰，于是便有了唐宪宗的勃然大怒和“将加极法”的裁决；有了韩愈“欲为圣明除弊事”，却落得“夕贬潮州路八千”的悲剧性局面。

尽管韩愈的反佛主张与中唐统治者以迎奉佛骨为乞求“中兴”的用意格格不入，但并不意味着谏迎佛骨没有一点道理。当佛教传入中国后，在其不断地发展壮大中，出现了许多“伪”与“滥”的现象，特别是在经济上耗国累民的靡费越来越繁重，崇迎佛骨便将这种靡费现象全面地暴露出来。尽管唐宪宗曾努力“中兴”唐室，并取得了一定的良好效果，但“中兴”是短暂的，大唐帝国的危机依然四伏，用崇迎佛骨的做法来粉饰太平，显然也不是明智之举。就这一点而言，也许在藩镇割据之势已成、君主之权日益被削弱的情况下，借助儒家学说来突出君权是必要的，同时对强化民族意识、促使佛教中国化具有极大的作用。在等级森严的朝廷中，多数臣僚只求苟且偷生，只有韩愈敢于与大唐皇帝辩论是非曲直，维护儒学传统思想，以“为民请命”的“浩然正气”挺身而出，这正可以说明佛教最终中国化，而不是中国被“佛化”的原因。

当然，佛教中国化是唐代中国人以开放与创造的心境对待外来文化的成功范例，这其中既包括对本民族文化传统的自信，也包括对其他民族文化的虚心接纳，所以韩愈本人的悲剧，又是一种不可避免的必然。而唐宪宗在痛感帝国缺乏团结精神和军事力量的情况下，企图借用佛力不战而胜，也只能是一厢情愿，所有的迎佛骨活动以大量耗靡国家钱财而收场，并不能为唐朝统治者带来真正的“中兴”。当唯心主义的宗教观破产后，一代封建王朝灭亡的必然性便越发突兀出来，当这种必然被历史一步步证实后，原所祈求的宗教将面临厄运。韩愈此时的谏迎佛骨尽管没有起到作用，但从整个历史发展过程看来，已明显地吹响了灭佛的号角。佛教的大难就要来临了。

## 注 释

①乐山大佛：又称凌云大佛，位于今四川乐山市东凌云山西壁，岷江、青衣江、大渡河合流处。大佛为依栖鸾峰断崖凿成的一尊弥勒佛倚坐像，唐玄宗开元元年（公元713年）开凿，德宗贞元十九年（公元803年）完成，工程前后进行了90年。据最新测量，大佛自头至足为58.7米，若加上已被毁掉的莲花座，则通体高70米左右。佛首与山平齐，脚踏大江，气势宏伟，人称“山是一尊佛，佛是一座山”。

②鉴真，中国唐代僧人，日本律宗初祖。亦称“过海大师”、“唐大和尚”。俗姓淳于，广陵江阳（今江苏扬州）人。自幼出家，后归扬州大明寺讲律传法。唐天宝元年（公元742年）应日本留学僧荣睿和普照之邀，率徒众携经论法物等东渡日本。前后五次，因风浪阻止，皆未成行。天宝十二年（公元753年）第六次东渡，终于成功，受到日本朝野僧俗的欢迎。他在东瀛首开登坛授戒之例，于奈良兴筑唐招提寺，又校正佛经，塑造佛像，指导修建佛寺、辨别药物等，对中日文化的交流有巨大贡献。

③偈颂：佛经体裁之一，即颂词。多用三言、四言、五言、六言、七言以至多言为句，四句合为一偈。

④三密相应：密教用语。大日佛为遍法界之身，故法界体相，为其身密；一切声音，为其语密；周遍之识大，为其意密。“三密相应”为修密之要，指众生的身业（身之所作）、语业（口之所语）、意业（意之所思）与如来的三密，入我我入，无二分别。故行者以手结印契修身密，口诵真言修语密，心观本尊及随事起念修意密。

⑤灌顶：原为古印度国王即位的一种仪式，后为佛教密宗所采用。凡弟子入门，须先经本师以水或醍醐（酥酪上凝聚的油，味极甘美）灌洒头顶。灌谓灌持，明诸佛之护念；顶谓头顶，表佛行之崇高。

⑥转轮王七宝：转轮王原为古印度神话中的圣王，具三十二形像，即位时由天感得轮宝，转其轮宝降伏四方，故名。又因飞行于空中，亦称飞行皇帝。佛教袭用其说，以之为护法神。据佛经载，转轮王共有四位，各持金、银、铜、铁转轮，皆拥有轮宝、白象、绀马宝、玉女宝、明月珠宝、主藏臣宝、主兵臣宝等七宝。

⑦永贞内讧：唐代有名的宫廷政变。贞元二十八年（公元805年）初，顺宗李颂即位，因病不能视事，重用王淑文、王伾实行改革，引起宦官及部分藩镇反对。三月，宦官俱文珍等逼顺宗立长子李淳为太子，改名纯。八月，文珍与韦皋、裴均、严绶等人强迫顺宗禅位，改元永贞，李纯登基。次年正月，改元元和。这一年之间的宫中纷扰，史称“永贞内讧”。

⑧桃苅：桃枝编的扫帚。古时迷信，谓鬼畏桃木，用以扫除不祥。

⑨关于韩湘子其人的生平，历史记载之一。他跟韩愈的亲属关系也有多种说法。据我们查考的资料看，韩湘系韩愈之侄，当更为可信。

⑩军事衙推：据《唐书・百官志》记载，节度使、观察使、团练使皆有衙推，刺史、领史亦置衙推，为军府之属官。

⑪ 披缁之徒：即僧众。缁，通“淄”，黑色。僧衣一般用黑布制成，故名。

⑫ 香积：原为众香世界之佛名。后取香积世界香饭之意，谓僧家之食厨或供料。

⑬ 姚姒：姚，虞舜之姓；姒，夏禹之姓。姚姒，指《尚书》中的《虞书》和《夏书》。

⑭ 周诰：指《尚书・周书》中的“大诰”、“召诰”、“康诰”、“酒诰”、“洛诰”等篇。

⑮ 殷盘：指《尚书・商书》中的“盘庚”上、中、下三篇。

⑯ 因明：佛教名词。“因”指推理的根据，“明”指知识、智慧。是透过宗（逻辑中的命题）、因、喻（帮助论证成立的譬况）所组成的“三支作法”，进行推理、辨明的学问。三支中，“因”是主要部分，故称为因明。

# 第九章
# 佛门大劫难

北魏太武帝的禁佛，北周武帝的废佛，道士寇谦之的欺世盗名，崔浩的一连串阴谋，吹响了反佛的号角。唐武宗第三次灭佛，法门寺劫难临头，偷天换日，奇计连环，僧俗合力护卫圣体。国势蜩螗，唐懿宗迎佛骨入京祈福，奈何已无力回天，匆匆送还，与金银宝物同埋地底……

## 灭佛的号角

韩愈终于回到了他梦中的京都，开始新的人生之路，关于他因谏迎佛骨而倒霉的一段历史也告终结。

但是，他谏迎佛骨而引起的是是非非却远没有随着他回到长安而告终结，这个在中国佛教发展传播史上极具典型和预言性的事件，因其特殊的历史背景成为中国正统的儒道思想与外来文化碰撞和交流的焦点，也是自佛教东传以来各种矛盾斗争激化到最盛程度的标志。而韩愈的思想正是历史上佛教敌对势力诸宗派的反佛观点和愿望的具体反映，因此，这一引人注目又轰动一时的历史公案，才引得千百年来历代学者的高度重视和关注，才有了诸多观点异彩纷呈地加以评说。

其实，佛教自传入中国后，一直面临着本土宗教和本土文化的排斥和打击。当永平七年明帝夜梦金人并派遣羽林郎蔡愔等人西土求法，终于以白马驮经迎来佛教之后，就开始了五岳道士与佛教的设坛焚经之论战。此后西晋的佛道之争及萧齐的夷夏之争[①]、三破之论[②]，梁武帝舍道事佛，北齐废道……可谓烽烟迭起，争战不断。佛教与儒教、道教就是在这样一个起伏不定、烽火狼烟的大格局中，进行着它们的碰撞、倾轧、侵吞、分离和融合。佛教自来到东土，有过几次的繁荣，又有几次的沉沦和劫难。在中国漫长的历史进程中，曾先后有四位皇帝发动过毁佛灭佛的典型事件。他们分别是韩愈谏迎佛骨之前的北魏太武帝、北周武帝和韩愈谏迎佛骨之后的唐武宗、后周世宗，史称"三武一宗"之厄。

山西大同云冈石窟第20窟中的坐佛与立佛。北魏时期建造，石质，是昙曜五窟中规模最大，最重要的一处，也被视为云冈石窟的形象代表。两佛体格丰壮方拙，面容带有深目高鼻的特点，形象和服饰都反映了早期大型佛教造像的特色。

众所周知的是，佛教的发展，需要有巨大的经济力量来支撑和维持。当寺院经济力量一旦过分发展和膨胀，就会引起统治阶级的不满，而当种种交织在一起的矛盾激化时，便必须通过政治手段才能解决。中国佛教史上之所以出现"三武一宗"的灭佛之难，正是这种矛盾激化的结果。

历史上第一个帝王禁佛者当属北魏太武帝拓跋焘。颇有意味的是，他一开始并不讨厌和排斥佛教；相反，他还是一个地地道道的崇佛者。太武帝初登大位后，经常像他的先辈那样请一些"高德沙门"进宫谈论，每当四月初八日的佛诞日，还亲自登上城楼观看庆祝活动，并向佛像散花以示敬意。

太武帝的崇佛来自他祖先留下的传统。东晋末年，一个称为拓跋氏的族系崛起于塞北，并在拼搏厮杀中很快兼并了北方诸国，统一了中原，是为北魏。北魏的开国君主道武帝拓跋珪，深知自己是北方少数民族，难以驾驭广大的汉民族，因而他打出了佛教这面大旗，极力宣扬“人王即是法王”，试图以此来消除中原百姓的民族意识。鉴于这一思想的考虑，道武帝拓跋珪一直充当着护佛布道的旗手，并在登位之后广造寺院，剃度僧尼，弘扬佛法，以此完成了少数民族与汉民族在思想上的融合。

历史上的佛教专家大都认为，和他的先辈在思想上本是一脉相承的太武帝，之所以从信奉佛教、尊崇沙门慢慢走向反佛甚至是毁佛的道路，与司徒崔浩的推波助澜、煽风点火是分不开的；而崔浩之所以如此，与他的生活背景和个人的好恶又紧密相连，是他首先利用了一个叫寇谦之的道士，将太武帝一步步从佛门引入了道门。

寇谦之，生于前秦建元元年（365年），卒于北魏太平真君九年（448年）。他出身于豪门士族家庭，在曹魏初年，寇氏家族是关中冯翊统治区的名门大户。这寇谦之在童年时就迷恋仙道，有弃世绝俗之心，但他最感兴趣的还是道教中能吞服成仙的药物，只可惜“少修张鲁之术，服食饵药，历年无效”。

正当寇谦之有志成仙而服食大量药物尚未成功之时，却发生了一次奇遇。原来在他将满20岁的时候去姨母家做客，发现姨母雇一奇男，“形貌甚强，力作不倦”。寇谦之当即为此人的形貌和风采倾倒，并凭他多年的修炼，觉得此人非同凡响，便借机向姨母请求将此人领回自己家当差役。经过一段时间的相处，那位奇男觉得寇谦之对自己不错，又迷恋道术，便对他说出了自己的身份和经历。此人名叫成公兴，原是一名道士，后因得道而成仙，却在天界不慎惹起火灾，被判罚流放人间七年。为了证明自己所说的事实，成公兴大谈道家高深的理论，并以自己精通的《周髀算经》，来求解一个个假设的难题。寇谦之深信不疑，并要拜其为师。成公兴推托不过，便说：“先生有意学道，能否与公兴隐遁？”寇谦之当场答应。二人在斋戒三日后，共同奔赴华山。成公兴“令谦之居一石室，自出采药，还与谦之食药，不复饥”。后来他们又移居嵩山，“有三重石室，令谦之住第二重”。七年之后，成公兴尸解飞升，留下寇谦之一人继续“守志嵩岳，精专不懈”。

汉代铜羽人。道教徒追求的最高境界是飞升成仙，秦汉之后的神仙家和方士们相信，人通过服饵或修炼便可以轻身，肋生双翼，飞升上天，从而成为仙人，这件铜羽人即是这一观念的形象代表。

尽管这是一个近似神话的故事，但后人撰写的《魏书·释老志》中确有这样一段记载。有历史学家考证，自东汉魏晋以来，确有不少方士入华山、嵩山、武当山等名岳大山修道，后秦时也有一位来自胶东蓬莱的方士在河南伊川一带传授道法，此人精通历算，号称“游遁大儒”，名成公兴。这或许就是寇谦之早年所遇的仙人成公兴，为了抬高自己的身价，寇谦之在名声渐隆之后，杜撰了他的老师本是仙人的故事。不管这位成公兴的身份和真假如何，寇谦之早年曾随方士在高山密林中修炼过仙术则是事实。

或许寇谦之感到自己修道成仙已无指望，或许他再也耐不住这深山的冷清与寂寞，而人世博取芳名的机会已经来临，或许还有更加复杂的原因，他在始光元年（424年）离开了隐居三十多年的嵩山，携带六十余卷《录图真经》前往京师平城，拜见刚刚即位的太武帝，并称自己在修道时，有太上老君的玄孙李谱文降临嵩山，亲授给他《录图真经》，以其辅佐北方太平真君。与此同时，还大谈了一通修身炼药之术，销炼金丹之诀。这显然是为了迎合当时加强中原统治的拓跋氏而特意制造的谎言，没有立即让太武帝信服。在勉强接受这部书后，太武帝只是做了“令谦之止于张曜之所，供其食物”的安排。当时朝廷臣僚们得知这件事，也是一笑了之，并未放在心上，只是后来司徒崔浩介入，其事其人才非同小可起来，并因此爆发了历史上第一次重大的灭佛行动。

崔浩之所以不请自到地介入这件事，与其家世和当时的政治背景有关。他的母亲原是一个道教徒，他本人从小也偏好道仙之术，稍大后曾学过占星和阴阳术。也许正是凭着这个本领，他才一步步成为北魏明元帝的近臣，并倍受赏识和重用。随着明元帝的一命归天和新皇帝的登位，崔浩遭到了从未有过的冷落，他正准备修炼、养生以待时机，寇谦之偏巧这时来到平城。一向工于心计又陷于不利处境的崔浩，仿佛看到一线东山复起的希望，他决定介入此事，而第一步要做的就是拜寇谦之为师，随后便向太武帝极力推荐这位师父。他在上疏中为寇谦之鼓吹道：

“臣闻圣王受命，则有大应，……今清德隐仙，不召自至，斯诚陛下侔踪轩黄，应天之符（福）也。岂可以世俗常谈，而忽上灵之命？臣窃慎之。”

北魏统治集团为夺取和统治中原，曾以轩辕黄帝的后裔自居。“魏之先出自黄帝，黄帝之子曰昌意，昌意之子受封北国，其处有大鲜卑山，固以为号。”

崔浩的上疏正是抓住太武帝“侔踪轩黄”入主中原的心理，才极力鼓吹《录图真经》中的符命之说。其实，在这之前的寇谦之早就对拓跋氏王朝的心理做了深入细致的研究，并针对此点撰写了《录图真经》，崔浩的上疏只不过是起到了一个提醒的作用罢了。但正是这一提醒，才使正处于日理万机中的皇帝留心经书中的教义并对此刮目相看起来。

> 世祖闻之欣然，乃使谒者奉玉帛牲牢祭嵩岳，迎致其余弟子在山中者。于是崇奉天师，显扬新法，宣布天下，道业大行。……及嵩高道士四十余人至，遂起天师道场于京城东南，重坛五层，遵其《新经》之制。给道士百二十人衣食。斋肃祈请，六时礼拜，月设厨会数千人。

《魏书·释老志》曾做了这样的记载。看起来这位皇帝倒是极好唬弄，只是看了或听了《录图真经》的几个片断，就高兴地命人拿着礼物把寇谦之在嵩山的难兄难弟四十余人全部请进京都，并给予超乎寻常的款待。这个看似滑稽的事件其实并不滑稽，因为拓跋氏一直在为自己的统治苦苦寻找的思想和依据，终于由寇谦之以上帝的名义提了出来。这种基于各自的需要而导致的不谋而合，即使再糊涂的皇帝也不会放弃这种大好机会，反而要大大地做一篇文章。

由于皇帝的肯定和支持，寇谦之所创立的“天师道新法”便得到了北魏官方的承认并很快兴盛起来。而寒酸卑微的寇谦之本人，也随之摇身一变“为帝王师”，并以其特殊的身份，成为实际上太武帝身边的军事参谋和政治顾问。那个为寇谦之的发迹和得宠而奔走呼号的司徒崔浩，自然再次成了新皇帝面前的大红人。

始光三年（426年），雄心勃勃的太武帝想乘大夏国主赫连勃勃刚刚死去之机，出兵进击大夏。这个想法刚一提出，就遭到部分臣僚特别是掌握兵权的太尉长孙嵩的反对。太武帝举棋不定之际，便召来寇谦之问其出兵的得失。寇谦之回答得倒也干脆：“必克。陛下神武应期，天经下治，当以兵定九州，后文先武，以成太平真君。”

不知这寇谦之是胆大妄为地信口开河，还是确有韬略和预见性，反正太武帝信以为真，并旋即率兵出击大夏。也该是寇谦之命运颇佳，大夏不久即被北魏兵击溃。旗开得胜的太武帝马不停蹄地发动对中原诸国的猛烈进攻，并终于在公元439年荡平中原，结束了自西晋以来五胡十六国长期战乱分裂的局面，完成了统一北方的宏图大业。在这场旷日持久的战争中，寇谦之、崔浩等随君伴驾，经常出谋献策、占星卜卦，颇得赏识。当战争结束之后，太武帝对仙道更是深信不疑，并越发崇拜起来。

在寇谦之等人的鼓动下，太武帝开始自称太平真君，也将年号改为太平真君元年（440年）。

太平真君三年（442年），耐不住寂寞的寇谦之出面奏称：“今陛下以真君御世，建静轮天宫之法，开古以来未之有也，应登授符书，以彰圣德。”也就是说，太武帝要在京都平城设一个天师道场，并亲临道场受箓。

羽人、应龙（汉画像石，河南唐河县针织厂汉墓出土）

羽人、飞廉（南阳出土汉画像石）。图中一羽人戏飞鹰，右为一牛引颈猛抵，左刻一人张口奔跑。

太武帝闻奏不久，即“亲至道坛，受符箓，备法驾，旗帜皆青，以从道家之色也。自后诸帝，每即位皆如之”。这段话的意思不只是指太武帝本人照寇谦之所说的一切去办了，还明文规定，往后的各位皇帝都要如此做。这种“君权神授”的特殊形式，可以向世人表明：拓跋氏建立的北魏政权，不是抢来和偷来的，而是由伟大的汉族神太上老君亲自授予的；它是正统的、合理合法的，甚至是有交接手续的，以此为巩固自己的统治政权服务。

就在寇谦之、崔浩大受皇帝宠爱之时，佛门教派的势力依然在朝野内外存在。佛道两家谁上谁下、孰先孰后，历来都是各派教徒争执的焦点。权势日渐膨胀的寇、崔等人，见皇帝已被自己从崇信佛门中一步步引出，即将遁于道门，排佛心理日趋加重。为了独尊道教，打倒佛教，他们怂恿太武帝对佛教发动了残酷的镇压。

太延四年（438年）三月，太武帝终于颁发了禁佛的第一道诏令：“罢沙门年五十以下者，以其强壮，罢使为民，以从征役。”强迫青壮年僧侣还俗，并责令他们充当劳役或从军征战。

太平真君五年（444年）正月，在崔浩的极力主张下，太武帝连发两道禁佛诏敕。其中第一道诏敕规定：从王公百官到庶民百姓，一律禁止私养沙门、巫觋，凡私养者，限于二月十五日以前报告官府。过期不报者，不仅被窝藏的沙门僧或师巫等处以死罪，窝主还要遭到满门抄斩之灾。第二道禁佛诏敕则进一步规定，严禁僧侣或巫觋进入一般人的住宅，并强令他们老老实实地居守在庙宇里。

从这两道极其严厉的诏敕来看，太武帝的佛缘已断，彻底遁入道门之中了。他站在道家的立场上，于同年九月，在崔浩等人的煽风点火下，下诏将佛门高僧玄高和慧崇幽禁起来，并施以酷刑。玄高大师曾一度身居宫廷，调解皇帝与太子的矛盾，慧崇则是当时朝中尚书韩万德的老师。这两位年迈的高僧被囚禁不到半个月，便在京都平城死去。

如果崔浩等人和太武帝的禁佛就此停止，也许还有其可原谅的理由，崔浩本人也不至于遭到满门抄斩之祸，可惜此时的君臣谁也没有顾及这些，他们依旧沿着这条道路疯狂地向前急驰——中国历史上第一次佛门大劫难到来了。

太平真君六年（445年）九月，驻守在杏城（今陕西黄陵县）的将军盖吴谋反，关中狼烟顿起，一片混乱。翌年三月，太武帝亲率大军前往镇压。当他进入长安时，因军队暂时休整，马丁便将其坐骑牵到一座寺院的麦田里放牧。当太武帝为看马而来到寺院时，却发现和尚们正在请随从官员喝酒。对于官员与寺院僧众的异常亲热的举动，太武帝觉得有些跷蹊，急忙派人查验僧众的住室，发现了大批的弓矢矛盾等兵器。太武帝先是大惊，接着是大怒，愤然吼道："这些兵器本非沙门所用，难道他们要与盖吴合谋反叛吗？"遂责令官兵彻底清查这座寺院。这一清查，寺院内许多不为人知的秘密暴露出来。先是查得大量酿酒用具，以及州县地方长官和富豪寄托或隐匿的财物，其数量竟达数万之多；后是发现了寺内的密室，这些密室多为"与贵室女私行淫乱"之用。当这一切全部暴露后，太武帝已是愤怒至极，而当时随从身边的崔浩立即感到这是消灭佛教的天赐良机，便趁机鼓动太武帝立即荡灭佛教，以绝后患。于是太武帝当即下诏："诛杀长安城内的沙门，毁弃佛像。"并令太子拓跋晃行令天下四方，一体推行毁佛措施。

如果说在这之前的太武帝所采取的一系列态度和措施，仅仅表现了他对佛门的背叛，那么，现在则由爱至恨，在这单独的背叛之后又加上了一层憎恨。太武帝在诏敕中说道：往昔汉明帝信奉邪伪，紊乱天道。佛教本是虚妄的，但末世的昏君或乱主却多被其所惑，以致政教不行，礼仪大坏，鬼道（佛教）兴盛，蔑视王者之法。从这以后，代代兴祸乱而行天罚，民人多灾多难，王化之地亦极为荒凉，乃至千里萧条，不见人迹。这一切，都是由于崇佛所致。

被愤怒、憎恨的火焰灼烤得近乎失去理智的太武帝，仿佛是在对天盟誓，他声称要除伪（佛教）定真，以复远古伏羲神农之治，并声色俱厉地说道："自今以后，敢有事胡神及造形象泥人、铜人者，门诛。虽言胡神，问今胡人，共云无有，皆是前世汉人无赖子弟刘元真、吕伯强之徒，接乞胡之诞言，用老庄之虚假，附而益之，皆非真实，致使王法废而不行，盖大奸之魁也。有非常之人，然后能行非常之事，非朕孰能去此历代之伪物？有司宣告征镇诸军、刺史，诸有佛图形象及胡经，尽皆击破焚烧，沙门无少长悉坑之。"

这段后来载于《魏书·释老志》的诏敕，意思是说今后如果有人胆敢侍奉胡神（佛陀），以及塑造泥铜佛像者，一律满门抄斩。所谓佛祖，只不过是汉朝时无赖子弟如刘元真、吕伯强等人，听信胡人的妄言，又附会老庄的虚假之言而加以演化而已。如果不是非常之人，是做不出非常之事的，除了我太武帝，谁能将这历代的虚假之物毁掉摒弃？因此，诏令征镇诸军和诸州刺史，在全国范围内予以毁佛，并焚烧一切佛寺、佛像、佛经，寺内沙门不论年龄大小一律挖坑活埋。

这道敕令的颁发，使恨不得在一日之内荡尽天下佛教的崔浩，自是欣喜异常。在他从政为僚的岁月里，似乎没有其他的事比太武帝这道诏敕更能让他感到刺激，感到开心，感到自己的地位之高和权势之重了。

《飞升图》，清道光版本《性命圭旨》。据道教著作《列纲谱传》记载，历代成仙者多达十万余人，只是由于修持的功行不同，成仙者的飞升也不一样。最高境界者是白日冲举而升天，或乘龙，或乘鹤，或控鲤，或驾云，或御风，或乘龟等，以此实现飞升成仙。

正当崔浩得意忘形、淫威大发之时，他的老师寇谦之却害怕了。他怕的不是佛教本身，而是已被佛教度化的千万芸芸众生，佛教的思想和精神已深入他们的心中，表面上的破坏和毁灭，只能使他们暂时将心灵封闭起来，同时也埋下了仇恨的种子。一旦星转斗移，这佛教精神和仇恨的种子便以迅猛之势冲溢而出，形成一股浩荡威猛的气势，给被仇恨者带来的后果将是极为可怕和不堪设想的。寇谦之不枉在深山荒野中苦练了三十多年，对这一点人生哲理和天下众生的心理还是有所把握和洞察的。也正是因为如此，他才对自己的所作所为有些后怕，不得不一反常态地对幸灾乐祸的崔浩警告说：“你必将因毁佛而缩减寿命，遭受刑戮，一同尽灭！”作为学生的崔浩对寇谦之的警告颇不以为然，依然我行我素，极力鼓动太武帝灭佛。从此，寇谦之和崔浩之间出现了严重的裂痕。

此时太子拓跋晃受太武帝之命荡灭佛教。在京师平城以监国身份执事国政的他，早年就对佛教颇有好感并受过佛教思想的影响，因此他坚决反对毁佛行为，并再三向父皇劝谏，希望收回成命，停止禁佛。遗憾的是他的劝谏没有被太武帝采纳。

眼看佛门大难临头，不忍心杀戮的太子在无可奈何之中，只能利用手中的权力，把禁佛诏令稍作稽压并有意放出风声，使得各地佛门僧尼能够预先获悉灭佛灾难而速谋对策。太子的良苦用心，使京都平城的僧侣由此得救，大量的佛像、经典也得以秘藏起来。散落在全国各地的沙门闻讯也纷纷流亡他乡，从而避免了杀戮之灾。

在崇高山上经常坐禅的僧周，风闻朝廷禁佛，对众门徒说："大难将至！"立即率领弟子数十人直奔寒山（今陕西略阳县南）。此山位于陕西西南部，终年积雪不化，道路奇险异常，溪谷深不可测，朝廷的灭佛队伍无法进山搜索，僧周等数十名流亡沙门僧才免遭杀害。

尽管太子晃在毁佛事件中，以其特殊身份对佛教多加保护，但不久之后，太武帝的毁佛敕令还是在全国各地推行开来了。正所谓跑了和尚跑不了庙，各地的佛塔、佛像、佛经纷纷被破坏和焚烧，北魏境内的僧尼全部责令还俗。一旦有逃匿者，必将派人追捕，一经擒获，立即斩首，并将首级挂在树上示众。河南常山寺的僧人慧芬，于太武帝毁佛之际匆忙出逃，当行至乌江岸边时，后面的数十追骑也已赶到。前面江水滔滔，看不见一叶帆影，要潜水渡江又不可能，正在这千钧一发之际，慧芬双眼一闭，心中默默念佛。片刻工夫，江中流箭一样驶过一条小船，慧芬猛地跃入船上，遂顺江而下。后面的追骑乱箭齐发，无奈小船已去，箭落江中，慧芬大师由此得以免祸，并到达建康（今江苏南京）的白马寺隐居下来。

还有西域高昌国出身的法朗，在太武帝禁佛敕令颁布后，向西逃出国境进入龟兹，并在此终老一生。许多西部僧尼为了避祸，也一并逃往龟兹隐居。

由于太武帝毁佛的敕令，没过多久，北魏境内僧尼死的死、逃的逃，再也见不到一个了。

那个凭着手腕使太武帝掀起全国性灭佛大劫的崔浩，亲眼看到自己的意志和精神在全国得以实施，心中的恶欲更加膨胀，他开始在朝野内外结党营私，把持朝政，在地方要位中安插亲信，耀武扬威不可一世，一步步向死亡的深谷滑去。

崔浩的死因看起来极为偶然，但却潜伏着不可替代的必然。他主持编写有魏以来的国史，却有恃无恐地把胡族出身的北魏先祖许多本该避讳的地方照实列述。他触犯了皇帝本人，也触犯了整个拓跋氏族的天颜和自尊，所以，遭到几乎所有敌对势力的同时攻击。在浩大威猛的攻势下，他再也稳不住阵脚，他的大劫来临了。太武帝在震怒之中，于太平真君十一年（450年）六月将崔浩诛杀，他的结局被其老师寇谦之不幸而言中。只是，此时的寇谦之已于两年前（448年）仙逝，无缘见到这善恶相报的历史场景了。

就在太平真君诛杀崔浩的同年，迫于压力，太武帝下令拆除静轮天宫。太平真君十二年，太武帝突然终止“真君”年号，改元“正平”。十个月后，太武帝被近侍杀死。因太子晃早死，由皇太孙濬即位，是为文成帝。年仅12岁的小皇帝立即宣布解除废佛令，恢复佛教。

北魏太和十五年（491年），孝文帝拓跋宏下诏将天师道场移到恒山。据说，号称“国师”的寇谦之临死之际留下遗言，请朝廷在恒山修一座特殊的寺庙，“上延霄客，下绝嚣浮”，以此种方式融合儒道释三教，平息佛道两家的仇恨兼及与中原民众思想的交汇贯通。出于统治的需要，孝文帝根据寇谦之遗训，下诏在恒山道场的基础上修建了崇虚寺。时正在恒山主持道场的寇谦之弟子李皎为完成业师的遗愿，对崇虚寺的修建作出了重大贡献，从选址、设计以及宗教内容的构思，在领会业师思想的基础上又有所创新，将三教合流

悬空寺。北魏太和十五年（491年），悬空寺在北岳恒山金龙峡西侧翠屏峰半崖峭壁间始建（在今浑源县城南5公里处），最高处的三教殿离地面90米，因历年河床淤积，现仅剩45米。整个寺院上载危崖，下临深谷，背岩依龛，寺门向南，以西为正。全寺为木质框架式结构，依照力学原理，半插横梁为基，巧借岩石暗托，梁柱上下一体，廊栏左右紧联，仅152.5平米的面积建有大小房屋40间。悬空寺的总体布局以寺院、禅房、佛堂、三佛殿、太乙殿、关帝庙、鼓楼、钟楼、伽蓝殿、送子观音殿、地藏王菩萨殿、千手观间殿、释迦殿、雷音殿、三官殿、纯阳宫、栈道、三教殿、五佛殿等。自古以来，悬空寺一直被列为北岳恒山的第一奇观。

的思想巧妙地体现在一座空中寺庙里，把道学、佛学、儒学、力学、美学融合在一起，使寺庙达到了“美在和谐、巧夺天工、妙在移情、感悟人生、玄在大同、三教归宗”的玄境。后来该寺不断扩大规模，人们根据崇虚寺建筑悬空的特点，改称悬空寺。

北魏太和十八年（494年），孝文帝由大同迁都洛阳，在政治上进一步控制中原的同时，文化也得到更大规模和范围的融合。迁至洛阳的孝文帝在下诏开凿龙门石窟、雕刻佛像以示供奉的同时，又频诏在洛阳城南新建道场，定员为160人。到了北魏孝武帝元脩永熙三年（534年），孝静帝元善见由洛阳迁都邺城，建立东魏，在邺城南建立道场，定员仍为160人。东魏武定六年（548年），朝臣高澄把持朝政，奏请取消道坛。到了北齐文宣帝高洋天宝六年（555年），道佛论争再起，道教失败。文宣帝下令废除道教，于是齐境再无道士，当年寇谦之费尽心机建立的新天师道教团，至此烟消云散。

## 佛门大劫与地宫事变

在关于佛教在东土发展并逐渐走向繁荣的章节中，我们已经论述过北魏政权分裂后，东、西两魏佛教的发展状况，以及西魏文皇后失宠后，出走麦积山并削发为尼的故事，想来读者不会忘记。

公元556年，西魏的实权人物宇文泰死去，其三子宇文觉接受西魏恭帝的禅让，创建北周政权。这个政权刚一建立，免不了又是一场相互杀戮的残酷争斗。宇文泰的侄子和一帮亲信在经过一番密谋后，先后毒杀了孝闵帝宇文觉和明帝宇文毓，最后拥立18岁的宇文邕，是为北周武帝。

这位北周武帝登位之初，也像他的先辈那样，对佛教表示了崇敬之情。有所不同的是，他更尊崇儒术，并凭着他那不算太浅的儒学功底，经常召集群臣到正武殿听讲《礼记》，而讲解者正是北周武帝自己。

善于察言观色、揣摩上意的臣僚，看到这位新皇帝那越来越不同于寻常的举动，知道一个新的时代即将到来了。为了迎接这个新时代，天和二年（567年），最善投机钻营的还俗沙门卫元嵩上书北周武帝，大肆渲染寺院僧尼过多泛滥，常常滋是生非，国库收入因此骤减的事实，并提出治理国家并不在于佛教而在儒教，尧舜时代没有佛教，可国家安定强盛；相反，南朝齐梁寺舍遍布，却导致亡国失祚……武帝看到卫元嵩的上疏深表赞赏，由此暗下了禁佛的决心。

北周武帝的禁佛不像北魏太武帝那样莽撞和生硬，而是采取慢慢降低佛教的地位和削弱佛教影响的方法，为禁佛的目的一步步做着准备。他先后八次召集百官、沙门、道士等，就儒、释、道三教进行辩论。

辩论的第一次是在天和四年（569年）二月初八日，武帝亲临大德殿，召请僧道名儒及文武百官两千余人，就儒、佛、道三教谁优谁劣的问题展开舌战，皇帝本人则是这场舌战的评判官。辩论开始后，各派高手互不相让，使出全身的本领想打垮对方，独领风骚。一时大殿之上众说纷纭，各执己见，争吵不休。接着，三月十五日、三月二十日和四月十五日，武帝又亲自主持了三场辩论会，三教高手依然难分胜负。

天和五年（570年）五月初十日，北周武帝又主持了第五个回合的辩论。在此之前，有一个叫甄鸾的僧人曾上呈《笑道论》三卷，对道教的三洞说③给予猛烈抨击和嘲讽，武帝就以《笑道论》为主题，主持辩论。经过一番面红耳赤的吵闹之后，结果认定《笑道论》言词偏激，中伤道士，当场被焚烧。这次大辩论，武帝排斥佛教的目的已表露出来。

建德元年（572年）正月，武帝行幸玄都观，亲升法座讲说，并与公卿、僧道相问难，这是第六个回合的论战。此时明眼人已经清楚，武帝借用道教的道观来举办三教辩论，这本身就表明了他重道贬佛的意图。接下来的建德二年（573年）十二月，第七个回合的辩论再次展开。武帝自登高座，命题让群臣及沙门、道士等辩论三教的先后次序。结果是争来争去，最后由武帝亲自敲定：儒教为先，道教次之，佛教居后，这个次序的排定，在标志着佛教不再受崇的同时，还预示着更大的厄运即将到来。

建德三年（574年）五月十六日，北周武帝举行了第八个回合、也是最后一个回合的三教论战。这次武帝先让道士张宾与僧人智炫对论，张宾虽有辩才，却不是智炫的对手，不长的工夫便汗流满面，难以应付。武帝看张宾只有招架之功，并无还口之力，溃败在即，便以皇帝的权威，出面斥责佛教之不净。智炫明知武帝偏心，但还是据理力争。此时的武帝有些恼羞成怒，决定不再作这无休止的辩论，于第二天便颁发了禁佛诏令。《周书》载道：

> 〔建德三年五月〕丙子，初断佛、道二教，经像悉毁，罢沙门、道士，并令还民，并禁诸淫祀。礼典所不载者，尽除之。

从这道诏令可以看出，当时的北周武帝是把佛、道二教一并禁止了，两教的经典、造像全部毁掉，并令沙门、道士还俗，那些被视为淫乱行为的奉祀和崇拜，凡是儒家礼典上没有提倡和记载的，一律废除。北周武帝经过八个回合遮遮盖盖的辩论，终于露出了他的真实面目——一场足以载于史册的禁佛行动。

当北周武帝禁佛、道二教的诏令发布后，在一个月内，全国上下，不论是官立寺院还是民间寺观，一律砸毁佛像、焚烧经典，强令僧人、道士还俗，或为民，或充作军士，寺院的财货全部归于官府，寺院则赐给王公大臣做宅第，数以百万的僧众还俗后，多数应征入伍，成了职业军人。

对于北周武帝的禁佛，多数佛教史家认为与这位皇帝崇信儒家学说有关，但有一个不可忽略的时代背景是，此时的武帝正欲大规模地攻取从东魏脱胎而来的北齐政权，要想取得成功，就得有相当的财力和军卒，而在当时已占相当分量和比例的寺院、道观，以及僧众、道士，正是强化国力、增加军卒的最佳选择场所和人选。由此可以看出，北周武帝的禁佛，与其说是独尊儒术的结果，不如说是他为了富国强兵所采取的

洛阳永宁寺塔基出土的供养人头像。北魏，泥塑，高7.8厘米，出土时供养人身体部位已失，仅剩头部。

措施更具真实。

建德六年（577年），北周武帝果然发动了对北齐的战争，同时也颁布了在北齐境内大规模毁佛的诏令。在原北齐所辖地区的一切佛像、经典全部荡尽，所有僧尼一律勒令还俗，或为民，或充军，使“北地佛教，一时绝其声迹”。整个佛教遭受了一场灭顶之灾。

北周武帝死后，宣帝、静帝先后继位，随着新皇帝的登位和复佛的诏令，佛教又如野火烧过的冬草，很快从根部生出新芽并迅速成长起来，直至迎来了隋唐佛教的鼎盛和繁荣。

山东青州龙兴寺基址出土的菩萨立像。东魏，石质，高70厘米，出土时四肢已被砸断并遗失。

隋朝佛教的繁荣，在杨氏父子两朝始终没有衰落。大唐佛教最鼎盛的，当属武则天一朝，其后的中唐时期，也就是自“安史之乱”的肃宗开始到宪宗，对佛教又掀起了一个新的高潮。这个高潮随着韩愈的“谏佛公案”而渐渐沉寂，使佛门遭到了历史上最为沉重的打击，法门寺地宫及佛骨舍利也经历了从未有过的浩劫。

让我们抛却北魏和北周两位武帝的毁佛经过，接着唐宪宗一朝和韩愈的“谏佛公案”往下叙述。随着宪宗的死去和其子穆宗的即位，韩愈虽已平反昭雪重新回朝为官，但他的反佛言论并未得到执政者的响应，如果有什么不同，那便是朝廷为避免佛门僧尼的鱼目混珠和滥竽充数，而进行了一次有效的整顿。

青州龙兴寺出土的胁侍菩萨像，出土时周身多处毁损遗失。

唐敬宗宝历元年（825年），敕令京师两街各建方等戒坛，命左右街功德使选择有戒行者为大德主持考试，凡童子能背诵佛经一百五十页者、女童能背一百页者，方能准许剃度。这在一定程度上避免了佛门的混乱，同时也使僧尼在入寺前就掌握了部分佛教知识，为以后的继续度化打下了基础。

中唐以后，由于连年的战乱和政治上的腐败，各地寺院也渐渐变成了娱乐场所，原有的那种神圣、肃穆、威严已不复存在。僧尼们为招引庶民百姓、达官贵人，往往卖法阿俗，也就是将佛教的讲说世俗化，这种“俗讲”逐渐受到公众的青睐，甚至出现了由皇帝本人敕命而进行的俗讲，有的俗讲僧还被赐与“赐紫”、“引驾[4]”、“大德”一类古怪的官名。朝野内外，上自天子妃嫔，下到刁民荡妇，都争相拥入寺院，迷恋于说法、譬喻及刺激感官的音乐和唱词。

在这股悄然兴起的俗讲狂潮中，有一位叫文溆的僧人脱颖而出，大有鹤立鸡群之感，连敬宗皇帝都因他的盛名而亲临寺院聆听。而这位文溆所讲的正如《因话录》所载，“假托经论，所言无非淫秽鄙亵之事，不逞之徒，转相鼓扇扶树，愚夫冶妇，乐闻其说”。想不到堂堂大唐皇帝也混同于“愚夫冶妇”以此为乐了。

一件神圣的事物，如果被它的操作者变得低级下流、淫秽不堪，便注定潜藏着巨大的危险和厄运。唐敬宗一朝将本来神圣、肃洁的佛教变成了淫秽的性感官刺激物，这无疑将招致佛门和僧民们的厄运浩劫。

继唐敬宗之后，即位的唐文宗已经觉察到父皇给佛门带来的巨大危险和潜在灾难。于是他果断采取措施，诏敕天下僧尼一个不漏地试考经文，如不及格，勒令还俗，试图使佛教发展正常化。遗憾的是，这位慧眼大智的皇帝，在整肃僧尼队伍过程中，又感到力不从心，已成气候的“俗讲”派僧尼和它的拥护者，对这道诏令进行了强硬的抵抗和机智的周旋，文宗的整肃计划不但没有成功，反而增加了各派之间的矛盾甚至仇视，当这个无法控制的矛盾激化到顶点时，佛门和僧尼的灭顶之灾也算是正式到来了——这便是历史上最为著名的“会昌法难”。

随着文宗皇帝的死亡和其子武宗李炎的继位，中唐时期结束了。作为晚唐的第一个皇帝，武宗在执政期间做的最为重大的事，恐怕就是对佛门的荡灭。

在叙述武宗对佛门荡灭过程之前，不妨先看一看这场法难的真正内幕。

唐武宗本人素来偏好道术，排斥佛教。开成五年（840年）正月，唐武宗登基，这年秋天，他即召请道士赵归真等81人入宫，在三大殿修金箓道场。第二年，即改元后的会昌元年（841年）正月初四国忌日，唐武宗按照惯例敕命行香[5]设千僧斋；到了六月十一日，武宗生日，于宫内集两街大德及道士四人谈经对论，结果两名道士被赐紫，释门大德却什么也没得到。当时，在中国传法的南天竺沙门宝月闻此极为不满，于是不经同意，便擅自入宫，从怀中抽出表进呈武宗，请求回归本国。见其骄狂的模样和举动，武宗大怒，当即诏令将宝月收禁五日，不放其归国，并把他率领的三个弟子与通事僧等人各打七棒和十棒。宝月的逞骄犯颜，在武宗心中埋下了最终灭佛的种子。

武宗与道士赵归真过从甚密，赵归真和其弟子不时地为荡灭佛教煽风点火，并以“李氏十八子运尽”、由“黑衣天子”理国，附会为唐第十八代皇帝武宗将被僧人夺位篡权，挑拨武宗与僧尼的关系。赵归真曾在禁中设坛，要“练身登霞，逍遥九天，康福长寿，永保长生之乐”，当他的做法最终失败后，便借口释教黑气“碍于仙道”，唆使武宗灭绝佛教，以便升天成仙。正是在这些挑拨、唆使下，武宗加紧了排佛的行动。

当然，会昌法难得以付诸实施，与当时的政治形势密切相关。据粗略统计，截至武宗一朝，唐朝和尚被朝廷封官的达30人之多，其中不乏有司徒、司空、国公等一类的显官贵爵，甚至有的被封为将军而参与军机事务，涉及国家军事机密。至于那些虽无官爵，但与权贵交往密切，因而气焰嚣张的僧人，更是屡见不鲜。由于僧众日渐形成的政治势力，冲击了正常的封建政治秩序，就不能不引起臣僚的憎恶和皇帝的担忧，这种担忧最终促使武宗走向灭佛道路。

促使武宗灭佛的直接原因，应算是寺院经济的极端膨胀和僧尼的淫乱放纵。由于中唐时期特别是唐宪宗一朝大力扶植佛教，致使佛教势力和社会影响越来越大，成为中国佛教史上罕见的极盛时期。到唐武宗时，全国大中型寺院近5000座，小型庙宇多达4万余座，僧尼近30万人，寺院奴隶达15万人。全国寺院共占有良田数千亩，形成一个又一个相对封闭的庄园。寺院内部的经济大权掌握在住持僧手中，僧尼们极少下田劳动，而是靠农民耕种，寺院以收取地租和发放高利贷作为经济来源，这种做法使寺院经济迅速膨胀起来，以致达到“十分天下之财，而佛有七八”的程度。由于佛门僧尼凭借皇帝的支持和扶植，巧取豪夺，不仅触犯了地主和贵族的利益，而且极大地影响了国家的财政收入，寺院经济逐渐与皇权利益严重对峙。在这种可怕局面下，佛门僧尼又不廉洁自律、谨慎行事、一心事佛，而是迷恋咒术、烧炼、鸟文等邪术，有的僧尼犯淫养妻，不守戒行，甚至抢劫妇女，打砸烧掠，流氓成性，犯罪不止……这些自毁形象的表现和庞大的经济势力，在使朝廷和贵族阶级感到不安和憎恶的同时，也到了非彻底解决不可的时候了。

会昌二年（842年）三月初三日，在当朝宰相李德裕的奏请下，唐武宗敕命发遣保外无名僧，谕令不许置童子沙弥。

五月二十日，武宗将大内、两街供奉的大德裁撤20人。

六月十一日，武宗寿诞，按惯例僧道各2人入宫御前论议。同去年一样，道士得紫，僧人空手而归。

十月九日，唐武宗再度敕令：天下所有僧尼解烧炼、咒术、禁气，身上杖痕鸟文，杂工巧，曾犯淫、养妻、不修戒行者，勒令还俗。若僧尼有钱谷田地，应收纳入官。如惜钱财，情愿还俗，亦令其还俗，充入两税户⑥。

敕令下达后，有左街功德使奏报说，所属僧尼除年老及戒行精确者外，其爱惜资财还俗者达1232人。右街功德使奏报称，还俗者达2259人。唐武宗听罢再次敕令：寺院所蓄奴婢，僧人许留奴1人，女尼许留婢2人，其余一并放归本家，无家者由官方赁卖。

应该说，此时的武宗在反佛的问题上只是牛刀小试，并未大动干戈。从敕令的内容来看，对佛门以及僧尼的处理并不算过分，即使在这个时候，一些僧尼还可以带着大笔的钱财还俗度日，而寺院中的僧尼还有奴婢专门为其服务，可谓待遇不薄。可惜的是，骄横惯了的僧尼并不领武宗的情，他们想方设法给予对抗和蒙蔽，大有和武宗以及朝廷决一雌雄之势，并期冀换来像文宗一朝那样的结果。遗憾的是，这种错误的判断和各种对抗措施，只能加剧僧尼们自身的悲剧，加快毁灭的步伐，因为此时毕竟不是文宗而是武宗一朝了。

牛刀小试后的武宗，对佛门开始步步紧逼、大动干戈了。

会昌三年（843年）二月，唐武宗通过功德使颁令，僧尼业已还俗者，不得再行入寺。五月二十五日，朝廷派人查问京城各佛寺外国僧人的来由。六月十一日唐武宗寿诞，召僧道入内论议，依然是只赐紫给道士。当时，有太子詹事韦宗卿向唐武宗进献《涅槃经疏》二十卷、《大圆伊字镜略》二十卷。唐武宗连看都没看一眼，当即命人将两部佛书焚毁，并颁布了令佛门弟子绝望的敕令：

> 韦宗卿参列崇班，合遵儒业，溺于邪说，是扇妖风。既开眩惑之端，全戾典坟⑦之旨。簪缨⑧之内，颓靡何深。况非圣之言，尚宜禁斥，外方之教，安可流传。

唐武宗在这道敕令中把佛教视做“邪说”，认为“外方之教，安可流传”。他斥责佛本是西戎人，其经疏为胡书，说韦宗卿不知共遏迷聋，反而收集妖妄，抟惑愚人。可怜可叹的是这个韦宗卿不知出于何种心理，在这个不恰当的时候做出这种不恰当的事情，他当场被贬为成都府尹，离开了京师长安。随着韦宗卿的被贬谪，唐武宗又补发敕令，将宫内佛经、佛像一律焚毁。

就在这年四月，昭仪节度使刘从谏死，三军以从谏之侄刘稹为兵马留后，上表请授节钺，但朝廷没有批准三军的请求，反而令刘稹护送刘从谏之丧前往洛阳。刘稹见朝廷不给面子，又故意要挟，于是在盛怒之下抗旨作乱。唐武宗下令出兵平叛，双方经过一年多的厮杀，于会昌四年七月才平息此乱。在此期间，刘稹府的部分兵丁、家人见大势已去，便纷纷潜逃至佛教寺院避难。唐武宗得知这件事后，立即敕令两街功德使查禁城中僧人，凡是朝廷“公案”上无名者尽行勒令还俗，遣送回原籍。各道、州、府也一同行动，清洗僧尼，对来由不明的僧人，一律捉拿问罪。从这一年起，两街惯例的佛法讲说被废止了。

自会昌四年（844年）开始，唐武宗进一步加快了毁佛的步伐，法难之中，法门寺的厄运也随之降临了。

这年三月，唐武宗在敕令“焚烧经教，毁拆佛像，起出僧众，各归本寺”的同时，又敕令：代州五台山、泗州普光寺、终南山五台寺、凤翔府法门寺，寺中原有佛指节，皆不许置供及巡礼等，如有人送一钱者，脊杖二十。如有僧尼等，在前述处受一钱者，脊杖二十。诸道州县如有送供者，当处捉获，脊杖二十。于是，四处灵

位于陕西周至县的仙游寺。隋开皇十八年(598年)立为行宫仙游宫。后变为寺，仍因其名。1998年因建水库在寺内塔下地宫发掘出佛骨舍利十枚。

境，绝人往来，无人敢再送供。准敕勘责彼处僧人，无公验者，并当处煞，具姓名闻奏。

唐武宗对法门寺等灵境采取的措施，与已提到的平定潞府刘稹之乱有极大的关连，即使进行“戡乱”，也只有在“敕准”的情况下才能入寺勘验僧人，这一点，说明法门寺作为一所宫墙外的内道场，依然具有皇家寺院的资格与名分。既然是皇家寺院，在一般情况下是不允许因公扰僧的，但在“会昌法难”中，法门寺的这种特权被取消了。特权一旦被取消，它的厄运和其他寺院一样，在一年之后将全面降临。

以往的唐代都城长安长生殿设有内道场，专门安置佛像佛经，并抽调两街诸寺高僧37人，轮流入内持念。而这次武宗竟下令焚烧全部经教，拆毁佛像，并将在大内的僧人驱逐回本寺，道场之内改放道教始祖老子之像。

这年六月的寿诞日，唐武宗只召道士而不再召僧人入内论议，并敕令僧尼不许街里行、犯钟声，如有外出者，需于钟声未动前返回。各处僧尼不得在别处寺院留宿，违者治罪。

同年七月，唐武宗颁发敕令，拆毁天下山房、兰若、普通佛堂、义井、村邑斋堂及不入寺额者，其僧尼均勒令还俗。按照有唐一代的称谓，凡由官府所批并赐僧众名额者为寺，由私人或民众共同建造的佛庙称为招提、兰若、野邑、山房等等。此敕令颁发后，仅长安城内就毁掉私人佛堂三百余所，四方之内毁掉的就无法计算了。

同年十月，唐武宗又诏令，拆毁天下小型佛寺，经文佛像移于大寺，各寺大钟转送道观。其被拆佛寺的僧尼，不依戒行者，不论老少一律还俗，遣回本籍。对于年老且精于戒行者，分配到各大寺，虽有戒行而年少者，也一并还俗回籍。这一次，长安城又拆小寺33所，其他城乡拆毁庙宇更是不计其数。

与这次毁佛相反的是，道士赵归真对武宗说：“佛生西戎，教说不生，夫不生者，只是死也。”赵归真见皇帝对自己的言词颇有好感，并进一步迷惑鼓动皇帝说，倘炼丹服食，可求长生……武宗终于被他的话所打动，即令赵归真于大内筑造仙台，以炼制丹药。至此，唐武宗对佛道两家恶好的巨大反差，一览无余地显露出来。

长安大明宫遗址出土的唐代密宗菩萨像，应是宫中供奉的佛主。该像由一整块汉白玉雕刻而成，出土时已无头断臂，但从残存的S型身条和呈流线状的服饰中，透出大唐盛世女性的神韵风采。

唐武宗和佛教的短兵相接，并对佛教施以最为严厉的屠灭，在会昌五年全面展开了。

这年三月，唐武宗敕令天下寺院不得设置庄园，并令盘查清点天下寺舍的奴婢和财物，京城诸寺由两军中尉勘检，诸州府寺舍委令中书门下检查，同时将城中寺舍的奴婢分为三等，分别收遣。自四月一日起，年龄在40岁以下的僧尼，尽行勒令还俗，返还原籍。于是，长安城每天约有三百多名僧尼还俗，直到十五日才暂告一段落。自十六日起，令50岁以下的僧尼还俗，至五月十日方止。自五月十一日起，令无度牒者还俗，最后勒令有度牒者亦须还俗。到五月底，长安城内的僧尼已是一扫而光了。本土的佛僧不再存在，对于外国来的胡僧，唐武宗同样做了驱逐的诏令，凡无祠部牒者，亦须还俗，送归本国。如有不服还俗敕令者，朝廷在各佛寺大门上张贴的牒文是：“科违敕罪，当时决杀。”

会昌五年八月，唐武宗再次下诏，对只有招架之功、已无还手之力的佛门子弟给予最为致命的打击。诏敕中称：

洎于九州山原，两京城阙，僧徒日广，佛寺日崇。劳人力于土木之功，夺人力于金宝之饰，遗君亲于师资之际，违配偶于戒律之间。坏法害人，无逾此道。且一夫不田，有受其饥者；一妇不蚕，有受其寒者。今天下僧尼，不可胜数，皆待农而食，待蚕而衣。寺宇招提，莫知纪极，皆云构藻饰，僭拟宫殿。……岂可以区区西方之教，与我抗衡哉！

唐武宗认为，由于全国的和尚数量越来越多，寺院遍布，不仅在修建中要耗费很多的人力、物力和财力，而且大量金银财宝都流入寺院。与此同时，僧徒们又与官府勾结，害人坏法，威胁国家安全，不予以打击，大唐王朝就难以稳定和巩固。唐武宗的这道敕令，也许真正道出了他反佛和毁佛的初衷。既然佛教势力发展到足以跟朝廷抗衡的地步，作为朝廷的执政者，自然就不能等闲视之，灭佛已成为国家所需和时代的必然。

在武宗发动的一系列灭佛运动中，全国共有4600座佛寺被毁，其他有关佛教建筑被毁4万余座，勒令还俗的僧尼达26万之多，没收寺院土地数千亩、财产无以计数，收寺院奴婢为两税户达15万人。

关于“会昌法难”的具体情况，当时正在大唐求法的日本僧人圆仁，以其亲闻目睹的事实，曾作了翔实的记述。圆仁于开成三年自岛国日本西渡大唐求法，可惜他生不逢时，来到中国后正遇上“会昌法难”，并于会昌五年五月底，被大唐朝廷以无祠部牒为名，勒令还俗回国。回国后的他，根据自己在大唐的所见所闻和亲身经历，写成了在佛教史上极具重要意义的《入唐求法巡礼行记》。这部著作的产生，为后来者研究“会昌法难”的细节，提供了强有力的依据。

“会昌法难”给佛教带来的毁灭性打击远不止这些。考古人员在法门寺地宫中发现的《咸通启送真身志文》碑则进一步说明，这次法难其惊心动魄是难以想象的。其碑文载：

洎武皇帝荡灭真教，坑焚具多，衔天宪者碎殄影骨，上以塞君命，盖君子从权之道也。缘谢而隐，感兆斯来。乃有九陇山禅僧师益贡章闻于先朝，乞结坛于塔下，果获金骨，潜符圣心，以咸通十二年八月十九日得舍利于旧隧道之西北角。

这段碑文的大意是，“会昌法难”中，唐武宗曾敕令毁碎佛指骨舍利，但受命者却只是毁碎了佛骨舍利的影骨（仿制品），搪塞过去。而那真正的佛骨却被秘藏起来，至咸通年间才在旧隧道的西北角处找到。

这看似简短、平淡的文字，若细一琢磨，便不难发现其中暗含的一幕幕惊心动魄、刀光剑影的故事。一个个悬念促使我们去作一番寻根问底。首先是唐武宗对谁下达了要毁灭佛骨的命令？受命者是怎样来到法门寺的？法门寺僧众又如何得知了这个消息？这影骨是以前制造的，还是地宫被打开后现场制造的？“碎殄影骨，上以塞君命”的主谋者，是朝廷派来的官员，还是法门寺僧人？或者双方共同密谋？不管怎样，法门寺地宫发生的事变，主谋者和参与者是冒着杀身的危险而发动的，倘有半点闪失，无数人的头颅将要落地，真身佛骨也将毁于一旦。尽管从后来的发掘中可以看出，当时法门寺地宫的大多器物——甚至包括地宫石门都遭到了大劫，但那枚释氏的真身佛骨却安然无恙，这不能不说是世界佛教和整个人类的幸事。1987年4月28日深夜，当考古人员韩金科呼叫打开照明灯，从地宫的西北角一个隐秘的地方搬出一个宝函时，那枚在“会昌法难”中劫后余存的释迦牟尼真身指骨舍利就躺在里面，《志文》碑记载的内容被现实所验证。当然，那时的韩金科和考古人员还不知道这个重大发现，要等谜底揭开，还需一些时日。

“会昌法难”使法门寺同全国各地的寺院一样，遭到了殿宇被拆、地宫被毁、僧尼还俗、佛教经典湮灭散失的厄运——这是唐代乃至整个中国佛教发展史中所受到的最为严重的一次打击。这场“法难”，从表面看来是由于武宗信仰道教，加之道士赵归真等人趁机怂恿鼓动所造成，但实际上则是佛教势力和大唐朝廷势力之利益矛盾冲突的总爆发。任何事物，超过一定限度，即向相反的方向发展。佛教势力的过分膨胀，导致了灭门之灾，而朝廷势力过分地打击佛教，对大唐的统治也极为不利。双方在冲突中的过分行动，则又预示着必然要有一个大的反复和重新解决矛盾的开端。

会昌六年（846年）三月，当毁佛行动还在进行之时，唐武宗便因服食赵归真等人供奉的仙药暴疾而死，其叔父李忱继位，是为唐宣宗。唐宣宗即位后，立即诛杀鼓动武宗灭佛的道士赵归真、刘玄靖等人，并于当年五月下令恢复京都寺宇。

大中元年（847年）闰三月，唐宣宗再次下诏：“会昌季年，并省寺宇，虽云异方之教，无损致理之源。中国之人，久行其道，厘革过当，事体未弘。其灵山胜境、天下州府，应会昌五年四月所废寺宇，有宿旧名僧，复能修创，一任住持，所司不得禁止。”

敕令颁布之后，各地方寺宇开始全面恢复。由于佛教的复兴，其他各个方面都一反常态，朝着有背于会昌一朝的方向发展，并从一个极端走向另一个极端。这一反复，使国家本来处于虚弱之态的财政蒙受了巨大损失，整个大唐王朝也被折腾得步入衰途。

## 最后的圣光

唐宣宗掀起的崇佛热潮，愈演愈烈，愈演愈狂，逐渐脱离了佛门的正常轨道。长安城内的大寺院，如慈恩寺、青龙寺、荐福寺、永寿寺等已开设戏场，戏场的活动有乐舞、俗讲、歌舞小戏、杂技魔术等诸种。此时的寺院变成了娱乐场，犹如今天的夜总会、卡拉OK厅。

唐宣宗本人不仅亲往戏场，后妃公主也时常前去寻欢作乐，许多妃嫔公主在戏场同僧人眉来眼去，有的甚至勾搭成奸，在寺院秘室和皇宫禁地做男欢女爱之事。不到几年的时间，整个寺院就由冷清凄惨的景观，发展到一片淫秽污浊之气充塞整个殿宇的地步了。

面对这种极不寻常的现状，在大中五年（851年），终于有一个叫孙樵的进士上表劝谏道：“陛下自即位以来，诏营废寺以复群髡。自元年正月，洎今年五月，斤斧之声，不绝天下，而工未以讫。闻陛下即复之不休，臣恐数年之间，天下二十七万髡如故矣。”

这位进士的上表，只是劝谏皇帝不要耗费太多的钱财和人力广造佛寺，而没有指出那些淫秽不堪的现象，这显然是给皇帝留有面子，同时也为自己留了条退路。尽管如此，这位进士孙樵还是遭到了唐宣宗在盛怒中的一番严厉斥责。

宣宗在位没有几年便魂归西天，接替其位的便是以迎奉法门寺佛骨出了名的懿宗李漼。

汉白玉菩萨头像

这位新任天子，在奉佛的问题上，比之他的历代先祖有过之而无不及。自他即位开始，便内结道场，聚僧念诵，并多次行幸寺院，大量布施财物。对于这位皇帝超常的举动，许多臣僚起来劝谏，希望其有所收敛，但他依然充耳不闻，我行我素。咸通三年（862年），又有左散骑常侍萧仿上疏，劝谏皇帝远避佛事，勤理朝政，并指出："昔年韩愈已获罪于宪宗，今日微臣固甘心于遐缴。"而这位皇帝不同于他的祖先的是，对上表者既不贬官，也不斥责，只是当做压根就没有这个人和这上表之事。他照样潇洒大方地敕命于两街僧尼四寺各置方等戒坛度僧，并在大内经常以美味佳肴招待成千上万的僧人，他本人还亲自制作赞呗。每年遇到佛祖降生日，唐懿宗便敕令在宫中大肆庆贺，结彩为寺，宫廷伶人李可及"尝教数百人作四方菩萨蛮队"，"作菩萨蛮舞，如佛降生"。而咸通十四年举行的迎奉佛骨活动，使这股宫廷崇佛的热潮升到极至，佛教在大唐王朝也显现了最后一次辉煌。

当大唐历史进入懿宗一朝，已是老态毕露，余日无多。藩镇势力的急剧扩张，南蛮、戍卒的不断反叛，苛捐杂税的日益增多，民众反叛情绪的日趋高涨，使一个雄踞东方长达三个世纪的封建帝国走向衰亡。

咸通十四年（873年），懿宗在内外交困中身患重病，他迫感来日不多，便将国家前途和自己的命运交给佛祖，希冀得到神灵的保佑和自身的解脱。这年三月二十二日，唐懿宗亲派供奉官李奉建、高品彭延鲁和左右街僧众到法门寺迎奉佛骨。朝中百官闻讯纷纷上疏劝谏，有的竟提出当年宪宗迎奉佛骨误国害民，自身不久晏驾之事。但懿宗决心已下，毫无收回敕命之意，并当着诸多臣僚面，说出了令人无可奈何的话："但生得见，殁而无恨也！"由此可见这位皇帝对佛骨已迷狂到怎样的程度，对大唐帝国的前途和自身的能力是怎样的悲观和无可奈何。

后来的历史学家在谈到懿宗这个固执并有些自我麻醉意味的举

动时，总是给予了过多的责难，而同情者却几乎没有。客观地说，到了懿宗这一朝，他这个皇帝的确是越当越难，越当越觉得复兴的无望。当然，这个原因要追溯到许久之前，应负责任的也不应是懿宗一人。早在唐宪宗死后不到三年，由于继位的穆宗不知李氏家族创业之艰难，“中兴”之辛劳，“谓威权在手，可以力制万方，谓旒冕在躬，可以坐驰九有”。于是，所任非人，怠而荒政，上不理朝廷之秩序，下不恤黎民之痛苦，致使藩镇在蛰伏中重新抬头，朱克融再据卢龙，成德将王庭凑、魏博将史宪诚随之叛唐。朝廷虽发兵讨伐，但无济于事，直至唐最终消亡，河北再也没有收复过。到了敬宗一朝，出现了“中人擅权，事多假借，京师豪右，大挠穷民”，更是江河日下，日薄西山。文宗皇帝虽“有帝之道，而无帝之才”，终于导致“王室寝卑，政由阍寺”。藩镇作乱已构成大患，朝廷内部又出现宦官干政，更为晚唐错综复杂的形势蒙上了一层阴影。在这阴影笼罩下，多亏出了个宣宗皇帝还算有点帝王气度和才能，朝野内外大有“权豪敛迹”、“奸臣畏法”、“阍寺慑气”的新气象。遗憾的是这种气象没能维持多久，便又复归原初，大唐王朝可能再度中兴的机会一去不返。宣宗死后，懿宗即位，这位新皇帝“器本中庸，流于近习”，压根就无法治理一个泱泱大国，上台不久，便乱象横生，战事迭起，大唐王朝如一艘千疮万孔的古船，向死亡的深海疾速滑去——

咸通元年二月，浙东观察使王式斩“草贼”仇甫，浙东群邑皆平；

咸通二年至七年，南蛮、戍卒相继举事，朝廷每年都需派兵讨伐；

咸通三年七月，徐州军乱，两月之后尽诛“徐寇”三千余人；

咸通九年七月，徐州赴桂林戍卒五百人反唐，后至十万人响应，从岭南杀回徐淮；

咸通十年，以十八将分统诸道兵共七万三千一十五人进攻“徐寇”，至九月平定；

咸通十三年十二月，以振武节度李昌国为检校右仆射、云州刺史、大同军防御等使。就在这时，李昌国的小儿子李克用杀云中防御使段文楚，据云州，自称防御留后；

咸通十四年正月，李昌国拒不奉诏，亦反，懿宗令张公素帅师讨之。

从以上事例可以看出，唐懿宗执政十四年期间，战乱从未中止，反唐的烈火越烧越烈。为了平息战乱，必须进一步征兵敛税，这一做法的结果是“征二蜀之捍防，燕人荡覆，徐寇虽殄，河南几空”。天下已形成了昏政、搜刮、反叛、再搜刮、再反叛的恶性循环，庸懦无能的懿宗皇帝渐渐将佛摆到了一个比任何时候都更重要、更神圣的地位。在这位皇帝的心中，自己注定已无力回天，只有佛可以保大唐不亡，可以为百姓带来福音，这或许就是懿宗在悲观绝望中的又一种侥幸心理和自我麻醉心态。于是，浩大的迎奉佛骨行动开始了。

这次迎奉佛骨的场面历史记载较为详细，其中《杜阳杂编》这样记述道：

> 咸通十四年春，诏大德僧数十辈，于凤翔法门寺迎佛骨。百官上疏谏，有言宪宗故事者，上曰：“但生得见，殁而无恨也。”
>
> 遂以金银为宝刹，以珠玉为宝帐、香舁，仍用孔雀氄毛饰。其宝刹小者高一丈，大者二丈。刻香檀为飞帘、花槛、瓦木、阶砌之类，其上遍以金银覆之。舁一刹，则用夫数百。其宝帐香舁，不可胜纪。工巧辉焕，与日争丽。又悉珊瑚、玛瑙、真珠、瑟瑟，缀为幡幢。计用珍宝，不啻百斛。其剪彩为幡为伞，约以万队。
>
> 四月八日，佛骨入长安。自开远门（入）安福楼，夹道佛声振地。士女瞻礼，僧徒道从，上御安福寺，亲自顶礼，泣下沾臆。即召两街供奉僧，赐金帛各有差。而京师耆老，元和迎真体者，迎真身来，悉赐银碗锦彩。
>
> 长安豪家，竞饰车服，驾肩弥路。四方挈老扶幼。来观者，莫不蔬素，以待恩福。
>
> 时有军卒，断左臂于佛前，以手执之，一步一礼，血流洒地，至于肘行膝步、啮指截发（者），不可算数。又有僧以艾覆顶上，谓之“炼顶”。火发痛作，即掉其首，呼叫坊市少年擒之，不令动摇，而痛不可忍，乃号哭卧于道上，头顶焦烂，举止苍

> 迫。凡见者无不大哂焉。
>
> 上迎佛骨入内道场，即设金花帐、温清床、龙麟之席、凤毛之褥，焚玉髓之香，荐琼膏之乳，皆九年诃陵国所贡献也。
>
> 初，迎佛骨，有诏令京城及畿甸于路旁垒土为香刹，或高一二丈，迨八九尺，悉以金翠饰之。京城之内，约及万数……又坊市豪家，相为无遮斋大会，通衢门结彩为楼阁台殿，或水银以为池，金玉以为树，竞聚僧徒，广设僧像，吹螺击钹，灯烛相继。又令小儿玉带金额，白脚。呵唱于其间，恣为嬉戏。又结锦绣为小车舆，以载歌舞。如是充于辇毂之下，而延寿里推为繁华之最。是岁秋七月，天子晏驾……

《资治通鉴》载：

> ……四月，壬寅，佛骨至京师，导以禁军兵仗、公私音乐，沸天烛地，绵亘数十里，仪卫之盛，过于郊祀，元和之时不及远矣。富室夹道为彩楼及无遮会，竞为侈靡。上御安福门，降楼膜拜，流涕沾臆，赐僧及京城耆老尝见元和事者金帛。迎佛骨入禁中，三日，出置安国崇化寺。宰相已下竞施金帛，不可胜纪，因下德音，降中外系囚。……十二月，己亥，诏送佛骨还法门寺。

如果把这两段记载组接起来，便可看到懿宗迎奉佛骨的全部过程。他沿袭唐高宗与武后两次迎奉佛骨的盛况，又在此基础上做了前所未有的发挥和创造。诸如导以禁军兵仗、沿途二百里道旁垒设香刹等等，都是闻所未闻的，所耗费的人力、物力、财力更是无法计算。深为后人铭记的是，懿宗皇帝在城楼上看到迎来的佛骨舍利宝函，竟激动得流下了热泪。可以想象，此时的大唐皇帝一定是百感交集，希望、理想、痛苦、焦灼、幸福、欣慰……这一切都由一股热泪表达出来。遗憾的是，懿宗皇帝最终所渴望的祈福延寿没能实现，甚至连佛骨都未来得及送回法门寺，就一命呜呼了。这个结局怎不令人扼腕叹息。

根据地下遗址复原的具有五个门道的唐长安城南大门明德门示意图。如此雄伟壮阔的城门，随着大唐王朝的覆亡而成为一片废墟湮没于地下。

让后人感到不可思议的是，在大唐咸通十五年正月初四日，新即位的天子僖宗李儇匆匆下诏将佛骨送还法门寺时，随之供奉的金银宝物其数量和精美程度都极为惊人。多少年后，当考古人员打开法门寺地宫时，发现的财宝中，有一百二十多件是懿宗、僖宗两朝的供品。尽管由于懿宗的溘然长逝，使迎奉活动明显地具有了悲剧色彩，但众生们所表现出的炽热的宗教情感不但没有减弱，反而得到加强。可能由于他们从自身的苦难和朝廷的危急中，预感到一种不祥的征兆和改天换地的迫在眉睫，才出现了“京城耄耋士女”争相送别，呜咽流涕的场面，才有了“六十年一度迎真身，不知再见复在何时”的悲怆之问，才有了整个大唐帝国回光返照式的妄举。事实上，就在僖宗送佛骨于法门寺的三十多年后，在中国历史上风云近三百年的大唐王朝灭亡了。

随着唐末社会更大的动乱以及后周王朝的第四次禁佛运动，盛极一时的法门寺彻底衰败了，那埋藏着无数奇珍异宝的法门寺地宫，也渐渐在人们的记忆中消逝。待它重新得到开启时，历史已过去了一千多个春秋。

## 注 释

①夷夏之争：南朝宋末年，道士顾欢以佛、道二教相互非毁，于是作《夷夏论》

以会通二教，然立场偏袒道教而贬抑佛教，尊华夏而远夷狄。此论一出，明僧绍作《正二教论》、谢镇之作《析夷夏论》、朱昭之作《难夷夏论》、朱广之作《谘夷夏论》、释慧通作《驳夷夏论》、释慧敏作《戎华论》等痛加驳斥。

②三破之论：南朝宋末年，有道士托名张融，作《三破论》以丑诋佛教，说它入国破国、入家破家、入身破身，佛教“不施中国，本止西域”，依然不出《夷夏论》的范围。此论一出，刘勰作《灭惑论》、僧顺作《释三破论》、玄光作《辩惑论》等痛加驳斥。

③三洞说：三洞，道教中的仙境名词，即洞真玉清境、洞玄上清境、洞仙太清境。《上清太上开天龙跻经》卷十记载：“宁君告曰：三境三界，通碍见殊，高圣下凡，悟有深浅，洞通无碍，名为三洞。”

④引驾：唐代僧职。源起于贞观中，太宗封天台宗六祖为引驾大师。引驾大师其员有四，故又称四大师。

⑤行香：礼佛仪式，起于南北朝时。其方法是主斋者执香炉绕行道场中，或散撒香末，或自炷香为礼，或手取香分授众僧，故亦称传香。帝王行香则自乘辇绕行佛坛，令他人执炉随后，代行上述之动作。

⑥唐初实行“均田制”，并搭配以丁身为本的“租庸调制”，课征赋役。到武周时期，土地兼并严重，失去田产而流亡的农民众多，均田制与租庸调制逐渐破坏。安史之乱后，户口削减，按丁收税已不可能。大历四年（公元769年），开始按亩定税，为两税法预作准备。德宗采纳宰相杨炎的建议，于建中元年（公元780年）颁行两税令，其主要内容是各州县不分主户、客户，都按现住地立户籍；不分中男、丁男，都按贫富定等级。民在夏、秋两季纳税，夏税不得过六月，秋税不得过十一月，都按钱计算。而僧尼领有政府核发的度牒，本非一般的民户，可以免除徭役。

⑦典坟：《五典》、《三坟》二书的合称，泛指一切古籍。

⑧簪缨：古代官吏的冠饰，比喻显贵人士。

# 第十章
# 度尽劫波法门在

野心勃勃，“西府王”李茂贞坐地观虎斗，修寺原有图王志。名妓李师师向佛而来，宋徽宗作赞题额，留下历史悬案。烈火焚身，法爽大德弥九州。玉镯虽小，殃及五条人命。义军号角，吹出一段生死劫，高迎祥挥泪斩部属。法门寺犹如浴火凤凰，兵马战乱中得新生……

## “西府王”的兴灭

唐中和三年（883年），曾经一度攻占长安并建立政权的黄巢农民军，在各路军阀的打击下，被迫撤离。临行前，一把火将长安城的宫殿、省寺、居第几乎烧了个精光。光启元年（885年）十二月，割据的军阀王重荣联合李克用打击宦官田令孜。田令孜先退守长安，继而又劫持僖宗出幸凤翔，走前再次焚烧坊市、宫城。至昭宗朝，长安更成为各路军阀拉锯式征伐的战场。先后有凤翔军、岐军相互焚烧，致使“宫室廛闾鞠为灰烬”，再是宦官韩全诲勾结神策军李继筠“挟天子以令诸侯”，第四次火烧长安城。天祐元年（904年），朱温勾结宰相崔胤胁迫昭宗迁都洛阳，同时令长安居人按籍迁居，行前“殿长安宫室百司民间庐舍，取其材，浮渭沿河而下”，“长安城自此遂丘墟矣”。朱温毁城既是最后一次，也是毁灭性的一次，因长安的佛寺与宫室、民居错落而成，宫室、民居被毁，佛寺怎能独免？当前几次的战火过后，虽有修复，但无疑是宫室、民居先就，佛寺的修葺自是列在其次的地位。朱温毁城不久，即有留守官匡国节度使韩建改建长安城之举。这次改建，去掉了原来的宫城及外郭城，仅修建了子城（即皇城），其面积也仅为原城的十六分之一。这时的长安，即使还有佛寺残存，也应是残垣断壁、荒草萋萋了。

唐秦王夫人墓的砖雕端门。唐秦王李茂贞是唐末重臣，卒于公元924年，其陵墓位于宝鸡市北塬飞机场西端的陵原乡陵原村，死后与夫人葬在一起，为“同茔异穴”陵墓。2001年4月，宝鸡市考古队正式对秦王陵进行保护性发掘。

正当这战火连绵、举国慌乱、人民流徙之日，法门寺不仅未遭毁坏，反而大兴土木，扩大规模。算其功德，全在李茂贞一人身上。

李茂贞，深州博野（今河北）人，本姓宋，名文通，原为李克用部将，镇压黄巢起义后附唐，以功自队长升为军校。光启元年（885年），藩将朱玫反，唐僖宗被迫逃至兴元（今陕西南郑），宋文通又因护驾有功，由扈跸都头拜武定军节度使、检校尚书左仆射、洋州刺史等，并被唐僖宗李儇赐姓名李茂贞。扈跸东归，途中再受命攻杀叛将李昌符，又以功拜检校司空、同平章事，兼凤翔尹、凤翔陇右节度使。成为节度使的李茂贞，诡诈狡猾，能软善硬，恃强凌弱，放任官兵迫害百姓，致使军无纪律，官无德行。如此一帮弱肉强食的乌合之众，之所以能够以凤翔为大本营，以宝鸡地区为中心，横行西部37年之久，就在于李茂贞本人是个善变投机的老手。

光启四年（888年）二月，李儇回到长安，三月病死。其弟李晔即位，即昭宗，四月加封李茂贞为检校侍中，李茂贞羽翼变得更加丰满起来。此时的宦官杨复恭专制

秦王夫人墓壁上的砖雕“八抬大轿”

朝政，蓄养私党，昭宗为削弱他的势力，便任命其为凤翔监军。杨复恭看出了这位新皇帝的用意，心中颇为愤恨，在家装病两个月不肯上任，至大顺二年（891年）十月携家族跑到兴元（今汉中）发动了叛乱。

景福元年（892年）正月，昭宗李晔调遣李茂贞等讨伐杨复恭。李茂贞依仗自己的势力，趁机要挟李晔，讨价还价，昭宗只得任命他为山南西道招讨使，李茂贞才答应起兵南征，并于三月二十五日攻克凤州（今陕西凤县），八月连占兴州、洋州、兴元，杨复恭兵败退阆州，后为西川兵所击杀。自此，李茂贞除割据整个宝鸡地区外，还拥有汉中、陇西地方，共达四镇十五郡，甲兵雄盛，凌弱王室，颇有问鼎之志。

乾宁二年（895年），李茂贞联合邠州王行瑜、华州韩建等节度使各率精甲数千人入觐，欲废昭宗而立吉王，后闻李克用起兵于太原勤王，才留兵宿卫而各返原镇。

乾宁三年六月，李茂贞绝朝贡，谋犯京阙，凤翔军、岐军焚掠京师，宫室廛闾焚为灰烬。昭宗忍无可忍，决定派兵征讨。李茂贞自知力量不敌，忙上表称罪改悔，并献钱十五万，助修京阙。

天复元年（901年）十一月，李茂贞在宦官韩全诲、李继诲的帮助下，劫昭宗车驾至凤翔。此时的李茂贞已给昭宗配备了以宰相韦贻范为首的一套百官班子，将李晔变成了一个身不由己的傀儡皇帝。

李茂贞虽挟了天子，但却不能号令诸侯。东平王朱温（赐名朱全忠）率兵来夺昭宗，将凤翔围困了二年多，李茂贞每战皆败，万般无奈中，遂于天复三年正月与朱温约和，交出昭宗，斩宦官韩全诲等二十余人。

昭宗离开凤翔还京不久，即被朱全忠劫持至洛阳。天祐四年（907年），朱全忠篡唐，废哀帝李柷，建立后梁，改元开平，立都汴州城。大唐王朝遂宣告灭亡，中国历史进入了五代十国时代。

对于朱全忠的篡夺活动，李茂贞虽极言讨伐，实际上自知力不能敌，按兵不动，目的是为了保存实力，等待时机。

同光元年（923年），李克用的儿子李存勖灭掉了后梁建立了后唐，建都洛阳。李茂贞惧怕前蜀来攻，又怕后唐移兵西伐，于次年正月遣子李继曮入后唐朝贡，上表称臣。李存勖封李继曮为中书令，遣还凤翔，仍封其父李茂贞为岐王，二月李茂贞改称秦王。四月，李茂贞病死，其子李继曮被后唐任命为知凤翔府事。自此，曾经称霸中国西部的李家政权灭亡，凤翔成了后唐的一个府。

在挟昭宗迁都洛阳至同光二年（924年）对后唐上表称臣的二十年间，李茂贞虽未被列入五代十国之中，但他盘踞关中，在凤翔设府署官，出入用皇帝仪仗，称妻为皇后，俨然一个小朝廷。他以秦王自居，以唐王朝的正统为号令，仍沿用昭宗的天复年号不改，以示与后梁政权势不两立。关中的险要地势，使他能够在乱中保静，肥沃的田地，又可使他没有用度之愁。在这期间，他曾多次企图乘乱并取，一统天下，但因力量终不及朱温的后梁和李克用的后晋，屡屡不能施展。要想在乱中求存，除了需要政治、经济、军事上的力量作保障，还要一根维系人心的精神支柱，而建立起这根支柱的最好的方法当然是事佛。李茂贞走上事佛的道路由此开始了。

唐秦王李茂贞墓中出土的乐俑

在这事佛的决定性过程中，还有两个因素不可疏忽不计，其一就是在此之前凤翔府僧宁师关于李茂贞当为王者的传言。据《宋高僧传》卷二十一《宁师传》载：宁师，岐阳人，天复初年暴卒于山寺。三日而苏，遂向官府报告入冥司事，称其为冥司追慑，并令使者引其巡游署之李茂贞、李克用、朱全忠、王建和杨行密等上殿，使者声称诸人将为王。此后不久，李茂贞果然被封秦王，李克用为晋王，朱全忠改唐为后梁，王建创立前蜀，杨行密建吴，“诸皆符合”。尽管明眼人深知此传言为无稽之谈，这位僧人却由此声名大振，“秦、陇之人往往请（师）入冥，预言吉凶，更无蹉跌”。李茂贞对此传言亦深信不疑，以为是佛祖在暗中保佑自己，遂定事佛之心。而自天复元年之后，列强中最大的两股势力李克用和朱全忠逐鹿中原，争夺天下，李茂贞偏处西北一隅，没有卷入战争的漩涡，因而物资丰厚，民众安居乐业。在这样一种环境和经济实力下，李茂贞才可将事佛落实到具体行动之中，并将修复在唐末战乱中毁坏的法门寺视为最为重要的一环。《大唐秦王重修法门寺塔庙记》碑曾这样记叙道：

> 今则王天潢禀，异帝裔承荣。立鸿勋于多难之秋，彰盛烈于阽危之际。遍数历代，曾无两人。增美储闱[①]，传芳玉谍[②]。将中兴于十九叶[③]，纂大业于三百年。竭力邦家，推诚君父。身先万旅，屡扫搀抢[④]。血战中原，两收宫阙，故得诸侯景仰，八表风随。当虎踞于山河，即龙腾于区宇。朝万国而无惭伯禹，叶五星而不让高皇。恶杀好生，泣辜罪已，然而早钦大教，风尚空门……

从碑文中可以看出，李茂贞摆出一副大慈大悲、救苦救难的姿态，在近二十年中，几经修复法门寺这座古刹“灵境”，见诸碑文记载的有：

天复元年，施相轮塔心堂柱方一条。

天复十二年（后梁乾化二年，912年），浇塔修复阶舍二十八间；至十三年工讫，主修人为旧寺住持宝真大师和赐紫沙门筠等。

天复十四年（后梁乾化四年，914年），又修复寺宇至少十八间、两天王像两铺，塑四十二尊贤圣菩萨，画西天二十八祖兼题传法记及诸功德，并皆彩绘毕。

天复十七年（后梁贞明三年，917年），造八所铜炉等，并于塔内外塑功德八龙王。

天复十九年至二十年（后梁贞明五年至贞明六年，919-920年），盖造护蓝墙舍四百余间，又甃塔庭两廊讲所等。

法门寺唐代风格的建筑

天复二十年开始，修塔上层绿璃瓻瓦，历三年而完成，达到了“穷华极丽，妙尽罄能，斤斧不缀于斯须，绳墨无亏于分寸”的佳境。

在修复法门寺期间，李茂贞“昼夜精勤，躬亲缮葺，不坠祇园之教，普传贝叶⑤之文”。他分别于天复十九、二十年四月八日佛诞日，遣功德使李继潜和僧录明□大师、赐紫沙门彦文、首座普胜大师、赐紫沙门寡辞分两次施梵筴⑥《金刚经》一万卷，十方僧众受持于塔前。

从李茂贞对法门寺旷日持久的修复来看，“会昌法难”和唐末战乱，确是给法门寺以重大破坏，尽管早在懿宗迎佛骨时，于咸通十五年“诏凤翔节度使令狐绹、监军使王景珣充修塔寺”，但远未能恢复寺宇的本来面貌，以致在相距三十年后，李茂贞又不得不大兴土木进行修复。当然，这次修复不是一般意义上的修残补旧，而是几近重建。从碑文仅存可辨的数字来看，修复面之广、工程量之大、时间之长不能不令人震惊。诸如盖造护蓝墙舍四百余间，以边长各百间、每间四米计，该寺院的面积已达十六万平方米。即使如此，也未能恢复到唐代的原有规模。这次对寺宇的修复，重点是放在真身院内，仅就这一小区域而言，基本上再现了盛唐的风貌。而从记载的施梵筴《金刚经》一万卷及十万僧众于塔前受持的情况看，李茂贞已把法门寺当成他所控制政权的“国寺”，加之这个政权的政治中心又设在凤翔，法门寺的佛事之盛又显出了往日的繁华，其弘法的重点可能转移到密宗金刚界法一面，目的似在以弘扬密宗佛教，为李茂贞本人及其政权祈福消灾，以便在乱世中延生长命并立于不败之地。佛教与政治的密切关系再次清晰地反映出来，可惜的是，这个独立的政权仅存活了二十年便夭亡了。

当占据北方的后梁被后唐灭掉之后，在几十年的时间里，又连续更替了晋、汉、周三个朝代。这一时期，各统治者相继并吞、攻战、厮杀，百姓无力安心生产、耕种，佛教勉强维持。到周世宗时，佛教的厄运再度来临。这位皇帝对佛教推行大力整顿的政策，向各地僧尼发出一连串的禁令，对佛事采取了种种限制，并于显德二年（955年）颁布了禁佛诏令：

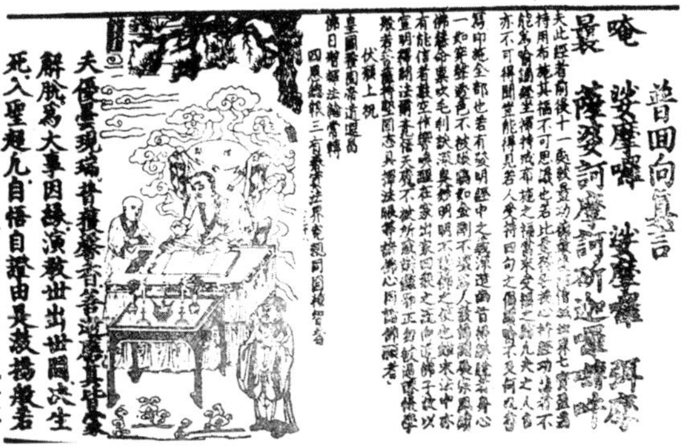


元至元六年《金刚般若波罗蜜经注解》卷首插图

> 自今不许私度僧尼，及亲无侍养者不许出家，无敕寺舍并须停废。

周世宗在诏令中规定，若要出家，男子年龄在十五岁以上，须背诵佛经一百张或读五百张，女子年龄十三岁以上，须背诵佛经七十张或读三百张。在出家时，要陈状呈上，由本郡考试，成绩上报，最后由祠部发给牒文方得剃度。同时诏令，除官府允许存留的寺院之外，民间的铜铸佛像全部没收入官，用以铸钱等等。

从史料记载看来，当时周世宗禁毁佛教的原因，主要是当时僧尼功令渐弛，以致寺僧泛滥，直接影响到国家赋税、兵役。另外，汉地崇佛，大量金铜用于铸造佛像，致使铜钱出现短缺，这也是促使禁佛的一个原因。

与“三武灭佛”不同的是，在较理智的思想支配下，增加了新的禁毁内容。前几次灭佛的出发点大都因为经济和政治的原因，但这次除了这些以外，还特别申明禁止当时流行的烧身、炼指等迷信色彩浓厚的过激行为。需要指出的是，自从佛教传入中土以来，排佛禁佛的呼声就没有停止过，而其主要根据便是以儒家为正统的传统文化思想，批判僧尼坐食不劳和迷信鬼神、残害肢体的做法。周世宗的这次禁佛，史书中很少提到他与儒教有什么关系，但是，就反对迷信、注重实用的文化心理传统这一点，其脉络是清晰可循的。

因此，周世宗明令禁止烧身、炼指等迷惑世俗、残害肢体的行为，这是以往禁佛帝王所没有注意和实施的。

在后周世宗的禁令下，寺院建造要经国家批准，僧尼出家要经过严格的读经测试，私度僧尼绝对禁止，这一系列的规定，阻断了相当一部分人的出家之路。这些措施实施后的结果，使国内寺院几乎减少一半以上，僧尼自然也大量递减。在周世宗禁佛的当年，全国共废佛寺3336所⑦，存者仅有2600多所，僧尼减去大半。此次灭佛，距"会昌法难"一百余年。佛教经过几次打击，致使历代名僧章疏文论几乎散失殆尽，各种佛学经论也多遭湮灭——这便是中国历史上第四次、也是最后一次帝王废佛事件的结局。

在可查的史料中，没有提及周世宗禁佛对法门寺究竟产生了怎样的影响，可以想象的是，在这样一次全国性禁佛运动中，已失去"国寺"地位的法门寺即使幸免，也难逃渐趋衰落的命运。

河北正定龙兴寺悲阁内铜铸菩萨，通高22米，为宋代所铸，是中国现存最高大的铜菩萨像，人们习惯称之为大佛。

## 宋徽宗与名妓李师师

自后周统帅禁军的大将赵匡胤，导演了"陈桥兵变，黄袍加身"的极富戏剧性的故事之日起，后周王朝灭亡，大宋王朝建立了。

建隆元年（960年）六月，宋太祖赵匡胤即位不久，便颁布诏令：凡在周世宗时所废还未毁的寺院，立即停止毁禁，并着手修复。已经拆毁的寺庙，所遗留下来的佛像要妥善保存，并用金字、银字书写佛教经文。

在宋太祖保护佛教的政策下，仅建隆元年便在全国剃度僧尼8000人。紧接着，宋太祖又派行勒等157人前往印度求取佛法，大力弘扬佛教。

在唐之前主要依靠抄写留传的佛经，到了宋朝，由于经济的发展，文化传播的需要，雕版印刷⑧技术逐渐推广。开宝四年（971年），宋太祖利用最新

北宋开宝五年刻《炽盛光吉祥消灾陀罗尼经》

技术，敕命内官张从信在益州主持雕刻《大藏经》，前后费时12年。最初刻制佛经5000多卷，后来又增刻1000多卷，共达13万块雕版。这部佛经因刻于宋开宝年间，所以被称为《开宝藏》。又因刻于四川，故又称“蜀版大藏”。这是我国第一部佛教总集，也是当时最全的一套佛教丛书。这是宋太祖赵匡胤对佛教发展的一大贡献。

宋太祖赵匡胤死后，其弟弟赵匡义继位，即是历史上的宋太宗。宋太宗依然采取保护佛教政策，在即位的第一年，也就是太平兴国元年（976年），就剃度僧尼17万人。自太平兴国五年（980年）始，又在东京（开封）设立译经院，恢复了从唐代元和六年（811年）以来中断了170年之久的佛经翻译工作。由于宋太祖奉佛，西域、天竺僧人携带经文来汉地者络绎不绝。如天竺僧人法天、施护、天息灾，都曾入东京译经院从事佛经翻译活动，并有御派汉地僧人法进、常谨、清沼等人充任笔役，协助译经。

宋太宗的后宫内，也有不少虔诚信佛的嫔妃佳丽。有故事传闻，南唐李后主曾手书金字《心经》一卷，将其赐给宫女乔氏。后来，这位宫女被宋太宗选入禁中，颇受宠爱。当李后主死去时，乔氏从内廷拿出所赐经文，舍身相国寺，并以工整的字迹，在经文后写下一段语意凄婉的话：“故李氏国主：宫人乔氏，伏遇故主百日，谨舍昔时赐妾所书《般若心经》一卷，在相国寺西塔院。伏愿弥勒尊前，持一花而见佛。”后来有僧人把这一李后主书写、宫女乔氏添词的经文带到江南，放置于大禧寺相轮中。据说，该寺后来大火，相轮从火中堕毁，

《开宝藏》中国国家图书馆藏

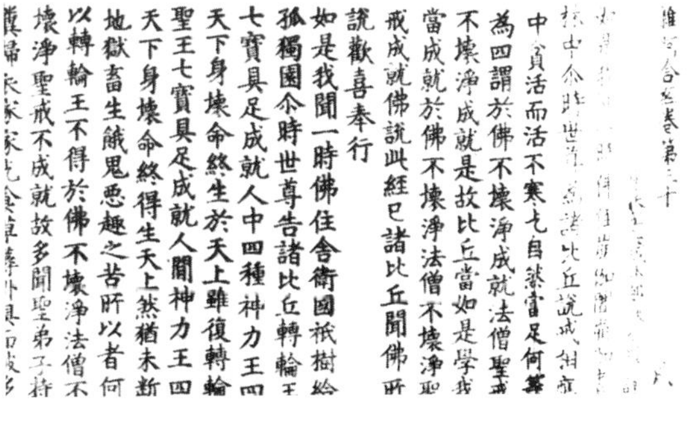
中貧活而活不寒乞自恣當足何等
為四謂於佛不壞淨成就法僧聖戒
不壞淨成就是故比丘當如是學我
當成就於佛不壞淨法僧不壞淨聖
戒成就佛說此經已諸比丘聞佛所
說歡喜奉行
如是我聞一時佛住舍衛國祇樹給
孤獨園尒時世尊告諸比丘轉輪王
七寶具足成就人中四種神力王四
天下身壞命終生於天上雖復轉輪
聖王七寶具足成就人間神力王四
天下身壞命終得生天上然猶未斷
地獄畜生餓鬼惡趣之苦所以者何
以轉輪王不得於佛不壞淨法僧不
壞淨聖戒不成就故多聞聖弟子持

而经文仍完好无损。

继宋太宗之后登天子大位的宋真宗赵恒，不仅继续建造佛寺、翻译佛经，还亲自为佛经作注，又御笔撰写《崇释论》，文中反复论说佛教与孔孟之儒教“迹异而道同”。在他的提倡下，全国僧徒达到40万，女尼6万多，成为赵宋一朝僧尼最多、佛学最盛的时期。

接下来的宋仁宗赵祯，可谓是北宋中期的开明皇帝，他对佛教教义和僧尼倍加关照。及至宋神宗时，崇佛的热潮仍未消退。据传，宋神宗熙宁年间（1068—1077年），某一天夜里，司理院狱屋的高处有道道彩光闪现，京城官民为之惊骇。第二天，宋神宗的大赦诏令颁下，京师上下都为此感到奇怪。宋神宗命人到彩光出现的地方搜寻，结果得到一纸，上有38个字：“观世音南无佛，与佛有因，与法有缘，佛法相因。行念观世音，坐念观世音，念念不离心，念佛从心起。”又据载，元丰三年（1080年），钦差大臣王舜封巡视东海普陀洋面，突遇狂风巨浪，几欲将船掀翻。船上的人连连向普陀山观音大士叩祷，终于平安济渡。王舜封回到朝廷奏报此情，神宗感激观音菩萨保佑大宋使臣，当即动拨帑银，在原来小庵院的基础上进行扩建修整，完工后赐名“普济寺”。

北宋晚期的哲宗赵煦，也曾在皇家大院设立道场，并亲临道场听经。宋时刻的《宋稗类钞》卷七记载：绍圣改元九月，禁中为宣仁作小祥道场。宣隆报长老升座。上设御幄于旁以听。其僧祝曰：“伏愿皇帝陛下，爱国如身，视民如子。每念太皇之保佑，常如先帝之忧勤。庶尹百僚，谨守汉家之法度。四方万里，永为赵氏之封疆。”即时有僧问话云：“太皇居何处？”答云：“身居佛法龙天上，心在儿孙社稷中。”当时传播，莫不称叹。

尽管北宋自宋太祖赵匡胤起至哲宗一朝都崇尚佛教，但由于北宋末年政治动荡，经济衰退，至神宗即位初，佛教已显出没落的趋势，全国僧尼人数由原来的46万之多，减至不足26万人。又由于这种没落是全国性的，就法门寺而言也就不可避免地要受到影响。

跟五代十国时期几乎相同的是，历史文献中也绝少关于北宋时期法门寺情况的记载，要窥知此时法门寺的法事等项活动，就不能不借助于有幸流传下来的寺碑铭文。

法门寺内至今尚存的宋代刻碑有二方，一为太平兴国三年（978年）的《法门寺浴室院暴雨冲注唯浴镬器独不漂没灵异记》，二为庆历五年（1045年）的《普通塔记》。此外尚有碑虽佚而文已著录或见于目录的有《买田地庄园记》、《灵异记》等近十方。其中《灵异记》、《买田地庄园记》、《普通塔记》都从不同的角度反映了法门寺在北宋前、中期的佛事盛况。如《灵异记》载：

> 寺之东南隅有浴室院，或供会辐辏，缁侣云集，凡圣混同，日浴千数，洎百年已还，迄于今日，檀那⑨相继，未尝废坠。

这段碑文表明，仅供会日前来浴室院就浴的僧俗就日有千数，那么，如果将没有就浴的人算在一起，就不仅仅是个千数的问题了。可见当时法门寺对僧俗的影响依然很大，否则，怎会那么多人在此就浴？从百余年来“未尝废坠”一语来看，这种盛况是带有连续性和持久性的。这一推断，还可在《普通塔记》中得到证实。记中载道：

> 重真寺天王院沙门智颙……复常悲其寓泊僧骨弃露零散，乃于寺之南城外不尽一里慕施，掘地为圹，际水起塔，出地又丈余，砖用万余口。既成，近左收捃得亡僧骨仅四十数，于庆历二年二月二十一日夜建道场，请传戒师为亡僧忏罪受戒。塔顶开一穴，以备后之送骨……今智颙师……作普通塔，使游方之徒来者、未来者死悉有所归，其用可嘉也。

这段碑文的意思已表述得很清楚，即在普通塔修建前后，前来法门寺瞻礼的游方僧很多，死于此处的亦不在少数。如此众多的人在此处死去，可见这时的法门寺是怎样地出类拔萃，又具有怎样的感召力。依此还可推断的是，唐末时期李茂贞重修的寺宇，破坏性当为不大，而这个时期唐代二十四院的规模亦应基本保留了下来。

法门寺具有如此大的寺院和如此多的僧众，其经济上的开销从哪里来？以怎样的经济形式支撑着寺内法事的正常运转？这诸多的设问，恐怕要从三个方面来回答。一是朝廷的拨款，再是前来朝拜者的施舍，而最为重要的可能是寺院拥有的土地。这一点，从法门寺在北宋咸平六年（1003年）所立的《买田地庄园记》碑可得到证实。碑的原文曾这样记载：

> 重真寺真身塔寺兼都修治主、赐紫大德志□……与师兄志永、师弟志元，辍那衣钵，去寺北隅置买土田四顷有余，又于西南五里已来有水磨一所及沿渠田地。……具列□瑛所有土田段数如后：寺南魏衔东边地二十亩，寺后东北上地一段计八十五亩，东北上地一段计四十五亩，东北上地一段计五十五亩，东北上地一段计三十亩，东北上地一段计□□□亩，正北上地一段计二十五亩，正北上地一段计七亩，西北上地一段计五十亩，西北上地一段计三十五亩，西北上地一段计二十亩，庄子一所，内有舍八间，牛口一具，车一乘，碌碡[10]大小五颗……田地、水磨及牛□合计钱七百九十六贯五百文足。

由此文可以看出，这四百多亩土地都是属于重真寺（即法门寺）内“真身塔寺”的，而这个时期，唐代建成的二十四寺院应该大部分存在，真身塔寺不过是二十四寺院之一。它既然有独立的田产，其他寺院也应该一样，如此算来，整个重真寺的田产就完全有可能多于这个四百亩数字的几倍或几十倍。试想，如有了这样一份田产作经济后盾，整个寺院的运转是不成问题的。

北宋一朝共历九帝168年，除第八帝徽宗一度排佛外，其余各帝皆推崇佛法。当然，徽宗并不是一登龙床就排佛的；相反，他亦对僧尼表示敬重。史载大观年间（1107–1110年），有僧人道楷名声远扬，宋徽宗仰慕其名，赐予“定照禅师”称号，又赏给紫衣牒一套。想不到这僧人道楷不识抬举，对徽宗的封号赏赐均予回绝，没有接受天子的一番好意。宋徽宗一怒之下，当即下诏将此僧治罪。但不久，徽宗又将其特赦，放归庙庵。道楷76岁时过世，临死留下遗言：“吾年七十六，世缘今已足。生不爱天堂，死不怕地狱。撒手横身三界外，腾腾任运何拘束？”

宋徽宗后来走上了排佛崇道的道路，是否与这个事件有关，现已无从可考。有史明载的是皇帝身边如蔡京、童贯等一批奸佞小人，和后来得宠的道士林灵素等人一再引诱和欺骗，才使他渐渐排弃佛教而笃信道教的。开始时宋徽宗曾一度令佛教与道教合流，改寺院为道观，并将佛号、僧尼的名称都道教化。作为一国之君的这个做法，对佛教无疑又是一次极重的打击，并使之很快衰落下来。虽然不久即被新上台的宋钦宗恢复原状，但北宋的统治也随着徽宗、钦宗两帝被金兵俘获掳去而宣告终结了。

宋徽宗赵佶（公元1082–1135年），北宋皇帝。在位期间任用奸臣，尊奉道教，引发并平定数起农民造反。独创书法“瘦金体”，有“屈铁断金”之誉。传世书迹有《真草千字文》、《临写兰亭绢本》等。

有些奇怪的是，宋徽宗的排佛没有在法门寺史志上留下一点痕迹，相反倒是有一段关于这位皇帝亲临寺院朝拜的故事流传下来。在可查的《扶风县志》、《关中胜迹图志》中，法门寺的条目之下，竟出现了“宋徽宗尝有赞⑪，又手书‘皇帝佛国’四字额于山门”的记载。有些非官方的史料，还对这一事件做了详细的描述，并将当时的名妓李师师也扯了进来。文中说宋徽宗陪李师师游山玩水，自京师达长安，为说明其“皇权神授”，遂来法门寺朝拜。相传法门寺曾经有块卧虎石，是隋文帝杨坚从麟游仁寿宫运来成实道场的。那卧虎石是块天然的石头，形状好像一只猛虎，昂头蹲卧，尾盘足下，好不威风。每当隋文帝驾幸法门寺，朝拜听经时，必来此落座享用。后来经过四次大的毁佛运动，那卧虎石被毁坏并遗失。这次宋徽宗要驾幸法门寺，地方官员接到诏令后，为投圣上所好，便派民夫在秦岭选了一块大青石，火速运到寺院，摆放在大佛殿前，让工匠打磨光滑，供宋徽宗朝拜听经时所用。

法门寺山门

听说宋徽宗这位不理朝政，不顾百姓生死，整日淫逸作乐、采花盗柳的昏庸皇帝要驾幸法门寺，便激起了当地百姓的怨恨。在派去打磨大青石的工匠中，有个叫石头的男娃，生得剑眉虎目，机智过人。其父早年是闻名乡里的石匠，石头自小随父学艺，在四方庙宇、楼阁、大院刻制石碑和石兽。因其聪敏机灵，几年之间就学

传宋徽宗为法门寺山门题写的“皇帝佛国”

成了一套娴熟的技艺。当他前来打磨青石时，灵机一动，趁人吃饭休息的工夫，从怀里抽出了小刻刀，用一种被称作“水隐法”的技术，悄悄地在大青石上刻出了一只猴子。这种“水隐法”的奥妙之处在于，物件刻好之后，往往平时看不见形迹，只要用水一浸，方可显出原形。

宋徽宗驾幸法门寺后，在名妓李师师和大小官吏的奉陪下，来到大佛殿前，端坐在那块光滑平整的大青石上拜佛、听经。当一切完结后，宋徽宗提起御笔，为法门寺题写了“皇帝佛国”四个大字，便携李师师起驾回京。

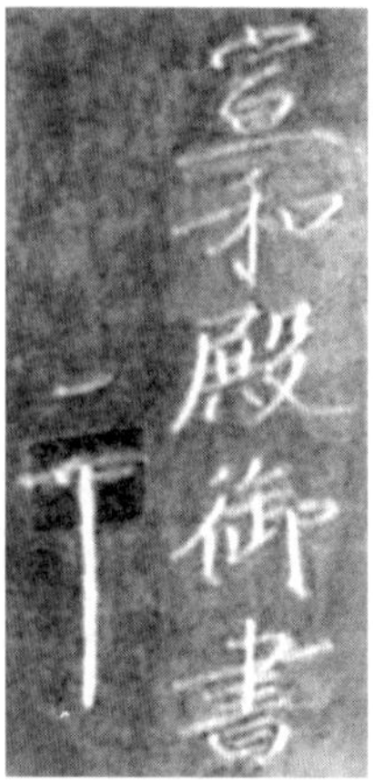

传宋徽宗题字的落款为“天下一人”

宋徽宗走后，地方官僚为取悦这位当朝天子，命人将那块大青石用水清洗，准备作为“圣品”以示供奉。就在几个民夫清洗时，却惊奇地发现那块大青石上出现了一只栩栩如生的猴子。地方官僚见状，大为惊诧，不敢作为“圣品”供奉，亦不敢提及此事，大青石便一直沉睡在法门寺院内。由于百姓痛恨宋徽宗，便将那块大青石称为“卧猴石”，以戏谑一代昏君。宋亡后，人们渐渐将昏君忘掉，又把那“卧猴石”改称“卧虎石”了。直到现在，那块大青石还卧在法门寺大佛殿东房檐下，倘用一碗清水泼上，一个鲜活的猴形即可显现出来。

不难看出，这宋徽宗与卧猴石的故事显系虚构而成，其蓝本应是来自宋徽宗题写的“皇帝佛国”四个字。而这四个字是否是宋徽宗来法门寺所题，亦实属一桩疑案。从史料来看，宋徽宗共在位25年（1101–1125年），正史中并未发现有其巡幸关中的任何记载，更未有其亲睹寺宇的只言片语。既如此，何以作赞？又怎会亲题“皇帝佛国”四字？几乎众所周知的是，宋徽宗即位之初，尚能崇信佛教，并数次驾幸过汴京佛寺。但自大观四年（1110年）以后，即以“士庶拜僧者，论以大不恭”，而“诏天下访求道教仙经”，并“讽道箓院上章，册己为教主道君皇帝”，“用蔡京言，集古今道教事为纪志，赐名《道史》”。宣和元年（1119年）春，更改佛号为大觉金仙，余为仙人、大士；僧为德士，易服饰，称姓氏；寺为宫，院为观；

改女冠为女道，尼为女德。与此同时，这位皇帝对于儒教更是宠爱有加，几乎到了五体投地的地步，如到国子监把祭祀孔子的大殿改名为“大成殿”，并亲笔为此题写匾额；去哲宗封孔氏后裔为奉圣公、不得作官之制，恢复仁宗时期封衍圣公之制；赐钱三百万重修邹县东北孟子庙和用二百万钱再在邹县南门外新建孟庙等等一连串的行动。在这样一片尊儒崇道排佛的气氛中，很难设想此时的天子又跑到关中的法门寺题写匾额。按照法门寺文化研究专家陈景富先生的观点，在法门寺诸多宋碑中，大部分看起来虽无足轻重，但都较为详尽地记载了当时发生的事件，并流传至今或者存世很久，如果宋徽宗真的为法门寺做了赞，或题了额，这当是有宋以来的头等大事，必然要立碑刻文以示铭世的。但就是这样一件大事，非但今日的研究者没有见到碑石，而且元明之际亦未有记载，即使在金石录的著作中，也同样找不到半点踪影。元代至正十四年（1354年）九月，由钱塘人黄树毂辑录的《扶风县石刻记》当是极为详尽的金石辑录，而在此中同样无宋徽宗的赞和额。非但如此，即使作于宋徽宗执政晚期的《圆相观音菩萨瑞像颂》碑[12]，也未留下当朝天子的赞或额的一丝痕迹。这些事例又无不在说明，宋徽宗为法门寺作赞和题额的说法是难以让人置信的。至于名妓李师师是否来过法门寺，则又是一个颇有争议的悬案。在笔记小说《都氏闻见录》上，曾记载名

法门寺仿唐建筑千佛阁。据考证，宋代木塔结构与其相似。

妓张好好和李师师前来法门寺朝拜过，并在四级木塔上凭栏远眺，又在塔柱上刻词留念等等。妓女进寺烧香拜佛的事，在历史上并不罕见，只是张好好与李师师是否真有此行，亦难考证。不过，就法门寺的兴衰而言，这两个名妓来与不来，并不算什么轰动四方的大事，这里权且放下，不再提及。

## 法爽自焚大德弥九州

公元1125年，金灭辽。公元1127年，继灭宋。

公元1128年，金左副元帅宗翰命部将娄室攻下陕西同、华、京兆、凤翔等地，在一番抢掠烧杀之后，还军山西。同年九月，金太宗又命娄室攻取华州、下邦、蒲城、同州，十一月攻下延安府。次年二月，麟、府、丰三州降金，四月又占鄜、坊二州。再次年，耀州、凤翔府、渭州、原州亦相继降金。至1131年，东起淮水，西至秦岭，形成了宋、金间的一条非经双方议定的临时界线。这条界线的形成，标志着陕西秦岭以北地区已被金所实际统治的事实。位于这个地区的法门寺，也自然地置于金的统治之下。

金朝共历八帝110年，至第四帝世宗朝达到顶点，至金章宗以后开始衰落。金代各帝大多崇信和支持佛法，太宗、熙宗都有建寺、设斋等大的法事活动，世宗则大兴土木建寺立庙，赐予寺院大量土地、金钱，并允许寺院卖牒聚财。同时又对此作出一定的限制，例如禁止民间建寺，整顿僧人队伍，以防止其逃避赋役等。到章宗一朝，则进一步规定不得私度僧尼，行试经度僧制，甚至规定不同地位的僧人所带徒的不同数目，和僧人通过课试经律论获取尊号的命令。这种既推崇又限制的政策，使金代前半期的佛教在一定程度上避免了伪、滥的问题，禅、净、华严、密、律各宗都各有发展。自金章宗末年开始，卖牒取费以解国家财政拮据的方法被大肆使用，终于引导金代佛教在陷于泛滥的同时也走上了末路。

就这个时期的法门寺而言，基本保持了平稳的过渡时期，没有遭受大的洗劫和毁坏，亦未有发展壮大之势，从现存的资料来看，有两块碑文倒是值得观赏品评一番。

其一是大安二年（1210年）所刻《谨赋律诗九韵奉赞法门寺真身宝塔》碑，碑文曰：

寺名曾富布金田，塔字来从梵夹传。
可笑异宗闲斗嘴，比乎吾道不同肩。
世人朽骨埋黄壤，惟佛浮图倚碧天。
谷橐山炉煅匆坏，铁锤霜斧击尤坚。
三千界内真无等，十九名中最有缘。
百代王孙争供养，六朝天子递修鲜。
说能倒膝罪随缺，或小低头果渐圆。
三级风檐压鲁地，九盘轮相壮秦川。
经书谈我释迦外，今右烦君说圣贤。

法门寺大铁钟。钟重3600斤，铸造于明代，通身阳文，是一部完整的《金刚经》，其铸造技巧之精美，在今存寺钟中实属罕见，为法门寺法宝。每行佛事法会，寺僧撞响晨钟，声振四方，颇为洪亮，故又称“法门洪钟”。

这首赞歌道尽了对法门寺、真身宝塔和真身舍利的崇敬仰慕之情，叙述了其长盛不衰的悠远历史，以及真身宝塔长倚碧天，百代王孙争相供养，历朝天子加以修葺的历程。正因为如此，才有了依然挺立于古周原的塔庙奇迹，才有了“三级风檐压鲁地，九盘轮相壮秦川”的磅礴气势，才有“碧天若高，宝塔可摩；鲁地若远，风檐可及；秦川若大，轮相可辉”的壮美与辉煌。自五代初李茂贞重修至金大安中期，其间二百六十余年，法门寺以及法门寺真身宝塔还如此气势雄伟，光彩夺目，不能不令人发出由衷的赞叹。遗憾的是，今天的人们再也无缘置身其中，登临其上去感受那种壮阔神奇了，只能从这首赞歌中去追忆、咀嚼个中滋味。

如果说《奉赞法门寺真身宝塔碑》记载的是整个法门寺的盛况，那么同样刻于大安二年（1210年）的《金烛和尚焚身感应之碑》，记叙的则是法门寺僧人最为奇特的一个片断。该碑这样记载道：

岐阳镇重真寺（法门寺）净土院有一僧人法爽，字明道，京兆云阳人，生于皇统九年（1149年），其人秉性耿直，自幼入道，从万善寺僧涓受法，具戒于大定四年（1164年），时年16岁。继而到嵯峨山依师研习三藏，深通义旨。随后游方各地，参拜过五台、天都、嵩少、洛阳龙门等名山大刹，并在龙门之宝应寺或乾元寺主领西堂一年。之后于大定二十一年（1181年）拂袂归来，诣真身宝塔前，身挂千灯[13]，以为供养；后更备香花、幡盖、灯烛、音乐之具，广陈荐献，竭其丹诚；又以香水洗塔拭尘，自上而下，一一周遍。泰和五年（1205年），于塔两侧造二石幢，上刻经咒及观音像等。后读《法华经・药师品》得到启迪，决定行“真法供养”（即烧身炼臂供佛之法）。次年，便于寺外四五里处起筑坛场，欲构宝塔十九座，焚己身以供养。第一次卜定泰和六年九月某日为期，但“值府帅见疑，辄沮其事”，“加以边境未宁，所以遂寝”。第二次再卜定泰和八年三月十八日为期。焚身前十天，先立加持[14]道场，设无遮大会，再次拭尘浴塔，作种种供养，跪拜礼念，六时不辍。

十七日中夜。

“法师往诣坛所，自积余薪，先以布蜡造为巨烛，虚中而实外，师就立烛间，顶布褐僧帽，冠五佛冠。”

火苗渐渐燃起，法爽立于此中神色坦然，首先教诫诸人：“诸恶莫作，众善奉行，自净其心，是诸佛教。”接着，“念辞世颂二首，词甚颖脱”。过一会儿，自取火炬，“从顶三燃，烈焰交至”，法爽合掌礼拜于火光之中。“当是时也，七众之人，作礼围绕，擦肩接踵，不啻数万计，莫不□□动地，以真佛呼之。”

当火焰熄灭，僧徒、众生们“敛灰之际，得舍利焉。其后神光灿烂，屡现于中夜。近地居民，无不见者。虽三尺之童，感而化者，皆知为善”。

事后，众多寺僧、俗众以及远近地方官（包括女真族官员）都参与了名为《感应碑》的刻树工作，碑文曰：

仰止重真（法门），实为名刹。于中何有，神通宝殿。如来灭度，玉骨存焉。人千供养，千百斯年。灵祐所孚，异□间出。宜有勇者，以身供佛。昔在乐王，通达无我。首倡家风，证菩提果。今此爽公，精修苦行。焉知来际，不为贤圣。英明可珍，雅德可贵。文以足言，传之后世。

从碑文记载知道，继宋之后，这时的法门寺尚存二十四院之若干院落，净土院即是其中之一。此院在法爽归于法门寺之后数年间，共换过两位住持，一是因公，二是斌公。“真法供养”多为净土僧人所用，而净土宗的祖师善导大师就是从树上坠身而求往生的。从这次法爽的焚身供养由净土院住持斌公助成和主持这一现象来看，此时法门寺的净土宗信仰是较盛的。而此前法爽在法门寺所作的诸般供养，绝非一人或少数人所能完成，其间必定有众多寺僧、俗众参与，围观作礼者不啻数万。由此看来，法门寺影响面之大，影响层次之多，法门寺与僧、俗的关系亦可见一斑。

## 扑朔迷离的玉镯奇案

宋、金之后，随之崛起的元朝，采取了排佛而推崇喇嘛教的政策，致使汉地佛教进一步走向衰落，法门寺自然也是“每况愈下”。在这股佛教衰颓的大趋势中，朱明王朝终于取元而代之。

由于明太祖朱元璋出身释门，对佛教怀有殊异的感情，便力图重振汉魏以来发展延续的传统佛教。在明代历史中，自洪武朝至武宗朱厚照各帝，护持佛教的政策基本保持未变，而佛教的各宗派中以禅宗最为盛行，其中临济、曹洞居先。净土宗则成为各宗派共同的信仰。此外之华严宗、天台宗，乃至慈恩宗[15]、律宗也有相当的影响或者继兴于微绝。其间自明宣宗之后，各宗复呈衰势，至世宗朝，因皇帝本人学道而排佛，京师寺院大部被毁，佛教衰势进一步加速。至神宗万历年间，佛教稍有回升的气象，除出现一些弘法高僧之外，明代刻印五藏（除藏文《目称》外）之一的《嘉兴藏》[16]，就完成于这个时期。

明代的整个佛教政策，无疑地要影响到法门寺的兴衰沉浮。从寺宇的修葺方面看，宋、金两代均无土木之工，元代更遭冷落，几乎没有留下一丝痕迹。从可查的资料来看，明代隆庆年间（1567-1572年），法门寺真身宝塔（四级木塔）崩毁，后来得以重建，始成现在看到的宝塔模样。明弘治十八年（1505年），有邑人张杰主持重修寺内大乘殿，并于正德二年（1507年）再次重修，其重修详情或因碑佚或因记载不详今已无法得知。据现代研究专家陈景富推断，分别发生于弘治和正德年间的两次重修实为一次，其理由是所谓的两次重修之间只有一年之隔，从修一殿便树碑记其事这一点来看，工程经年未必完工，可能的情况倒是：张杰重修是就工始之年记其事，正德二年重修是就工毕树碑之日而言。这样，自宋立国至明隆庆六百年的历史中，一方面由于佛教的衰势难遏，另一方面由于年久失修，不可避免地要导致法门寺寺域的日益缩小、寺僧的日益减少和经济上的日益困难。因此，最乐观的估计，这时的法门寺继失去了“国寺”的地位之后，至多也只是与府、州所留的寺院相当。尽管如此，法门寺昔日辉煌的余晖，仍未从这里完全消失，发生于明正德四年（1509年）武宗之母张太后前来拜佛降香的故事，即可证实这个推断。张太后前来法门寺降香的故事，又因为其本人和随行的刘瑾智断玉镯奇案，而广为民间百姓所知并编写了戏曲《法门寺》等流传下来。1956年11月10日，毛泽东在中共八大二次会议上说:“要反对封建迷信，打破奴才思想。《法门寺》里那个贾桂，就是奴才性格，站惯了，不敢坐嘛。”戏曲《法门寺》及戏中的贾桂又一时名噪天下，众人皆知。

嫌涉男女相恋，累及五条人命的玉镯奇案，发生在离法门寺不远的眉县金渠乡宁渠村。这宁渠村因著名的宁渠而得名，又以渠分为东、西两村。

命案的起因来自东村有座高大门楼的傅姓人家。这傅家有位公子，名傅朋，字云程。祖上为大明开国功臣，圣上敕封世袭指挥，久住京城。后来明朝廷宦官专权，老指挥怄气废命。其夫人因原郡土地肥沃，风水甜美，带幼子归来，农桑度日，倒觉自在。

傅朋天资聪颖，7岁能诵《阿房宫赋》，年龄稍长，即通晓子、

关中流行的拾玉镯（牛皮，镌刻，山西晋南地区民间藏品）

史、经、集。他不愿承袭先祖指挥一职，立志寒窗苦读，自取功名。母亲见他一心苦读，少问婚事，遂赐玉镯一对，让其日后自择佳偶。

明正德四年初夏，傅朋挽袖赋诗作画。一窗友见他腕戴玉镯，知是定亲之物，便打趣地说："西村孙寡妇的女子，容貌艳丽，天姿国色，女流中西施也，你何不前去一会？"

傅朋听了，微微一笑道："这穷乡僻壤，哪有什么天姿国色？"傅朋嘴里这般说着，心里却有些前去一见的念头。

这天，傅朋因事路过西村，信步来到孙家门口。偏巧，孙寡妇之女孙玉姣在院内开笼喂鸡。不料，几只鸡飞出墙外，孙玉姣出门追赶，与傅朋相遇，两人对视之下，都惊呆了。原来傅朋五六岁时，父亲由任上归里，曾带他到金渠镇给姑母拜寿。姑母一见到侄儿傅朋，满心欢喜，搂在怀中，左亲右吻，不让离开。寿诞过后，一定要留傅朋在她身边多住些日子。这样傅朋便留下来，父亲带着家人回京理事了。

傅朋在姑母家住了月余，免不了到街上找小朋友一起玩耍，就在这群玩耍的孩子中，他认识了姑母邻居佣人孙寡妇之女孙玉姣，并渐渐成为好朋友。

却说这孙玉姣，家住宁渠西村，原来也是殷实人家，只因父亲懦弱无能，不事农桑，天长日久，家道中落，处境日渐贫困。当孙玉姣两岁时，父亲患病身亡，母亲无奈，只得带着女儿到金渠镇东街给人当佣人，直到孙玉姣14岁时，母亲才带着她回到西村，种田养鸡，苦度日月。

冬去春来，转眼孙玉姣已长到十六七岁，并出落得相貌俊美，大有倾国之色。与孙寡妇一向不错的刘媒婆，曾多次提亲，怎奈难有玉姣称心之人。再者，这女子虽有倾国之色，却家境贫寒，门户难当，也就好事难成。

这傅朋、孙玉姣虽曾有一段青梅竹马的生活，但自傅朋离开姑母家回京再归故里，两人难能相遇。此刻一见，童年的往事不觉又展现在各自的眼前，彼此的爱慕之情油然而生。

正当两人久别重逢，又难叙真情之时，傅朋忽见地上雄鸡飞扑，触景生智，忙上前施礼搭话："请问大姐，学生想买一只雄鸡使用，不知大姐可方便否？"

"雄鸡倒有，只是我娘不在，奴家不便做主。"玉姣飞眼流波，含羞带涩，低低答了一句。

傅朋见状，心领神会，语带双关，进而言道："你我今日已非童年，何不自己做主。"

"公子所言极是，但此事总得与母亲商议才好。"

傅朋听罢，点了点头，又冲孙玉姣极动情地送过一个眼神，趁机假意抖衣衫"遗掉"玉镯，依依作别。孙玉姣心领神会，含羞拾镯，满心欢喜。

正当两人私订终身，欲成百年之好时，谁料此情此景被刘媒婆瞧见，并引发了一场五人丧生的大案。

这刘媒婆世居县城内南街，年过半百，老伴早丧，人称刘妈，留下一子名叫刘彪。刘妈平生一大嗜好就是为青年男女牵线联姻。这天，她吃过早饭，来到西村想到孙寡妇家串门，正巧看见了傅朋和孙玉姣定情的景况。刘妈一见，满怀兴奋，想到傅家虽是宦门大户，但只要傅朋有意，此事必成大半。

等傅朋依依不舍，舒袖而去之后，刘妈踏进孙玉姣家中，佯装不知地向孙玉姣提起婚姻之事，并声言愿为他们二人周旋，孙玉姣当然求之不得。刘妈临走时，向孙玉姣讨得一只刚刚做好的绣鞋作为信物，并说："三天后一定送来佳音。"

刘妈回家后，她的儿子刘彪发现了那只绣鞋，并设法偷去藏了起来。这刘彪乃是“手拿钢刀一把，专营六畜宰杀，开肠破肚成日干，鲜血盆里作生涯”的角色，不但生性凶残暴戾，且又贪色好淫。当他从母亲嘴里探知孙玉姣和傅朋的暧昧之情后，那眠花宿柳的习性骤然升起，一个指鞋诈钱的阴谋也随之酝酿成熟。

第二天，刘彪来到东村，找到傅朋指鞋诈钱，因出言不逊，反被家人轰出了村子。刘彪回到家中，不觉怒从心头起，恶向胆边生。一计不成，又生一计，他决定来一次冒充“情人”会“情人”。

当天晚上，刘彪借着漆黑的夜幕，怀揣绣鞋，手提灯挂（类似铁底马灯，用麻辫做提鋬），走出房门。为怕发生意外，他又在门口一个箩筐里，顺手抽出一把杀猪尖刀攥在手里，取小道直奔西村。

正当刘彪急匆匆赶往西村之时，孙寡妇家中早已来了两位客人，这就是孙玉姣的舅父屈环生和舅母贾氏。这屈环生家住槐芽，其妻年过三十尚无生养，屈环生盼子心切，整日求神拜佛，烧香许愿，却懒得照料家业。近日闻听法门寺请来普陀寺一位高僧讲经说法，便偕妻子贾氏顺路到西村邀姐姐同去听经。听经完毕，天色已晚，便留宿姐姐家中，于玉姣房中就寝。

这夜二更天刚过，刘彪便摸到孙寡妇门前。孙寡妇住宅，坐北向南，原是关中标准的四合头院子，因家计贫困，上房早已变卖，只留下东西两座厢房。东厢房一头作厨房，一头孙寡妇自己留作卧室。西厢房是孙玉姣的绣房。刘彪情知屋里只有寡母弱女，轻手推门，门紧关着，便拿出尖刀，往门缝里一插一撬，拨开门栓，单手推门闪身而进。按乡俗常规，西房为下，刘彪推断，孙玉姣必住西房无疑。

刘彪来到西房门口，将灯挂放在门旁台阶上，再撬门入室，轻手轻脚放下尖刀，在怀中摸出绣鞋，心中怀着无限的美意向炕上扑去。当他的手触摸到一张仰躺着的脸时，不禁大惊：“怎么这女子还有胡茬?！”这样想着，绣鞋“啪”的一声落到了炕头上，刘彪顿觉不妙，拔腿欲跑。屈环生此时已被惊醒，朦胧中大呼：“有贼！”随之从炕上跳了起来，对着夜色中刘彪的脸就是一记耳光。贾氏也被惊醒，转身抱住了刘彪的腿，三人扭打成一团。这时，只听“哨啷”

一声，刘彪的脚跟碰到了尖刀把上。胆战心惊的刘彪急欲摆脱，遂起杀人之念。他伸手操起尖刀，恶狠狠地向屈环生刺来，这一刀正中咽喉，屈环生当场毙命。红了眼的刘彪抽刀回身，对着贾氏趁势一抹，头颅当场落地。刘彪见图奸不成，反戕二命，心悸惶惶，脱身出来，不敢迟延，黑暗中就地一摸，不顾灯挂提鋬还是人头长发，牢牢握在手中，慌忙夺门而逃。

刘彪一口气跑进县城，在一家店前停下，当他定神一看，发现不是自家住的街道，猛悟到由于自己慌不择路，进城后一直向前奔走，忘了拐弯。又借着面前店里透出的灯光，突然发现自己手拎的不是铁座灯挂，而是一颗血淋淋的人头，手里攥的不是麻辫提鋬而是女人的长发。惊悸之中，只见面前的店门"吱呀"一声开了，刘彪急忙躲进了店边的黑影里，这时他恍然记起这是城内刘公道的粽子店，小伙计宋兴儿正准备生火煮粽子。刘彪攥着人头，情急生毒计，心想，粽子锅费火，如果将人头扔到锅里，等到煮好粽子，这人头早就煮得模糊不清了，任他天王神仙也难以辨认。他打定主意，趁刘公道和宋兴儿将粽子下到锅里，回店抱柴、取火的时刻，猛地窜到锅边，将人头狠劲往粽子锅里一塞，转身跑回家中，待大气喘定，忙换了血衣，扔到渭河。然后装作若无其事的样子，第二天又夹着屠宰工具，走村串户，干起了他的杀猪宰羊的生意。

刘彪这边已逍遥无事，而刘公道的粽子店却又闹出了人命案。

刘公道见生着了火，他一面点根烟吸着，一面在灶前转悠。约过了半个时辰，小伙计兴儿翻搅粽子时，感到锅里有一硬块，便用棍子一拨，挑到锅边一瞧，吓得全身打了个寒战，失魂落魄地惊叫道："啊，人……人头！"

刘公道听到惊叫，忙奔过来，借着一丝昏暗的灯光，看见了锅中那带着一团黑发的人头，顿时吓得目瞪口呆。过了片刻，刘公道稍稍回过神来，怕被人发现，忙取过一个担笼，盛起人头，飞快提进后院。

刘公道站在后院里，看着担笼里的人头，六神无主，惊恐不已。他想：这粽子锅突然煮出了人头，无疑是天降大祸，若被官府查问，怎好辩白？若按律问罪，自己性命难保。如果将这人头神不知鬼不觉地提离街道，但此事已被兴儿看见，难保他不张扬出去。这兴儿终是一个雇工，外姓之人，而今送他一些好处，倒能一时堵住他的嘴，但无法保他日后不借此事敲诈勒索……刘公道急得如同热锅上的蚂蚁，在地上转来转去，突然一脚踩到柴堆边的一把斧头上。刘公道见斧顿生杀人灭口的歹意，他心一横，操起斧头转回身向锅边的兴儿劈去。

当兴儿倒在血泊中绝气身亡时，刘公道又猛地意识到自己闯下了大祸，慌忙丢掉斧头，将兴儿的尸体和那颗人头一并抛入后院枯井，然后铲去地上血迹。这时，东方已经发白，刘公道给粽子锅里另换了新水，重架柴火，魂不守舍地坐在锅台前想着心事：这颗人头到底是谁扔进锅里的？悔不该自己贪财好利半夜叫起兴儿开门煮粽子，结果粽子未煮成，先捞出一颗来历不明的人头；悔不该见人头藏匿不禀，以后官府寻得蛛丝马迹前来追问，自己难免身受牵连；更悔不该一时糊涂劈死兴儿，若他爹向我要人，该拿何言答对？官府一旦查出真情，少不了杀身偿命……想到这里，他觉得头脑发胀，脊背发凉，坐不稳，立不安，在前院后院转悠起来。忽然，一个念头浮现在面前：此事只有自己跟兴儿知道，如今兴儿已死，若自己守口如瓶，别人怎会知道？但又转念一想，假如兴儿的爹告到官府，难免进店搜查，一旦露出破绽又如何是好？刘公道想着，心里越发焦躁不安，在苦无良策之中心一横，干脆来个恶人先告状，反告他兴儿盗物逃走，县太爷若派快头捕拿兴儿，又怎捕得？到那时只能听从原告的一面之词，此案便会不了了之。想到此处，刘公道心情通畅了许多。

五月十四日清晨。“算黄算割”的黄鹂鸟在树梢上婉转啼鸣。

一阵紧似一阵的堂鼓声传来。“有人喊冤！”眉县县衙的三班衙役闻鼓声奔向大堂，列班侍候。

知县赵廉提袍端衣升堂：“唤击鼓人上堂回话。”

原来是当地乡约[17]、地方村民禀报，说西村出了杀人命案。

一声“命案”二字，两榜进士、颇以才华自居的县太爷赵廉心中着急，当即顾不上吃饭便率三班衙役、刑房、书吏、捕快等，前往命案现场。由于他向以除恶扬善、治理一地、造福一方著称，早已赢得百姓爱戴和上级赏赞，这次也不例外，接案便雷厉风行，直扑现场要查断他个水落石出。

转眼来到西村，此时孙玉姣家中早已围满了同情、看热闹的人群。衙役拨开人群，开出一条道，让知县下轿坐定。经验尸方知男女两具尸体，颈项均系锐利刀器所伤，且男尸有头，女尸无头。还有大门被尖刀撬过，初判断为凶手撬门入室作案。

知县赵廉离开座椅亲勘前后院落及杀人现场，发现房门外灯挂一个，室内绣鞋一只。急忙传来孙家母女，点名问姓，追问现场物件“灯挂”，孙寡妇哪见过如此世面，早吓得身体筛糠，低头入怀，随口回知县老爷：“灯挂系自家常用之物。”又问“绣鞋”，孙玉姣回道：“是小女新做。”

赵廉命孙玉姣抬起头来。孙玉姣抬头，知县见这孙玉姣确是美貌、靓丽，面若施粉，双眸传神，于是心中顿时豁然一亮，便猜度出八九分来。当孙玉姣提衣下跪时，又见其腕带玉镯半对，更加坚定了知县的判断：此案必系奸情所致。

知县随即喝退众人，将孙寡妇与孙玉姣分开审问。问起玉镯，玉姣说是“自家之物”，但孙寡妇却说“家无此物”。知县自以为判断无误，就严刑拷问。

玉姣眼睁睁见舅父妗母均遭毒手，又见知县威逼，索性什么也不顾了，将自己拾玉镯的经过，从头至尾详述了一遍。这无异于为知县“必系奸情所致”的判断做了证明，她被喝令带回县衙收监。

而另一边傅朋却平白里灾祸来临。这天，他正在看书吟诗，被冲进的衙役不问青红皂白，铁链锁身带到公堂。

傅朋据理争辩，被知县视为抵赖。知县拿出玉镯，傅朋随口承认。知县马上喝道：“你与孙玉姣苟且偷情，已有物证。还不招来！”

严刑下，傅朋将赠镯之事，从实详说了一遍，且辩解道：“母亲给我留下玉镯一对，命我自择佳偶，我与孙玉姣，情投意合，虽私赠与镯，也称不上盗柳偷花，望大人明鉴。”

知县听罢辩白，冷笑一声：“好个情投意合，自择佳偶。本县且问你，可有父母之命，媒妁之言？既然是情投意合，就该明媒正娶，为何深夜入室行凶？还不从实招来！”

傅朋听罢已乱了方寸，直冒冷汗，更不知从何说起。

“你既无父母之命，又无媒妁之言，自投玉镯，她会意而拾，双双欲自相幽会，怨女旷夫起淫奸，其情昭然，你还有何抵赖？自相幽会，难道不是偷花盗柳？你与她幽会不成，反见与另一男人相眠，妒火中烧，将人杀死，还有何言？”知县自以为判断不差，频频对傅朋逼问。傅朋轻蔑地摇了摇头，长叹一声，侧脸不再理会知县。

知县气极，声嘶力竭地大喊：“大刑侍候！”

可怜傅朋一介书生，受刑不过，昏死过去，又被用凉水泼醒。反复多次，已熬忍不下来，就只好编口供以免皮肉之苦。

画过押，知县好不得意，又紧紧追问女尸之头的下落。傅朋没想到知县如此狠毒，自己怎能知道女尸之头的去向。只好在大刑的逼讯下，再次编造口供混过堂审，便说：“女尸头已扔入渭水河中。”

自此，傅朋被打入死牢。

再说刘公道。他恶人先告状，到县衙“喊冤”，毫无反应。一打听，原来西村昨晚出了人命案，知县大人验尸去了，县衙门紧闭，空无一人。只好等到中午，知县一干人方回，他已得知孙寡妇的弟弟、弟媳被傅朋杀了，男尸有头，女尸无头，这才恍然大悟，藏在粽子锅里的人头想必是孙寡妇弟媳的头颅。想这傅朋宦门子弟，文弱书生，断不会杀人，况且他与我平日无冤，近日无仇，杀了人又为何绕了这么大一个圈子，将人头藏在我的粽子锅里？

刘公道越想越糊涂，一种恐惧感袭上心头，眼前一黑，坐在地上。他不想告状了。但又一转念：我杀了兴儿如何了结？兴儿爹向我要人可咋办？人命攸关，还是先保住自己再说，他想到此，支起身子，又走进县衙。

此时，知县赵廉在后堂也陷入沉思之中。他想，既然傅朋与孙玉姣自相幽会，为什么要带刀？难道……

正思忖间，一声禀告打断了他。刘公道大堂喊冤。

衙役递上状子，知县展开一看，“小伙计宋兴儿昨晚盗物逃走”一语，引起了他的注意，孙家刀伤二命的案子不由与此联系在了一起。知县又作出主观推断：必定是宋兴儿放羊途中，见到孙玉姣美丽可人，淫心萌动，于昨晚到西村调戏。不料，孙玉姣绣房夜寝孙之舅父妗母，谋奸不成，又怕奸情败露，遂将人杀死。杀人欲逃，又无银两盘费，因而回店盗物逃去。想到此，知县赵廉击股断言：“定是兴儿这个奴才将人杀死。”他立即掷出一枚火签发令：“传宋国士一家到案！”

衙役奉命疾驰而去。

这被传的宋国士，是眉县一位颇有名望的生员，家住眉县县城南门外宋家园子，由于贫穷，无力赶考，于县城内书院学堂教书，不幸中年丧偶，留下一男一女。男的名兴儿，女的名巧姣。几年前葬妻，借下刘公道一笔账债，收入微薄无力偿还，刘公道三番五次催要，且当众辱他，逼得无可奈何时，只好将儿子兴儿佣工抵债，只有女儿巧姣带在身边。巧姣年方二八，长得端庄凝重，粉红笑脸，水灵大眼，身体婀娜多姿，举止大方，天资聪颖，秉性刚直。她自小随父读书习文，能诗善赋，通古达今，遇事机智果断。

这一日，宋国士父女莫名其妙地被衙役传唤，上了公堂。知县赵廉开门见山便提起刘家被盗之事，要宋国士交出盗物逃犯宋兴儿。

陕西关中一带流行的皮影戏中的宋巧姣

宋国士只知兴儿自去刘家当佣工，已数日未归，他哪里会想到孩子盗人家物什逃走，一时间慌了神志，张口结舌，无言交待。

知县见宋国士神态，再次以为自己推断不误，便直接威胁道：“宋国士，你身为生员，知书达理，如何教育出这等奴才，深夜去西村谋奸孙玉姣，谋奸不成，反杀死孙之舅父妗母，又回店盗物逃走。现人藏于何处，还不从实交出？”

年幼却机智干练的宋巧姣立于父亲一旁，她见县官如此武断，忍无可忍，柳眉倒竖，杏眼圆睁，据理力辩：“我兄长忠厚老实，憨直为人，给刘家当佣工，昼夜辛苦，怎么可能深夜去西村杀人？既然杀人，逃走还来不及，又怎能回到刘家再行盗物？盗走刘家什么物件？说他杀人有何凭证？谋奸孙玉姣不成，何不传来孙玉姣当堂对质？”

一连串辩问，使知县张口结舌，暗想：此小女子如此厉害，且孙玉姣并未供出宋兴儿淫戏于她，若唤其上堂对质，她反不认，我怎好收场？想到这里，知县强打精神，一拍惊堂木：“将宋巧姣暂且收监，宋国士交出纹银十两，补赔刘公道失物，以赎宋巧姣回家。若藏匿宋兴儿不报，与其同罪。”

宋巧姣入狱，却不同于监禁。衙役们并没给她戴刑具，也没有严禁她的行动自由。一进女监，禁婆另眼待她，要她监护孙玉姣外，还让她帮着干诸如做饭、给犯人送饭等杂活。实际上，她男监女监进出随便。

皮开肉绽的傅朋即关在男监。这天晚上，傅朋痛苦难忍，决定自杀，他长歌叹息道：“人生苦短，坎坷何多，举酒望月，一醉泪落。千里风尘，海阔天空，堪叹此生，断送囚牢。”言毕，就要自杀，却不想窗外飘进一女子清婉的吟哦：“劝君莫惜太白酒，人生自当对酒歌。轻生非丈夫，壮志空自多，若将热血寄冤情，错！错！错！”

傅朋听言，恍若在梦中，他放下轻生之念，回头搜寻吟诗女子。原来，宋巧姣的女牢与男牢相连，这晚她独自一人想着兄长兴儿被牵扯进孙家命案之中，难以入眠。夜深人静，隔窗听出男牢有人长吁短叹，吟哦道：“天杀我傅朋，今夜与世别。”她立即对吟，阻其自杀。她明白了孙家命案牵连在内的傅家公子就在自己的隔壁，遂于第二天找送饭的机会与傅朋联络。

陕西民间刺绣拾玉镯

傅朋向宋巧姣诉说了自己的冤情，他们共同分析出刘彪才是真正的命案凶手。宋巧姣说出越衙告状的想法，傅朋全力支持，托人转告家母，取银交给宋巧姣的父亲宋国士，将巧姣赎出监狱。

宋巧姣立誓越衙上告，伸屈鸣冤。

是年为明武宗正德二年，法门寺重修宝塔及殿阁、彩塑菩萨四十六座、功德龙王像八座、铸铜香炉八个，二十四院面貌一新。

武宗之母张太后随带太监刘瑾慕名驾临古刹，前来拜佛降香。耀眼的车辇仪仗浩浩荡荡往法门寺而来，一路上，各处官员列队带庶民百姓焚告跪拜，诵经念佛之声传遍千里。

张太后銮驾落抵法门寺，香汤沐浴，拜佛进香的仪式完毕。第二天早晨，用完斋，正由太监刘瑾陪伴，于大佛殿静坐养神。

突然，山门外一阵喧嚷。刘瑾问："外边何事喧哗？"侍立太监道："有一民女喊冤。""拉下去做了！"只见忽地窜出几十名锦衣卫来，就要对喊冤女子动手。张太后听到要杀人，便闭目喊道："大佛殿前岂可动刀流血！"

刘瑾又忙传话："不可杀人！"

也该喊冤女子命大，造化高。本此张太后降香欲行善事，由于久居皇宫很少与平民百姓有接触，今日遇此事，正撩起她闲情逸致，便想听听这乡野女子有什么冤情，即令刘瑾将告状女子唤进大佛殿。

面对道路两旁戒备森严、如狼似虎的杀气，宋巧姣毫无惧色，冲向大殿。

老太后眯缝着双眼，远远见一衣衫褴褛、披头散发的女子向大佛殿扑来，心中不禁赞叹起她的胆量来，并欣喜不已。

年少的宋巧姣双膝跪在大佛殿前的一块拜佛石上，头顶状子，低头遮颜，听候张太后公断。

侍立太监读完状子，太监刘瑾传出太后旨意："小女子，上面坐的是太后老佛爷，你有甚冤，如实讲来，不许有一字欺哄相瞒！"

"谢过太后恩准。"说话间，宋巧姣已泪流满面。她开始大声申诉：

"小女子乃眉县儒学生员之女，只因家贫，民女兄长兴儿与刘公道作佣工抵债。东村世袭指挥傅朋去西村游玩，路过孙寡妇门前，遗却玉镯一只，被孙玉姣拾去。时有刘媒婆从旁窥见，到孙家诓来玉姣绣鞋一只，又被其子刘彪偷去，拿到东村诓诈傅朋银两未遂。是晚，孙玉姣绣房一刀连伤二命，房中却遗下刘媒婆诓去孙玉姣那只绣鞋，县太爷既不详察，也不究问刘家母子，反把一个世袭指挥断为因奸杀人，屈打成招，押进监中。适逢刘公道又告民女之兄兴儿，是晚盗物逃走。县太爷不审虚实，信以为真。又因两事同在一晚，县太爷诬断兴儿杀人盗物逃走，强断民父补赔银两，立逼爹爹

法门寺殿前宋巧姣跪拜石

法门寺大殿前巨石，传为宋巧姣跪石留下的两个清晰膝印。

交出兴儿。兴儿至今生不见人，死不见尸。闻太后、太尉兴平下马，法门寺降香，民女冒死台前，伏乞明断，惶惶上告。”

巧姣之言，字字珠玑，句句冤情，膝下的拜佛石也心慈面软，陷下几分，留下她两窝膝印。这块石头，今名“巧姣跪石”，至今仍在法门寺大佛殿前完好静卧。

张太后听了巧姣的申诉，大为惊怒，即刻命太尉刘瑾审清此案，为民昭雪。

恰巧，知县赵廉迎接太后尚未回去。刘瑾唤来知县一问，确如宋巧姣所诉，便没好气地一把将诉状甩向知县的脸上：“杀人者分明刘彪无疑，这份状子写得很是清晰有理，拿去细细读看！”

知县赵廉颤抖着看完诉状，仍然执迷不悟，半信半疑，他不愿否定自己在此之前作出的判断。然而，太尉刘瑾喊道：“限你三日内将凶犯刘彪审明带到，不然，提你狗头来见！”

知县赵廉吓破了胆，急忙飞驰回到眉县，速传来刘彪问讯。

刘彪自知法网恢恢，抵赖只能带来皮肉之苦，遂将以绣鞋讹诈傅朋及黑夜杀人之事如实招供。知县听罢接着断喝：“女尸之头哪里去了？”刘彪脸上冷汗直冒：“丢到刘公道煮粽子的锅里了。”捕快转眼押来刘公道，一问，刘公道答：“丢在后院枯井内。”知县带一班人马火速赶到刘公道家后院枯井边，打捞人头。不料，又捞出一具尸体，刘公道见无法隐藏，如实交待了斧劈兴儿、杀人灭口、枉状告人之一一情节。这赵知县方如梦初醒，他悔恨交加，直骂自己矫枉过正、主观臆断，致使杀人凶犯漏网，无辜者蒙冤，若不是宋巧姣冒死上告，自己已成千古罪人无疑。想到此，他无地自容，不觉对宋巧姣这个乡间女子的侠义肝胆肃然起敬。

冤明案清，善恶终有了结局，一切自是一片新天地。眉县知县，主观武断，按照明法，绝难再为民之父母。然而，张太后和太监刘瑾此次法门寺事佛之行，乃在与人为善，多行善事，他们决定对赵廉法外开恩，“姑念他尚能知过悔改，在限期内查明案情，不予追究，仍作皇家命官”。

## 关于玉镯奇案的再调查

我们第二次去法门寺采访时，沉浸在浩繁的历史与沧桑的传奇中，宋巧姣告状的跪卧石使我们的身心为之一振，就决定对这一离奇的传说追根刨底一番。

在写完了宋巧姣告状的故事后，意犹未尽，我们遂萌发了对这个“玉镯奇案”的再调查。诸如传说与史料有没有距离、史实及其人物今天是否还留有让我们怀念的东西等等，带着这一系列的问题，我们来到了与扶风法门寺紧邻的县——眉县（古称郿县），走进了当地的文史资料编写组。

在这里，经过整整一日的访问，问题基本上都找到了答案。

宋巧姣告状一案，根据文史资料编写组掌握的史料证实，事件基本属实，传说中的人物姓氏确凿，此案发生在明朝武宗（厚照）正德初年，发案在眉县，结案在法门寺，距今约四百八十多年。

事件中的主要人物，至今在眉县和北京等地都留有后代。

关于宋巧姣的诉状，据民国时期的眉县教育科长董铎、军事科科员王辉、田粮科科长李凌霄作证说，他们见过“宋巧姣告状”的状子，在新中国成立前后，眉县还保存着“宋巧姣告状”的状子。新中国成立初，眉县第一位县长黑长荣回忆说：“1949年夏天，我到眉县后，听说有宋巧姣告状的状子，出于好奇心，我让秘书拿来简单看了看。但由于战局未定，工作繁忙，未作妥善处理。记得状子是用毛笔正楷字写在麻纸上，整整齐齐，厚厚的一本子，夹在卷宗套子中间，纸边都发黄了，中间还没变色。”

关于县令赵廉，明代志书六十二名知县中没有赵廉的名字。但据明万历二十九年（1601年）刘九经编纂的《郿县志》记载：“李镃，祥符人（今河南浚县），正德四年以举人任郿县知县（至正德七年），明勤慎，一钱不私，士民颂其廉洁，上官称为冰药，故志相传。”所谓“冰药”，系用以形容李镃做官廉洁，如冰之清净，如药之有益于人民。

根据李镃在眉县任职的时间及政绩看，“赵廉”的原型人物似是李镃。传说此剧作者可能觉得这位县官做官“廉洁”，只判过一桩错案，是难能可贵的，遂取其“廉”为名，附以赵姓，隐去其名，便于艺术创造，使其形象更加逼真。这样的观点我们认为是可取的。

而这个故事中的其他人物，据查证，被眉县知县错判蒙冤的宋、傅、孙三姓，当宋巧姣告御状于法门寺而复审昭雪后，这三姓人均感恩戴德，随张太后和太尉刘瑾进京。孙家姑娘嫁傅公子为妻，宋、傅两家都得以擢官，成了权倾一时的刘瑾的亲信。后来刘瑾谋篡皇位，被其同党“八虎”之一的张永出卖告密，凌迟处死遇诛，宋、傅两家受到株连，一部分人被谪职，一部分逃回家乡眉县。

宋国士，原住眉县县城南街，明中叶以后迁到县城南宋家园子，现在的位置属城关镇东关村第一居民组。他是明正德初年一位饱学生员，因家贫无力赶考，在城内书院教书，有长男幼女，靠教书、做工度日。巧姣告状胜诉，随刘瑾进京做官，后受株连，部分家人留京，部分家人仍回眉县。明末，宋家住北京郊区操场巷的后代，又在京地做官。崇祯十七年（1644年），宋氏后代中有人奉命出京追缉逃犯，时值李自成义军进京，明朝灭亡，无法回京，这些人也落居眉县。眉县城南宋家园子，现有宋氏亲族11户60人。

傅朋其人，家住眉县金渠镇北约二公里的傅家院，即现在的金渠乡宁渠村第一居民组。傅朋的祖先于明朝初年征北虏有功，官居要职，后代封为世袭指挥，主管巡查、缉捕。到傅家第四代傅朋之父时，因刘瑾在朝专权，傅朋之父看不惯刘瑾的作为，可又拿刘瑾

米脂县李自成行宫

无法，怄气之下身亡，傅朋母子离京回到眉县居住。法门寺结案明冤后，傅朋被刘瑾赏识，带入京都升迁，后受株连遭斩，京都家眷部分人又回到了眉县傅家院。

孙玉姣其人，家住眉县金渠乡黄家坡村，与傅家院东西相隔不到三华里；相传古代人们把傅家院称东村，黄家坡称西村。现在眉县境内查无孙氏后代。

至于刘媒婆、刘彪、刘公道等人，查无下落。因为县城内小南街刘家和县城西街大槐树底下的刘家均否认他们有此前辈，以“事老人新不知情”相推托。此三人是同族还是同姓异族，其姓名为原貌还是虚构，尚待进一步考证。

当这一切都摆在世人面前时，一个啼血如诉、山环雾绕的历史公案，谜底便不揭自明。

## 战火过后硝烟散

扯旗造反的李自成像

大明王朝的历史车轮继续向前推碾。

法门寺，那钻天入云的雄塔，在层层雾霭中时隐时现。

崇祯八年（1635年）八月九日，高迎祥、李自成农民起义军先头部队兵临扶风县城，很快将这座西府重镇围了个水泄不通。法门寺再度面临战火的袭扰。

当此之时，正值饥民蔽野、蟊贼成精，关中大地上流寇横行，打家劫舍随处可见，百姓苦不堪言，稼穑荒芜。这天，高迎祥领兵进驻法门寺，四方百姓多闻讯弃家逃跑。高迎祥驻兵妥当之后，自己独自一人到街上察访民情，只见家家户户空无一人，他心里甚为不安，便立即命令兵卒，严守纪律，爱护百姓，并亲自到法门寺各大街口找寻过路之人，用以安抚百姓，申明大义。

在法门寺街上，过街楼附近，住着一户姓汪的穷苦人家，由于饥荒，这家人仅剩一位卧床不起的老母，还有一对哥俩。哥俩一个15岁，一个17岁，母子三人相依为命。哥哥汪守仁，为人老实本分，每日只是田间劳作，眼下禾稻已旱枯，再劳作也无补于事，只好回到家里整日愁眉不展；弟弟汪守义，倒长得虎虎生气，好似天旱无粮于他没多大影响。他们倾尽家产求医问药，多无效果。后来听说法门寺来了一位郎中先生，便请来为母亲诊脉配药，那老郎中三指把脉之后，说："老人家得的是一种出水病，火候就在今日，若水出来，老人家就会病愈，若水出不来，则会身亡。"

真是草从细处折。就在这天，高迎祥领兵进入法门寺，大街上人大多逃走，只有这兄弟两人在家侍奉老母。约莫半日光景，兄弟俩闻听街上没有了什么响动，哥哥汪守仁便对弟弟说："这队伍可能已去远了，你在家照看母亲，哥哥出去弄些吃的回来。"说罢他便出了门，但没走多远，就被哨兵发现并抓住，这哨兵正为抓不到人而着急呢，心想，该邀功请赏了，一把将汪守仁抓住，就要举刀开杀戒。汪守仁未料到找吃的食物竟碰上个瘟神，他吓得直哭。弟弟在家里听见哥哥哭，就跑出来看个究竟，见此，便上前向哨兵求告："老哥，你杀了我吧！他是我哥哥，因我家里还有卧病不起的老母，你留下他，杀了我，好让我哥哥活着侍候老母。"

汪守仁说："不，弟弟比我孝顺，就杀了我，留下我的弟弟。"这哨兵好不惊奇，心想，天下哪有这等事，争着去死。于是，举刀将兄弟俩全杀掉了。

却说两兄弟的母亲，因出水病发作，高烧过度，一直处在昏迷之中，无人照料，不久气绝身亡。

哨兵杀了两兄弟，立即赶到高迎祥处，禀报自己的功劳。本想请功，孰料高迎祥勃然大怒，骂道："嘿，我是来关中访贤的，你却乱杀人，把我的贤人杀了！"当下便命士兵将这个哨兵捆起来，他则亲自到街道上寻访百姓。在法门寺街北门口，碰到一个正在逃跑的老头，高迎祥上前拦住老人道：“老伯，不要怕，我叫高迎祥，是队伍的首领，刚才我的部下杀了两个百姓，我甚为痛心，这都怪我管教不严，请您将街上的人都叫回来，我向大家讲几句话。”老人一听，方知是高闯王的队伍，早闻知这支队伍与众不同，他站到城门楼上喊：“喂，都回来，这是支好队伍，不拿咱的东西。”听到老人呼喊，人们三三两两回来了，向前靠近。傍晚时分，乡亲们都回来了，高迎祥登高见天色不早，就说：“请乡亲们先回家，明天早上来这儿集中，大家不要怕。”

这一夜，高迎祥失眠了，面对部下急功近利，私杀无辜以冒充敌人数字请赏，他备感痛心，难以向关中父老交待。为重新赢得广大百姓的心，高迎祥决定将进驻法门寺街的一营军卒全部就地斩首，向汪氏兄弟抵命，以悔罪责。

第二天清晨，高迎祥命人早将一营军卒列队集合在法门寺山门前，那名杀人的哨兵被五花大绑，押在最前边。待百姓们聚拢而来，高迎祥双手抱十作揖，然后凄婉地说：“我高迎祥起兵榆林，是曾做过土匪，可现在我的队伍早已成了咱老百姓的军队，除暴安良，杀富济贫。不想我的这名部下杀死了咱们街上的两兄弟，邀功诓赏，实为罪责难赦。为表诚心，我决定为死去的汪家兄弟树碑立牌，以示纪念。同时，我愿以我这一营士兵向汪家兄弟偿命。”言毕，他挥笔写下“兄弟争死处”的五字牌匾，命人将匾悬挂于法门寺街道的过街楼上。

紧接着，便要下令处死自己的一营兵卒。此时，法门寺街上男女老少早已被他的仗义豪侠的气质所动，哗啦跪倒一大片，为一营军卒求情。有年长者言道：“人死难以复生，汪家兄弟既已身死，将军的胸襟想必早感动了他们的魂魄，若要处置，将杀人者一人处死即可，千万不要杀了全营兵士。”高迎祥热泪盈眶，他扶起老者，痛心疾首地说：“大家请起，我主意既定，决难再改。”当下命令手下偏将执行命令。

瞬间，百姓们慌了手脚，大家一齐往前拥挤，抱住众杀手的手，泣泪飞溅。法门寺山门前，顿时哭声一片。

无奈中高迎祥亲自动手。他拔剑在手，飞起一个旋风圈，早将一营兵士头颅掠于地上……时值深秋，天渐渐凉了，但一营士卒的血腥，却在空气中浸漫。

事后，百姓们自发组织，挖就一个大土坑，将军卒们的尸体掩埋。

记录顺治十一年地震的鎏金铜牌

住在法门寺附近的几位百岁老人，至今仍可清晰地忆起高迎祥所立的“兄弟争死处”的牌匾，说其一直高悬在法门寺街的过街楼上，“文革”时，这道牌匾才被毁坏，那湮埋一营兵士的大墓冢，也一直保存至“文革”前。

法门寺一如我们的悲苦多难的民族一样，经历了明末的战火，终于走向了另一个时代——大清三百年。

公元1653年，即清世祖爱新觉罗·福临顺治十年，扶风人党国柱重建法门寺钟鼓楼、大雄宝殿和卧佛殿。

公元1654年，清顺治十一年六月初九，大地震，法门寺塔身受震向西南倾斜。

公元1769年，清乾隆三十四年，全国政治经济文化中心早已东移数百年之后，法门寺少了战乱的滋扰，政府与百姓齐心，将法门寺塔地震残损部分修复。但是，沉溺于下江南秦淮弄月的乾隆皇帝，却不可能将国民的心境引向西北，张扬事佛的辉煌。

终于在公元1862年，清末同治元年正月，回民在西北卷起千群白帽起义，法门寺被攻占，并毁于大火。

时间继续推移。到了民国初年，甚至出现了军阀觊觎法门寺珍宝的事件。据我们查考，军阀樊老二、刘富田、张白英等，都曾在法门寺屯驻兵卒。樊老二等早已对传说中的法门寺珍宝垂涎三尺，他曾在此用帆布围住宝塔塔基，并派岗哨将周围一公里之内戒严，如同盗掘清东陵[18]的大盗孙殿英[19]一般，在宝塔周围肆意滥挖，

澄观法师在新修的法门寺宝塔顶上

但一连数日，终无所获，这才悻悻而去。

就如同一位年迈沧桑的老人，法门寺在民国时期，步履维艰地踽踽独行。在坎坷的长路上，他遇到了这样一位好心人的搀扶，此人叫朱子桥。朱子桥呕心沥血，竭尽才智，使即将倾覆、已有裂缝的宝塔得以修复。

1948年，中国共产党西北野战军司令员彭德怀亲自指挥“扶眉战役”，人民解放军的“八一”军旗胜利掠经佛门圣地，至此，如一个民族沉重的历史一样的法门寺，开始了一个历史新纪元。

我们手头的一份材料这样如大事年表般写道——

1956年8月6日，陕西省人民政府宣布法门寺为省级重点文物保护单位。

1964年5月，中共中央候补书记杨尚昆来法门寺参观。

50年代，法门寺仍有地五六十亩，土改时按政策分得寺外土地六亩。

1953年，终南山南五台佛寺僧人良卿法师携澄观、慧明、常慧三位法师来法门寺。良卿法师为新中国成立后法门寺第一位住持。

自此，法门寺迎来了它的新生。

## 注　释

①储闱：太子居住的宫闱，即东宫，故又可用以称太子。

②玉谍：应作“玉牒”，古代帝王宗属世系的谱牒，采用编年体形式，凡政令赏

罚、封域户口、丰凶祥瑞等一代大事，都加以记载。

③十九叶：唐自高祖建国，历太宗、高宗、中宗、睿宗、玄宗、肃宗、代宗、德宗、顺宗、宪宗、穆宗、敬宗、文宗、武宗、宣宗、懿宗、僖宗，至昭宗时已有十九世，故名。

④搀抢：亦作搀枪，彗星的别名。隐喻有除旧更新之义。

⑤贝叶：贝多罗树（一种阔叶棕榈树）之叶片的简称，后泛指一切佛教经典。古印度人不谙造纸之法，其流通佛经的方式，系将经文刻写在贝叶上。

⑥梵筴：又称梵夹、梵箧、经夹，即贝叶经。其制作步骤可分为采叶（当贝叶呈浅棕色时，从叶柄割取，并去掉粗梗）、蒸煮晒干（使质地柔韧，不易断裂）、磨光、裁割（按一定规格裁成条状）、烫孔（在叶侧烫一至二孔，以备装订之用）、刻写（以铁笔为工具）、上色（以灯烟调肉桂油，或说以木炭调松香油，涂在叶片上，使凹刻的字迹显出黑色，油渍并可防潮防蛀）、装订（封面、封底常用优质木板或象牙板，两边打孔，然后以绳贯穿捆扎）。以上过程执行完毕，即可归类及收藏。

⑦此数字系根据欧阳修《新五代史・周世宗本纪》，但薛居正《旧五代史・周世宗本纪》作30 336所，两者记载有异且差距甚大。

⑧雕版印刷：在版料上雕刻图文进行印刷的技术。创始于公元7世纪间的中国，曾经历了印章、墨拓石碑、雕版，再到活字版的几个发展阶段。早期雕版印刷活动主要在民间进行，多用于印制佛像、经咒、发愿文、历书等。其底版一般选用纹质细密坚实的木材（如枣木、梨木），制版和印刷的程序是先把字写在薄而透明的棉纸上，字面朝下贴于木板，用刻刀按字形把字刻出，然后在雕版加墨，再覆盖纸张于版面，用刷子轻匀揩拭，揭下来，文字即转印于纸上，并成为正字。

⑨檀那：佛教称谓，指佛门中人对布施者的称呼，即俗称的“施主”。

⑩碌碡：亦称磟碡、碌碡。整地碾谷脱粒的农具，用石磙及枢架构成，以牛马或人力牵引。

⑪ 宋徽宗《赞真身舍利》：“大圣释迦文，□□等一尘。有求皆赴感，无刹不分身。玉莹千轮在，金刚百炼新。我今恭敬礼，普愿济群伦。”

⑫ 据《扶风县志》卷十一记载，《圆相观音菩萨瑞像颂》为杨杰秘本，熙州慧日禅院僧彦泯作颂，宋政和八年（公元1118年）立碑，其颂词曰：“妙觉慈悲主，身云莹碧霞。光轮停夜月，璎珞缀千花。无畏全心普，分形应类差。圆通斯第一，名号遍恒沙。处处传消息，头头感叹嗟。和风飞语燕，斜日噪寒鸦。昂首清尘眼，称名断苦芽。谛观圆满相，砧杵落谁家。”

⑬ 即俗称的“燃肉身灯”。指和尚裸体，以铁钩遍钩全身肌肉，每一钩悬挂一盏小灯，贮满油脂，用火点燃。

⑭ 加持：佛教用语。梵文原意为站立、住处等。一般指以佛力佑护众生。

⑮ 慈恩宗：即法相宗，因创始人之一的窥基住长安慈恩寺而得名。

⑯《嘉兴藏》：明末清初刻造的私版藏经。创刻于明神宗万历十七年（公元1589年），清圣祖康熙十五年（公元1676年）完成，由僧人真可、德清、密藏等主持，先在五台山，后移至径山（在今浙江余杭）雕版，最后将经版集中在浙江嘉兴楞严寺印

刷。全藏分“正藏”、“续藏”、“又续藏”三部分，共收佛典2141部。

⑰ 乡约：明清时乡中小吏，由知县任命，负责传达政令、调解纠纷。

⑱ 清东陵：清初选定今河北遵化县马兰峪为陵址（东陵），葬入顺治、康熙，雍正八年（公元1730年）又选定今河北易县永宁山太平峪为陵址（西陵），从此清帝陵寝有东、西之分。东陵包括十五座陵寝，即孝陵（顺治）、景陵（康熙）、裕陵（乾隆）、定陵（咸丰）、慧陵（同治）等五座帝陵，余为后妃公主陵寝。东陵始建于顺治十八年（公元1661年），依昌瑞山南麓修建，以孝陵为中心，其他各陵分列左右。其中以慈禧太后的普陀峪定东陵建筑最为考究。

⑲ 孙殿英：字魁元，河南永城人，1889-1947年。早年寄身绿林，后改投军旅，外号“孙老殿”。1928年以军事演习为名，曾掘开清东陵，将乾隆、慈禧墓中的珠宝洗劫一空。

# 第十一章
# 佛骨面世

文物转移，考古人员重新调整。物帐所指佛骨舍利安在？七色佛光夜现，天象异兆中，回想过去许多荒唐事。大惑不解的巧合，佛诞日首枚佛指舍利面世。轻揭棺塔，相继又出现三枚，传闻中的“一身三影”终于重见天日……

## 佛指舍利安在

当1987年4月28日深夜，韩金科在探照灯下，将匿藏于地宫西北角的一个神秘的龛笼挖出之后，地宫的贵重文物基本清理完毕。第二天，在韩伟的指挥下，王占奎、白金锁、党林生等人将笨重的灵帐须弥座吊出地宫。从灵帐内题刻得知，灵帐为武则天时代著名的唐代高僧法藏所造，原是盛唐文物。须弥座下的禅床为南北两部分组成，南半部分成4块，北半部为3块，从下午开始，禅床南北两部分全部吊出中室，禅床底部的铜币也一一清理出来。当这一切相

隐匿于地宫后室角落中的舍利宝匣

继完成后，考古队员又对中室地面进行了钻探，并由此得知地宫铺石下面为夯土，夯土30厘米以下便是生土，这个现象说明，中室地下再无文物埋藏。

至此，为期两个多月的法门寺地宫田野清理工程宣告结束。考古人员从此转入了室内清理阶段。差不多在这前后，在韩金科的具体组织和指挥下，地宫出土的文物已陆续转移到扶风县博物馆（原文庙）大殿及两厢内，以供室内清理之急需。

1987年5月2日，考古人员在经过短短几天的休整之后，又开始了新的工作。为使室内清理工作顺利进行，考古人员进行了重新调整和分工。总负责为李宏桢、石兴邦；现场业务总负责韩伟；行政总负责张廷皓；总协调韩金科。另外，划分了五个专业小组：

法门寺塔基与地宫清理后形状

金银器组

组　长：韩伟（兼）

记　录：曹纬

总　账：傅升岐

称　量：赵赋康

建　卡：白金锁

出入库：王仓西　吕增福

丝绸、杂器组

组　长：罗西章

记　录：王占奎

总　账：淮建邦

称量出入库：徐克诚

建　卡：邵燕宁

技术组

王矜、王亚蓉、冯宗游、单伟

照相组

王保平、刘合心、魏全有、阎大勇、黄埔校、李明

安全组

徐士先、袁治才

当这一切安排就绪后，考古人员便投入了繁忙而具有科学意义的室内清理工作。

为了确定器物编号，富有经验的韩伟先给地宫各部位的位置编号：

踏步、平台——Fd1

隧道——Fd2

前室——Fd3

中室——Fd4

后室——Fd5

法门寺塔基地宫
平面示意图

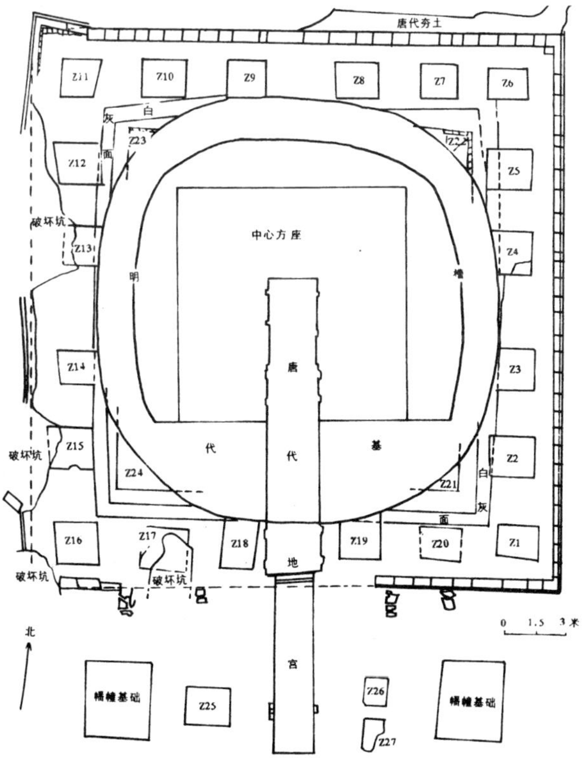


在韩伟的编号中，F、d分别代表扶风、地宫。整理开始后，两组在清理每件文物前，先由韩伟划出器物标本号，以替代在野外工作时暂编的出土顺序号。这个做法，对后来编写法门寺地宫发掘报告起到了至关重要的作用。

韩伟划出的第一个标本号是盘口细颈淡黄琉璃瓶，因为此瓶出土于后室，故标本号为Fd5—001。器物取出后，先由王保平照相，然后专业组成员各执其事，测量、填卡、

建账、初步划分文物等级，有时还要对器物重新定名。如Fd5—002，原定名为五足鎏金银熏炉，没有反映出器物的纹样、形制，室内清理时，发现该炉底部有五十多字的錾文，涉及形制的具体称呼，故在清理时特改名为鎏金卧龟莲花纹五足朵带银熏炉。

这次经研究确定定名的原则是，通过名称，让人即可了解到器物的纹饰、工艺、形制、质地，即便稍长亦采取此方法。金银器的纹饰、工艺、形制等特征，均由韩伟口述，填卡建账人员笔录。这两件器物整理完毕，室内清理的现场准备阶段工作已圆满结束，为以后的全面清理提供了工作程序及人员配合的宝贵经验。

从下午3点开始，考古人员在后室依序整理了罂粟纹黄琉璃盘（003）、素面银香匙（004）、单轮十二环纯金锡杖（005）、素面浅蓝色琉璃盘（006）、鎏金人物画银坛子（007）、花叶纹蓝琉璃盘（008）、素面椭圆形圈足银盒（009）①、四瓣花蓝琉璃盘（010）……

就在考古人员紧张而科学地整理法门寺地宫出土文物时，神奇的天象异兆在古老的周原天地间出现了。

远近闻讯云集于法门寺讲经堂的几十名高僧，连续三个晚上，在凌晨三点多钟的时候，都感到有异样的像雨、像雾、像风、像气的东西向自己身上扑来，使人辗转难寐。有的和尚发现，每到这时，

明万历十年刊《新编目连救母劝善戏文》封面与插图。传说释迦牟尼的弟子目连见其母在地狱受倒悬之苦，终不能走出饿鬼道，遂求佛超度，释迦牟尼要他在七月十五日备百味果食，供养十方僧众，使其母解脱。于是后世便有了民间流行的盂兰盆会。清人黄斐默《集说诠真·目连记》载：“傅罗罗卜，南耶王舍城人，父名相，母氏刘，合家向茹素。相卒，刘氏弟来，谆劝开斋……刘开斋，死于地狱。罗卜削发为僧，改名目连。一日禅定，见母在地狱，立往寻之，奈乍至第一重地狱，刘氏已解往第二重，尾蹑之，至第六重。值四月八日狱主赴会，致押解稽迟，后终于追上。目连母亲得以吃饱转入人世，托生为狗。目连又诵经七天七夜，其母终于脱离狗身，进入天堂。

《新编目连救母劝善戏文》封面与插图

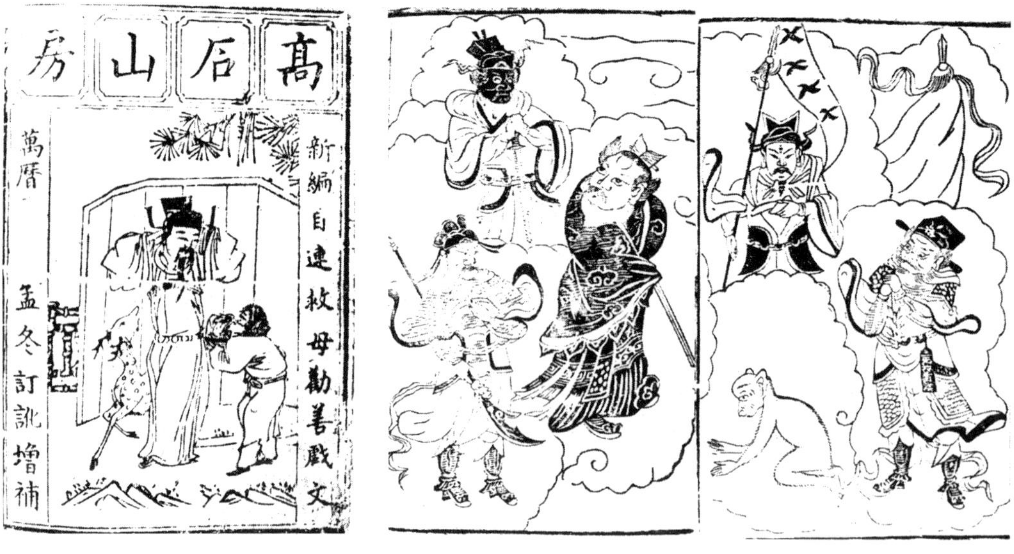

天空便闪现出无数道七色佛光，且约略听到有鼓乐丝竹之声……

对于这些风言风语，考古人员总是半信半疑，因为对于世界上到底有没有佛灵的显现，法门寺宝塔下的地宫中是否真有神奇的佛指骨，古今不少人均持怀疑态度。纵然有众多佛书记载，人们认为那不过是佛教僧众为了宣扬自己宗教的神圣而杜撰的神话；纵然众多典籍记载有北魏、隋、唐八位圣君亲迎供养，人们认为那也不过是历史统治者为“愚弄”人民而臆造的假说之类。即使考古人员在法门寺地宫发现了记载佛指舍利的物帐，但对这神秘佛骨的存在仍没有坚定的把握。茫茫尘世，释迦牟尼的佛骨舍利真的存在吗？

谜，这才是真正的千古之谜。

据历史记载，珍藏释迦牟尼佛骨舍利最多的南亚次大陆，由于后来强大的伊斯兰教入侵，佛教受到了致命的打击。至13世纪初，作为佛教起源圣地的印度，在伊斯兰教的猛烈冲击下，佛教渐渐消亡。自此之后，南亚地区佛祖舍利保存的情况不为世人所知，有人推断释氏的灵骨已大部或全部销毁散失了。为了证实这个推断的真伪，世界上许多佛教徒和考古人员前来圣地寻觅佛骨。1898年，一位美国考古学家遍踏南亚各地寻找佛舍利，遗憾的是一粒未见。后来他在印度和尼泊尔边境释迦牟尼故乡庇埔拉瓦的一处倒塌的废墟中，从距塔庙三米深的地下，发现了一个当年释迦国王盛装本族所分得的舍利的滑石壶，石壶盖部有铭文，但壶内却无一粒舍利。尽管如此，这位考古学家还是如获至宝，欣喜若狂，这一发现也很快轰动了世界。此后，更多的考古学家纷纷前来南亚各地，希望在这“曙光”的背后有更为惊世骇俗的发现。可惜，纵是让他们踏破铁鞋，佛骨舍利总是不肯显现于世。渐渐地，佛教徒和考古学家们绝望了，南亚珍藏的佛骨舍利看来是真的销声匿迹了。

就在人们为释氏佛骨在南亚大陆的消失而仰天长叹、扼腕叹息时，在西方世界又发生了一件奇特滑稽的事情。

19世纪末，英、法、葡等国的联合军队端着火枪，纷纷侵入南亚大陆。当时，英国军队中有一个出身于考古和古董世家的军官约翰·卡尔斯。当他从英格兰率部出征时，老约翰以行家的另一种战略眼光嘱咐他：“此番南亚之行，无论如何要设法弄到释迦牟尼佛的灵骨。”在这位古董商的眼里，佛骨的价值比英伦三岛还要贵重几百倍。

卡尔斯不负老约翰的厚望，在登上南亚大陆特别是印度国土之后，他几经周折，四处探寻，终于在印度朱木拿河流域的一个山洞里，发现了释迦牟尼的大弟子，号称“智慧第一”的目犍连佛的灵骨。这一意外发现，使卡尔斯几乎高兴得发狂，他手捧盛装灵骨的盒子，跪伏在地，兴奋得连声喊道：“感谢万能的上帝，我们约翰家族的财产就要远远地超过英国皇家了！释迦牟尼的大弟子，你太大慈大悲了……”卡尔斯叫喊着，差点昏厥过去，他得到佛骨的消息也很快传遍了整个侵印英军。

驻扎在朱木拿河附近的英国另一个军团司令加达菲尔，原也是一个财迷心窍的冒险家和淘金者，当卡尔斯得到佛骨的消息传来时，他的第一个想法就是不能让卡尔斯独吞这份“珍宝”。于是，他派人找到卡尔斯谈判，希望这份“珍宝”的一半归自己。他的要求遭到了卡尔斯理所当然的拒绝。已被珍宝馋红了眼的加达菲尔司令恼怒异常，当即决定出兵进攻卡尔斯军团，要用鲜血换回佛骨。于是，两个英国军团很快在朱木拿河畔摆开战场，自相残杀起来，经过三个昼夜的激战，朱木拿河已被双方军士的鲜血染红。卡尔斯军团节节败退，大有全线崩溃之势，而加达菲尔军团则越战越勇，大有“珍宝”顷刻到手之望。卡尔斯一看不妙，便召来几个心腹手下，化装成商人模样，携带佛骨舍利匣，悄悄走出军阵，向英国本土潜逃；卡尔斯则带着部下，撤离战场，慌忙逃窜，同时派人向英国皇家最高军事指挥部报告了加达菲尔军团的不法行为。加达菲尔司令遭到了上级的严厉指责，并被处以革职查办，卡尔斯军团才免遭厄运。

当卡尔斯的部下捧着佛骨舍利辗转来到英国本土见到老约翰时，白发苍苍的老古董商竟不敢相信眼前的事实，他大瞪着眼睛对前来的士兵惊呼：“不可能，这一定是在做梦！”

“老约翰先生，这不是做梦，是千真万确的事实。”士兵们指着盒子里的佛骨说。

当老约翰确切地看到佛骨并用手触摸了良久后，才如梦初醒般地叫嚷道：“谢天谢地，我约翰家族将要成为大英帝国的头号富主了！”

很快，约翰家族拥有佛骨的消息传了出去。一时间，英伦三岛为之震惊，举国上下视此为千古奇闻，佛教徒们更是欣喜若狂，纷纷前来想一睹这佛骨的神奇风貌，芸芸众生则幻想看一眼佛骨，顿悟成佛。

此时的老约翰则完全以一个商人的眼光和方法来看待和处理佛骨，他要利用人们对佛的崇信和迷狂来做一笔惊人的生意。他要公开拍卖佛骨。

为了造成更大的轰动效应，老约翰让在印度带兵的儿子卡尔斯设法找理由回到英国。父子俩人经过一番密商，拍卖开始了。

约翰父子面带笑容，彬彬有礼地在伦敦拍卖大厅接待着一批又一批的参加者。这些参加者多是腰缠百万英镑的大富翁、富婆，他们深知两千多年前“智慧第一”的目犍连佛，在释迦牟尼座下建立了何等不可磨灭的丰功伟绩，他对佛法的形成、巩固和传播起到了何等重要的作用，能拥有他的灵骨，这是多么了不起的功德，多么伟大的幸福！即使倾尽万贯家财也很是值得。

为了证明佛骨的真实性，机智干练的卡尔斯给大家添枝加叶又出神入化地讲述了他发现佛骨的经过，那简直是令最伟大的小说家也难以想象的九死一生的非凡冒险历程。在人们的心目中，世界上除了他这样的英雄人物，别人是没有资格发现这神奇而伟大的佛骨的。当卡尔斯讲完，将那个水晶盒搬出来时，只见灵骨在其中发出了颤悠悠、忽明忽暗的圣光，在场的人无不为之惊骇，无限的景仰和崇拜从内心深处迸出，禁不住纷纷跪倒拜揖不已。

经过一番激烈的角逐，一位叫海仑登的公爵，终于以二百八十万英镑捧走了佛骨舍利。约翰父子狠狠地发了一笔横财。

这海仑登当然也不会白白地抛掉这笔金钱，他的生意经更为叫绝，在得到英国政府同意后，他将佛骨放入大英博物馆展出，用高价门票来逐渐挣回他付出的金钱，并作着大发横财的准备。

尽管门票价格高得让人咋舌，但前来观展的人还是络绎不绝，天天爆满。当人们看到水晶盒中佛骨发出的忽明忽灭的灵光，无不惊骇不已，虔诚礼拜。在参拜的人群中，有一位悉心参佛的贵夫人找到海仑登公爵请求，她愿以五千英镑的代价，亲吻一下灵骨。求财心切的海仑登欣然应允。

当公爵亲手将水晶盒盖掀开时，那位华贵的夫人惊呼着忘我地扑将上来，用微张的朱唇深情地向佛骨贴去，当她感知自己的朱唇和舌尖已确切地触到了干枯的灵骨时，禁不住热泪横流。她微闭着双眼，自言自语地说着："亲爱的，真想不到，我此生会有这样幸福的机遇，亲爱的，快保佑我成佛吧，求求你，亲爱的……"

贵夫人声泪俱下的表演，如同当年坠入爱河而陶醉在茫茫无际的情网之中；又如同在爱河断流后，一条将要枯死的鱼在向水神求助。她貌似崇佛敬佛的表演，实际上已变成了对佛的亵渎和污辱，是对释氏弟子的不敬和践踏。

就在海仑登公爵导演的观拜佛骨的闹剧，在大英博物馆折腾得昏天黑地时，更大的闹剧出现了。一天夜里，大英博物馆突发火灾，装有灵骨的水晶盒被一个消防队员抢救出来后，他以为是一件标本，便送到了一家医院。医生们因搞不清这件标本为何物，便对此进行了科学化验，结果发现原来是两千年前栖息在古天竺朱木拿河边的黑猿的遗骨。这个结论一经发布，英伦三岛再度为之震惊和哗然。

与这个结论同时公布于众的是，那枯骨上散发出忽明忽暗的光芒，是有人在骨层的表面抹上了一层非金属元素的磷质物。无需作什么调查，这一定是老谋深算又财迷心窍的约翰父子干的。

一场震惊世界的发现佛骨舍利的闹剧、丑剧、恶作剧，终于在世人的唾骂和指责声中落下了帷幕。

这场闹剧是落幕了，但它又从另一个侧面刺激了人们寻找佛骨舍利的欲望。一位和卡尔斯同时侵入印度的英国军官比尔特，怀着和卡尔斯相同的心理，在征战途中悄悄来到印度伊私阇梨山探寻佛骨。这比尔特早年曾是一位宗教研究者兼屡屡失败的淘金者和探险家，他知道伊私阇梨山的悬崖下，便是释迦牟尼的大弟子目犍连的殉难处。这里原是一个流泉低语、云缠雾绕的人间幽境，相传目犍连在山崖下一块平坦的铺石上参禅时，被异教徒从山顶上投下的石块砸烂了肉身而一命归西。

面对目犍连的惨死，当时尚在人世的佛祖释迦牟尼，对处于悲痛中并设想复仇的弟子们有过一番著名的教诲："看来，你们还要不懈地证悟人生的真理。须知，肉体是无常的，业报是要了结的。我已经在夜静入禅时看到，目犍连亡身时并不迷妄，也不憾然，他安然进入了涅槃。生与死，在悟者面前平淡如水，有生就有死，像一盏灯光，有亮就有灭，自然而然。目犍连为宣扬如来教义而殉身，他是伟大的佛门尊者，他生而有德，死而无憾。他成正果了……”

比尔特凭着自己掌握的佛教知识和探险经验，在当地人的指点下，找到了目犍连当年遇难的具体位置，并开始了一连串的发掘。就在当年目犍连参禅的座石底下，他终于发现了两颗佛牙舍利。为了避免像卡尔斯那样的闹剧发生，他把这两颗舍利送至行家处进行鉴定，证实确是两千多年前目犍连的门齿。

得到证实后，比尔特高兴得几乎发疯，他决定把这两件无价的珍宝，迅速带回国去，亲自献给英国女王，以换取荣华富贵、高官厚禄。不久，他离开军队，带着两件佛牙舍利搭乘“拿破仑号”商船回国。当时，这艘商船设有一个极为华丽浩大的赌场，比尔特原本是一个好赌之徒，自然也不会放过这豪赌的机会。经过一局又一局的激烈角逐，不到一个晚上，比尔特就输了个精光。为挽回颓局，比尔特狠了狠心，以五千英镑为底价，将两颗舍利子作了赌资。也许他的运气不佳，这两颗舍利子被一个西班牙人赢去。

比尔特眼看着自己的梦想成了泡影，并沦落为一个身无分文的乞丐，便怒从心头起，恶向胆边生，他想以暴力夺回佛牙舍利。随着这个计划的实施，船上发生了一场你死我活的恶斗，西班牙人被打得头破血流，哀嚎不止，只好乖乖地交出了舍利子。正当比尔特望着重新回到手中的舍利子得意忘形时，一个意外的不幸又发生了。“拿破仑号”驶进英吉利海峡，突遭十级风暴的袭击，轮船被风浪掀翻后沉入海底，比尔特怀抱两颗佛牙舍利子也随之湮没于滔滔风浪之中。目犍连的最后一点身物再度从尘世中消失了。

自此，三千大千世界再也没有关于佛骨舍利发现的信息。

法门寺地宫的发现及文物的出土，是否意味着人类梦牵魂绕的佛骨舍利就要重见天日？

永生不灭的佛骨舍利安在？

# 伟大的发现

此时，谁也没有确切的把握，谁的心里都装着一份希望。那个祈盼已久的伟大时刻就要来临了——这是公元1987年5月6日的傍晚。

古老的周原大地越发凝重深沉，西方的天际残阳如血，几道火红的云线从黛色的山峦上方四散而出，横贯长空。橘红色的大地与绯红色的苍穹连为一体，形成了一个灿烂辉煌、光焰四射的五彩世界。

艳丽彩霞映照下的扶风县博物馆，正浸染在春夏之交的温馨中。那飞檐斗拱、雕梁画栋遮掩下的石子铺成的小径上，不时划过几缕暖暖的轻风。一位位身穿白色大褂的考古学家无声地穿过一道道武警部队官兵组成的岗哨，秩序井然地进入后院用博物馆展室改造的临时工作间。

从北京专程来到扶风的中国社会科学院历史研究所研究员王㐨，这位年届花甲的著名学者，那满头的花发映衬着清癯的面容，原本那沉静、稳重的面容，越发显得肃穆庄严。

屋里极静。王㐨来到上铺白布的工作台前。台上放着一个洁白的盘子，里面盛放着镊子、夹子、放大镜、胶带纸、卡片纸、笔等备用工具。

一切准备就绪，王㐨端坐在椅子上，望了一眼面前的韩伟。韩伟心领神会地点头示意，身边的工作人员随即捧来一个精致的黑漆檀香木函，放到王㐨身前的工作台上。经过一系列详细的观测、研究、分析，考古人员和文物保护工作者，毅然决定在众多急需清理的珍宝中，首先打开这个表面精美华丽、整体极为沉重的宝函——无论是外部的装饰还是整体的重量，它都在向大家宣示着里面那非同凡响的秘密。

这个沉重华丽的宝函意味着什么？

史书上曾明确记载："至显庆五年春，三月，下敕请舍利往东都入内供养……皇后舍所寝衣帐准价千匹绢，为舍利造金棺银椁，雕镂穷奇。"

王孖在小心地为宝匣除锈

如果史书记载无误，这个宝函将意味着装有人类梦寐以求的佛指舍利，并和历史上的武则天有必然的关联。

王孖示意摄影师为这只还残留着丝绸残片的木函拍照。因为宝函一旦打开，再也不会有这经一千多年前的古人包裹封锁的函盒原型了。

寂静的工作间，闪光灯咔咔地闪着亮光。宝函的风采被一次又一次地印进历史的底片。

工作室外的天际间，晚霞愈加火红，那是西边秦岭山正在以火热的心胸接纳它。渐渐地，自秦岭山背面投向天空那扇面的霞光开始隐去，紧接着，天空飘逸的云朵呈现出蓝灰色的形状，大地开始暗了下来，热乎乎的气浪充溢了整个空间。

此时，扶风县博物馆门外，聚集着一群群从四方赶来的周原父老乡亲，他们议论着、猜测着、叫喊着，都想挤进大门到馆内看个究竟，沾一点佛光宝气，图个终生的吉祥如意。但大门前持枪荷弹的武警战士那刀子般锐利的目光，又使他们驻足不前，只好望天兴叹。

也就在天空将要全部黑下来时，只听门口有一个乡间青年高呼：“快看，多么漂亮的云彩！”众人寻声望去，只见西北方向的天空，突然飘动起数片五色彩云，这云朵将大半个天际映得透明放亮，灿烂辉煌，光彩夺人。

聚集的人群开始骚动起来，叫喊声、吵闹声、议论声如同大海的波浪，强劲地冲击着博物馆的每一个角落。

负责指挥安全警卫的韩金科寻着声浪奔出大门，立在人群中，禁不住顺着人们手指的方向如醉如痴地观看着西北天际间呈现的五彩祥云。看着看着，他不由地想起《扶风县志》上所载的一段话："开成三年（838年），五色云现，近此寺，因改名法云。"他还忆起《资治通鉴》中的记载："初，太和之末，杜悰为凤翔节度使，有诏沙汰僧民。时有五色云现于岐山，近法门寺，民间讹言佛骨降祥，以僧尼不安之故。"当年司马氏记史时将五色云现于岐山，评说为民间讹言佛骨降祥，难道今日的五彩云朵也系讹语不成？这位司马氏的反佛言论和观点，就真的能经受住历史的验证吗？

韩金科不再去想这些古老的论争和是非，他目前的首要任务是绝对保证文物的安全。他心中有一个预感，不管此时的五彩云朵是否和法门寺佛骨关联，可以确信的是，一个惊世骇俗的大事件就要到来了。

博物馆内，清理工作正在紧张地进行。

由于宝函外部曾用红锦袋包裹，王抒只得一丝丝、一片片地揭掉木函上的丝绸残痕，小心地放到早已准备好的白纸板上。于是，宝函的原貌很快显露出来。

这是一尊可谓精美绝伦的黑漆宝函，整身呈正方形，边长为30厘米。雕花银棱略斜，盝顶，通体用檀香木制成，内壁用黑漆漆过，乌黑发亮。外壁四周是描金加彩的减地浮雕，雕刻极为精细。画面上有释迦牟尼的说法图、阿弥陀佛极乐世界图、礼佛图等等各种精美浮雕。只见一幅幅图画生动、形象、传神，细致入微，质朴大方，色彩斑斓，美中见妙，无疑是唐代漆木器中唯一罕见的珍品。

"太难得了，真是难得一见的木雕礼佛图啊！"几位考古专家不由地赞叹起来。因为大家都知道，敦煌莫高窟[2]中仅是几幅雕刻在石壁上的礼佛图，就让世人为之惊叹不已。而像这种以木为质、画面十分复杂细致、人物花卉生动逼真、雕刻技法超人的礼佛图，非是绘画雕刻大师，是难以达到如此高的境界的。更为重要的是，像这样的木雕礼佛图，在以前的考古发掘中从未发现过。

在宝函的正面，有一鎏金锁扣，上面亮晃晃悬挂着一把小巧玲珑的金锁。耀眼的金钥匙，插在金锁孔内，钥匙上还系着一条红绸。记录、录像、拍照完毕，王孖教授掏出手帕，擦了擦汗涔涔的手，方才去轻拧那小小的金钥匙。“嚓”的一声，金锁登时弹了起来……考古工作者们将锁和钥匙加以称量，锁重35克，钥匙重9克。

鎏金四天王盝顶银宝函打开情形，内装素面盝顶银宝函。

随着王孖教授轻轻地将函盖揭开，一片黄白交错的光芒扑眼而来。里面，是一个比银棱盝顶檀香木宝函略小一点的鎏金四天王盝顶银宝函，它用一条约5厘米宽的绛黄色绸带十字交叉地紧紧捆住。虽逾千年，绸带依然光泽鲜艳，如同新裁，带面上遍布蹙金二方连续金花，绸带尾上还系着数颗乳香粒，解开绸带，又见函外用平雕刀法刻满画面，函顶錾两条并列的行龙，首尾相对，四周衬流云纹；每侧斜面均錾双龙戏珠，底饰卷草；四侧立沿各錾两只迦陵频伽鸟，身侧饰以海石榴花和蔓草。函体四壁分錾“护世四天王③”像：正面是北方大圣毗沙门天王，左面是东方提头赖吒天王，右面是西方毗娄勒叉天王，后面是南方毗娄博叉天王。与前一层相同，有一套金锁金钥匙。

打开这第二重宝函，却是一片银光扑面而来。原来内有一个素面盝顶银宝函，钣金成型，通体光素无纹，盖与宝函体在背后以铰链相连。

再向里揭开一层，是一鎏金如来盝顶银宝函，函顶和四面都镂刻有数尊稳坐莲花宝座之上的佛像。

那鎏金如来盝顶银宝函内，又套着六臂观音盝顶纯金宝函。函盖面上是双凤，盖侧各有四只绕中心追逐的瑞鸟，中为四部圣洁交错怒放的西番莲蓬。函身与函顶交相辉映，雕有数幅圣贤大德佛祖图。正面为一奇妙的六臂如意轮观音图，她坐于莲台之上，两侧有八大侍从供养。函之左侧，为药师如来图；函之右侧，为阿弥陀佛图；函之背面，为大日如来图。

而第六层宝函所带给人的是一片炫目的五彩之光。此为金筐宝钿珍珠装④金宝函。

这重宝函亦为纯金雕铸，上面錾满神异图画，它的十二棱二十条边和函盖、函身镶满各色宝石，红宝钿、绿宝钿、翡翠、玛瑙……函盖顶面和函体四壁有红、绿二色宝石镶嵌成大大小小的团花。连金钥匙的金链带上，也用三色宝石镶嵌着玲珑团花。真乃浮光耀眼，一派仙宫极乐才有的珍奇境界。

第六层宝函内，装着金筐宝钿珍珠装珷玞⑤石函。它以珷玞石琢磨而成，盝顶，通体嵌饰珍珠，函身四面均用绿松石各镶两只美丽的鸳鸯和花卉。高11厘米，长宽各7.3厘米。精致的雕花金带为边，晶莹透亮的石板，真乃金镶玉砌。

刚出土打开包裹的宝珠顶单檐纯金四门塔

没有人会更深一层提前想象到，第七层宝函内，竟会装一巧妙精绝、登峰造极的小金塔，这件高7.1厘米的宝珠顶单檐四门金塔，飞檐高翘，金砖金瓦层层逼真，塔身四壁刻满人物画，且有四扇可以开合的小金门。金塔座上，有一小银柱，仅2.8厘米高，盘口细颈鼓腰，喇叭口径处雕有十二朵如意云头，鼓腰上二平行线连为四组三钴纹杆状十字团花，衬以珍珠纹，腰底为莲瓣形，银柱托底也呈八瓣莲花状。间以三轮纹，柱底还有一墨书小字“南”。

就在这根小银柱上，套着一枚偌大的指骨。

“啊！佛指！佛指舍利！”整个发

第一枚佛指舍利自纯金四门塔中重返人间

掘场面像炸开了锅。人们狂呼。

守候一旁的法门寺住持澄观法师第一个敲起了木鱼，诵经念佛！

工亚蓉教授强按激动的心情，将这枚佛指一测量，重16.2克，高4.03厘米，上粗1.75厘米，下粗2.01厘米，上齐下折，色白如玉少青，三面俱空，一面稍高，骨质细密而泽，中空管状，髓穴方大，上下俱通，二角有纹，纹并不彻。日光灯下，似有灵性异彩。更为神奇的是，在高倍放大镜下，发现外壁有隐隐的微细血管，内壁有七颗排列成“勺”形的小星组成的大熊星座。

专家们将它和《物帐》碑文反复对照勘验，与记载完全相同，证明它是佛祖真身指骨无疑。

王矜教授与众位专家商议，按照指骨在中外考古史上的特殊地位，命名为特级一号。

至此，隐真容1113年的历史之谜终于在20世纪80年代揭开。中国考古工作者以无比荣光，给世界佛教史添上了灿烂的一束重彩。

十分奇妙的是，此时正好银河当空，深青色的天幕上星光辉映，大熊星座正南！

人们手腕上的各式手表指针，正好指向1987年5月7日凌晨1时15分！

深深舒了一口气的王矜教授回过头问：“今天几日？”

大家一查：“5月7日，古历四月初八，四月初八……这四月初八，正好是佛祖释迦牟尼诞生的日子啊！”大家于是惊呼：“太巧了，太妙了，简直不可思议！”

公元前565年四月八日，释迦牟尼诞生！

公元1987年四月八日（古历），释迦牟尼佛指骨舍利再现！

激动不已的考古学家们，无法对这实实在在的巧合作出最恰当的解释。反正，他们永远记住了这太伟大的时刻。

不知是谁将佛指出现的消息传出博物馆门外，瞬间，翘首期盼彻夜不眠的僧俗们一片呼号欢庆之声。场面之壮观，绝不亚于当初他们集体请愿力主修塔的时候。

## 第二枚佛指接着面世

这又是一个银星璀璨的不眠之夜。

时为公元1987年5月8日21时56分。

专家们又开始了一场清理大行动。

在汉白玉灵帐中，发现了一个珍藏着的铁函。

铁函重29.9公斤，高52厘米，长宽各58厘米。由于尘封既久，函上的一把大铁锁已经生锈。

如果说揭启八重宝函的秘密是完全按碑文记载而“索骥”，那么，眼前这件大铁函却出现了截然不同的情景。

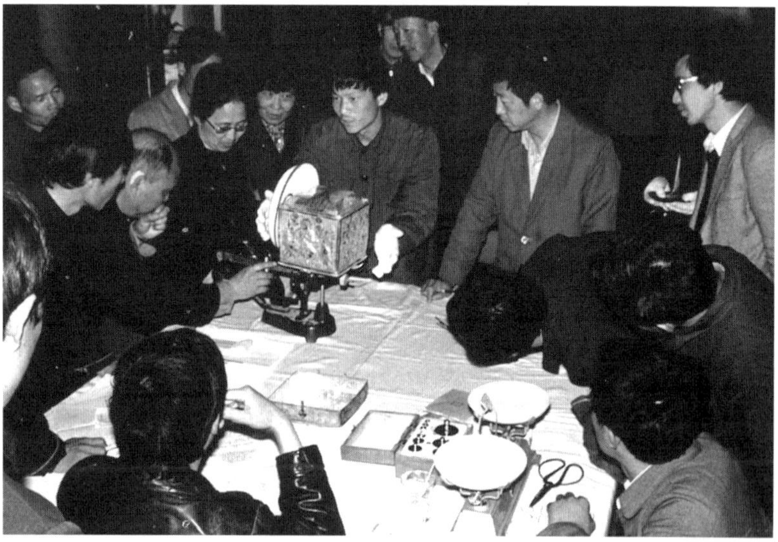

考古人员对藏有第二枚佛指舍利的宝函进行测量

——不知是《物帐》碑文记载疏忽，还是有别的原因，反正，没有关于铁函情况的只字片语。

为了严格而科学地摸清铁函内尘封的隐情，两日前的夜晚，考古专家们在武警战士的保护下，悄悄地将它带到扶风县医院透视室，用医用X光机对它进行了扫描，结果发现，铁函内有异状物。因铁函严重锈蚀，从拍出的X光片看，内部已模糊不清。大家经过反复“会诊”，但总是不得其真正的要领，也不好最后下出定义。

这一次是韩伟最先用一把大铁钳启开了厚厚的函盖。在场的十多双眼睛一齐睁大了。只见铁函内有一木盒，木质大部分腐烂，被红黄二色泥土紧紧地固定于函中，盒下为糊状物，检验不出为何物。启开木盒，盒内是彩绢，整整叠摞九层，每层花色各异。当最后一层彩绢取开时，立见一闪闪泛光的鎏金银棺跃然现出。

这具鎏金银棺的形状和普通民间常见的木棺相似，与庆山寺的金棺更如出一辙。它前高后低，盖成瓦状，前档高5.5厘米，后档高3.1厘米。棺身长10.2厘米，宽4.5厘米。棺盖上，前端雕五彩花冠一顶，中间是两只拖着长长尾巴的美丽的凤鸟，好像正齐头并飞，后端饰云头纹。小小的银档板中间錾有精致的两扇小门，挂一把精制的金锁，左右两面门扇上各镶三排九颗金星似的小金钉，且各雕一位执戟、执钺的金刚力士，力士头上有数朵彩云。小小的银棺后档上雕一对披发金毛狮，足下流水纹成万顷波浪。棺身左右两侧的棺板上，各雕一位守卫银棺的金刚力士，左执剑，右执斧，气宇轩昂。

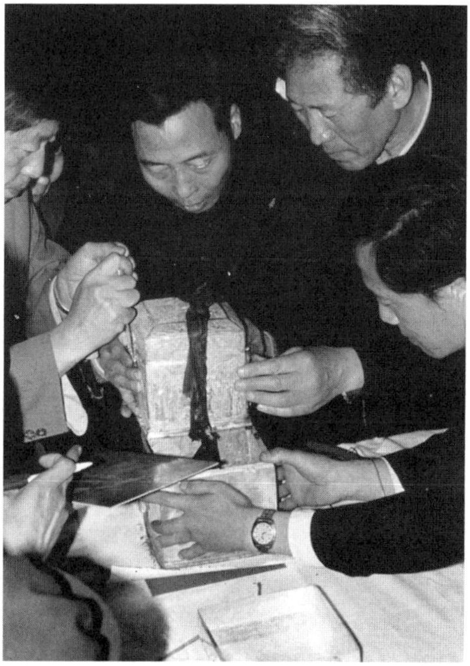

宝匣打开后情形

第二枚佛指舍利面世

整个小银棺置于一座漂亮的雕花金棺床上。棺床壶门座前后分别有五座月形堂门，左右两侧是雕花帘帷。棺床上，铺数层黑色绸绢，绢上织柳叶纹金花。

专家们为它定名：鎏金双凤纹银棺。

这时又一个奇迹出现了：当那银棺棺盖轻轻开启时，棺内艳丽如画的织锦上安卧着一枚圣体——佛祖舍利指骨！其大小、色泽、形状、骨质与珍卧于八重宝函中的那枚几乎一模一样！

它被定为特级二号。

## 神秘的第三枚

关于第三枚佛指的发现，似乎奇特而神秘，颇令人多赞词。

第三枚佛指存放在后室秘龛中刨出的那件铁函中。其实，在铁函面世之初，人们便已将注意力集中在了除八重宝函之外的它的身上。

专家们也总感到，这件铁函为什么这么独特，非要放置于秘龛之内，难道这就是“会昌灭佛”中被法门寺僧众们偷偷藏匿起来的真正意义上的佛指舍利吗？

1987年5月9日上午，陕西省文物局文物处处长张廷皓从西安来到扶风，对考古人员和学者们转达了国家文物局关于开启铁函不得损坏函体的通知。从这个通知的传达中可以看出，扶风县博物馆工作人员的一举一动，都与北京国家文物保护的最高机关保持着紧密的联系。

当天下午，韩伟、张廷皓向凤翔关中工具厂求助，工具厂很快派一位老师傅携带工具来到扶风，协助开启后室秘龛铁函。

一切准备就绪，铁函被搬到工作台上，因年代久远，铁函周身布满锈斑，呈焦茶色。原包裹函体的鲜艳丝绸也早已腐烂朽坏，仅余焦炭状的一少部分粘连于函顶。通过放大镜仔细探视，发现丝绸为罗线织成，其间有金色折枝花及云纹。王矜、王亚蓉、曹纬等专家，用关中工具厂的刀具小心地清除了函缝中的铁锈。因正面的函

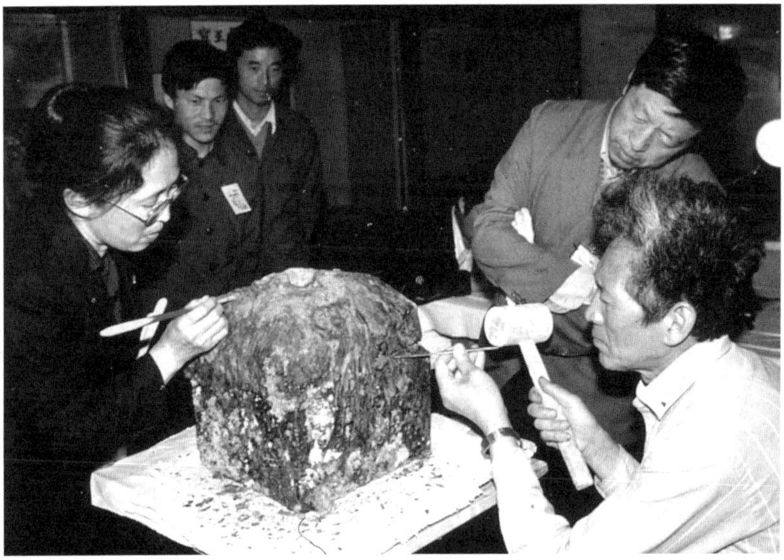

王矜与王亚蓉为铁函除锈

缝已锈实，无法开启函盖，考古人员只好再次仔细分析X光透视片。为了严格而科学地探清这只铁函中的隐情，事先考古专家们已在扶风县医院透视室，对函内的一切进行了透视。函内显然有“异状物”，但模糊不清，很难进一步确定具体内容。连续两天，专家们反复对这异状物“会诊”，但总是不得其真正要领。今天的研究仍然没有得到一个满意的解释。

大家决定不再纸上谈兵，只要打开宝函上的子母扣，取出函中物，一切不都真相大白了吗？于是，曹纬用磨制锋利的钢式刀具，凿掉了子母扣中的铁臂，随着函盖轻微地颤动，封闭严实的锈斑全部脱落，函盖毫无损坏地被轻轻打开，里面露出了两枚随球[6]和几片腐烂变质的丝绸。当这一切做完之后，已是5月10日的凌晨了。

接下来是照相、录像，研究提取丝织品的方案和步骤。意见统一后，韩伟从函中取出两枚随球，王矜用镊子取出开函时掉在丝绸片上的铁锈渣，并以竹匕剥离四壁粘连的赭红色丝绸片，为防止因通风进气而造成的干燥，考古人员找来湿绵纸盖住暂时不能清理的部分。凌晨1点钟，第一片丝绸被取出，经初步鉴定为罗底蹙金珠袋（用以盛装随球）。大家小心谨慎地将这片丝绸放入已准备好的木盒中，并迅速盖上喷湿的消毒绵纸。由于铁函内的小型鎏金银函紧贴函体，无法用手拿取，极富经验的王孖便对照X光片，用细长的铁丝探查内部情况，然后编成了长方形铁丝框，套在小型银函之上，轻松地把它取了出来。

由于有了前两枚佛指发现的经验，考古人员初步断定，在这个精美华丽的银函之中，也一定会有佛骨秘藏。出于宗教政策上的考虑，经张廷皓、韩伟等人研究，决定在开启银函前，派车去法门寺将僧人接来。凌晨2点40分，法门寺中的澄观、静一、宽仁等四位法师赶到博物馆工作室，观看银函开启过程。

韩伟将银函暂定名为四十五尊造像盝顶银函（现已更名为鎏金金刚界大曼荼罗成身会造像银宝函），编号为Fd5-044-4。文物保护专家王亚蓉轻轻剥离银函上的丝绸，银函慢慢打开，只见内有液体涌动，经测量高于函体底部27毫米，工作人员找来试管收取液体，以作标本。尔后，王亚蓉、王孖、韩伟等人先后对银函内的物件进行了仔细清理。关于这次清理过程和物件，记录小组在当日的清理记录中这样写道：

> 函内物件：
>
> 一、铁函内为四十五尊造像盝顶银函。还有两枚硕大的水晶随球，晶明透亮，一个大些，重196克，径52毫米。一个小些，重79克，径39毫米。还有二枚雕花白玉指环，二枚雕花金戒指，一串宝珠，数条绣巾绸绢。四十五尊造像盝顶银函系纯银制造。正方体，长、宽、高各170毫米。函盖和函身雕工极为精致。盖顶为千佛绕毗卢遮那佛图像。毗卢遮那佛高居莲台之上，两侧各有四位护法金刚侍卫。前面密扎扎千名大佛、高僧、罗汉，以千般姿态站立水、陆、空三千大千世界之中，虔诚听法。函盖沿上刻香花、异果、茗茶、锦衣、长命灯、宝珠等数种供养品。正面为宝瓶插花，两边三钴纹、火焰纹、团花相间，周围饰川枝蔓草。其余三面也均为供品与饰纹相间，函身四面各雕坐佛一尊。东为阿閦佛，南为宝生佛，西为阿弥陀佛，北为成就佛，每尊佛两侧各有童子、花卉装饰。函身东侧下沿錾刻“奉为皇帝敬造释迦牟尼真身宝函”。

银函前系金锁、钥匙。

二、银包角⑦檀香木函。

置于四十五尊造像盝顶银函之内，檀香木质，木质尚好，函顶、函身均包裹银雕花包角，以平雕加彩手法雕满各种花卉。上挂银锁、钥一副。

三、嵌宝水晶椁子。

置银包角木函内，系水晶石造，通明透亮。椁盖上嵌镶黄、蓝宝石各一，体积硕大，炫耀夺目。椁盖雕观世音菩萨及宝瓶插花，椁盖四面皆雕文殊菩萨坐像及莲座花鸟。

四、壸门座玉棺。

置水晶椁子内，亦系水晶石造，长40毫米，前宽23毫米，后宽20毫米。前高24毫米，后高22毫米。盖上雕普贤菩萨，前后两侧分别雕杨子、如意、经卷。整个棺体置于雕花壸门座玉石棺床之上。

王孖小心移开已经破裂的嵌宝石水晶椁子，露出一个精小的白玉棺，第三枚佛指舍利就秘藏于这个白玉棺中。

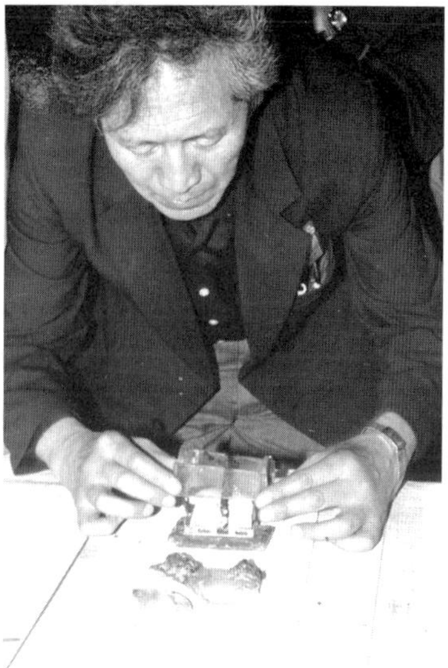

5月10日8点6分，当韩伟揭开玉棺棺盖时，只见又一枚释迦牟尼的灵骨静卧其中。灵骨乳黄，有裂纹，并有蜡质感，同时尚有星星点点的白色霉点附于其上。灵骨因在液体中浸泡千余年骨质发软而不能摸磨。这枚显然不同于先前发现的两枚玉质灵骨的出现，使人再度想起“会昌灭佛”的记载和它出土的特殊神秘位置。毋庸置疑，这就是历经劫难而不灭的释迦牟尼佛的真身舍利。

安放第三枚佛指舍利的圣器与顺序

澄观、净一法师在大殿瞻拜新出土的佛指舍利

根据出土的先后次序，专家们将其命名为“特级三号”。这枚佛骨是当今世界上独一无二、佛教界至高无上的圣物。

随着工作人员的一片欢腾之声，站立一旁的澄观、静一、宽仁等四位法师身披袈裟，以各色罐头及水果糖供奉于玉棺前。缭绕的香雾中，四位法师躬身作揖，《得宝经》诵念声响彻殿宇，震动旷野。

## 第四枚佛指藏在阿育王塔中

5月10日23点，第四枚佛指舍利很快在阿育王塔中发现了。

阿育王塔的全称叫汉白玉浮雕彩绘阿育王塔。全塔由塔座、塔身、塔顶、塔尖四部分组成。那纯而又纯的汉白玉雕刻工艺精湛绝伦，相叠天衣无缝。塔的周身涂色上彩，颇有云飞霞映，天上宫阙之势。

当四面的银质塔门打开时，只见塔身内平放着宝刹单檐铜塔，其形貌与史书记载的释迦牟尼的讲经殿完全一致。塔顶飞檐斗拱，宝珠葫芦状的尖刹，四体四面。前壁的两柱间安放一合双扇金门，金门雕花镂朵，门两侧有菱形小窗，其余三面均有六孔小门。整座塔设于一座须弥座上，须弥座设于方形孔门铜台基之上，每面又有长方形孔门六合。大须弥座上还有宽宽的月台，月台四面各有两位金刚力士守卫。它的四面外围均有护栏柱和雕花栏板。柱上分别有宝珠顶与金毛狮，板上也有金毛狮。月台四面还有通向远方的护栏双边踏步。

就在这座美妙绝伦的铜塔内，盛装着一座明光闪闪的银棺。这个银棺比在中室、后室中发现的要大。经测量，长8.2厘米，高6.4厘米，前档板上刻着两位坐佛弟子，棺两侧各雕饰着一对迦陵频伽神鸟。棺座也为银质，四面有壶门十三个，饰莲瓣一周。下面又有沉香木雕花棺床。当这口银棺盖被揭开后，又一枚佛指舍利呈现出来。

这枚佛指舍利与最早发现的特级一号、二号，无论是颜色还是骨质都十分接近，少青如玉，细密光泽。这枚佛指舍利被称为“特级四号”。

宝刹单檐铜浮屠形状

至此，在法门寺地宫出土的文物中，共发现了四枚佛指舍利，与同一地宫出土的志文碑的记载完全吻合。

四枚佛指舍利，除“特三”灵骨微黄，质地似骨以外，其余特一、二、四号三枚质地均类似白玉，按地宫志文碑称之为“影骨”，也就是仿佛祖真身灵骨而造的附属品。从盛放灵骨的四十五尊造像盝顶银函上那錾有“奉为皇帝敬造释迦牟尼佛真身宝函”的字样分析，这“一身三影”之说是

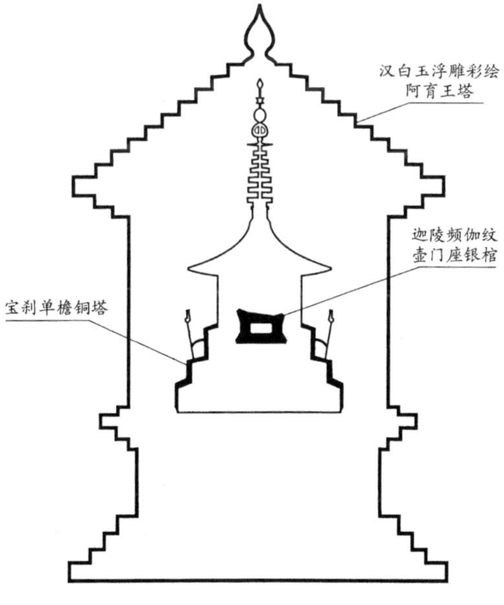


外层是彩绘四铺菩萨阿育王石塔（见彩插），内部是宝刹单檐铜浮屠。

第四枚佛指舍利安放圣器与顺序，石塔—浮屠—银棺—舍利。

合乎情理的。

发现四枚佛指舍利的消息，一夜之间传遍了整个世界，同时也使湮没沉寂了千年的法门寺，在世界佛教史和考古史上留下了不朽的声名。

## 注　释

①此盒现已改名为矮角素面圈足银盒。矮角，又作委角，是中国器具工艺的术语，指将器物表面的四个直角，改为小斜边或椭圆边的做法。

②敦煌莫高窟：中国古代北方地区佛教石窟寺之一。位于今甘肃敦煌县东南25公里处，开凿在鸣沙山东麓的断崖上。据武周圣历元年（公元698年）《李君修佛龛记》记载，乐僔和尚于前秦建元二年（公元366年）创凿洞窟，法良禅师接续其业。经过北魏、西魏、北周、隋、唐、五代、宋、西夏、元诸代相继建造，遂成为巨大的石窟群。计有已编号洞窟四百九十二个，存壁画四万五千多平方米，彩塑二千四百馀身（影塑未计在内），唐、宋木构窟檐五座。其规模宏伟，内容丰富，历史久长，位列全中国石窟之冠，也是世界著名的石窟。

③护世四天王：佛教金刚名，亦称四大天王。据佛经记载，须弥山腰有犍陀罗山，山有四头，四王分居之，各率二十八部众，镇守一方。即东方持国天王，管辖东胜身洲；南方增长天王，管辖南赡部洲；西方广目天王，管辖西牛货洲：北方多闻天王，管辖北俱罗洲。

④金筐宝钿珍珠装：中国传统装饰工艺技法。在设计好的图案上，用金线沿着轮廓边缘打造成立体的框座，再镶嵌宝石于其上，并以珍珠缀饰，构成繁复的视觉效果。

⑤珷玞：亦作碔砆、武夫，即次于玉的美石。

⑥随球：《物帐》碑中作“随求”，即仿随珠而琢磨成的水晶球。《淮南子·览冥》

注："隋侯，汉东之国，姬姓诸侯也。隋侯见大蛇伤断，以药傅之，后蛇于江中衔大珠报之，因曰隋侯之珠。"后世遂以隋珠或随珠称传说中的宝珠。

⑦包角：保护器物家具外轮廓边角的金属饰件。其三个面角为等腰三角形，常用在匣、箱等上下四角。

# 第十二章
# 地球的金刚座

新闻发布会上，中外专家交口称道，世界震撼。神秘的黑衣蒙面人出没，博物馆外大火突起，接二连三的盗宝计划，武警全面搜捕。佛骨突现灵异之光，唐密曼荼罗揭秘，又一个辉煌的梦想，即将在法门寺成真……

## 世界震撼

法门寺地宫出土的文物，仍在扶风县博物馆那戒备森严的工作室里进行清理之中。为了满足外界对地宫出土文物的热切关注，也为了避免对此次发掘添枝加叶、曲解演义式的谣传，让公众对法门寺地宫的发掘及出土文物有一个真实的了解，1987年5月13日，陕西省政府决定举办法门寺地宫发掘新闻发布会。在举办会议之前，先由张廷皓、曹纬携带发掘中的有关录像、照片资料赴北京，向有关方面及专家汇报，同时邀请专家们参加文物鉴定会议。陕西省考

澄观法师迎赵朴初（左）进法门寺

古研究所所长石兴邦要求在现场的韩伟、王孖对出土文物作出总体评估，并挑选重要照片装订成册，以备后用。

5月22日，中国佛教协会会长赵朴初、副会长周绍良等一行来到扶风瞻拜佛指舍利，并参观了法门寺地宫出土的各类文物，验证了地宫出土的真身志文碑及献衣物帐碑。赵朴初指出，法门寺地宫文物的发现，对中国文化、世界文化具有重要意义，他代表中国佛教协会，为法门寺重修真身宝塔捐款十万元。

5月27日，陕西省政府组织召开了由佛教界、历史界、考古界知名人士和知名学者参加的法门寺文物评审会。参加评审的有赵朴初、季羡林、史树青、周绍良、马得志、孙机、蒋若见、李斌成、张弓、黄景略、王孖、王丹华、张长寿、陈景富、宿白、俞伟超、王仲殊、任继愈、张政烺等知名人士和专家。

1987年5月29日，在陕西省政府黄楼举行了法门寺出土文物新闻发布会。会议由陕西省副省长孙达人主持，赵朴初发布了佛指舍利及其他文物发现的消息。面对前来参加的一百多名中外记者，赵朴初激动而兴奋地首先说道：

赵朴初在1988年11月9日法门寺佛祖真身指骨舍利瞻礼法会上讲话

女士们、先生们：

我在这里郑重宣布：最近在陕西省扶风县法门寺塔基地宫中，发现了唐代所深藏，后迷失千年之久的释迦牟尼指骨舍利和供养舍利的大批唐代珍贵文物。这是继秦始皇兵马俑之后的又一次重大发现。

法门寺是一座历史悠久的重

要寺庙。据这次在地宫里发现的《志文》记载，佛指舍利一向藏在法门寺塔基内，从北朝元魏时代，到隋代、唐初曾几次打开塔基请出供奉。唐高宗曾将佛舍利迎至洛阳，武则天也曾迎请供奉在她所建的明堂。肃宗、德宗、宪宗历次迎奉到皇宫，这些都与历史记载相吻合。武宗时代，佛教曾一度受到严重的破坏，据《志文》说明，当时法门寺塔下一份“影骨”受到损坏，而“真身”并未受损。那次法难过后，在地宫隧道西北角处重新发现佛指舍利，供奉在修复后的地宫中。咸通十四年（873年），唐懿宗派人将佛指舍利重新迎入宫中供养。这次奉迎情况，在《杜阳杂编》中有详细记载，仪礼隆重，盛况空前。同年懿宗病逝，僖宗把佛指舍利送还法门寺地宫，并布施大量宫廷器物供养。从此以后，湮没千年，不显于世。到了明代，唐建木塔倒圮，重修砖塔，但地宫从未扰动过。1981年砖塔倒毁，今年为重新修建宝塔，清理塔基，才使封闭千年的地宫和这项佛教重宝再现于世。

地宫所保存的大批文物，不但等级高，品种多，有的甚至完好如故。这次发现是我国历次唐代文物发掘所稀有的，它为我们研究唐代政治、经济、文化，其中包括宗教、工艺、美术等多种学科提供了实物证据。这次发现，对中国文化史和世界文化史都具有重要的意义。

我们感谢陕西省各级政府和文物工作者及有关工作人员为发掘和保护这项佛教文物所作的宝贵的努力。我们完全支持政府重修法门寺，利用现代技术珍藏佛指舍利和这批珍贵文物。中国佛教协会决定为修复法门寺捐助人民币十万元，聊示抛砖引玉。希望各地佛教徒和各界人士关心协助，以期修复工作早日完成。

在此之前，关于法门寺地宫发现及文物出土的消息，早已在大众中广泛传播，并成为新闻界追逐的焦点。但有关部门规定，不许任何媒体报道有关消息，关于法门寺地宫的一切内容实行绝对封锁。那些号称神通广大、无孔不入的记者，尽管对此决定和采取的措施极为不满，但却无可奈何。他们只好私下在周原大地走马灯似地来回穿梭，暗中打探，通过各种渠道收集相关的资料，从不同的角度来揭示法门寺地宫的秘密。但就是由于这条全面封锁的不折不扣的规定，使他们草成的稿件极不情愿地躺在抽屉里，万般无奈中，他们只有祈求政府允许公开报道的时日早些来临。

这个日子终于来了。在意料之中，又在意料之外。新闻发布会的召开，如同枯薪投入烈火，瞬间便爆燃飞腾起来。

赵朴初等人刚一讲完，记者们便掀起了一场话筒争夺战，各种肤色、操各种语言的记者争相提问：

"听说地宫出土了武则天的绣裙，是否真有其事？"

"佛骨舍利真是释迦牟尼身上的骨骸吗？"

一连串的问题未等专家们圆满回答，其他那些急不可耐的记者又将话筒抢了过去。一位日本记者抢到话筒后，感到机不可失，时不再来，便对主席台发出了连珠炮似的提问："这枚佛骨舍利是如来佛哪一只手上的呢？是左手，还是右手？是哪一个指头上的呢？是拇指？还是中指？还是小指？"借答辩者思考的机会，有三名外国记者欲上前抢夺日本记者手中的话筒，那日本记者抓紧话筒，死不放手……

对于台上端坐的专家、学者来说，科学是严肃的、神圣的，来不得半点虚伪和矫饰。对于法门寺地宫出土的文物，必须有一个科学而准确的评价，如果有一点偏颇或不当的结论，都会贻误世人，祸害匪浅。因此，面对这批堪称宝中之极的文物，尽管他们心中激动、兴奋异常，但在回答时却总是慎之又慎，思量再三，尽可能地达到准确、无误，经得住历史的检验。

陕西省副省长、著名历史学家孙达人说："法门寺地宫及文物的发现，是建国以来我省继半坡[①]、秦兵马俑等震动中外的考古发现之后，又一次考古工作的重大成果；是全国唐代考古的空前大发现，也是佛教界的一大盛事。"

赵朴初在回答记者提问时答道："法门寺地宫出土的四枚佛指舍利，在我国和世界均为首次发现。而且第一枚的发现恰与佛祖释迦牟尼诞辰纪念日四月八日同时。在四枚佛指舍利中，除第三枚外，其余三枚外形大体相同。经过鉴定并与地宫内碑石《志文》和有关文献勘验，四枚佛骨确系唐皇帝多次迎送的释迦牟尼的真身舍利，其中第三枚为灵骨，另外三枚为影骨。在佛教界看来，影骨也是圣骨，同是佛的真身舍利。需要特别指出的是，这是迄今世界上仅存的佛指舍利。这些佛教界的重宝在封闭千年之后再现于世，的确是世界文化史上的幸事，是世界佛教界特别值得庆贺的大事。地宫中出土的大量佛像、法器、金银器、瓷器、丝织品、雕塑、绘画等，都是前所未见、闻所未闻的。也许大家都已知道，唐代是中国古代文化最灿烂的时期，这次出土的文物，都是宫廷里的精品，代表了当时最高的工艺水平，在当时是无与伦比的，在今天也是极为罕见的。秦兵马俑已经震动了世界，唐法门寺文物也一定会震动整个世界的！”

国家文物鉴定委员会副主任、中国历史博物馆研究员史树青，在回答记者提出的鉴定问题时答道：“我们鉴定、评价一件文物，主要看文物的历史价值、科学价值和艺术价值。这次发现的文物，绝大多数可定为一级甲等！”

原北京大学副校长、教授、中国敦煌吐蕃学会会长、中国东方文化研究会会长季羡林，概括地叙述了法门寺的历史背景，并从古代中外文化交流、唐代历史等角度谈到了法门学未来的研究战略。这位中国文化泰斗充满激情和浪漫情调的论述，引起了在场的学者、专家和记者们共同的注目和称道。

季羡林说道：“西安，古代长安，在唐代可以说是世界上最大的都会，全世界各重要国家的人民，几乎这里都有。我们知道，文化交流能促使彼此文化的发展，促进经济的发展，能提高生产力，促进社会发展前进。在法门寺发现的不少物品中，有不少的东西表现出明显的文化交流的痕迹。把这些问题研究清楚，就丰富了中外交流史的内容。”

季羡林停顿片刻，接着说：“到了西安，到了陕西，到处是中国先民光辉灿烂的文化遗迹。这次法门寺佛教文物的发现也是其中之一。看了这些东西之后，任何人都不会不想到中国是一个伟大的国家。我们一方面要学习世界先进文化，一方面要尊重、研究、保护、发扬我们固有文化，把两者结合起来，就能建成有中国特色的社会主义伟大国家。

“法门寺地宫伟大的发现，其意义也是极其伟大的。将来还有大量的研究工作要做，需要很多各方面的专家来协作，经过相当长的时间，十年、二十年、几十年才能取得圆满的成绩。我相信，同已经兴起的敦煌学一样，研究法门寺文物，也将成为一门国际性学科！”

季羡林的话音刚落，会场上便爆发出雷鸣般的掌声，所有的人都沉浸在老先生描绘的昔日的荣光和未来的憧憬之中。

正在这时，只见从法门寺地宫出土的盛装“特级一号”佛骨的八重宝函，被工作人员捧上会场，并在主席台一一摆开。会场霎时肃然无声，所有的目光都向主席台射去。八重宝函光芒四射，豪气夺人，威武的武警战士笔直地立于两侧。

惊愕、哗然、骚动。记者们纷纷离席，惊呼着拥向前台，一睹八重宝函的神奇风采。闪光灯咔咔地闪着，雪亮的白光笼罩着八重宝函，整个会场大厅都被照耀得灿烂辉煌……

正如文化泰斗季羡林预料的那样，法门寺地宫文物“将以雷霆万钧之力横扫佛教世界”。自第二天开始，国内的《人民日报》、《光明日报》、中央人民广播电台、中央电视台、新华通讯社、《瞭望》杂志、《人民画报》以及香港、台湾和数十家国外新闻媒体，都以最醒目的位置和黄金时间向世界各地公布了这一人类文化史上的奇迹，一股强大的“佛骨旋风”席卷全球，整个人类都为这一奇迹的出现“感到了心灵的震撼”，并把惊异的目光骤然投向古老的东方周原大地。

日本著名历史学家、佛教研究专家坪井清足，在《佛教艺术》杂志发表了《法门寺舍利之我见》的专文，文中以极为惊异敬慕的心情这样写道——

1986年9月，我作为“日中都城考察团”的成员，参观了中国陕西境内雍城秦公大墓等发掘现场，在访问了扶风周原考古工作站的归途，顺便参观了法门寺。进入寺内，眼前佛殿的唐代大理石的础石有雕刻的莲瓣，与飞鸟山畴础石相对照，产生了无穷的趣味。佛殿后面是正在清理中的明塔。据说，由于明代砖塔在1981年因连绵阴雨半部坍塌，残余部分正在清理之中，塔体约有四层，东半部还残留着，西侧已成瓦砾堆。因初次见到砖塔如此坍塌，感觉很奇怪。1987年5月看到山西省运城太平兴国寺塔中心出现纵的裂缝，我想将会有第二座塔因裂缝而坍塌吧！但当时做梦也想不到法门寺塔下藏有唐代珍宝。1987年5月，当我在北京听到法门寺塔下发现舍利的消息时，万万没想到就在我们前年参观的明塔下埋藏着如此丰富的宝物。随后在《中国画报》上看到了彩色照片介绍的部分出土文物，舍利宝函的部分雕刻装饰我认为是五代时期的，像青瓷净水瓶等——因照片色彩比实物浓，曾认为是宋代之物品，万万想不到会是唐末的秘色瓷，还刊有可追溯到六朝时的琉璃瓶等。……到现场听到关于法门寺的讲解并目睹了实物后，惊异地发现，这是唐末懿宗皇帝在木塔下建造与帝王陵墓形制相似，设有前、中、后室的地宫，供养着这些未曾动用过的物品。到目前为止，对唐代遗物虽了解不少，但多为盛唐时期的，9世纪末晚唐的遗物并不多见，故误认为是五代时期也是合乎情理的。秘色瓷的制作时代也以法门寺出土瓷器为根据，被确认为在唐末。香炉及其他金银器也都錾刻有密宗法器的纹饰，与盛唐时期的金银器形体相异，特别是鎏金鸿雁纹银笼子盖与银笼子各个口缘上的四半花菱纹饰，乍见之下宛如我国（日本）平安时期的物品。一看四门纯金舍利塔及第七重宝函，就会想到是唐末的物品。内层有较早时期的，八重宝函难道不是在较早的宝函外面一层一层加上新的金函的吗？风炉、茶槽子、茶罗子、茶匙、盐坛子②、盐碟等一整套茶具完整的出土，也反映了考古工作者韩伟考证的唐代宫廷盛行饮茶的事实。

前所未有的9世纪末唐代宫廷遗物被大量发现，不仅给中国唐代，而且对我们日本平安时期美术的研究都将带来巨大影响。

早在1985年发现的位于秦始皇兵马俑坑东北四公里处的庆山寺“释迦如来真身舍利宝帐”，在宝帐内的须弥座上装有银椁，银椁内置金棺，金棺内又置绿色琉璃舍利瓶……庆山寺出土文物与法门寺随真身所供奉物品相比较，无疑是盛唐的产物，一件件物品都很精美，特别是石碑和宝帐都很惊人，将其与法门寺地宫中室的灵帐相比，其差异会一目了然的。

无论怎样，法门寺与庆山寺舍利的相继发现，明确了豪华绚烂的中国舍利埋藏的情形，这将是极其令人高兴的事件。在此我为感谢给我机会目睹这一切的陕西省考古所诸位的厚爱，写下此文。

## 黑衣蒙面人

1987年5月30日，西安机场候机厅。赵朴初正在和前来送行的众人握手，忽然，他像想起了什么，神情极为严肃地对有关方面的领导人说："千年之后，还能不能看到这些东西，就看我们的努力了。现在我们是观者，今之观者视古，莫忘后之观者视今啊！"一席话气氛骤变，全场默然。

就在这股刮起的"佛骨旋风"中，时时处处都潜藏着一个和喜庆气氛极不协调的问题，以致使人忧心忡忡，为这批国宝暗暗捏着一把汗。

事实上，当隐秘千年的法门寺地宫打开后，在扶风县内的宾馆、旷野、密林、沟壑中，各路不法分子正在加紧筹划，想尽一切办法盗窃国宝。夜幕掩饰下的周原大地，一个个"幽灵"正在游荡，一双双闪亮的眼睛不时地发着贪婪、疯狂的凶光，他们四处搜捕寻找着下手的目标，耐心地等待着一切可能实施的犯罪机会，这个机会慢慢来临了。

5月16日深夜12时，阴霾的天空突然狂风骤起，烟尘飞扬，榆钱大的雨点劈劈啪啪地向扶风县博物馆袭来。就在这时，一块瓦片从墙外飞来，"啪"的一声落在博物馆院内。随着这一声响起，执勤的武警立即意识到将有什么事情发生，但他们没有动作，只是在夜幕中静静地等待着自投罗网者的到来。

两分钟后，"幽灵"出现了，几个黑影翻过院墙，闪电般向地宫冲去。

“不许动，谁动打死谁！”

随着护宝分队队长陈恩孝一声断喝，三十多名持枪的武警战士如神兵天降，将黑影团团围住。在强烈的手电光亮照射和枪口的威逼下，三个企图抢劫珍宝的犯罪分子当场被擒。

事隔三天后的又一个夜晚，战士李伟手提冲锋枪刚刚走上博物馆后围墙的哨位，当他借着月光审视沉寂的博物馆时，突然发现一个黑影正由外面的一个土堆下躲躲闪闪地向博物馆后墙根靠近。

“这是个什么人？晚上来法门寺院墙下干什么？”李伟想到这里，迅速躲到暗处，两只眼睛警惕地盯着对方的一举一动。

黑影渐渐近了，借着明亮的月光，李伟看得出这是一个身穿黑裙、手提黑包的女人。尽管看不清她的面目，但从其装束和身上散发出的脂粉气可以判断，她并非当地百姓和附近的国家工作人员。这样一个女人深夜来博物馆，一定怀有什么阴谋。李伟的脑海在迅速地作着反应。

那黑衣女人来到墙下静立片刻，便在围墙外来回转动，当她确信没人看守时，调头便走。这时的李伟已挡住了她的退路。

“你是什么人，深夜到这里干什么？”李伟声音洪亮，冲锋枪已端在了手中。

“我，我来这里小解。”黑衣女人结结巴巴地说着，倒退了几步，竟无耻地撩起下裙蹲在了地上。

“快站起身来，不要做这种拙劣的表演了。”李伟说完，用对讲机向护宝分队队部发出了信号，几名战士疾速赶来，将黑衣女人带进了队部。

经审问，黑衣女人原为某市的一名暗娼，受一个文物走私集团的高价“聘请”，特来博物馆观察情况，她见白天无法接近博物馆院墙，又怕露出马脚，只好深夜出动，想不到她刚迈出第一步便被武警战士擒获。

法门寺地宫的发掘工作已经结束，曾为保护文物而作出过非凡贡献的武警官兵也完成了阶段性的使命，一切的故事到此似应画一个圆满的句号。但是，事情并没有就此了结，一场更大的劫宝阴谋尚处在酝酿之中，罪恶的黑手即将伸出。

历史曾戏剧性地向世人显示出这样的镜头片断——

在扶风县博物馆那宽敞明亮的展室里，来自北京、西安的40多位专家学者，正在加紧对文物的鉴定和分类。

担任护卫任务的武警官兵，正在调整勤务方案，准备各种应急措施。

在离扶风县50公里外的一家豪华宾馆里，两男两女正围着一个黄头发、蓝眼睛、鹰钩鼻的洋人，密谋着劫宝的详细计划，绛红色地毯上铺着的那张扶风县博物馆地形图，已经被密密麻麻地划满了圆圈和箭头，昏暗的灯光映照着一张张得意忘形的脸。

6月3日晚10时，几个黑影窜至博物馆大门前的一家商店，燃起了大火。

博物馆前一阵大乱。

面对浓烟滚滚、火光冲天、人声鼎沸的商店，护宝分队长陈恩孝先是一惊，随之脑海中又蹦出几个问号，这火起得奇怪、烧得突然，会不会是不法分子施展的“调虎离山”之计？要救火，博物馆内兵力空虚，可能会给不法分子造成可乘之机。不去救火，那商店和博物馆又近在咫尺，很可能祸及展室内的文物。面对两难的抉择，陈恩孝果断地作出了两全的决策。他先是派出两个班前去救火，自己亲率三个班严守国宝，寸步不离。

躲在夜幕中的劫宝分子，见武警战士提着水桶纷纷涌向火场，便喜不自禁地溜到博物馆后墙下，迅速搭成人梯跳进院内向存宝展室狂奔而去。

“不许动！”随着一声威严的口令，展室内外灯光大亮，如同白昼。

劫宝分子被这突如其来的喊声吓得目瞪口呆。面对四周黑洞洞的枪口向自己逼来，几个亡命之徒不肯束手被擒，纷纷从腰间拔出匕首，狂喊乱叫地向一名瘦小的战士扑来，企图夺路而逃。

“嗒嗒嗒……”分队长扣动了冲锋枪的扳机，子弹呼啸着冲天而出。这是警告的信号，也是不法分子违令拒捕下场的示范。

面对强大的武警战士，犯罪分子只好丢弃凶器，束手就擒。

1987年7月8日，法门寺出土文物清理工作全部结束，护宝分队的武警官兵押运全部文物，送至西安某地707室进行修复保养，在圆满完成了守护任务的同时，官兵们全部撤离。

1987年7月11日，新华通讯社向全世界播发消息：在武警官兵的严密守护下，中国法门寺地宫中出土的佛指舍利和2900多件珍贵文物万无一失……

## 法门新生

随着“佛骨旋风”的狂吹猛刮，法门寺这个在地图上无任何标记的地方，一夜之间名扬天下。迫切要求一睹奇宝异彩的人们，以及一批又一批慕名而来的海外游客、专家考察团，纷纷通过各种渠道，向国家政府有关部门提出申请，要求参观法门寺及其珍宝……于是，修复现代佛祖圣地的呼声也随之高涨起来，专家们呼吁要以法门寺地宫的发现为契机，“建设中国第一座佛教文化的专题性博物馆，用现代科学技术保护、保管、展出陈列这批稀世珍宝并开展相应的学术研究和交流”。

其实，早在5月24日的新闻发布会筹备中，陕西省副省长孙达人就曾明确地要求有关部门，立即制定法门寺寺院规划、法门寺博物馆规划和法门镇镇容规划，以适应发布会后各方对瞻仰佛骨、参观文物的强烈要求。

事实上，修建法门寺真身宝塔本属早就进行着的正题，而中间突然发现的地宫及地宫中隐藏的珍宝，却使这个正题一时在人们心中淡漠了、冷却了。当“佛骨旋风”在周原以及世界刮过之后，人们才重新回头沿着已踏开的路继续走下去，只是现在又多了一些题外之题。

政府的设想和专家们的提案不谋而合，修建博物馆已是势在必行。但在馆址的选择上，决策者和专家们却发生了分歧。有人怀疑在关中西部这样一个偏远的小镇上建馆，不利于这批珍宝的安全，从而建议馆址选在西安。有人认为从长远的观点看，为了开展学术研究和旅游事业，文物尽可能不脱离其出土地点的原址，从而达到器物性文物和遗址性文物有一个完美的结合，也给观众造成一种尽可能完整如初的历史氛围，并以其历史的纵深感、文物的真实感，充分发挥历史功能和文化价值，真正体现现代考古学的目的。

面对两种不同的意见，国务院专门召开会议，就法门寺出土文物保护及旅游区的开发等问题，明确提出了“妥善保护稀世珍宝，集中反映它的历史、科学和艺术价值，充分发挥其社会效益，就地保护和利用”的指导原则。

陕西省政府及有关部门根据这一指导原则，很快制定出在法门寺原址修塔、建馆的具体方案，并决定建馆工作先行一步。

6月9日，陕西省综合勘察设计院根据省政府的指示，组织二十多人的勘察队在法门寺镇选点定位，以塔寺、博物馆为中心，在方圆三平方公里的范围内现场勘探。

7月1日，陕西省政府召开常务会议，决定由宝鸡市政府具体负责法门寺工程建设。

7月12日，宝鸡市政府成立了工程建设指挥部，随后用一个月的时间完成了新建馆址民房的搬迁。

1987年11月，博物馆建设工程在法门寺西院的旧址上破土动工。

1988年11月9日，历时一年的法门寺工程全部竣工。《人民日报》以巨幅标题向世界做了如下报道：

1988年4月16日，法门寺宝塔重建工程开始，方丈澄观法师主持奠基法会。

## 真身佛塔巍峨耸立 稀世珍宝辉煌夺目
## 法门寺修葺一新向世界开放

中外佛徒举行盛大法会 五万民众一瞻出土奇迹

本报西安11月9日电 记者孟西安报道：今天，举世瞩目的扶风法门寺修葺一新，向世界开放。重建的明代真身宝塔巍峨耸立，收藏地宫珍宝的法门寺博物馆辉映着唐代风采，这里举行了盛大的法门寺释迦牟尼真身舍利瞻拜法会和真身宝塔重建落成典礼。中外佛教界人士、考古专家及各界群众五万多人参加了盛会。法门寺将成为继秦始皇兵马俑之后陕西的又一大人文景观和旅游胜地。

全国政协副主席、中国佛教协会会长赵朴初，陕西省政协主席周雅光为重建的真身宝塔剪彩。在释迦牟尼真身舍利瞻拜法会上，中外佛徒高僧们闭目合掌，唱赞诵经，表达对佛祖的敬仰与虔诚，乞求全人类的进步与世界持久和平。

重建的法门寺宝塔

赵朴初会长在瞻拜法会上讲话说，《妙法莲华经》上说，佛以一大事因缘，故出现于世。佛指舍利自唐朝安奉在法门寺塔地宫，历时一千一百一十三年之后才又出现于世，这也有着“一大事因缘”。它象征着佛陀慈悲之光重新生起。随着舍利同时出现的大量唐代文物，展示出亚洲古代文化、古代智慧的灿烂光辉。他衷心地祝愿所有参加今天法会的，以及从电视、广播、报刊中见到、听到了今天法会情形的佛家弟子，同发大心，为全人类的进步和幸福作不懈努力，以我们的身心向佛指舍利和宝塔作虔诚的供养。

今天上午，还在法门寺举行了法门寺博物馆开馆典礼。新修的博物馆“珍宝阁”高二十五米，共分三层，里面珍藏着法门寺地宫出土的金银器、瓷器、琉璃器、石雕、丝绸等唐代珍贵文物。来自全国各地以及世界各国近百名人士参加了开馆典礼，并参观了法门寺地宫珍宝。二百多名海内外的佛教徒、高僧也怀着敬慕虔诚之心，观瞻了这批珍贵的佛指舍利供养器物。

法门寺在经历了痛苦的涅槃之后，在新世纪的光照里，又一次获得了新生。

## 又一个重大发现

1994年8月3日，在法门寺地宫及秘藏珍宝发现七年之后，新华通讯社又向全世界播发了这样一条消息：

> 今年3月以来，陕西扶风法门寺博物馆，邀请中国社会科学院、中国佛教协会、中国佛教文化研究所、陕西省考古研究所、陕西省佛教协会等有关方面的专家、学者吴立民、丁明夷、韩伟、许力工等，五次聚会法门寺，对法门寺唐代地宫文化序列和内涵进行了多学科专门研究。在深入发掘法门寺佛教历史文化的基础上，破译了唐王朝最后一次迎奉佛骨在法门寺地宫实现的礼佛阵容的文化程序，实现了大唐王朝舍利供养曼荼罗全面揭秘，使失传千年之久的唐密世界终于打开了它神秘的大门。法门寺地宫唐密曼荼罗的揭秘，是继地宫珍宝发现之后，中国考古史和世界佛教史上又一次重大发现……

新华社的消息一经播发，使法门寺的热度如同火上浇油，周原大地再度腾起滚滚烟尘，人们又一次以惊异的眼光望着这片神奇的土地，以及法门寺这个神秘得有些不可思议的千年古刹。

唐密曼荼罗，这个有些稀奇古怪的名字，到底意味着什么？

关于唐密曼荼罗，前面已经提到，只是不尽详细。所谓唐密，是指唐代开元三大士所传金刚、胎藏两部大法法系在唐代汉族地区的传承，经僧人一行、惠果等创造性地发展而成，其内涵是唐代的密教。具体来说，从惠果到智慧轮法师，上承印密，下启东密、台密，这段时期可称为唐密时期。

曼荼罗。画面中心以圆形和方形象征坛场。

所谓密曼荼罗，译为坛场，意即圆轮具足[3]，是佛教密宗汇集佛和菩萨以实现修法“即身成佛”的道场，其负载的文化艺术要比其他佛教宗派丰富得多。于是从古到今，世俗世界无缘得见，神秘莫测。法门寺地宫是唐代密教的最高法界，是唐密的最后和最高结合，表现了汉地密宗的传承以及与日本东密、台密的渊源，全面体现了内道场和祖庭的历史地位。佛教在印度传承1800年历史，前期（原始部派佛教）、中期（以中观、瑜伽行派为代表的大乘佛教）各占600年，后期600年是密乘佛教，也是印度佛教发展的最后阶段。密教传入中国也经历了魏晋南北朝至隋的杂部密教（初期）、唐宋正纯密教（中期）和唐宋以后至今的藏传密教（晚期）等三个阶段，而汉地密宗在晚唐五代以后渐渐无闻。唐玄宗开元年间，善无畏、金刚智、不空先后来华，将印度正纯密教传入中土，密宗从此独树一帜，极一时之盛，善无畏被唐玄宗尊为国师教主，传授胎藏界为首的密法；后金刚智传授以金刚界为主的密法；而不空受玄宗、肃宗礼遇，兼融“金胎两界”，传予惠果。惠果为代宗、德宗、顺宗三朝国师，尽得两部真谛又创两部曼荼罗绘画法与金刚密号，与中国传统文化相结合，创立了与印度密教有别的具有中国特点的唐密体系，实现了中国密教发展的最高阶段。而活跃于唐宣宗、懿宗、僖宗三朝的密教高僧智慧轮，则是唐王朝最后一次迎佛骨和法门寺地宫佛舍利供养曼荼罗世界的组织者和策划者。惠果住持青龙寺，广传密法于中国、日本、印度、朝鲜、印度尼西亚，为日本真言宗的祖庭祖师。智慧轮住持大兴善寺，兴密宗为护国道场。法门寺地宫面世，为后世人类揭示了自不空、惠果到智慧轮一脉相承的唐密真面目，展现了密宗三寺之间的相应关系，同时提供了许多鲜为人知的文化信息。

法门寺地宫出土文物等级之高、供施之隆重、设计之周详，显非寻常。地宫《志文》碑，有“结坛于塔下”之句，研究结果也表明，地宫布置“三影一真”的舍利供养中心，按照“结坛塔下”的既定仪轨而铺设，诸多精美绝伦、品类繁杂的奇珍异宝，秩然有序地予以陈放，结集为道场舍利供养曼荼罗世界，具有鲜明的唐密文化内涵，由此才派生出它在文物、历史、文学艺术等方面的价值。同时，地宫内来自青龙寺、大兴善寺的法物，证明两寺内这些继承唐密两部大法的高僧大德，共同参与策划组织法门寺地宫佛舍利供养曼荼罗世界，更进一步表明佛舍利供养确为唐密供施的最高法界。

前文已对开元三大士和创建的密教作过介绍，这里要接着说的是，密教祖师善无畏的亲传弟子、一代高僧一行大师，在完成了密教根本经典之一、著名的《大日经》和《大日经疏》之后，由于过于劳累，已近油干灯枯，再无精力课徒受法。

开元十五年（727年）九月，一行在长安华严寺将历法初稿编撰完毕，从此染疾不起。唐玄宗闻讯，急召京师大德，为他诵经祈祷，亦不见效验。至十月，一代大师圆寂于华严寺，终年44岁。

一行生前编撰的历法初稿经后人整理，取名《大衍历》，很快通过朝廷颁行天下。《大衍历》是当时最优越的历法，它结构合理、逻辑严密，其编撰方法在明末之前一直沿用，在中国历法史上占有重要地位。由于一行在天文、历法、仪器制造、数学等方面的卓越贡献，成为中国科技史上一颗璀璨的明星，被誉为中国古代“四大科学家”（张衡、祖冲之、一行、李时珍）之一。

一行去世后，长安诸寺香火鼎盛，两京僧俗修密法者甚众。可惜一行生前并未收授门徒，传承法脉转至由金刚智门徒、开元三大士之一的不空住持的长安大兴善寺。因此，大兴善寺被后世认作密宗祖庭。后来，长安青龙寺住持惠果又将密宗二部大法发扬光大，并将密教推向了发展的顶峰。

唐贞元二十年（804年），也就是日本延历二十三年七月，日本国派四只大船组成的船队自本土肥前国松浦郡田浦之口岸出海东渡。第一只船上乘坐的有日本遣唐大使葛野麻吕和僧人空海，第二船有判官菅原清公和僧人最澄、义真等。途中一行四船因风离散，僧人最澄所乘之船经五十多天到达唐明州鄮县（今浙江宁波），后最澄、义真与判官相别到达台州（今浙江临海县），在龙兴寺拜见应台州刺史陆淳之请来此寺宣讲《摩诃止观》的天台山修禅寺座主道邃，从受天台宗教法和《摩诃止观》等书抄本，随后去天台山学法。

唐贞元二十一年（805年）四月，最澄与义真来到越州首府（今浙江绍兴），从龙兴寺沙门顺晓受密教灌顶之法和金刚界、胎藏界两部曼荼罗、经法、图像和道具等。顺晓是唐玄宗时在中国传布密宗的善无畏的再传弟子，因而最澄和义真也算受到了中土密教的亲传。

唐贞元二十一年（日本延历二十四年，805年）五月，最澄搭乘遣唐使的船回国，并向天皇上表复命。在得到桓武天皇的重视后，在本土正式创立了以中土密教为根本大法的天台宗。其后他的弟子圆仁和再传弟子圆珍等，都曾亲来大唐求法，对发展日本天台宗中的密教部分有着极为重大的影响。圆仁继最澄的弟子义真、圆澄、光定之后任天台宗第四代座主。圆珍继安慧之后为第六代座主。两位曾入唐求法的僧人，在他们任座主期间，对中土密教在日本的发展和传播作出了杰出的贡献。

和最澄同时乘船赴唐求法的僧人空海，因在海上遇风离散，于八月方从中国福州长溪县（今福建霞浦北）登陆，十二月抵达长安。

空海到达长安后，与日本遣唐使同住在宣阳坊的官舍，大使归国后又奉敕移住西明寺。在这期间，空海到处寻访名师，以求佛家大法，后终于投到青龙寺密教名僧、开元三大士之一不空的弟子惠果门下。此时的惠果已被尊为唐代宗、德宗二朝国师，名震海内。他对日本僧人空海前来门下求法表示欢迎，并给予了特别的照顾。

唐永贞元年（805年）六月，空海入“学法灌顶坛”，从惠果受胎藏界的灌顶，七月又受金刚界的灌顶，并跟惠果学习密教典籍和修行仪轨、方法，八月受“传法阿阇梨（意为导师）位”的灌顶。在空海求法期间，惠果渐感身体不支，知自己将不久于人世，对空海的传法格外用心。临终前，惠果赠空海《金刚顶经》等密教典籍及密教图像曼荼罗和各种法器，并给空海留下了如下的遗言：

“如今此土缘尽不能久住，宜此两部大曼荼罗、一百余部金刚乘法及三藏（指不空）转付之物，并供养具等，请归本乡流转海内。才见汝来，恐命不足，今则授法有在，经像功毕，早归乡国以奉国家，流布天下，增苍生福……”

不久，惠果圆寂。空海又从厨宾（西域国名，在今喀什米尔一带）沙门般若、天竺沙门牟尼室利受佛经与秘法。日本平城天皇大同元年（806年）八月，空海与留学生橘逸势搭乘遣唐使判官高阶远成的船返回日本。

空海归国后，暂住筑紫的观世音寺，托高阶远成进京把所带回的经论章疏及法器目录同奏表一起献给平城天皇。第二年他奉敕进京，把经论法器等献上，天皇准予传布密教。不久他迁到平安（京都）北部的高雄山寺居住，并开始创立真言密宗。

弘仁十四年（823年）正月，嵯峨天皇把位于京都的东寺赐给空海作为真言宗的根本道场，空海把从唐朝带回的佛舍利、曼荼罗、梵字真言、法具等都存放此处，后来又仿照唐长安青龙寺之例称此寺为“教王护国寺”。因空海所创立的日本真言宗以东寺为传法中心，故被称为“东密”，而最澄所创立的日本天台宗兼传的密教被称为“台密”。

最澄所创立的天台宗与空海创立的真言密宗，是日本平安时代和镰仓时代最为流行的佛教宗派，对整个日本历史文化产生了极为深刻的影响，被誉为“日本文化之母”，直到现在，这两大佛教宗派仍然保持着旺盛的势力。

前面已经提到，密教在中国汉地形成之后，随着唐末五代时期的战乱，盛行一时的密教宗派随之在汉地消逝，后人再也难以窥探密教鼎盛时的学法和场景。也许是密教大师们，特别是惠果大师生前具有先见之明，才不遗余力地将密宗教义传给了日本僧人，致使这一人类宝贵的文化遗产能香火不绝地延续下来。就整个华夏民族而言，这是不幸之中的万幸。

让我们回过头来看一下密教创立、发展、传播的世系表：

就在大唐密教在中国汉地消失了近千年之后，这份古老的文化遗产，再次在法门寺地宫显现出来。从地宫中大部分法器和供养物上所雕塑的图像来看，毫无疑问的是唐密曼荼罗图像。也就是说，地宫整体即为供养佛指舍利的大曼荼罗道场，佛指舍利为“三昧耶曼荼罗”。供养佛指舍利的诸种法器、供养物及供养法为“法曼荼罗”。三密相应，四曼相即④，组成了法门寺塔地宫的唐密曼荼罗。正是这曼荼罗图像的出现，才为后人提供了研究唐密以及与日本密教有关的历史疑难问题的重要资料和证据。

纵观法门寺真身宝塔地宫，无疑是古印度供应舍利方式与中国传统墓葬制度相结合的产物。地宫建制一如唐朝帝王陵寝，其建法则依密教布坛之法修筑而成。其主体建制分作甬道、前室、中室、后室和密龛（即密室），即一道四室，设四门。按增益护摩法⑤“遍法界成黄色方坛”要求，甬道、前室、中室成长方形，后室及秘龛成正方形。入宫地面铺钱成金黄色，主要供物亦作金黄色，显示整个地宫为黄色方坛。在地宫发掘中发现一些文化现象，如踏步及甬道地面铺撒铜钱（财供养）、后室中部香炉盖顶堆积熏香灰（燃香）、八重宝函中有部分盛放液体（香水）、四壁涂抹黑色涂料（黑土涂坛）等，表明地宫封闭前做过盛大的舍利供养法会。

地宫一道四门，供养佛指舍利四枚，一道通彻全坛，体现金胎两部大日如来中道一实。四室四舍利表证四方四佛，建立两部曼荼罗。放置第一枚影骨的八重宝函，表示胎藏界因曼荼罗⑥，錾刻胎藏界诸尊曼荼罗，如六臂如意轮观音、释迦佛、药师佛、金轮大日佛等图像。放置第三枚灵骨的密室五重宝函，表示金刚界果曼荼罗，錾刻金刚界大曼荼罗成身会。

地宫的供养物，同样按密教仪轨规定的法则布置。如出土金、

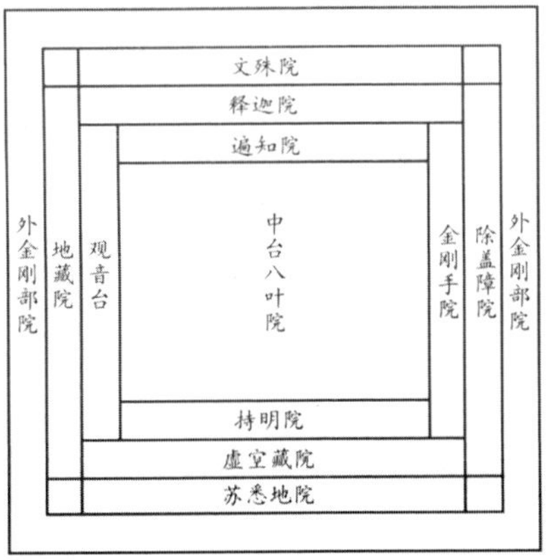

胎藏界曼荼罗全图

银、铜、锡杖三件，香炉五件，分别为四枚舍利的供养物。后室四角的四枚阏伽瓶，为舍利供养坛城的结果线。前、中、后室的金毛狮、天王像各两件，为地宫外金刚院护法诸天曼荼罗[⑦]。其他器物如银芙蕖、香宝子、阏伽水碗、钵盂、茶具等，都可归于十供之内。以上成套成组的供具，以八重宝函为中心，前后左右，对称分布，组成舍利供养的坛城。

放置佛真身灵骨的五重宝函，安放于后室秘龛之中。在第二重鎏金金刚界大曼荼罗成身会造像银宝函上錾刻了四十五尊造像。函顶中台刻大日如来，四方为四波罗蜜[⑧]、四隅为内四供[⑨]，围绕中台周刻外四供[⑩]、四摄[⑪]、四大神[⑫]及四大明王。以三钴金刚杵及宝曼草为界道。函体四面，按上述次序，分别以阿閦佛、宝生佛、无量寿佛、不空成就佛为中心，各自配列萨埵王喜爱、宝光幢笑、法利因语、业护牙拳等四亲近菩萨。[⑬]以上四十五尊像，构成唐密金刚界成身会[⑭]曼荼罗。此曼荼罗为方坛。

地宫中室灵帐后的捧真身菩萨，象征唐代皇帝（懿宗）供奉真身。菩萨身下的束腰仰覆莲座上，亦錾刻金胎二界曼荼罗图像，莲座顶面刻金刚界五佛种子曼荼罗，底面刻大日之法、报、应三身陀罗尼[⑮]。仰莲瓣上刻金刚界定门十六尊[⑯]曼荼罗及未显相的慧门十六尊[⑰]曼荼罗。束腰部刻四大天王曼荼罗。兼为下金下胎两曼之外护金刚院。覆莲瓣刻胎藏界中台八叶院[⑱]种子曼荼罗和八大明王[⑲]曼荼罗。胎藏界之大日如来，一以释迦佛之身舍利表示于捧盘上，一以捧真身菩萨头顶宝冠上之大日佛像示之。此像座上的曼荼罗图像，同样为金胎合曼[⑳]之做法。

八重宝函上放置的鎏金菩萨像，其莲座式一如捧真身菩萨，为金胎合曼之做法，但因体积太小，不便雕塑，仅画莲瓣线条以示其意，此尊宝冠上未顶化佛，而手印为释迦佛说法印，显然是与释迦同体的胎藏界大日如来像。

八重宝函第四重函上的如意轮观音曼荼罗，作六臂如意轮相。主尊左右各有四尊造像，前跪二尊莲花部使者，双手擎金盘捧如意宝珠，屈膝曲跪内向瞻礼主尊如意轮观音；后六尊分列主尊左右，皆作曲跪合掌恭敬持诵相。此六臂如意轮观音曼荼罗图像，应为七

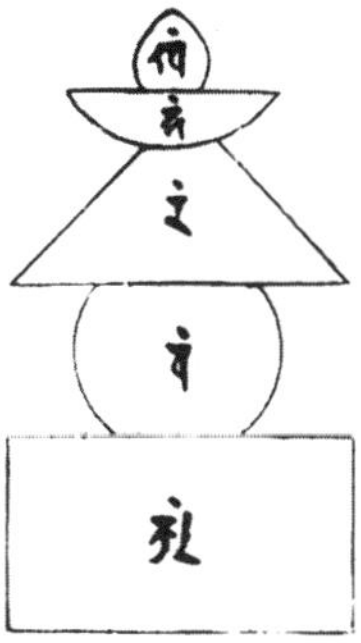


捧真身菩萨仰莲座底面金刚界五方五佛种子曼荼罗

星如意轮修法[21]，与当时唐密大师著《七曜星辰别行法》[22]及智慧轮大师融摄道家北斗法门有关。唐密如意曼荼罗，以如意轮宝珠供养佛指舍利，即如意法供养曼荼罗。

上述以佛指舍利供养曼荼罗为中心，包括地宫建制、供养物布置，以及法器、供养物上的装饰图像，无不体现了金胎不二、两部合曼的唐密内容与特点。而“结坛于塔下”的实际组织策划者以智慧轮、义真为代表的唐都长安大兴善寺、青龙寺，是唐密的根本道场，而法门寺则是唐皇室唐密之内道场。

开元三大士首倡“金、善”互授，实为唐密两部一具传统之滥觞，为中国唐密之一大贡献。然三大士中，善无畏主修胎藏界法，金刚智主修金刚界法，其弟子不空虽曾兼受胎藏法是为旁修，就唐密法门而言，唐朝僧人一行与惠果创造性发展了密教，成为唐密的实际创始人；就密法内涵而言，一行实为台密创始人，惠果实为东密创始人。

中岳嵩阳寺沙门一行，从善无畏受胎藏法，为《大日经》助译，撰有《大毗卢遮那成佛经疏》，又称《大日经义释》，为欲通解《大日经》者唯一要典，标志着唐密在中国正式传授的开始。弘法大师传二十卷疏，慈觉大师传十四卷义疏，均为日本东密、台密所依。日本学者有所谓“大疏”、“本疏”、“口疏”、“奥疏”以及解释疏的各种钞本，如《演秘钞》等形成东寺、仁和、高野、根岭诸派，其本源无不出自一行和尚之大疏，一行所著沿有《七曜星辰别行法》、《北斗七星护摩法》。一行对胎藏法及密教中国化，贡献至伟。

不空弟子、青龙寺惠果，学贯两部密法，多所发明创新，是为唐密集大成者，不空之后唐密为每一位传法大阿阇黎。惠果创绘金胎两部大曼荼罗，创制金刚界诸尊金刚名号，完成两部一具之传授。他的弟子遍及海内外，是为日本真言宗初祖。

惠果之后，义操继为青龙寺灌顶阿阇黎。义操继嗣，先后为法全。青龙寺义真、海云之名，见于地宫出土二轮十二环铜锡杖。

上邦大兴善寺传最上乘佛祖大教灌顶阿阇黎，三藏比丘智慧轮，名亦见于地宫出土文物上，是地宫坛城的主要组织者。智慧轮创绘四天王增广像，撰作诸天法二十八使者的道教名称。日本国圆珍所受两部秘旨其所传所译经轨，即由他所传。圆珍称其为“兴善大师”、“大兴善寺灌顶院国师”。圆珍所求决疑中，有“金刚顶大日苏悉地”等法，可知智慧轮深悉三部大法，而且使唐密酝酿着“金胎合曼”之萌芽，可惜这一传承未能持续下去。法门寺地宫曼荼罗的法器和供养物，充分提供了这方面的证明。

唐密曼荼罗，在其形成、发展过程中，经历了金善互授、两部一具、金胎合曼等三个阶段。因金胎两部为密教最根本之二部，若视为彼此对立，则称两部相似；若视为两界一体，则称两部不二。

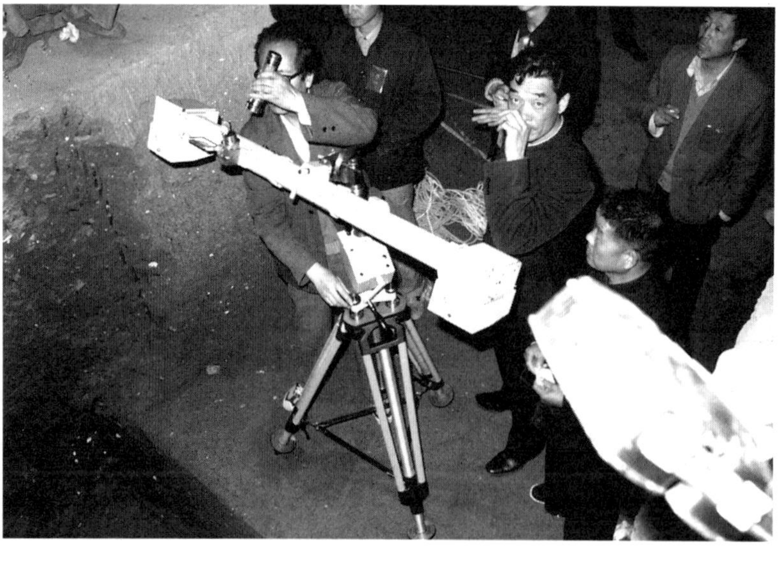

法门寺地宫清理完毕后，考古人员在地宫进行全息摄影并确定无任何文物匿留后封闭，等待重新修整后对外开放。

东密主张两部原本互相不二，故不另立“不二之法”；台密认为两部一体不二，但另立不二之法，即苏悉地法；唐密则在金善互授、两部一具之后，酝酿金胎合曼。盖金胎两部独立，为“你为我，我为你”之形式；金善互授表示两部交流，两部一具表示兼具二部，则均为“你中有我，我中有你”之形式；若“金胎合曼”，则将就是“你的就是我的，我的就是你的”形式，其表“两部不二”既不另立，也非不立，而是“二而不二”。这是唐密根本特点，也是唐密中国化的基本特征，惠果一智慧轮一系就是朝着这个方向发展的。这一辉煌的大唐文化被历史淹没，其一些支脉流入异域。

这次法门寺地宫佛舍利供养曼荼罗世界的发现，其成果等同于1987年4月地宫的初步发掘，确为中国佛教考古的重大发现。至此，可以说这次发现真正走到了法门寺佛教文化的最高殿堂，在这个步步登高的无尽华严世界中，象征四海水的阏伽瓶，象征三千大千世界的描金檀香木山，象征佛教最高权威的鎏金十二环大锡杖等，结坛有序，位置准确。同时唐僖宗金银茶具的茶供养，波斯、东罗马等国的琉璃供养，唐皇帝后的头发和衣物供养等，都置于由第一道门上陀罗尼咒文到后室秘龛的曼荼罗世界中。唐王朝最后完成的这一曼荼罗世界，除了实现“圣寿万春，圣枝万叶”，皇帝“即身成佛”外，还有更为广大的心愿，即李唐王朝“八荒来服、四海无波”，天下太平的护国佑民之意。这一系列佛教世界的奇丽瑰宝，其唐密内涵是十分丰富的，且变化无尽，1113年来埋入地下不曾扰动，是佛教世界至高无上的法界，是中华文化的历史宝库。它的发现，揭示了法门寺内道场佛舍利供养曼荼罗世界和唐密文化的真实内涵，填补了晚唐密宗史的空白，可以考证解释东密历来争论或存疑的一些问题；进一步昭示了法门寺佛教祖庭和唐密最高法界的历史位置，明确了长安唐密三大寺的核心地位和相应关系；掀开了中国与亚洲佛教文化圈（包括日本、韩国、印度、印度尼西亚等国）扩大佛教文化交流的新的一页，并具有极其重要的历史意义和现实意义。

## 佛骨放光之谜

“1988年11月9日，法门寺正式对外开放，这一天，来自世界各地的高僧大德、佛教信徒与各界人士数万人，举行了盛况空前的释迦牟尼佛祖真身舍利瞻礼法会。晚上10时许，众多高僧正对着千年圣骨瞻礼膜拜之时，在第三枚佛指‘灵骨’上空突然出现了这枚骨身的重影，一时，整个法门寺上空祥云升腾，瑞光流溢，霏霏上涌，蔚为壮观。有人迅速按动照相机的快门，拍下了这一千古不遇的奇观。……”这是法门寺广场出现的一块宣传牌。

面对这则奇特的广告式的宣传牌和奇特的新闻，一家地方小报对此做了详细的报道，立即引起了人们的注意。法门寺佛骨放光的谜团在公众中又引起了一场轰动，许多人专程前往法门寺，要亲眼看一看这佛骨放光的壮观场景。可惜他们大多是希望而来，失望而归，那“千载难逢的奇观”总是不肯再次显现。于是，有人开始向新闻界揭露这是“法门寺有关人员为片面追求经济效益而故意制造的一场骗局，并强烈要求有关部门对制造骗局、蒙蔽群众者以法律制裁……”

有关方面接到群众的举报，派人到法门寺查询，结果寺院众僧及部分工作人员都声称照片和宣传栏所说的全是事实，并无造谣惑众之举。前往查询的人只好摇摇头作罢，那块宣传牌随之也不再出现在广场上了。

佛骨放光之谜在人们的不解、惊奇、迷惑、叫骂、指责和查询的官员无可奈何中被渐渐淡忘，法门寺又恢复了正常的瞻拜和参观。可就在人们将要把此事完全遗忘时，奇异的现象又出现了。

1990年3月29日，来自香港宝莲禅寺的高僧圣一法师与法门寺监院静一法师及八大寺四十余名大德高僧在地宫进行法事活动时，担任摄影任务的大居士李江华，突然看到有两道亮光从两位法师头顶缓缓掠过，法师的身体顿成透明状……他抓拍了这个瞬间，后来洗出的照片上留下了一幅跟他眼中的瞬间相同的景观。

这个瞬间和李江华居士拍摄的照片，使已经沉寂的声音再度掀起争论不休的波澜。带着诸多疑问，人们把佛骨放光的真实与否系于各位法师、工作人员及大居士李江华身上。《人民日报》一位资深摄影记者专程来法门寺调查，并在回京后以科学的手段检验照片的真伪，结果却是“不似二次曝光作假”。而李江华居士初学摄影技术，无论从哪方面说，他本人是无力造此天衣无缝的伪照片的。那

法门寺大殿内飘起五彩“入”字状云霓（李本华居士摄）

位资深摄影记者的检验，又使人们增加了几分疑问，难道这佛骨舍利真的能放出灿烂光芒？在什么场合、什么情况下才能放光？是外在的力量还是精神的力量导致佛骨放出光芒？

谜，一个困惑人类的未解之谜。

为了试图解开这个谜，我们在法门寺采访时，曾专门做过一番调查。

我们走进了久已神往的地宫。在地宫内，一切都是原样，一切都给我们深刻的印象。尤其是在地宫入口后的东边靠墙处，见到一张镶于玻璃内的放大了的佛光照片，这是平生见到的首次佛光映现的奇异景观，佛光的伟大就如同真理一样动人心魄。

我们特意采访了时年38岁、在法门寺当了10年居士的李江华。李江华身穿一身黑西服，高约1.78米，他的居处在法门寺正门边左首厢房。看到他一脸与佛结缘很惬意的表情，我们感觉见到了善人。他胸前挎一日本产尼康相机，一边做居士，一边负责寺内活动的拍摄工作。当然，也负责对游人提供留影的服务。

见过面，报过来意，李江华接待了我们，我们得以了解了两张佛光照片的来历。

李江华坦率地说，他拍摄的是香港宝莲禅寺圣一法师一行来法门寺瞻拜佛真身的情况。他当时担任拍摄才没有多久，地宫容纳僧众极多，几乎摩肩接踵，在抢拍法师朝拜时，万分担心，特别认真。他正在专心致志地抢拍时，眼前闪出两道白光，法师的身体也在瞬间变得透明晶亮起来。他当时认为是其他拍摄者的闪光灯所致，并没在意。谁知照片冲洗出来，光像殊异于其他，一半圆形霞光彩霁，环绕两法师形成"入"字型，其上出现了黄色成云的光束，迎风飘拂，犹如在旷野。更惊异的是，小小的地宫内，法师掺杂在人群中，相互掩遮，入镜景物实难选取，但成像后，却僧俗清晰，凡圣分明，实乃不可思议也。

另一张照片，即我们在地宫看到的那张纯粹的佛光照片。

关于这张照片，李江华很是器重。他滔滔不绝地对我们讲："佛教鼎盛于唐，真身舍利曾被迎奉禁中六次，高宗显庆四年迎于洛邑，天后长安四年荐于明堂，肃宗上元元年迎于禁中，德宗贞元六年迎于阙下，宪宗元和十四年亲奉香灯于大内，懿宗咸通十四年俨华承于秘殿。还有开来未继往者，太宗曾舍望云宫寝殿而修唐塔，中宗景龙二年翊圣皇后等下发入塔供养，极一代之盛。"说到此，他顿了一下，接着道："盛世出景星、庆云。1987年古历四月八日地宫佛骨舍利面世，震惊寰宇。1988年古历十月一日法门寺隆重举行释迦文佛真身瞻礼法会，中外大德高僧缁素云集，数逾十万。这日晚方丈澄观法师引导四众于地宫虔诚诵经，我追随拍照，摄像约十余帧，冲洗之后，一帧大放异彩，图片中原只有四枚舍利，怎么中间的一枚舍利的光一下子射入17厘米高处，且在此形成舍利被光环环绕的画面，其他三枚只在上方出现白光彩霞。而下边舍利光环环绕灵骨舍利如众星捧北辰。此情此景为地宫所没有，显然为灵骨所化。这真是再次应了赵朴老的话：'影骨非一亦非异，了如一月映三江。'"

"这也正如唐宪宗赋诗所赞舍利：'眼睹数层金色润，手撑一片玉光寒，炼经百火精神透，藏之千载瑛彩完。'又唐代的张彧有文曰：'观其氤氲玉润，皎洁冰净，灵不可掩，坚不可磨，寸余法身，等虚空而无尽，一分功德，比恒沙而莫量。'"

李江华说，这舍利放光，有三部经，即：上、下两光，称天上、天下，也称人、天、教、主；上下三光称三界导师，也为假、中、空一心三观㉓，或为佛的法、报、应三身；上光称佛光普照、舍利飞霞、浮屠耀日。

我们不由不相信李江华的讲解了。他朴实却佛语满口满肚。他随后又领我们去见澄观法师等，还领我们照相。由于感到过意不去，我们给他5元钱，他却硬不收钱，最后实在见我们诚心，没办法，便又退给我们2元钱。通常给一般参观者照洗一张照片为3.6元钱，而仅收了我们3元钱。他有他的道理："你们远道而来，我们招待不周，怎能照张相就收你们的钱呢？"我们无奈，只有在心里祈祝这样的好人早日修成佛果。

后来我们又到了他的居处。说居处，实是照相部，是一间小小而简陋的平房，房里一张桌子，还有张床。桌、床上均放着为游客服务而照的照片，虽有些散乱，但却很有章法。说话间，有一卖香的居士提一篮香进来，说天将晚要求寄存，明天再取，李江华友好地接纳了他的香篮。

由于找那两张佛光的照片未果，李江华便想尽办法说服一小沙弥，将他宿舍隔壁的小沙弥那张视为圣物、时时贴在心口的佛光照片讨给了我们，样子极为真诚。最后，他回到住处重新翻动影集，终于找见了那张圣凡分别的佛光照片。……

分手时，李江华居士给我们赠言：

宏法利生，德大福报。

我们激动得几近于落泪了。这也许就是谜的本身回答吧！

## 辉煌的梦想

当我们最后一次来法门寺采访的时候，已是1995年的岁末。尽管严冬的狂风劲雪使周原变得树叶凋零、草木枯萎，但从脚下那坚实厚重的大地及在我们身边不时响起的深沉凝重的秦腔，又让我们强烈感受到蕴藏在古老周原的处处温情和勃勃生机，感觉到正在流动着的生命意识和将喷迸而起的生命激情，听到了一种山雨欲来、海啸欲至之前悄然的声响——这是古老的周原在长期沉默之后，向整个世界发出的卷土重来的信号。

大道无形，大音无声。当年大哲学家老子西出函谷关所描述的警世格言，或许指的正是周原父老的生命激情，以及时代强力的呼喊。

我们眼中的法门寺，显然已不能和八年前发现地宫时相提并论了。只要驻足古色古香、楼群林立的法门镇，就会情不自禁地看到那座极具民族特色、充分体现大唐恢宏气魄的标志性建筑物——法门寺博物馆珍宝阁。如若跨进博物馆的大门，沿珍宝阁的台梯拾阶而上，那种咄咄逼人的气势，那种复杂多变、雍容华贵、大器非凡的艺术魅力，无不使人怦然心动，移情忘我，大唐的盖世雄风再度震荡整个寰宇。倘若沿八角真身宝塔腹内旋转的楼梯步入塔顶，举目远眺，那远处的太白积雪，近处的渭河流水，脚下的苍苍周原、悠悠岐山，尽收眼底，华夏民族五千年灿烂文明冲积心胸，周原父老五千年的追寻、五千年的梦想尽绕脑际。山高水长，地肥人美。这就是我们眼中的周原，这就是庇护佛祖圣骨几千年的神奇大地。

大地有灵，大地有性，大地生生不息。

在最后一次赴法门寺采访时，才知道继我们上次到来之后，又发生了两件大事。首先是1994年11月24日，法门寺举行了释迦牟尼佛指舍利赴泰供养、新修仿唐大雄宝殿落成、佛像开光暨澄观方丈升座大法会。会后，泰国国王普密蓬陛下偕皇后迎请法门寺佛骨舍利赴泰国，进行为期85天的供养。这一瞻拜仪式，不仅使泰国举国瞻拜，而且在东南亚及整个世界都引起了极大的震动和反响。其次是法门寺地宫唐密曼荼罗的全面破译和唐密曼荼罗文化陈列的对外开放，使法门寺又一次震惊了世界。

前往法门寺礼拜的各色人等

也就是这次采访，我们有幸看到了唐密曼荼罗的陈列仪式。

在珍宝阁前方偏左的一个长达139米、宽7米的复制地宫中，唐密曼荼罗的陈列长达80米。宽敞、宏大的地宫，在地面、两侧和顶壁，分别雕刻、绘制了五部曼荼罗及其相关的法器和供养器，准确地与古代内道场的仪轨相吻合，集中反映了唐密曼荼罗的时代特点和文化内涵。以舍利供养为中心的曼荼罗世界，充分体现了大唐王朝尊奉“护国真身舍利”和以“大圣真身宝塔”护奉的心态，表达了李唐皇帝“护国佑民”的佛教行为。作为佛教世界的最高法界，那宏人的内道场是十分壮丽雄伟的人文景观，它将使过去皇帝朝拜供养的“禁中”圣地，成为海内外向往之地，并永久地成为世界朝拜中心和观光胜地。

一连几个夜晚，我们在法门寺那间没有安装取暖设备的居处，和博物馆馆长韩金科先生促膝长谈。在此之前，我们已数次见面并成为要好朋友。作为一馆之长的他，除了做好馆里的领导工作，大部分时间都在宝鸡、西安、北京之间奔波。我们曾不止一次地看到他那由于困顿而发红肿胀的眼睛，以及他匆匆走过的疲惫的身影。这位法门寺新时期建设的元老，这位百折不挠、任何苦难和挫折都压不弯、挤不垮的陕西周原汉子，已自觉或不自觉地和法门寺维系在了一起，法门寺的兴衰已跟他的心灵和血液息息相通。他不是佛教徒，但对于法门寺的建设，却有着一种佛教徒的虔诚；他没有修炼成佛的愿望，但却有着与佛紧密相连的皇皇梦想。而梦想的实现，便是他生命意识的最高境界，也是他生命本体的净化和完成。

在描绘他那个梦想时，这位憨厚、正直的关中汉子一扫周身的疲惫，竟有些异常的激动和兴奋。他说——

法门寺的历史是十分辉煌的。举世仅存的佛指舍利是历史和佛教经典明确记载，唐王朝倾国倾城供养的佛教世界至高无上的圣物，它代表佛祖释迦牟尼，接通了佛教创立到今的历史——当佛教在印度衰微时，中华民族拥戴它，使中国成为佛教的第二故乡。在漫长的历史过程中，法门寺一度成为全国、乃至全世界朝佛的总道场。特别是李唐王朝拥戴的法门寺唐密佛舍利供养曼荼罗世界，实现了佛教发展最高阶段的无上法界。这两个历史地位是我们国家和民族的荣耀。同时，法门寺地处古周原，为周秦文化的腹地，数千年来人文荟萃，历史文化十分丰厚，历史、地理、人文、佛教，交相辉映，集中体现了我们国家和民族优秀的传统文化。

近年来，每年近百万人汇集法门寺，参拜、游览、探求，法门寺以举世仅有的佛指舍利成为世界佛教祖庭，它对与日本等佛教国家的交往，对世界文化的交流等，越来越起着重要的作用。这一重大的历史文化现象，应该引起我们足够的重视。

随着改革开放的发展，以法门寺为依托，形成旅游文化中心和学术研究中心，大量吸引海外资金，展开法门寺文化建设，是历史和时代赋予我们的任务。

1995年3月26日，法门寺唐密曼荼罗文化陈列对外开放，深圳中华佛教文化城开发公司决定在法门寺兴建中华佛教文化城。其后，香港德福集团有限公司计划在法门寺建中华佛教文化中心。这两个集团，前者设计的中华佛教文化城已获国家专利，被赵朴初称为“辉煌的梦想”，王光英题为“佛之光”；后者比前者更高更广泛。两个投资规模均为占地三千亩，投资十亿至十五亿人民币。根据法门寺佛指舍利、唐密佛舍利供养曼荼罗世界和大量文化瑰宝在世界文化发展史上的历史地位，根据法门寺所在的陕西省日益改善的改革开放环境以及中央加快中西部开发、发展的总体战略，本项目完成后，将使法门寺游客突破年平均三百万人次大关，接近并追赶秦始皇兵马俑博物馆现有的接待水平。

前来拜佛求神的芸芸众生

我们设想，抓住目前的机遇，在法门寺建世界佛教文化中心，以此拓展到历史文化和旅游等方面。具体方案是展现唐代中国佛教文化的全貌，以佛指舍利为中心，反映佛教创立和发展的历史，重点恢复千

法门寺博物馆珍宝阁

年之久的唐密两部大曼荼罗和唐代佛教的阿含、律、净土、密、禅、中观、唯识、法华、华严、涅　等十院，及其他佛教文化如悉昙、声明、因明等院，反映中外佛教哲学、文学、建筑、美术、音乐、舞蹈、医药、科技等方面的杰出成就，以宏大的建筑群体全面展现世界佛教历史文化、中国佛教文化。

自法门寺博物馆开馆以来，相继开发了历史、佛教、考古文化、文学艺术四大领域，使法门寺文化研究走向世界。其中属于历史、佛教的，已新修地下佛教文化宫容纳之；属于考古文化的，准备修建东西大展览厅以保护陈列唐代丝绸，以及唐代文化馆、唐茗宫等；属于文学艺术的，则不能再局限于现有的专题性佛教艺术馆了，必须向外发展。

经过几年的努力，筹建东晋十六国窦滔故里苏蕙织锦回文璇玑馆的条件现在已经具备。

据历史记载，法门寺博物馆的西邻，为东晋前秦王苻坚的安南将军窦滔的府第。窦滔，字连波，祖父窦真是苻坚的右将军，属将门之后。其妻苏蕙，字若兰，武功人，陈留（今河南开封）令苏道质的三女儿，容貌秀丽，聪慧过人，精通文史音律及针工织绣等，16岁嫁给窦滔，夫妻恩爱如山，情深似海。关于他们后来发生的故事已在民间广泛流传。

窦滔为扶风四大（班、马、耿、窦）名人之一，其墓在扶风县城以北，清代毕沅查证考究，立碑纪念。其府第虽湮没于历史长流中，但其妻苏若兰被《晋书》作为才女彪炳，连同《苏氏璇玑图》，为唐武则天铭记史册，流传民间。清代李汝珍《镜花缘》以特别的篇幅撰述了这一文学奇观。千百年来，法门寺小北巷被史记为“织锦巷”。明神宗万历十八年（1590年），当地人民为了纪念苏蕙及璇玑图，在巷北城门上方镶嵌“西望绫坑”四个大字和“苏氏安机处”五个小字，离城门十多米处还修建一座大照壁，上刻“武镇秦国”四个大字和“安南将军遗址”六个小字。绫坑，就是指当年苏蕙的洗锦池，那时北有一渠清泉流入，再转到窦滔花园。清时李因笃赋诗：“织锦人何在？遗图尔自哀。秋风吹梦草，野日照荒台。缭绕悲心极，回环妙绪开，此乡多好女，重识二班才。”就是咏苏蕙璇玑图和织锦台的。

织锦回文璇玑图是一种杂体诗，在我国文学艺术史上占有特殊的地位，1600年来研究它的人世代不绝，大都对其评价很高。武则天之后，宋代李公麟称赞说：“观其宛转反复，皆才思精神融彻，如契自然，盖骚人才子所难，岂必女工之尤哉？”明代胡应麟说：“苏若兰璇玑图宛转反复，相生不穷，古今诧为绝唱。”康万民则进一步说它“于八百余言中，上陈天道，下悉人情，中稽物理，豪引广譬，具网兼罗，文词巨丽，兴寄超远，自是后，才人韵士，曾未有仿而效之者”。从内容上讲，它却是我国古代一部回文爱情诗史，武则天说它是近代闺怨之宗旨，有评价说它“穿奇凿异，一空黄绢之辞；古往今来，尽扫玉钗之句”，不是过誉之词；从形式上看，841字的方阵中，顺读、回读、横读、斜读、交互读、蛇形读、退一字读、重一字读、间一句读、左右旋读，皆成诗章，这样奇妙的安排，其智慧确是惊人，应视为回文诗中最奇特、最巧妙、最绚丽的一朵鲜花。

由苏蕙璇玑图引出，特别值得重视的是我国文学宝库中名目众多的异体诗。这些异体诗，大多趣味性浓厚，为世人所喜爱，它丰富了我国文学遗产的宝库，成为丰富多彩的古典诗词中不可分割的组成部分。我国异体诗利用汉字的形、音、义三要素和汉语的语音、词汇、语法三要素，组成一幅幅出奇斗彩的画图，是历代诗人们“翻新斗巧之作”，是在继承前人诗作的基础上对诗歌艺术的一个探索和创新。异体诗写景咏物，抒情言志，多方面反映社会生活，有一定的思想内容和较高的艺术欣赏价值。研读异体诗，不仅有益于切磋诗艺，探索诗体发展的规律，而且有助于加深对古代诗人创作多方面的认识。因此，异体诗是我国诗歌遗产的精华，“诗家开此-一途，不可竟废”，它为文艺百花园增加了花色品种，平添了奇异的光彩。

预想新建的璇玑馆，璇玑图有特殊的趣味、游乐、思辨和欣赏价值；织锦馆和纪念馆凭吊历史，欣赏雕塑和壁画艺术，使游人进入历史和艺术的境界；回文文学馆以世界之最吸引观览者步入我国特殊的文学艺术宝库；而其后的洗锦池曲径通幽，品茗垂钓，望夫台登高远眺，纵古观今，人临其境，心旷神怡，使游人乐而忘返。

这几年，我们拜访海内外汉文回文文学专家，收集自古以来各种回文、异体诗两万余首，奇图五百多幅。这些都是中华民族的奇珍异宝，历代都未以实体展现过；这次如能以文学馆的形式，在璇玑馆中陈列，将成为海内外一绝。

本着挖掘中华民族文化遗产，让优秀传统文化为现代文明建设服务的精神，我们接收了民间自发建馆的一处地方，同时扩大，在扶风县政府的支持下，经过三年努力，征通了我馆至岐阳路的全部土地，搬迁了宝塔小学和居民，自去年年底已基本完成了区域内拆迁任务，目前就可砌墙圈地。

法门寺地宫对外开放

新征区紧邻我馆西边，西至岐阳路60米，北至居民和我馆生活区2000米，共12 000平方米，合地18亩。初步设想作如下安排：其整体建筑以十六国风格为主，兼及唐风，与我馆及寺院保持和谐。分两部分——

第一部分：前门为“安南府第”，东西两边以两层楼阁配建，外观为府第建筑，内为文博饭店，东为住宿，西为饭厅。前门进入，迎面照壁为璇玑图，上嵌841字，分红、黄、蓝、白、黑五色相配，以现代电子系统显示，游人一按，三、四、五、六、七言诗分别映出，并配以音乐和伴读。照壁后为织锦馆，中塑苏蕙织锦实情，四壁陈列各种读法导引和各体诗组。织锦馆后为两重回廊两栋府堂的四合院，名为回文文学馆，陈列我国自古至今回文异体诗2万余首，诗、词、曲组合奇图500余幅，为海内外之最。回文馆后为纪念馆，雕塑壁画苏蕙爱情及历代对此人此文称颂之佳作。

第二部分，窦滔花园：洗锦池，以假山围绕，曲径通幽，环山抱水，周以回廊，可观鱼、可品茶。望夫台，楼阙建筑，三十米高，登高环望，古周原、法门寺尽收眼底。

去年我访问台湾，向陕西同乡会提出璇玑馆构思，计划以1000万元人民币完成，请陕西同乡会和台湾同胞中有此志向者，一人一景，数人一房，大家动手，共同赞助完成。陕西同乡会负责人认为此议甚好，要求以建筑效果图号召。今年元月16日，我赴上海开学术会时去杭州邀专家完成此图，18日托台湾中华文物学会董事长蔡一鸣先生带回台湾，目前正在筹措中。

今年元月30日，国家主席江泽民提出两岸关系八项看法和主张的第六条中讲到：“中华各族儿女共同创造的五千年灿烂文化，始终是维系全体中国人的精神纽带，也是实现和平统一的一个重要基础。两岸同胞要共同继承和发扬中华文化的优秀传统。”法门寺唐密曼荼罗的发现和陈列展出，将会使“法门寺热”再度越洋过海，创造一个新发展的良好机遇。而去冬访台，台湾赞助修建法门寺璇玑馆，将是两岸继承和发扬中华文化优秀传统的重要一举，可视为由精神到物质，增进民族凝聚，实现祖国和平统一的契机和桥梁。

在海内外“法门寺热”中，中国香港、台湾同胞以国内有个法门寺而自豪，寄予了极大的热情。去年11月法门寺博物馆代表随国家文物博物馆事业代表团访问台湾省，受到台湾各界的热烈欢迎。台北故宫、台湾大陆委员会、台湾海峡交流基金会极动感情地邀请将法门寺文物于1996年佛诞日去台北故宫展出，并拟召开大型的国际法门寺学术讨论会。台湾民间佛教界邀请将法门寺文物、法门寺佛教文化陈列赴台展出，并拟筹集巨资支持法门寺博物馆建设；同时，台湾中华文物学会、陕西同乡会等，多层次、多渠道地与法门寺博物馆开展交流。台湾官方、民间与法门寺的双向交流，表现了两岸同胞在中华优秀传统文化面前的认同和凝聚，此向心力是促进祖国早日统一的动力，是超政治的，是政治替代不了的。此种趋向，也表明了海内外炎黄子孙的中华民族文化大统一的心理基因，这是振奋民族精神的动力，是可以以法门寺文化、文物交流不断创造机遇，发扬光大的。

在邀请法门寺文物、文化外展、交流方面，日本、韩国、美国、英国、法国、泰国、斯里兰卡、德国、意大利等国表现了极大的热情。在这个热潮中，日、韩等国除了一心向往佛教文化外，也对法门寺唐代茶文化深感兴趣；东南亚各国则是崇拜

法门寺法会，万人云集。

法门寺佛祖指骨舍利；阿拉伯国家对法门寺琉璃（玻璃）文化寄予很重的感情，因为它们是这些千年珍宝的原产地，但现在已无此一物；欧洲倾心于法门寺地宫唐代宫廷丝绸；美国、加拿大看重法门寺唐代金银器；甚至连南非等国也跃跃欲试，邀请法门寺文物赴非洲展出。

现在是法门寺该为我们国家和民族说话的时候了，这种机遇是千载难逢，甚为珍贵且稍纵即逝的，应抓住机遇，当下就做。眼下最紧要的是抓好法门寺院和法门寺博物馆的建设。法门寺院这几年发展很快，法门寺博物馆则要尽快地建成馆内佛教文化大地宫、专题文化大展厅；同时吸引外资，及早建成法门寺璇玑文学馆，以文化中心的位置，推动法门寺开放建设。

佛教中有金刚座的说法，那么世界文化也有一个金刚座，这个金刚座就是法门寺。机不可失，时不再来。法门寺的历史文化位置，开放发展的总趋势，下世纪我们国家和民族发展的战略需要，都要求我们抓住目前的机遇，在法门寺实现历史的辉煌，展现其佛教世界朝拜中心，确立当今世界旅游中心和文化研究中心的历史地位，让法门寺走向世界，让世界朝拜法门寺！

2009年5月9日，法门寺合十舍利塔落成暨佛指舍利安奉大典。

听完韩金科馆长这一长串辉煌的梦想，我们的心中再度滚过一阵热浪。千百年来，正是由于华夏子孙这辉煌的梦想和坚韧不拔的意志，法门寺才同我们的民族一道，虽历经劫难而仍屹立在这神奇的土地上，生生不息，灿烂辉煌。

20世纪的晚钟已经敲响，新世纪的曙光将要来临。未来的世纪将是亚洲的世纪，中华文化的模式将是新世纪整个人类文明的模式，重现大唐盖世雄风，以自身的新的文明形式辐射世界的日子即将到来。可以预见的是，法门寺在这个文明形式到来之际，一定会实现自身的梦想，并赋予整个人类文明以崭新的启迪和推进。

1994年3月一稿

1996年6月二稿

2010年10月第三次修订于北京亚运村

## 注　释

①半坡：中国黄河新石器时代的聚落遗址。位于今陕西西安市浐河东岸半坡村，面积约5万平方米，距今约4800年至4300年间。1954-1957年发掘，出土文物丰富，建有中国首座遗址博物馆。

②盐坛子原被命名为“鎏金人物画银坛子”，共出土两个，器形相似，为钣金成型，纹饰鎏金，直口、深腹、平底、圈足、有盖，腹部皆作四个壸门，分刻四组画面。考古学家最初将它们视为专供贮盐的茶具，但根据近来之研究发现，六臂观音盝顶金函函体刻的如意轮观音、阿弥陀佛、药师佛等座前，均有香案，上置香炉，香炉左右各放一个有盖的坛状器。故此类器具，现已更名为“香宝子”，其作用可能为盛放香末。

③圆轮具足：佛家用语。佛教徒认为曼荼罗道坛处处充满佛与菩萨，自成一大功德法门，如同车轮般圆满具足，所以称为“聚集”或“圆轮具足”。

④四曼相即：密教用语。指大曼荼罗、三昧耶曼荼罗、法曼荼罗、羯磨曼荼罗等四种曼荼罗相互融通而不离，故又称为四曼不离。

⑤增益护摩法：密教修法之一，为“增益法”与“护摩法”的结合运用。增益法主要在祈求五谷成就、福业增长，修法时晨朝而起，面向东，着黄法衣，坛亦黄色，器用方形。护摩法则源于婆罗门教，修法时须焚烧供物，使香气上达诸天，以供养本尊。故增益护摩法系择地造黄色方坛，焚烧乳木、五谷等供物，为行者增荣息灾。

⑥密教认为，金刚界表明智慧坚固不坏之义，能摧破烦恼；胎藏界表明如胎藏子之义，以明理体广大，能摄万德。金、胎两部是标志大日佛理、智二德的一双大法门，若配之于因果，则金刚界是果，胎藏界是因，故分别为果曼荼罗、因曼荼罗。

⑦外金刚院护法诸天曼荼罗：胎藏界曼荼罗以五色界线区分为十三院，但四大护院不绘形象，故实际只有十二院，其最外一重为外金刚院。外金刚院包含极广，画着一切经典中所说的天部诸神、夜叉、人、非人、七曜、十二宫、二十八宿等，乃至世人所信奉的外道神仙，以表示随类应化凡圣不二之理。

⑧四波罗蜜：即金刚萨埵波罗蜜、宝波罗蜜、法波罗蜜、业波罗蜜，此乃大日佛之四亲近菩萨，表示四方四佛之德。

⑨内四供：即金刚嬉戏、金刚花鬘、金刚歌咏、金刚法舞，乃大日佛为供养四佛而于内心流出的四菩萨。

⑩外四供：即金刚焚香、金刚觉花、金刚灯明、金刚涂香，乃四佛为酬答大日佛所流出的四菩萨。

⑪ 四摄：即金刚钩、金刚索、金刚锁、金刚铃，乃由大日佛心中流出的四菩萨，以增加威光，将一切众生引入曼荼罗，使生亲爱之心而皈依佛道。

⑫ 四大神：即地、水、火、风，是构成一切色法（相当于物质现象）的四种基本元素，故被佛教奉为神祇。

⑬ 阿閦佛的四亲近菩萨为金刚萨埵、金刚王、金刚喜、金刚爱；宝生佛的四亲近菩萨为金刚宝、金刚光、金刚幢、金刚笑；无量寿佛的四亲近菩萨为金刚法、金刚利、金刚因、金刚语；不空成就佛的四亲近菩萨为金刚业、金刚护、金刚牙、金刚拳。

⑭ 金刚界成身会：金刚界曼荼罗以界线区划为九等分，故又称“九会曼荼罗”。成身会居九会之中央，以具体性的佛像，表现金刚界法的大曼荼罗，使行者因观想佛之尊容而成就自身的佛果。其内为五个白圆，分坐金刚界五佛，各自有其亲近菩萨。周围以外廓环绕，廓内有内四供、外四供、四摄。一般金刚界曼荼罗成身会为三十七尊，而法门寺地宫的鎏金金刚界大曼荼罗成身会造像宝函则加刻了四大神、四大明王，故有四十五尊之多。

⑮ 陀罗尼：汉译为总持，意谓总一切法，持无量义，具有令善法不失、恶法不起的作用。陀罗尼原有四种，咒陀罗尼为其中之一。但后世通常以长咒称陀罗尼，即诸佛菩萨不可思议的密语。

⑯ 定门十六尊：指四波罗蜜、内四供、外四供、四摄等十六大菩萨，乃以女形（即定门）为主，故名。

⑰ 慧门十六尊：指亲近四佛之十六大菩萨，均以男形（即慧门）为主，故名。

⑱ 中台八叶院：胎藏界曼荼罗最内的一重，位于中央，其图为八瓣莲花，花上画九尊佛、菩萨，即中央华台的大日如来、东方的宝幢、南方的开敷华王、西方的无量寿、北方的天鼓雷音等四佛，四隅为东南的普贤、西南的文殊、西北的观音、东北的弥勒等四菩萨。所谓“八叶”，即指八瓣心莲，表示肉团心。凡夫之心如闭合莲花，行者若能一意观此心莲，则八叶开敷，九尊现其上。

⑲ 八大明王：密教的八位护法神，系八大菩萨为慑服难化之众生而示现的愤怒

身。即金刚手菩萨现作降三世明王；妙吉祥菩萨现作大威德金刚明王；虚空藏菩萨现作大笑金刚明王；慈氏菩萨现作大轮金刚明王；观自在菩萨现作马头金刚明王；地藏菩萨现作无能胜明王；除盖障菩萨现作不动尊金刚明王；普贤菩萨现作步掷金刚明王。或有以不动、降三世、军荼利、大威德、金刚夜叉、马头、大轮、步掷为八大明王。

⑳ 金胎合曼：唐密曼荼罗在其形成过程中，经历了金善（指金刚智及善无畏）互授、两部一具、金胎合曼三个阶段。金刚、胎藏是密教最根本的二部，原先各自独主，为“你是你，我是我”之形式。金善互授表示两部交流，而后发展成两部兼修，均为“你中有我，我中有你”之形式。至惠果融合两界曼荼罗，又演变为“你的就是我的，我的就是你的”之形式，酝酿出唐密的基本特点“金胎合曼”。

㉑ 七星如意轮修法：以七星如意轮为本尊而修的秘法，系于五色轮中央画如意轮观音，再画贪狼、巨门、禄存、文曲、廉贞、武曲、破军等北斗七星为眷属。据佛经记载，佛在世时，曾建如意宝轮般多罗道场七星火坛，为迦夷城解兵围之困，依此，古来多修此法以退治怨敌。

㉒《七曜星辰别行法》为密教杂密仪轨中之星宿法，全书记载从昴星到文星等三十星宿之图像及其祭法。所谓三十星宿，是在众所周知的二十八宿之上，再添加文星、辰星而成。二十八星宿皆为七曜所属，古人相传它们掌辖行病鬼王，凡人生病时，先推知发病之日由何星宿当值，则祭之以求收禁病鬼，可使病体痊愈云云。

㉓ 一心三观：又名圆融三观、不可思议三观、不次第三观，是天台宗圆教的观法。天台宗说宇宙万有，都具备空、假、中三种谛理。空观是观诸法空无自体；假观是观诸法但有缘生假相；中观是观诸法非空亦非假、亦空亦假之中道实理。这三观互具互融，空即假中，假即空中，中即空假，行者如果在一心之中这样作观，使能破三惑、证三智、成三德。

# 附录一
# 我说王孖先生的几句话

王孖先生真的走了。这对每一位熟知和热爱他的人，都是永远揪心的疼痛。一想起法门寺地宫那金光四射的丝绸服饰，就像看到王孖先生的身影。每当这时，我不由自主地把这沉重无比的思绪，由身边的佛教圣地法门寺，放纵到千里之外的长沙马王堆、随州曾侯乙墓，期望从他过手的每一件国宝上，寻找一位穷尽一生精力，保护、研究中国古代丝绸和服饰者的身影。他的写满沧桑的花白头发，他的穿透历史的深邃目光，他的跋涉太累的苍老之态，会从他生前居住的两间平房里，走进我的视野，好让我在这个天高云淡的空间，阅读一个永远活着的生命。

我对王孖先生的热爱，是在长达十几年的时间里，为法门寺唐代地宫重见天日的奔波中逐渐形成的。每当月亮风清之夜，站在古周原上的法门寺前，我一次次自然而然地感到，他生前说过的几句话，在深夜的星际间无限放大。

这几件珍宝像刚出生的孩子，一点经不起这样的啊，我求求你们，求求你们了！

十二年前，法门寺唐代地宫打开了。在十分简陋的工地上，这位声震海内外丝绸考古界的著名专家，正踩着塔砖按人步长短一块块垫起来的雨地通道来回奔忙着。他拖着十分虚弱的病体，靠一大把一大把的药片，支撑着蹒跚的步履，但他游动在历史和时间的断层上的目光，始终是光亮的，掩饰不住一位考古学家面对一座大唐皇室稀世珍品宝库时，爆发在内心深处的惊喜。跨过一道道封闭千年的石门，那一垒一垒金丝金锦包袱包着的，那一行一行檀香木函和白藤箱子盛着的，是唐懿宗、唐僖宗、惠安皇太后、昭仪夫人、晋国夫人等帝王、皇后、皇族以极其虔诚的感谢，用大唐皇族最珍贵的衣物，供奉着佛祖释迦牟尼真身舍利，使这个唐代物质和宗教的大世界，显示出亘古未有的辉煌。还有，唐中宗李显皇帝为第二枚佛指舍利敬造的汉白玉灵帐上的金袈裟，这位皇帝的母亲武则天的绣裙“一腰”，更为稀世珍宝。然而，千年地宫，十分潮湿，八百多件丝（金）织物全粘到一起了。而且，宝塔高耸，压着地宫，碎石落在丝绸上，真是砸在了王孖先生的心上，他两眼直瞪瞪地望着这片金彩斑斓、五光十色的世界发愣，一句话都说不出来。——这些稀世珍宝全都粘在一起，又压在碎石下，它们出现在他的面前，是一个十分偶然的历史机遇；而丝绸宝库的真正打开，则是一个时代、一个世纪的问题呀！我们为的是要让宝库说话呀！宝库不说话，王先生是不说的。那段时间，他总是一边吃药，一边沉思，木人似地直蹲在地宫。几天后，地宫中室的捧真身菩萨座下的檀香木函内，李唐皇室为这尊菩萨做的五件绛红罗地蹙金绣服饰，经王孖先生抢救，完好如新。这五件宝物光彩夺目，景象非常，它上面金丝线的细度，仅是我们头发丝的三分之一。消息传出，人们蜂拥而来，七八十人用行政命令，非看不可。按当时情况，这五件千年国宝，要尽快收藏，避风避光，恒温恒湿，无奈，只好排队一人看一次。一个、一个，他们从王孖先生的心上走过；一秒、两秒，王孖先生度秒如年，他万般焦急地数着，合拳抱揖，央求快点、再快点，半小时过去了，王孖先生突然声泪俱下地恳求：“各位领导，这几件珍宝像刚出生的孩子，一点经不起这样的啊，我求求你们，我求求你们了！”我身边的土和地知道，这是王先生在法门寺讲的一句话。

终于修好了，是辽代的，这是我最后的了……

将士战死沙场，是一种悲壮，王㐨先生为中国的考古事业，几十年餐风饮露，以致病倒，亦是一种悲壮。法门寺发掘以后不久，一个风雨凄凉的下午，我突然听到他因肾功能衰竭倒下，被抢救过来后，靠医院做透析过滤血液维持生命的消息。作为法门寺的工作，我总想看上他一眼。那是一个寒风刺骨的深冬，太阳灰蒙蒙的，我边走边问路，在凛冽的气流中进了北京东四的吉兆胡同，屋檐上挂着尺把长的冰柱，冷风憋气，直望心里钻，我穿来问去，终于找到他的家。那是一座极其简陋的平房，两间屋还包括厨房，拥挤极了，土暖气不怎么热，王㐨先生蜷缩在床上，脸色铁青，双眼轮发黑，手臂上青筋暴起，隆起的血管入针处肿得怕人。他呻吟着，两眼直瞪瞪地望着手里的绣鞋。见我进来，他微弱的声音送出这么几个字来：“终于修好了，是辽代的，这是我最后的了，近日情况不好……”这是王㐨先生在吉兆胡同讲的一句话。那一刻，我的心在颤抖！天哪，这是什么境况，这是一位战士手执武器临危还在前沿阵地拼命的境况！他那句话是在辽代绣鞋背后发出的，虽然只有我一个人听得见，但惊天动地。

地宫那丝织物是千年不遇的珍宝。一出世就像打开了腹腔的病人，十年了，再不动手术就死了；这不是人，要是一个人，我哪怕死千百次也要换回他的啊！

过了一段时间，王㐨先生病情时好时坏，像大风里一盏灯，又在一时的平静中闪现了光亮。听说他在续写中国古代服饰，其中法门寺一段，电视台要到他家里做专题。但当我赶到北京时，他家里的门紧锁着，顺着邻居的指点，我摸进了安贞医院透析室。推开门，我一下子惊呆了，王㐨先生被绑在一个座椅式的病床上，半躺着，脸部缩在衣领内，只有花白的头发覆盖着，随着顶架上穿来穿去的管子跟着心脏跳动的频率在颤抖。他十分虚弱，半晌才睁开眼睛，一看是我，又是那么像当年在法门寺地宫一样，直瞪瞪地望着。过了一会儿，他终于说话了："地宫那丝织物是千年不遇的珍宝，一出世就像打开了腹腔的病人，十年了，再不动手术就死了；这不是人，要是一个人，我哪怕死千百次也要换回他的啊！"这是王㐨先生在北京安贞医院里讲的一句话。他没有说自己的病，一句都没有；他说的是国家和民族的珍宝，是我们在世界民族之林引为自豪的中国古代丝绸服饰啊！

**这些是整理好的，那些正加紧整理，一旦我死，都交给法门寺，他们要用！**

又过了一段时间，我去王㐨先生终于搬进的新居看他。我又是一惊：他居然在院子里栽花务草，忙得满头大汗，但脸灰青灰青。我们一起进屋，他就急着说："我这是回光返照，时间没有多少，法门寺的资料让你看看。"他叫来夫人胡曜云，指着书柜里一排排整齐的盒子，眼睛里放射出奇异的亮光，十分有力地叮咛："这些是整理好的，那些正加紧整理，一旦我死，都交给法门寺，他们要用！"在北京望京中路的新居里，王㐨先生取出一张卡片，庄严地写道："曜云，这些资料交法门寺博物馆。王㐨。"他双手捧着卡片，我双手接着，夫人胡曜云双手托着。天哪，这是一个什么场景啊，这分明是王㐨先生在向法门寺交待遗嘱！

噩耗终于传来了，王㐨先生在整理法门寺地宫唐代丝绸资料到半夜倒下，再没有说一句话。我赶到北京，正是他走的第七天。门间里放着他最后栽培的花，全是洁白一色，像是自己早就做好的挽花。灵堂上王㐨先生的遗像，是在整理法门寺资料时拍的，那双眼睛还是那样直瞪瞪的，带着历史的深沉、病痛长期折磨的疲惫，又充满着无限期望之光，他期望什么呢——他的对面是法门寺考古发掘的资料，千里之外就是法门寺地宫那光彩照人、一叠一叠的唐皇室丝绸。泪水模糊了我的眼睛，我分明看到、听到王㐨先生在呼唤：

打开了腹腔的病人要赶快动手术啊，……要是一个人，我哪怕死千百次也要换回他的啊！

又是一个夜深人静。像当年王矜先生走进法门寺地宫一样，我们抱着一盒盒资料，走过他的灵堂，在淅淅沥沥的雨中缓步行进，一次次回头，胡曜云先生还在雨中向我们挥手不停。泪水和着雨水，一路洒回法门寺。如今，法门寺已是因拥有佛指舍利和唐密曼荼罗而成为佛教世界的朝拜中心，由泰国、日本、印度、尼泊尔而感发东南亚，由此而揭开世界佛教新的一页。而法门寺地宫大唐王朝系列珍宝，加上这大唐茶文化、唐密曼荼罗文化等等，正在生发着大唐文化的辉煌。今日开放奋进之中国，正“再使文物生辉”。七次国际学术讨论会开启的“法门学”已为法门寺文化奠定了基础，开辟着新的发展道路，法门寺文化正走向世界。祖国大西北这颗璀璨的历史文化明珠，以在国家和民族跨世纪辉煌中发挥重要作用的地位，面对世界，展望未来，大放异彩！而法门寺的背后，永远安放着一个挥不去的王矜先生的灵堂，他遗像上那双深切期待的眼睛，直瞪瞪的，永远注视着法门寺大唐地宫和那近千件大唐王朝的丝绸珍宝。

十多年间，他说的这几句话，深深地烙在我的心里。我们也像王矜先生一样期待着，一天一天，一年一年，如果这个历史的话题有了答案，我们敬爱的王矜先生的那些话就有了回音。

不要问王矜先生的灵魂，今天在哪一抔黄土停歇。我知道，他在法门寺这块蕴藏着中华民族千年文化的大地上空，将日夜盘桓着，要不，怎么在夜深人静的时候，只要走出房门，站在法门寺的夜空下，王矜先生说的那些话，就会在我的耳边响起。因此，我要说，今天法门寺的辉煌，法门寺人的骄傲，有几份是王矜先生给的。

韓金科

（原载《中国文物报》2000年4月12日）

# 附录二
# 扶风法门寺大事记

公元147-188年（东汉桓、灵帝年间）

扶风法门寺成立。

公元446年（北魏太武帝太平真君七年）

三月，太武帝至长安，见佛寺内藏兵器及富家寄存财货，宰相崔浩乘机劝帝毁佛。乃尽诛长安僧人，并下令诸州镇，凡佛像、佛经皆击破焚毁，僧人无论少长一律坑杀。

公元452年（北魏文成帝兴安元年）

文成帝下诏恢复佛教，关中各地佛寺得以复兴。

公元555年（西魏恭帝二年）

小冢宰领岐州牧拓跋育开启扶风阿育王寺（即法门寺）塔，供养真身舍利，重修寺宇。

公元574年（北周武帝建德三年）

五月，武帝下令禁断禁佛，令僧人还俗，寺庙财产充公。法难中，扶风阿育王寺遭严重破坏，厢宇外级，唯有两堂独存。

公元579年（北周宣帝大成元年）

宣帝下诏恢复佛教。同年二月，宣帝传位予太子宇文阐（即静帝），改元为大象，重申复佛之令。

公元583年（隋文帝开皇三年）

扶风阿育王寺改名为成实寺，专弘成实论学说。

公元602年（隋文帝仁寿二年）

岐州刺史李敏供养成实寺舍利，修复寺宇。

公元605年（隋炀帝大业元年）

炀帝改天下佛寺为道场，扶风成实寺改称成实道场。

公元609年（隋炀帝大业五年）

因僧人不足五十之限，扶风成实道场被废，并入京师大宝昌寺，其塔故地仍为寺庄。

公元618年（隋义宁二年）

春，大丞相李渊（后即位为唐高祖）应岐州大宝昌寺僧普贤之请，赐名法门寺。

公元619年（唐高祖武德二年）

秦王李世民（后即位为唐太宗）奉诏为法门寺度僧八十名，并奏请以僧惠业为住持。

公元631年（唐太宗贞观五年）

二月十五日，岐州刺史张德亮奏请修葺法门寺塔，并开塔供养真身舍利，太宗敕许之。

公元659年（唐高宗显庆四年）

九月，山僧智琮、弘静（或说为智琮、慧辩）建请开法门寺塔，出佛舍利。高宗敕中使王长信与智琮等请迎法门寺佛骨舍利，十月五日出发，六日夜抵达。十日三更，塔内像下现瑞光，翌日获舍利八枚，乃具状上闻。高宗敕使常侍王君德等送绢三千匹，令造朕等身阿育王像，余者修补故塔。

公元660年（唐高宗显庆五年）

三月（或说二月），迎佛骨舍利入东都大内，皇后武则天造金棺银椁九重供养，高宗赐巨资以庄严真身宝塔及寺宇。

公元662年（唐高宗龙朔二年）

高宗敕道宣律师与智琮、弘静等京师名师，以僧俗数千人之众送佛骨舍利归岐州法门寺塔。二月十五日，开塔下地宫，藏佛骨于其中。

公元704年（武周长安四年）

冬，女皇武则天敕凤阁侍郎崔玄玮、贤首国师法藏等迎请法门寺真身舍利到洛阳，令王公以降精事供养。

公元708年（唐中宗景龙二年）

中宗命文纲律师等送真身舍利归法门寺。二月十五日，中宗偕皇后韦氏、温王、长宁公主、安乐公主，及韦后妹郑国夫人、崇国夫人，并各下发入塔，表示以身供佛。

公元710年（唐中宗景龙四年）

二月十一日，中宗改法门寺为圣朝无忧王寺，旌表真身宝塔为大圣真身宝塔。

公元757年（唐肃宗至德二年）

肃宗下诏迎法门寺佛骨入禁中供养，命僧人朝夕赞礼。

公元760年（唐肃宗上元元年）

五月，肃宗敕僧法澄、中使宋合礼、凤翔府尹崔光远迎请佛骨入长安内道场。

公元778年（唐代宗大历十三年）

代宗欲借佛力攘除吐蕃外寇，下诏整修法门寺。

公元790年（唐德宗贞元六年）

德宗诏迎岐州无忧王寺佛骨入禁中供养，并送京师诸名寺，倾都瞻拜。历时一月，诏送归原寺。

公元818年（唐宪宗元和十三年）

宪宗下诏遣中使率僧惟应等赴凤翔法门寺迎佛骨。

公元819年（唐宪宗元和十四年）

正月，佛骨至京师，宪宗命中使杜英奇押宫人三十，持香花于临皋驿迎奉。韩愈上疏极谏，遭贬潮州。

公元838年（唐文宗开成三年）

法门寺塔上五色云现，或以为佛骨应开之兆，议改法门寺为法云寺，盛陈其瑞。

公元844年（唐武宗会昌四年）

武宗用赵归真之言，下令全国毁灭佛寺，僧人无论少长一律还俗。敕凤翔法门寺、代州五台、终南五台及泗州普光王寺所藏舍利皆不许供养，并指使专人赴法门寺毁灭真身舍利。后赖衔命者以影骨代之，真身舍利幸免于难。

公元846年（唐武宗会昌六年）

三月，武宗崩，宣宗即位，下诏恢复佛教。

公元871年（唐懿宗咸通十二年）

九陇山禅僧师益上奏请整修法门寺塔，并结坛供养佛骨，懿宗许之。八月十九日于塔下旧隧道之西北角获真身舍利。

公元873年（唐懿宗咸通十四年）

三月二十二日，懿宗诏供奉官李奉建、高品彭延鲁、库家齐询敬、承旨万鲁文，与左右街僧录清澜、彦楚，首座僧澈、惟应，大师重谦、云颢、惠晖等同严香火，赴凤翔法门寺迎请真身。四月八日，佛骨入长安，懿宗亲御安福楼顶礼，举国若狂。七月，懿宗崩，僖宗即位。十二月八日，诏送归原寺。

公元874年（唐懿宗咸通十五年）

十一月，僖宗改元为乾符。十二月十九日，敕东头高品孙克政、齐询敬，库家刘处宏，承旨刘继郇，西头高品彭延鲁，内养冯全璋，左右街僧录清澜、彦楚，首座僧澈、惟应，大师清简、云颢、惠晖、可孚、怀敬、从建、文楚，大德会真、志柔等，护送真身归法门寺塔下，以数千件宫廷珍宝供养。

公元901年（唐昭宗天复元年）

秦王李茂贞修缮法门寺塔，施相轮及塔心樘柱方一条。

公元912年（唐昭宗天复十二年，后梁太祖乾化二年）

秦王李茂贞浇塔修复阶舍二十八间，翌年完工。

公元914年（唐昭宗天复十四年，后梁太祖乾化四年）

秦王李茂贞修复寺宇十八间、两天王像两铺，塑四十二尊贤圣菩萨，画西天二十八祖兼题传法记及诸功德，并皆彩绘毕。

公元917年（唐昭宗天复十七年，后梁末帝贞明三年）

秦王李茂贞造八所铜炉，并于塔内外塑功德八龙王。

公元919年（唐昭宗天复十九年，后梁末帝贞明五年）

秦王李茂贞盖造护蓝墙舍四百余间，又甃塔庭两廊讲所，翌年完工。四月八日，遣功德使李继潜和僧录明□大师、赐紫沙门彦文、首座普胜大师、赐紫沙门寡辞施梵筴《金刚经》，十方僧众受持于塔前。

公元920年（唐昭宗天复二十年，后梁末帝贞明六年）

秦王李茂贞修塔上层绿琉璃瓴瓦，历三年完工。四月八日，遣功德使李继潜和众僧再施梵筴《金刚经》，十方众僧受持于塔前。

公元978年（宋太宗太平兴国三年）

法门寺连日遇暴雨，仅浴器不被漂没，僧俗立《法门寺浴室院暴雨冲注唯浴镬器独不漂没灵异记》碑，盛陈其异。

公元1003年（宋真宗咸平六年）

法门寺僧置买田庄，立《重真寺买田地庄园记》碑。

公元1042年（宋仁宗庆历二年）

重真寺天王院僧智颙悲亡僧遗骨露散，募地造塔瘗藏。

公元1045年（宋仁宗庆历五年）

重真寺寺僧可度撰《普通塔记》，立碑以志智颙事。

公元1101-1125年（宋徽宗朝）

徽宗御撰法门寺真身赞文，并大书“皇帝佛国”题额。

公元1118年（宋徽宗政和八年）

法门寺绘塑圆相观音瑞像，熙州慧日禅院僧彦泯作颂词，立石志之。

公元1181年（金世宗大定二十一年，宋孝宗淳熙八年）

重真寺净土院僧法爽游历归来，礼真身宝塔，于塔前身挂千灯以供养真身。

公元1205年（金章宗泰和五年，宋宁宗开禧元年）

净土院僧法爽于真身宝塔两侧造二石幢，镌刻经咒及观音尊像。

公元1208年（金章宗泰和八年，宋宁宗嘉定元年）

三月十七日，净土院僧法爽于中夜在寺东南四、五里坛场焚身，行真法供养真身。

公元1210年（金卫绍王大安二年，宋宁宗嘉定三年）

法门寺僧众立《岐阳重真寺净土院燃身和尚爽公碑铭并序》。德顺僧师伟撰《谨赋律诗九韵奉赞法门寺真身宝塔》，并立石于寺内。

公元1505年（明孝宗弘治十八年）

邑人张杰主持重修法门寺大乘殿。

公元1567-1572年（明穆宗隆庆年间）

法门寺真身宝塔崩毁，寺僧发愿募修，西蜀大洲居士化缘赞助。

公元1579年（明神宗万历七年）

邑人党万良、杨禹佐主持重修真身宝塔。

公元1591年（明神宗万历十九年）

法门寺住持成信组织修成第四层宝塔，立碑纪念。

公元1609年（明神宗万历三十七年）

十三级八角砖造真身宝塔完工。

公元1653年（清世祖顺治十年）

邑人党国柱重建法门寺钟鼓楼、大雄宝殿及卧佛殿。

公元1654年（清世祖顺治十一年）

六月九日，甘肃天水发生大地震。法门寺宝塔塔身倾斜，塔体出现裂缝，塔基下陷。

公元1769年（清高宗乾隆三十四年）

邑人重修法门寺。

公元1862年（清穆宗同治元年）

西北回乱，法门寺被攻占，并毁于大火。

公元1884年（清光绪十年）

崇正镇绅民商贾捐资重修法门寺。

公元1939年（民国二十八年）

华北慈善联合会会长朱庆澜（朱子桥）筹资重修法门寺真身宝塔，请大乘法师住寺。

公元1953年

终南五台良卿法师受邀主持法门寺。

公元1956年

陕西省人民政府公布法门寺为第一批重点文物保护单位。

公元1966年

“文革”开始，良卿法师于七月十二日（自此以下之日期均为西历）在大殿前焚身殉教。

公元1980年

澄观法师返回法门寺任住持。

公元1981年

8月24日，明朝兴建之真身宝塔坍塌西半边。

公元1984年

澄观法师、静一法师正式接管法门寺。国家文物部批准修复法门寺真身宝塔。

公元1985年

扶风县成立修复法门寺塔办公室，开始修复工程。

公元1986年

12月，陕西省人民政府成立省、市、县三级考古队，正式发掘塔基。

公元1987年

4月3日至5月12日，考古工作者陆续发现法门寺塔唐代地宫及真身舍利、数千件唐皇室供养珍宝。陕西省人民政府决定重修法门寺，并建立法门寺博物馆。

公元1988年

法门寺真身宝塔修复，法门寺博物馆落成。11月9日，正式对外开放，中外高僧大德云集，法门寺重放光彩。

公元1992年

法门寺住持澄观法师、监院静一法师集资重建唐风大雄宝殿。

公元1994年

11月24日，法门寺举行释迦牟尼佛指舍利赴泰供养、大雄宝殿落成、佛像开光暨澄观方丈升座大法会。会后，泰王普密蓬偕王后迎请佛指舍利于曼谷供养85天，举国瞻礼。

公元1995年

3月26日，法门寺唐密曼荼罗文化陈列对外开放。

# 后 记

此书在采访和写作过程中，得到了社科院历史研究所、陕西省文物局、陕西省考古研究所、法门寺博物馆，以及王孖、刘云辉、石兴邦、韩金科等专家、学者的大力支持，在此一并表示感谢。

岳 南

**图书在版编目（CIP）数据**

万世法门：法门寺地宫佛骨现世记（修订版）/ 商成勇，岳南著. — 北京：商务印书馆，2010（2020.1重印）
（中国考古探秘纪实丛书）
ISBN 978 - 7 - 100 - 07201 - 4

Ⅰ.①万…  Ⅱ.①商… ②岳…  Ⅲ.①报告文学—中国—当代  Ⅳ.①I25

中国版本图书馆CIP数据核字（2010）第102250号



**万 世 法 门**
**法门寺地宫佛骨现世记**
（修订版）
商成勇 岳南 著

---

商 务 印 书 馆 出 版
（北京王府井大街36号 邮政编码 100710）
商 务 印 书 馆 发 行
山 东 临 沂 新 华 印 刷 物 流
集 团 有 限 责 任 公 司 印 刷
ISBN 978 - 7 - 100 - 07201 - 4

2012年8月第1版　　开本 700×1000 1/16
2020年1月第2次印刷　　印张 28 插页 13

定价：75.00元